KB235593

종교**와**
철학
사이

종교와 철학 사이

Religious Philosophy

김선하 박남희 박일준 서동은 장형철 지음

늘봄

종교철학이란 어떤 학문인가? 종교철학이란 종교를 철학적으로 탐구하는 학문인가? 특정종교의 철학에 대해서 논하는 학문인가? 아니면 철학에서 종교적인 문제를 다루고자 하는 학문인가? 이도 아니라면 종교철학은 종교와 철학을 비교·분석 하는 데 목적이 있는 것인가? 종교철학에 대해 이와 같이 다양한 생각이 혼존 하는 까닭은 종교와 철학을 어떻게 연결하느냐에 따라 달리 이해될 수 있기 때문이다. 다시 말해 종교와 철학을 어떻게 연결하는가에 따라 종교철학은 다양한 의미로 이해되고 해석될 수 있다.

그런데 '종교와 철학을 어떻게 연결 하는가' 하는 것은 단순히 선호의 문제이기보다 시대와 지역에 따라 달리하는 매우 복잡하고 다양한 문제이다. 즉, 동양과 서양은 그 나름의 문화 전통 속에서 종교와 철학을 달리 이해하고 연결해 갔을 뿐만 아니라 각각의 시대도 그 시대적 가치와 연관하여 종교와 철학을 달리 이해하며 연결해갔다. 그 구체적 예로 자연철학시대에서는 종교와 철학의 구분 자체가 없었고, 고대에서는 주로 철학 안에서 종교적인 문제를 다룬 반면에, 중세에서는 특정종교의 철학을 종교철학으로 여겼다. 그리고 근대에서는 종교를 하나의 학의 대상으로 여기며 종교에 대한 철학적 탐구를 시작하였다. 이처럼 종교철학은 그 시대가 가지는 가치와 더불어 달리 이해되고 해석되면서 다양한 형태의 종교철학을 낳아왔다.

그러나 종교철학이 학문적 의미에서 고유한 개별학문으로 자리한 것은 근대이다. 근대적 의미에서의 종교철학은 1670년 스피노자의『신학정치론』(Tractatus theologico-politicus)의 출판과 더불어 시작되었다고 할 수 있다. 이렇듯 종교철학은 기본적으로 종교를 철학적으로 연구하는 태도를 가리킨다. 그런데 종교를 철학적으로 고찰한다는 것은 종교를 철학적 방법으로 연구하는 것으로 여기기에는 크게 두 가지 상반된 태도가 있다. 하나는 인간이성의 합리성과 객관성에 의존하는 계몽주의 전통 하에 있는 태도이고, 다른 하나는 인간이성의 한계를 인정하며 경험과 직관을 중시하는 낭만주의 전통 하에 있는 철학적 태도이다. 우리는 철학의 이러한 두 상반된 태도에 입각하여 종교철학의 다양한 이론을 포괄하면서 종교철학이 과연 무엇인지 그리고 종교철학이 가지는 다양한 함의가 무엇인지에 대해 고찰해보도록 한다.

이러한 작업은 종교를 철학적으로 고찰하는 근대적 의미에서의 종교철학Philosophy of Religion을 넘어 현대철학에 입각한 새로운 의미에서의 종교철학Religious Philosophy을 개진코자 하는 데 목적이 있다. 그런 의미에서 우리는 종교와 철학 사이에서 물어지는 다양한 쟁점들에 대한 논의를 전개해나가도록 한다.

이를 위해 우리는 제일 먼저 왜 종교철학에 주목하는지, 그리고 이 시대에서 종교철학이 이야기되어야 하는 까닭은 무엇인지에 대해 논하면서 1부에서는 '와'와 '사이'의 문제로 종교철학에 대한 전반적인 문제를 살펴보도록 한다. 그리고 2부에서는 '깊이'의 문제로 종교철학의 중요한 주제들인 종교경험과 언어, 악과 상징, 그리고 사회문화의 문제를 다루도록 한다. 그래서 현대적 의미의 종교철학을 종교 **'와'** 철학 **'사이'** 에서 새롭게 제안해보고자 하는 데 이 책의 목적이 있다. 이는 닫혀있는 종교철학이 아닌 무한한 가능성으로 열어가는 현대적 종교철학을 새롭게 **'사이'** 라는 **'넓이'** 로, **'깊이'** 라는 **'무게'** 로 향하는 일로, 처음 종교철학을 접하는 사람은 물론 종교철학을 연구하는 사람에 이르기까지 모두 읽을 수 있도록 편집 기획하였다.

따라서 1부에서는 종교철학에 관계된 다양한 문제들에 대해 개론적인 소개에 주력하였다. 그래서 1장은 다양한 것들이 혼종하는 이 시대에 과연 종교란 무엇이며 종교철학이란 어떻게 이해해야 하는지를 살펴보도록 한다. 그리고 2장에서는 종교에 대한 다양한 철학적 입장들에 대해 소개하며 이에 따른 차이가 무엇인지를 알아본다. 3장에서는 이로 인한 종교적 믿음의 대상은 어떤 존재인지에 대해 논구토록 한다. 이때 우리가 대상을 믿어야 하는지 이해해야 하는지의 문제를 4장에서 신앙과 이성의 문제로 다룬다. 그런데 이때 항상 불거져 나오는 신이 과연 실제로 실재하는가 하는 문제는 사람들로 하여금 신 존재 증명을 유발시킨다. 따라서 5장에서는 안셀무스의 신 존재 증명으로부터 아퀴나스의 신 존재 증명과 설계론적 증명, 그리고 도덕적 논증과 종교적 경험에 의한 증명에 이르기까지 다양한 신 존재 증명을 고찰해나가도록 한다. 그리고 6장에서는 이들과 대치 점을 이루고 있는 무신론자의 논증을 다루도록 한다. 여기에서는 신을 인간정신의 투사로서 이야기 하는 포이에르바흐와 종교는 인민의 아편이라고 한 칼 마르크스, 그리고 신은 죽었다고 외친 니체, 종교를 신앙하는 것을 유아기적 원망의 투사로 해석하는 프로이트, 종교를 망상이라 여기는 도킨스 등의 주장을 살펴보도록 한다. 신 존재 증명을 초래하게 되는 문제 중에 하나인 왜 선한 하느님이 만드신 세상에서 착한 사람이 고통을 받을까 하는 문제는 7장에서 다룬다. 이때 선의 결핍으로서의 악을 이야기하는 아우구스티누스와 인간자유의 실현기회로 악을 보는 이레니우스, 더 큰 선을 이루기 위한 조건으로서의 악을 이해하는 조너던 에드워즈, 동료와 고난자로서의 신을 이야기하는 악에 대한 과정신학적 이해가 어떻게 같고 다른가를 살펴보도록 한다. 이는 결국 착한 사람이 이 세상에서 당한 고통은 저 세상에서 위로를 받을 수 있을 것인가 하는 문제로 대변될 수 있을 것이다. 이와 연관하여 8장에서는 죽음 이후의 삶의 세계를 영혼과의 관계로 살펴본다. 그런데 우리는 이를 어떻게 알 수 있을 것인가? 이는 경험의 문제와 깊게 연관이 있다. 따라서 9장은 이러한 경험과 관계된 문제에 대한 논의를 전개해나가도록 한다. 이때 종교적 경험이란 어떠한 경험을 가리키는지 혹 기적을 가리키는 것은 아닌지를 알아본다. 그리고 10장에서는 서로 다른 경험과 체험 속에서도 사람들은 어떻게 공존할 수 있는지를 고심토록 한다. 그래서 다른 것을 믿는 이들과 어떻게 같이 살아야 하는지를 11장에서 간학문적Interdisciplinary 시대에서 다중학문Mmultidisciplinary의 시대로의 관점으로 논의를 전개해나가도록 한다.

그리고 2부에서는 종교철학의 제 문제들 중에 가장 중요하다고 여겨지는 종교에서의 경험과 언어 그리고 상징과 가치의 문제와 더불어 종교와 사회의 문제를 심도 있게 다루도록 한다. 종교란 경험에 근거하며 이는 언어로 표현된다. 언어로 표현된 종교경험은 우리에게 이해되고 해석되어야 할 상징적 의미를 가진다. 상징은 사회적 가치와 더불어 달리 말해지기도 하고 해석되어지기도 한다. 특히 종교는 다른 가치보다도 선과 악의 상징을 중요하게 여긴다. 그리고 선과 악에 대한 가치는 그대로 개인과 사회에 내면화되어 한 사회의 구심점 역할을 하기도 하고 또는 사회를 변혁시키기도 한다. 그러나 종교가 그러한 동력을 잃어버릴 때 종교 역시도 그러한 가치에 의해 오히려 배제 당하기도 한다. 이처럼 종교란 각기 다른 문화의 옷을 입고 다양한 형태로 드러나기도 하며 또 추구되기도 한다. 이러한 면에서 새롭게 동양과 서양의 종교를 살펴보는 일도 도모해볼만한 일일 것이다.

이를 위해 2부에서는 다음과 같은 순서와 내용으로 종교와 철학 사이의 깊이 안으로 들어가도록 한다. 먼저 2부 1장의 '종교와 경험'에서 우리는 종교경험이 구체적으로 무엇을 말하는지를 살피도록 한다. 그래서 우리는 무엇을 종교경험이라 하며, 종교와 종교경험은 어떠한 관계가 있는지를 밝혀나가도록 한다. 이때 종교경험이 없는 종교는 불가능한 것인가 하는 문제와 더불어 종교경험이란 구체적으로 대상에 대한 경험을 가리키는지 아니면 경험을 통해 구체적 대상이 만들어지는 것인지를 논구토록 한다. 두 번째는 도대체 종교경험의 주체는 누구인가에 대해서 규명해가도록 한다. 이는 종교경험이란 일반적으로 개인의 경험을 가리키는지 아니면 어떤 특정 집단의 경험을 말하는지에 대한 문제이다. 그리고 세 번째는 종교경험의 보편성과 다양성에 대한 논의를 전개하면서 경험이 가지는 특이성과 공동체의 종교경험의 공존성을 상론토록 한다. 이 문제는 결국 종교경험에 대한 이해의 문제와 관련되는 바, 이해를 중요하게 생각하는 낭만주의와 종교경험과의 관계에 대해 해석학적 차원에서 좀 더 구체적으로 상론토록 한다. 이때 (독일) 낭만주의가 말하는 경험과 체험과의 차이가 보다 선명하게 드러날 것이다. 그리고 이를 종교경험이란 단순한 무엇에 대한 체험이 아니라 진리에 대한 경험으로 진리란 과연 무엇인가를 가다머의 입장에서 물어나간다. 그리고 다섯 번째로는 가다머가 말하는 진리의 운동이란 오늘 날 문제시 되고 있는 종교의 세속화인지 아니면 종교경험의 현재화인지에 대해 심도 있게 논의해가도록 한다. 그래서 경험의 현재화로서의 자기실현을 이야기하는 가다머의 진리의 경험이 어떻게 종교경험으로 그리고 종교언어로 이해되고 해석되며 우리의 구체적인 삶에 실현되어야 하는가를 논구토록 한다.

2부 2장에서는 '종교와 언어'의 문제를 다룬다. 그러나 종교와 언어의 문제를 본격적으로 다루기 전에 우리는 먼저 언어의 의미론적 차원을 살피며 이를 범주오류Category mistake의 문제와 연결시켜 언어의 전위 용법과 의미의 변화, 그리고 언어의 일반화와 특수화에 대해 '오해는 왜 생기는지' '말의 뜻은 어떻게 변화하는지' '말의 뜻이 변화하는 방식은 어떠한 것들이 있는지' '말의 의미는 좁아지는지 확장되는지를 알아보도록 한다. 그런 후에 언어가 '종교를 어떻게 말하는지'를 일상 언어와 종교언어와의 차이점으로 살피며 '과연 사람이 신에 관하여 의미 있는 발언을 할 수 있는가'를 물어 나가도록 한다. 이때 종교언어가 어떻게 유의미성을 가지는가 하는 문제는 '하느님이 과연 하늘과 땅을 창조하셨나'와 '종교적 진술은 검증할 수 있을까' 하는 문제로 고전적 유비 이론과 검증과 반증의 문제를 가지고 설명해나간다. 그리고 이를 다시 신에 관한 담화와 축자적인 문제로써 '종교언어는 모두 상징일까'하는 제목 하에 언어를 종교적 담화의 기능으로서의 언어와 상징으로서의 언어, 페미니즘과 남성적 신 담화의 문제로 고찰토록 한다. 그래서 우리가 과연 '신에 관한 언급을 사실로 받아들일 수 있는지에'에 대해 물어나가도록 한다.

3장에는 종교와 상징의 문제를 다룬다. '종교는 왜 상징을 사용하는 것일까?' 종교와 상징을 둘러싼 해석의 문제를 보편적인 문화 현상을 접근하는 데 있어 탁월한 시각을 제공하는 리꾀르는 기독교적 성서 해석의 범위를 넘어서 죄와 악의 문제에 봉착한 인간 존재의 물음을 심도 있게 풀어내고 있다. 그의 악의 상징에 대한 철학적 해석은 상징을 사실로 받아들이는 근본주의 입장이나 상징을 비신화화 하는 합리주의 입장을 거부하고, 상징이 불러일으키는 생각을 따라 악의 문제에 대한 새로운 지평을 열어준다. 따라서 우리는 '왜 악의 상징인가' 하는 문제로 종교와 악의 상징의 문제를 먼저 논증해간다. 그리고 다양한 악의 상징에는 무엇이 있는지를 '악의 상징들 : 흠, 죄, 허물', '상징의 질서'에서 살피며 '상징의 운동과 원죄신화'에 대한 의미를 파악해가도록 한다. 이를 위해 '아우구스티누스와 칸트' 그리고 '비극적 악과 케리그마의 역설'로 악의 문제를 규명해본다. 이러한 악의 상징에 대한 해석학적 문제를 '그리스도교와 해석학'의 문제로 다시 한 번 심도 있게 고찰토록 한다.

그리고 4장에서는 종교에서의 상징의 문제를 악의 문제를 가지고 가치의 문제와 병행하여 다루고자 한다. 선과 악이란 종교에서 가장 중요하게 묻는 가치이기 때문이다. 그렇다면 종교에서 악은 어떻게 규명하고 있을까? 이를 위하여 악의 문제를 총체적으로 다루는 다양한 신정론 Theodicy(아우구스티누스와 토마스 아퀴나스)을 소개하면서 유신론적 세계관에서 악의 문제는 어떻게 말해지고 있는지 알아본다. 자유의지 변증에 따른 근본악으로서의 죄로 바라보는 아우구스티누스와 선을 위해서 그것을 허락했을 뿐, 하느님은 자연적(물리적) 악 그 자체를 원하지는 않았다고 보는 아퀴나스와의 차이를 살펴본다. 그리고 이와 더불어 '이성의 한계 안에서의 종교' 또는 도덕적 인격의 이성적 신앙의 비밀을 고대하는 칸트의 입장을 고찰해나가도록 한다. 그래서 기독교에서 말하는 악의 진정한 의미와 이에 대한 극복은 어떠해야 하는지를 논구해나가도록 한다.

5장에서는 이전의 장들이 다루어 왔던 종교경험, 언어, 상징, 악의 등과 같은 종교철학의 주요 주제들이 개인의 삶 속에서 그리고 사회 안에서 구체적으로 어떻게 나타나는가 하는 종교현상적인 문제를 다룬다. 그래서 종교가 사회 속에서 어떻게 기능하며 역할을 하는지 사회과학적인 접근을 시도토록 한다. 이를 위해 먼저 고전 사회학자인 에밀 뒤르켐 Emile Durkheim과 막스 베버Max Weber의 종교에 대한 이해와 주장을 살펴본다. 그리고 그 외에 종교의 쇠퇴를 주장하는 세속화 이론 Secularization theories, 특히 윌슨Bryan Wilson의 종교 쇠퇴론과 버거Peter Berger의 종교 변형론을 살펴보면서 미래사회의 종교에 대한 전망을 시도해본다.

이에 근거하여 6장에서는 서양사회가 추구하는 종교와 동양종교가 추구하는 종교의 문제를 단지 지역적 구획에서가 아니라 종교철학적 입장에서 재조명해보고자 한다. 그래서 이들 종교의 차이가 실제로 어떠한 특징을 가지고 있는지를 "동양종교 및 신비주의 전통에서 본 종교와 철학의 '사이' 지평의 차원에서 규명해나간다. 이에 따르면 동양이나 서양이나 서로 다른 세계의 세계관이 공존하고 있음을 알 수 있다. 즉, 그리스적 형이상학적 세계관과 기독교적 세계관, 그리고 신비주의적 세계관으로 크게 나누어 볼 수 있다. 이러한 문제는 유일신론과 무신론, 그리고 범신론의 문제로도 대변될 수 있을 것이다. 물론 이러한 관점에 대해 다른 의견도 있을 수 있겠으나 이렇게 표방할 수 있는 나름의 근거와 설명을 통해 지역과 시간을 종횡하며 고대로부터 현대의 과학종교에 이르기까지 종교에 대한 새로운 이해를 시도해보도록 한다. 이를 위해 동양 종교의 전통과 서양종교, 특히 독일 신비주의 전통을 가로지르며 오늘날 종교에 대한 이해의 폭과 넓이, 그리고 깊이를 더해갈 수 있는 길을 찾아보고자 한다.

그렇다면 점점 더 기계화로 치닫고, 보다 강력한 메커니즘에 의해서 살아짐을 당하는 세상에서 어쩌면 진부하다고도 생각할 수도 있는 종교철학을 이야기하는 까닭은 무엇일까? 우리의 이러한 작업이 반 종교사회라고 할 수 있는 현대사회에서 종교가 여전히 우리의 삶에 빛을 던져 주며, 철학이 표류하는 삶의 바다에 확실한 부표가 될 수 있다는 것일까? 이 책은 이러한 질문을 던지며 아직도 종교철학에 희망을 두고 있는 그래서 종교철학을 자신의 길로 삼아 걸어가고자 하는 후배들에게 먼저 길을 나선 선배가 보여주는 나름의 흔적일 것이다.

감리교신학대학에 종교철학과가 생긴 지 2013년 올해로 만 30년이 되었다. 길다면 길고, 짧다면 짧은 시간이다. 그동안 세상도 많이 바뀌었지만 우리도 많이 변하였다. 꿈을 가지고 감신 동산에 발을 드려 놓았던 앳된 얼굴들에는 세월의 흔적이 하얀 눈발로, 깊은 고랑으로 길을 내고 있다. 그러나 그것이 단지 시간의 흐름만이 아니라 우리는 그와 함께 각기 나름의 결실을 건져 올린다. 각기 자신이 서 있는 자리에서 최선을 다해 일구어 가고 있는 삶의 결실들을 마치 고구마가 뿌리줄기로 서로 엮여 있듯이 우리도 종교철학이라는 이름으로 서로 소통하기를 원한다. 이 책의 발간을 계기로 그러한 일이 이루어진다면 아마도 가장 큰 보람과 기쁨이 될 것이다.

그동안 종교철학과를 위해 애써주신 교수님들은 물론 각자 자기의 자리에서 최선을 다하며 힘을 실어준 모든 동문들에게 이 자리를 빌려서 안부와 감사의 말을 전하고 싶다. 특히 종교철학과를 위해 물심양면으로 뛰어준 전 현직 동문회 임원들과 이 책의 발간을 위해 선뜻 거금을 내놓은 고문수(85) 동문, 끝가지 원고를 붙들고 씨름을 해온 서동은(85), 박일준(85), 장형철(86), 김선하(91) 동문에게 고마운 마음을 표한다. 원고를 수합하고 교정, 색인까지 꼼꼼히 정성을 쏟아준 장형철 박사의 수고 덕분에 힘들지 않게 이 책을 출간하게 되었다. 그리고 우리의 부족을 멋지게 디자인하고 편집하여 정말 귀한 책으로 탄생시켜 준 늘봄출판사와 편집장 이부섭 동문에게도 감사를 잊지 않고 싶다.

2013년은 우리에게 모두 새로운 원년이 되기를 희망하면서

독서당길에서

박남희

차례

머리말 5

1부 종교와 철학 사이에서

2부 종교와 철학의 깊이로

1부
종교와 철학 사이에서

1장
문제제기 "종교철학을 부르다"
장형철

우리가 사는 세상에 종교인의 수는 적지 않다. 2003년을 현재로 전 세계 인구 약 62억9천만 명 가운데 종교를 가진 인구는 85%인 약 53억5천만 명이나 된다. 기독교, 이슬람교, 힌두교, 불교 세계4대 종교 인구만 해도 72%인 약 45억3천만 명이다. 한국의 경우도 이러한 상황의 예외는 아니다. 2004년 통계청은 한국의 종교인구는 전체 인구의 54%인 2600만 명에 달한다고 발표하였다. 여기에 점, 제사, 굿, 풍수, 조상숭배, 세시풍속 등의 민속종교와 민간신앙을 가진 사람들을 포함하면 더 많을 것이다.[2]

그러면 왜 이렇게 많은 종교인들이 있을까? 그것은 종교가 개인의 삶에 영향을 미치고 있기 때문일 것이다. 사람들은 자신의 종교로 인해 스스로 빈자의 삶을 선택하기도 하고, 때로는 다른 사람에게 폭력을 가하는 것을 올바르다고 판단하며, 심지어는 스스로 자살폭탄 테러리스트가 되기도 한다. 그리고 또한 종교는 사회에 영향을 미친다. 종교는 사회를 안정시키거나 결속시키기도 하며, 때로는 그 반대로 사회를 변화시키는 당위성과 원동력을 제공하기도 하고 종교자체가 사회변혁 운동이 되기도 한다. 다시 말해 종교는 개인의 삶과 사회에 대해 답을 주기도 하고 문제를 던지기도 한다.

종교가 이러한 일들을 할 수 있다는 것은 아마도 종교는 인간의 감각과 오성을 통해 인식되는 어떤 사물이나 대상이 아니라 어떤 의미체계로써 우리가 사는 사회 안에 존재하기 때문일 것이다. 즉, 종교는 어떤 고정된 사물이 아니라 하나의 사회적 실체이다. 그런데 사회적 실체로서의 종교는 역사 속에서 다양한 사회적 위치와 여러 가지 기능을 하였다. 중세 서양의 경우 종교는, 좀 더 구체적으로 중세의 로마 가톨릭은, 사회와 문화의 기반이었다. 그리고 정치적으로도 가톨릭은 통치체재의 기반을 제공하였다. 그러나 종교의 이러한 사회적 위치는 중세가 끝나고 근대로 접어들면서 여러 가지로 의심과 비판을 받아왔다. 15세기 무렵 르네상스를 배경으로 인문주의가 나타나고, 이른바 데카르트의 생각하는 주체Cogito ergo zum의 발견, 18세기의 계몽주의, 시민혁명 그리고 산업혁명 등 일련의 역사들이 진행되면서 종교가 제공하는 운명론적 세계관은 더 이상 설득력을 가질 수 없게 되었다.

계몽주의Enlightenment[3] 라는 말 그대로 인간이성의 불이 켜지면서 인간은 중세적 미망에서 벗어났다. 결국 유럽사회는 혁명[4]을 통해 크게 변화하게 된다. 이러한 상황 속에서 종교는 점점 더 자신의 자리를 잃는 듯했다. 나아가서 종교는 마침내 얼마 후 사라질 것으로 치부되기도 하였다. 예를 들어 콩트Comte, 1798~1857는 인간의 지식 발달과정을 신학적 단계, 형이상학적 단계 그리고 과학적 단계로 나누었다. 그에 의하면 과학적 단계에 이르면 종교는 사라진다. 그리고 포이에르바흐 Feuerbach, 1804~1872에게 종교는 아예 실체가 아니라 단지 인간의 희망과 꿈을 투사해놓은 허상Illusion일 뿐이라고 주장했다. 나아가서 마르크스Marx, 1818~1883는 종교를 민중의 아편Opium이라고 비판 하였다. 그에 따르면 노동자가 자신의 창조적인 행위이며 잉여가치를 생산하는 노동을 더 이상 자본가에게 착취당하지 않기 위해서 반드시 노동자 혁명이 일어나는데 종교는 아편과 같이 노동자를 위로하고 막연히 낙관적이도록 해서 결국 현실을 보지 못하게 하여 혁명을 저해하는 장애물이 된다. 그러므로 마르크스에게 종교는 사라져야만 하는 것이다. 심리학자인 프로이트Freud는 종교를 유아기적인 환각이나 환상이라고 보고 인류가 성숙하면 종교를 몰아내고 이성과 과학이 인도하는 삶을 살 것이라고 보았다.

그러나 우리가 위의 통계에서도 보았듯이 종교는 여전히 존재한다. 종교는 히말라야 산속 깊은 곳에서 홀로 사는 사두(힌두교 수도자)의 삶 속에도 있고, 대통령 선거와 같은 정치적이고 세속적인 행위 안에도 존재한다.[5] 그러므로 종교는 여전히 개인의 삶과 사회에 영향을 미친다. 왜 종교는 사라지지 않고 여전히 존재하는 것일까? 그것은 위에서도 언급하였지만 종교는 인간과 사회가 가진 문제에 부정적이든 긍정적이든 적극적이든 소극적이든 어떤 답을 제시하기 때문이다. 인생이란 무엇인가? 어떻게 살 것인가? 행복이란 무엇인가? 무엇이 변하지 않는 진리인가? 이러한 질문들에 대해 가장 충실하고 분명히 대답해줄 수 있는 것이 종교이다. 물론 사회의 합리적 체계와 진보된 제도는 이전의 종교의 기능을 점점 약화 시키었다. 이러한 체계와 제도는 종종 개인을 보호하고 사회가 발전하도록 하며 또한 혼란에 빠지지 않도록 한다. 그러나 문제는 체계나 제도가 '왜'라는 질문에 답하지 않는다는 것이다. '왜 사람을 때리고 속이고 죽이면 안 되는가?'라는 질문에 체계와 제도는 대답하지 않는다.

다만 '모든 인간은 평등 하다'라는 시민혁명 후 프랑스 인권 선언과 같이 방법론적인 선언만 있을 뿐이다. 어찌 보면 사회의 체계와 법은 그렇게 하면 안 된다는 전제하에 만들어진 것이다. 반면에 종교는 각각 다른 이해와 방법을 가지고 있기는 하지만 위에서 제시한 '왜'라는 질문에 사회와 세계를 초월하는 가치를 제시할 수 있는 의미체계를 가지고 나름의 대답을 제공한다. 예를 들면 종교는 사람을 매우 귀중한 존재로 인식한다.[6] 이러한 인식은 왜 폭력과 살인을 하면 안 되는지 인간이 경험하는 세계와 사회체계를 넘어서는 추상적이지만 매우 설득력 있는 설명을 제시할 수 있는 근거가 된다.

사실 현재의 사회 체계와 제도는 중세가 끝나고 근대로 접어들면서 사회변동 즉, 근대화Modernization 과정에서 만들어진 것들이다. 그러나 엄밀히 말해서 근대화가 진행되는 과정에서 인간이 느끼는 불안과 위기가 제거되지는 못하였다. 찰스 테일러Charles Tyler에 의하면 현대세계에 살고 있는 사람들에게 불안의 요인은 오히려 근대성Modernity에 있다. 테일러는 이것을 세 가지로 나누어 지적한다.[7] 첫째는 근대화로 인해 나타난 개인주의Individualism가 가진 부정적 측면이다. 개인주의는 인간의 자유를 제한한 전통적인 질서와 권위를 벗어나게 했지만 개인들이 과도한 자기몰두Self absorption를 하게 하여 자기중심적인 세대를 만들었다. 둘째는 주어진 목적을 효율적으로 성취하게 하는 합리성 즉, 도구적 이성Instrumental reason이다. 도구적 이성은 도덕적 정신적 계몽이 요구되는 상황에서 기계적 기술적 해결책만을 찾는 것이 마땅하다고 믿게끔 조작한다. 이것이 도구적 이성의 지배이다. 그러나 서구의 여러 학자들이 지적하였듯이 합리화Rationalization된 사회의 관료제도 Bureaucracy와 사회적 체계Social systems는 오히려 인간을 억압한다.[8] 셋째로 이러한 개인주의와 도구적 이성의 지배 결과는 자유의 상실이다. 그리고 나아가서 토크빌Alexis de Tocquevill이 언급했던 이른바 '온건한 독재' Soft despotism가 출현할 가능성을 낳는다.

이러한 근대성에서 비롯된 문제로 인해 삶의 불안을 느끼는 현대인에게 종교는 여전히 삶의 의미와 힘을 제공할 수 있다. 왜냐하면 종교는 사회적인 체계나 권력과 친화적일 수도 있지만 동시에 그것에 저항하고 그것을 초월하는 숭고한 가치와 목적을 제시하기 때문이다. 북미의 천년왕국운동, 남미의 해방신학운동, 중국의 백련교도의 난, 그리고 한국의 동학혁명 등이 그 예들이라고 할 수 있다. 이러한 종교의 기능은 근래에 나타난 것이 아니라 종교가 인류의 역사 속에서 지속적으로 가져왔던 기능이다. 사실 종교의 역사는 인간의 역사와 함께 시작되었다. 그리고 중세와 근세를 거쳐 지금까지 계속되고 있다. 아마도 종교의 역사는 인간의 역사와 함께 끝날 것이다.

그렇다면 이제 우리는 현 시점에서 그리고 앞으로도 계속 종교를 이해해야 할 필요가 있다. 종교는 여전히 존재할 뿐만 아니라 사회적 기능을 수행하고 있으며 앞으로도 그러할 것이기 때문이다. 종교를 이해하려면 각 종교가 제시하는 전통과 교리 그리고 의례를 알아야 한다. 나아가서 신의 존재와 특성, 절대적인 가치와 깨달음, 종교적인 상징, 선과 악, 종교언어와 경험, 종교가 만드는 사회적 현상, 그리고 과학과의 문제들을 다루어야 우리가 사는 현 시대에 걸맞은 종교에 대한 이해라 할 수 있다. 물론 각 종교의 신앙적 언표를 통해 이러한 주제들을 다룰 수 있다. 그러나 그것은 동어반복이 되거나 종교적 선언이 되기 쉽다. 그리하여 각 종교가 어떻게 이러한 주제들을 다루는지 이해하는 데 어려움이 생길 수 있다. 고백과 행위를 통해 종교를 이해할 수 있지만 그것들은 너무 주관적일 수 있어서 타종교인과 비종교인들에게 다시 말해 다른 신앙을 가진 종교인이나 종교 밖에 있는 사람들이 이해하기 어려울 수 있다. 그러므로 논리적이고 체계적인 철학적 사고를 통한 설명이 필요하다. 철학은 지혜를 사랑하고 진실과 오류 밝혀내는 사고를 하는 학문이 아니던가? 또한 이러한 종교에 대한 철학적 이해는 또한 요즈음 급격히 나타나는 종교를 향한 비판들과 부정적 시각의 정당함과 부당함을 명백히 할 수 있을 것이다. 종교에 대한 비판은 대개 종교 자체가 가진 윤리, 세계관, 교리, 또는 전통의 문제에 대한 것들이지만 최근에는 종교인들의 배타적 행동과 타락 그리고 범죄 행위에서 비롯된 것이 늘어나고 있다. 그러나 종종 종교에 대한 비판들은 무지나 오해가 뒤섞이어 복잡한 양상을 만드는 경우도 있다. 그러므로 이러한 비판들이 제시하는 핵심적인 논리와 근거를 검토하는 것 또한 종교에 대한 철학적 이해와 설명을 주요 목적으로 하는 종교철학이 가진 중요한 과제일 것이다.

급격하게 변화하는 현재를 사는 우리에게는 종교를 구시대의 유물로 비하하지 않고 또한 종교를 자의적 해석만으로 변증하지 않게 하는 종교철학이 필요하다. 우리는 다른 어느 때 보다도 종교철학이 필요한 시대를 살고 있다. 그래서 우리는 지금 종교철학을 부른다!

2장
종교철학의 제 문제들

박일준

1. 다중의 시대에 종교철학을 어떻게 이해할 것인가? : 종교철학의 정의 문제

종교철학이란 말은 자체로 두 명사의 결합으로 이루어져 있다. 종교와 철학이다. 여기서 '와'and는 두 명사가 합쳐서 새로운 분야를 만들어낸 다는 의미도 있고, 아울러 종교와 철학 사이between 즉, 전적으로 종교 연구 분야에 속한 것만도 아니고, 그렇다고 전적으로 철학적인 탐구의 대상인 것만도 아닌 애매한 자리를 가리키는 말일 수도 있다. 따라서 종 교철학은 종교와 철학 간의 간학문적Interdisciplinary 연구 분야로서 두 분야를 망라하는 장점도 있지만, 동시에 종교 연구도 아니며 철학 연구 도 아닌 혼종적Hybrid 분야로서 양 분야로부터 서출 취급을 받기도 한 다. 또는 최근 종교철학은 '간학문적 연구 기획'을 넘어서서 '다중학문 적'Multidisciplinary 분야로 나아가야 한다고 주장되기도 한다.

우리의 전통적인 이해를 참고로 할 때, 종교철학은 우선 두 가지 해석이 혼재되어 있는 표현이다. 첫째, '종교적 철학'Religious Philosophy 담론을 가리키는 용어로 사용될 수 있다. 이 경우, 철학사 속에서 '종교적인 것'을 다루어왔던 모든 철학자들과 철학 담론이 '종교철학'의 우산 아래 포함되어진다. 종교철학에 대한 광의의 표현일 것이다. 둘째, '종교에 대한 철학적 분석'이라는 의미에서 종교철학에 대한 정의가 가능한데, 이 경우는 Philosophy of Religion으로 표기되어진다.[9] 앞의 정의와 갖는 큰 차이는 이 두 번째 경우의 종교철학은 우선 '종교'를 철학적 분석의 대상으로 고정시킨다는 점이다. 따라서 종교적 뉘앙스를 전하는 철학자들의 담론이 아니라, 기존 종교 현상에 대한 철학적 분석이 주종을 이루는데, 예를 들어 종교언어에 대한 철학적 분석 등이 여기에 속할 것이다.[10] 우리가 근대 이래로 '종교철학'이라는 분야의 명칭을 사용할 때, 통상 우리는 이 두 번째 정의를 기준으로 종교철학을 이해해 왔다. 그런데 신학 분야에는 오랜 동안 '철학적 신학'Philosophical theology이란 분야가 존재해왔다. 여기에는 안셀무스의 존재론적 신 존재 증명이나, 토마스 아퀴나스의 우주론적 신 존재 증명 등이 포함된다.

기독교의 진리 주장을 표현하기 위해 기독교가 초기부터 당대의 철학적 담론들을 활용해왔고, 그러면서 신학은 철학적 형식을 빌리는 데 그치지 않고, 신학의 내용을 철학적으로 구성하기도 하였다. 따라서 근대적 형태의 종교 연구의 등장 이전까지 '종교철학'이라 불릴 수 있는 분야는 사실 '철학적 신학' 분야이다. 앞의 종교철학의 두 정의들 중 첫 번째 정의는 다른 조건들을 염두에 두지 않는다면, 바로 이 중세 이래의 철학적 신학을 가리키는 용어로 사용될 수도 있을 것이다. 이 철학적 신학의 눈으로 전개되는 종교철학의 문제는 바로 모든 종교 연구를 '신학'이라는 분야 아래 두고, 신학적 성찰을 위해 철학적 논리를 사용한다는 점이다. 그래서 아퀴나스는 철학은 신학의 시녀Maiden라는 표현을 하기도 하였다. '종교에 대한 철학적인 연구 혹은 사유'로서 종교철학을 정의하기 시작한 것은 바로 중세기의 이 철학적 신학으로서 종교철학에 대한 정의가 '종교적 담론의 철학화' 혹은 신학적 사유를 철학적으로 재논술하고 신학적 교리를 철학의 언어로 표현하는 일로 삼으면서, 철학을 신학의 시녀로 삼았던 중세기 학문 전통에 대한 정당한 반발이었다. 종교에 대한 철학적 탐구와 성찰로써 근대 이래 종교철학은 이제 신의 속성으로부터 세계를 이해하는 것이 아니라, 인간의 합리적 이성을 매개로 세계와 우주를 이해하기 시작했다는 것을 의미하며, 인간이 스스로의 세계를 이성적으로 구성Construct해나갈 능력을 자각하기 시작했다는 것을 의미한다. 이는 근대 이래로 급성장한 과학기술 분야들의 힘을 통해 성취되었다.

하지만 근대를 지나 탈근대라 불리던 시기를 지나는 요즘 우리들의 문제는 신학의 권력이 문제가 아니라 근대 이성의 통치가 문제가 되는 시대이다. 근대로부터 유래하는 합리적 이성이 쌓아올린 문명의 찬란한 업적 이면에는 도저히 인간의 합리적 논리로 해결할 수 없는 문명의 문제들이 산적해 있다. 가장 긴급한 문제들만을 꼽더라도, 지구생태환경의 문제, 지구촌 자본주의 체제가 초래하는 부의 격차 문제, 생명공학의 발전으로 유래하는 생명의료문화의 자본화 문제, 전쟁, 기아, 기근, 에너지 파동, 식량 파동, 주기적으로 일어나는 신종 바이러스 문제 등에 더하여 여성과 인종과 계급의 문제 등. 이런 시대에 종교에 대한 철학적 이해란 곧 예술에 대한 철학적 이해를 예술철학, 과학에 대한 철학적 이해를 과학철학, 인간 심리에 대한 철학적 이해를 심리철학으로 부르던 근대적 이성의 지식 권력구조를 아직도 그대로 답습하고 있다는 것을 의미한다.

근대 시기 우리는 인간의 합리적 이성을 통해 세계의 문제들을 이성적으로 해결해나갈 것이라는 낙관론을 믿고 있었다. 그런데 근대를 지나 소위 탈근대 혹은 후기 근대 시대는 인간의 합리적 이성만으로 닥쳐진 문제들을 해결할 수 있을 것이라고 낙관하지 못하도록 만든다. 장기이식의 문제, 이종 간 이식의 문제, 인간복제의 문제, 낙태, 유전자 검사, 유전자 특허를 둘러싼 지적재산권 문제 등이 복잡하게 얽혀있는 생명윤리 분야는 우리가 이해하고 있는 전통적인 개념들의 인간 이해를 가지고는 도저히 해결책을 찾을 수 없는 듯이 보인다. 지구생태계 위기는 인간 문명이 그 스스로의 합리성만으로 세계의 미래를 이끌어 갈수 없다는 사실을 부정적으로 보여주는 적나라한 사건이다. 자본주의와 계층의 문제는 인간 안에 내재한 이기적 본성이 단순히 도덕적 훈육이나 윤리적 교육만으로 해소될 성질의 문제가 전혀 아니다. 더군다나 냉전시대 이래로 강대국들이 축적해온 핵무기 기술은 이제 민주적으로(?) 제3세계로 확장 이전되면서, 지구촌 국지전이나 민주주의 혁명의 순간에 힘을 가진 권력의 입맛에 따라 남용되고 있는 실정이다.

그래서 이제 사람들은 기독교 신학에서 말하는 '성령'의 협소한 맥락이 아니라, 지구적 의식이라는 맥락에서 '영성'Spirituality에 다시금 주목하기도 한다. 이런 맥락에서 종교철학의 첫 번째 정의인 종교**적** 철학Religious philosophy이 다시금 주목받기 시작한다. 여기서 '종교적'이라함은 단순히 기존 제도권 종교의 영성만을 의미하는 것이 아니라, 특별히 '종교철학'이라는 맥락에서 영성과 연관된 포괄적 문제를 다룰 철학적 담론을 가리킨다. 예를 들어 신경과학, 뇌 과학, 인지 과학 그리고 진화심리학 분야들의 연구들이 진척되면서, 인간의 영혼과 몸 그리고 세계는 '영, 혼, 육'이라는 서구전통의 이해로는 설명의 한계에 도달하였다. 인간의 영혼은 몸 안에 탑재된 중앙연산장치나 몸 없는 육신을 지닌 영혼의 형태로 존재하는 것이 전혀 아니다. 이 분야들은 이제 전통적인 인간 이해와 이미지를 넘어서는 새로운 인간상을 요구하고 있다. 우리 시대가 요구하는 영성의 요구와 새로운 인간상에 대한 요구는 이제 '종교적인 것'의 근원적인 재 정위를 요구한다.

이상의 맥락에서 최근 근대 이래로 정착되어온 종교철학Philosophy of Religion이라는 분과 경계에 의구심을 제시하는 사람들이 늘어나고 있다. 왜냐하면 이 학문적 경계 안에서 할 수 있는 종교철학적 작업은 종교에 대한 철학적 분석이나 성찰이지만, 사실 종교 연구는 철학 연구 분야보다 더 광범위하다. 실상 종교와 철학이라는 분야들 자체가 특정한 이해를 중심으로 일관성 있게 통합될 수 있는 범위를 넘어선다. 더 나아가 종교를 바라보는 보다 다양한 관점들이 현재의 종교철학의 경계 안에 포함되지 못한다. 예를 들어 종교에 대한 진화적 기원, 종교의 진화심리학적 기원, 종교의 뇌 과학적 설명 등이 기존 종교철학의 경계 안에서 다루어지고 있지 못하며, 종교에서 말하는 영혼의 문제와 직접적인 연관이 있을 '임사체험'NDE:Near death experience 연구나 죽음에 대한 정의가 다루어지고 있지 못하다. 물론 종교철학이라는 우산 아래서 다루어지고 있지 않다고 해서 그러한 문제들이 간과되고 있는 것은 아니다. 하지만 종교와 철학이라는 분야와 깊은 연관을 맺고 있을 주제들이 근대에 정의된 종교철학에 대한 협소한 정의 즉, 종교에 대한 철학적 분석과 성찰이라는 우산 아래서 포괄되지 못하고 있다는 문제는 분명하다. 이점에서 와일드만W. J. Wildman은 최근 '종교(적) 철학'Religious philosophy으로 분야의 성격을 바꾸어야 한다고 주장하기도 한다.[11] 이를 주장하면서, 와일드만은 종교철학 분야가 단지 종교 연구와 철학 연구 분야만의 만남이 아니라, 이제 종교적 주제와 철학적 주제들을 새로운 관점에서 다루어가고 있는 생물학이나 뇌 과학 그리고 인지 과학 등의 분야들을 아우르는 '다중학문적' 연구가 되어야 함을 역설한다.[12] 따라서 이제 종교철학은 '종교에 대한 철학적 성찰'로서 철학의 한 분야나 혹은 철학과 종교 연구 간의 '간학문적' 연구의 틀을 넘어서서 여러 제반 학문분야들이 소통하는 다중학문적 연구가 되어야 한다는 것이다.

아울러 인지 과학이나 뇌 과학 그리고 진화심리학 분야가 발전하면서, 종교의 인지 과학적 기반을 '몸'을 매개로 설명하거나 두뇌에 내장된 마음 기제가 진화적으로 왜 종교적 마음을 필연적으로 포함하게 되었는지를 설명하게 되었고, 이를 통해 종교철학은 새로운 영토를 찾아 나설 가능성을 직면하고 있다. 이 분야들에서 말하는 '종교'란 사실 특정의 종교를 지칭하는 것이 아니라 '영성'이라는 정체불명의 이름으로 불리는데, 이는 현대의 다종교 다문화적인 상황과 지구시역석Glocal인 상황이 맞물려, 어느 특정 종교를 옹호하거나 반박하는 것이 정치적 입장과 맞물리는 상황 속에서, 연관된 갈등을 회피하고자 하는 노력의 일환이기도 하다. 그럼에도 여기서 아주 집중하여 주의를 기울여야 할 기본적인 사실이 있는데, 그것은 곧 '종교'란 존재하지 않는다는 것이다. 황당한 이야기처럼 들리겠지만, 종교는 존재하지 않고, 종교들의 실례들만이 존재한다. 다시 말해서, '종교'Religion라는 말의 대상의 예들Examples로서 지칭되는 기독교, 불교, 힌두교 그리고 이슬람과 같은 제도 종교는 분명히 존재하지만, 그러한 개별 제도 혹은 비제도 종교들을 모두 포괄해서 통칭할 수 있는 어떤 것 즉, 종교라는 단어에 적확히 맞아 떨어지는 실체로서의 종교는 존재하지 않는다. 그래서 이런 역설을 해소하기 위해, '보편 종교'라는 허위의 대상을 창출하기 보다는 '종교적 영성' 혹은 '종교적 심성'이라는 단어를 통해 '종교 일반'을 지칭하게 된다. 여러 과학 분야들이 연구하는 것은 바로 이러한 종교 일반의 지평에서 종교의 기원과 목적과 기능과 치료 효과 등을 검토하고 있다. 그럼에도 '종교 연구의 경계를 정해야 할 필요성'은 분명 필요한데, 모든 종교를 공통적으로 묶어줄 초월적이거나 선험적인 기준은 존재하지 않더라도 우리는 생활 언어 속에서 '종교라고 지칭할 수 있는 그 무엇'을 보게 된다. 철학자 비트겐슈타인은 '가족 유사성'Family resemblance이란 개념을 제시해주었는데, 예를 들어 '게임'이라는 모든 것을 공통적으로 묶어줄 그 무엇은 존재하지 않지만, 각 게임들은 그들을 게임이라는 주제어로 엮어줄 일종의 가족적 유사성을 갖고 있다는 것이다. 이런 맥락에서 종교를 '가족 유사성'에 근거하여 일반적으로 범주화해내는 일은 가능할 것이다. 하지만 이렇게 방법론적으로 가정되는 '종교'는 그에 정확히 들어맞는 특정 대상을 갖고 있지는 않다. 믿기 어렵겠지만, 세상에 존재하는 다양한 종교 제도들과 수행들을 통괄할 수 있는 종교에 대한 정의는 거의 불가능하다는 것이 종교연구자들의 잠정적인 결론이다.

결국 '종교철학'의 정확한 경계는 그려지지 않는다. 간학문적 연구

혹은 융합학문적 연구 혹은 통합학문적 연구 등의 근대적 학문분과의
경계를 가로지르는 연구들이 활성화되기 수천 년 전부터 '종교와 철학
과 신학'은 서로의 경계를 가로지르며, 혼종적인 영역을 창출해왔다. 자
신의 신학을 조리 있고 논리적으로 설명하기 위해서든, 혹은 종교라는
현상을 논리적으로 설명하기 위해서든, 혹은 인간의 사유를 넘어 침노
해 들어오는 초월적인 어떤 것을 설명하기 위해서든 종교철학은 우리가
종교라는 이름으로 지시하고 칭하는 대상이 결코 인간의 학문 경계 안
에 박제되지 않는 대상임을 밝혀왔다. 그것은 언제나 우리의 학문 분과
'사이'에서 기존 설명들이 결여하고 있는 측면들을 드러내며, 달라진 시
대 상황에 맞게 새로운 언어로 기존 문화에 번역되어야 하는 것이다. 종
교철학은 특정 교리나 신학에 얽매이지 않고 그리고 종교 권력의 선전
기제로 전락하지 않고, 오히려 종교적 독단의 위험을 넘어 인간 이성의
진지한 성찰이 이성을 넘어 존재하는 그래서 이성을 무기력하게 만드는
그 신비한 영적 존재를 성찰하는 분야라고 광의로 정의할 수 있을 것이
다. 이런 맥락에서 종교철학은 다시금 그 본연의 자리 즉, 종교 **'와'** 철학
'사이' [13])에 균형을 잡으며 존재하기 위해 종교적 철학이란 명칭을 광의
로 사용할 것이 요구되어지고 있다.

2. 신, 절대, 자연? : 종교철학적 입장의 문제

종교철학의 쟁점들은 우선적으로 '신' 혹은 '하나님' 혹은 '하느님' 혹은
'절대' 등의 단어들이 지시하는 대상을 중심으로 구성되어진다. 종교의

토대로서 믿음의 대상이 되는 단어라고 할 수 있다. 하지만 이 핵심적 단어는 어떤 한 단어를 통해 획일적으로 지시되지 않는다. 신 혹은 절대를 어떤 식으로 생각하느냐에 따라 여러 형태의 신앙들이 가능하다.

우선 신이 존재한다는 입장과 신은 존재하지 않는다는 입장이 있다. 신이 존재한다고 믿는 입장은 '유신론'Theism이라 불리고, 신이 없다고 믿는 입장은 '무신론'Atheism이라 불리는데, 무신론자와 무종교인이 동일한 것은 아니다. 왜냐하면, 신적 존재를 상정하지 않는 종교를 상상하기 어렵다 해도, '신적 존재'를 믿지 않는 종교도 가능할 수 있기 때문이다. 유신론은 다시 유일신교와 다신교 그리고 단일신교로 구분 가능하다. 유일신교란 신은 유일하게 하나밖에 존재하지 않는다는 입장으로서, 기독교와 이슬람이 여기에 속한다. 다신교는 말 그대로 신이 '다수'로 존재한다고 보는 입장인데, 그리스 신화는 '다신교적'인 사고를 신화들을 통해 보여준다. 우리의 전래 신앙도 여러 신들이 각자의 기능과 역할을 분담하면서 구성된 다신교적 신앙이었다고 볼 수 있을 것이다. 부뚜막 신, 빗자루 신 등. 힌두교도, 궁극적으로는 인간의 형상을 한 신을 초월하는 종교이긴 하지만, 많은 신들을 모시고 있다. 유일신교와 연관되어, 이원론적 신관도 존재하는데, 유일신교의 신에 맞먹는 '악한 신'이 존재하고, 절대적으로 선한 신과 악한 신 간의 싸움이 우리가 세상을 살아가는 과정을 구성한다고 믿는 신관이다. 이 이원론적 신관의 대표적인 형태로는 조로아스터교나 초대 기독교 형성과정에서 크게 영향을 끼쳤던 영지주의Gnosticism가 있다.

또한 신이 아니라 비인격적인 자연 자체를 신적 존재로 상정하는 '자연주의'Naturalism도 있다. 자연주의는 자연 자체를 신과 동일한 것으로 보느냐의 여부에 따라, 유신론적 자연주의와 무신론적 자연주의로 구별 가능한데, 무신론적 자연주의는 통상 세상 혹은 우주의 모든 것은 물질적으로 구성되어 있고, 존재하는 것은 물질적인 것뿐이라고 보는 유물론Materialism과 아주 가까운 입장이지만, 물질의 구성성분들과 그 것들이 모여 구성하는 전체와는 같지 않다고 본다는 점에서 매우 종교적 일 수 있다. 말하자면 세상의 모든 것은 분석해보면, 정신이나 영혼을 지 니고 있지 않는 물질들이지만, 그 물질들이 모여서 구성된 우주 전체나 자연은 매우 영적인 모습을 보인다고 믿기 때문에 '자연주의'인 것이다.

영적이거나 정신적인 차원이 존재한다고 믿는 유신론이나 자연주 의와 달리, 그 어떤 신적인 것도 허용하지 않는 무신론적 입장이 있다. 이 무신론적 입장도 단순하지는 않다. 신이 존재하지 않는다는 단순한 입장과 구별되게 신의 존재 여부에 대하여 인간의 이성으로 알 수 없다 는 입장이 가능하기 때문이다. 이러한 입장을 불가지론Agnosticism이라 한다. 불가지론적 입장은 신의 존재를 부인한다기 보다는 '관망자'적 자 세를 취한다. 무신론적 입장도 반드시 반종교적인 입장만은 아닌데, 예 를 들어 불교의 경우, 기독교와 같은 신의 존재를 믿지 않는 '무신론적' 입장을 갖고 있긴 하지만, 그렇다고 반종교적인 입장은 전혀 아니다. 반 종교적인 무신론적 입장은 흔히 '유물론자'로 분류되는데, 물질 이외의 다른 어떤 영적이거나 정신적인 것이 존재하지 않는다는 입장이다. 정 신 같은 것이 존재한다면, 물질적인 것으로부터 '부수병발'Epiphenomenal 하는 것으로 간주한다. 그래서 모든 고차원적인 현상은 물질적인 것으 로 환원하여 설명할 수 있고, 따라서 신이나 영혼이나 정신 같은 것은 존재하지 않는다고 보는 입장이다.

그렇다면 우리는 신, 절대, 자연 중 어느 것을 연구의 대상으로 삼는가? 어떤 입장을 취한다는 것은 이미 이 단어들에 대한 일정한 전이해Pre-understanding를 갖는다는 것을 의미한다. 즉, 우리는 우리의 연구 대상이 무엇인지를 알기 이전에 이미 그 대상에 대한 일정한 앎을 전제로 출발한다는 것이다. 따라서 우리가 신 혹은 절대 혹은 자연을 탐구하고 연구하는 것이 아니라, 오히려 신과 절대와 자연이라는 사유와 영성의 구성물Construct을 통해 우리는 우리 자신을 탐구하기 시작한다는 것이 바른 말인지도 모른다. 모든 것은 결국 '나 자신을 안다'Know thyself는 것이라고 서구 철학의 시조 소크라테스는 언급하지 않았던가.

3. 신 혹은 절대는 어떤 존재인가? : 종교적 믿음의 대상 문제

서구의 신학에서 '신' 혹은 '하느님'은 결코 인간의 모든 언어를 초월한 표상 불가능한 존재로 등장하지 않는다. 만일 신이 우리의 언어와 사유를 전적으로 초월해 있다면, 그런 초월적 존재를 언어로 표현한다는 것 자체가 불가능할 것이다. 그럼에도 서구신학은 그 '신'이 일정한 (언어적) 속성들로 규정될 수 있는 것으로 묘사해왔다. 언어로 포착될 수 없는 존재는 비존재이기 때문이다. 그중 무엇보다도 신은 '창조자'로 등장한다.

창조는 전통적으로 신의 고유한 속성으로 간주되어왔다. 인간도 이전에 없던 도구나 기구의 제작을 통해 '창조성'Creativity을 발휘하긴 하지만 창조주로서 신의 속성은 인간의 발명이나 제작처럼 기존 소재들

을 활용한 것이 아니라, 무로부터 만물을 창조한다는 점에서 신적인 것
으로 간주되었다. 신학적으로 '무로부터의 창조'Creatio ex nihilo가 성서
적인 기원을 두고 있다고 보기는 어렵다. 기독교의 성서는 이 문제에 대
해서 매우 애매하다. 특별히 창세기 1장의 기록을 보면, 하느님의 창조
의 사역을 시작하시기 전 거기에는 흑암과 물과 바람이 있었다. 그러니
엄밀히 말하자면 '무'無로부터의 창조는 아닌 셈이다. 하지만 고대의 위
대한 신학자 성 아우구스티누스는 신적 창조의 고유성을 교리적으로 설
명하기 위해 '무로부터 창조'를 주장하였다. 창조론이 기독교 고유의 교
리는 아니다. 많은 종교와 신화들이 창조 이야기를 갖고 있고, 아우구스
티누스는 그렇기에 기독교의 신만이 담지한 고유한 속성을 부각시키기
위해 교리적으로 '무로부터'Ex nihilo라는 부분을 삽입한다. 그런데 성서
는 '무로부터의 창조'라는 철학적 논리에 기반한 창조론 보다는 '어두
운 세상에 창조의 빛'을 비추는 창조자의 모습을 더 강렬히 묘사하고 있
다. 창세기 1장의 기사가 기록되기 시작한 연대는 70년간의 바벨론 포
로기 때로 알려지고 있다. 하느님이 선택하신 민족이라는 자부심이 성
전과 나라의 멸망으로 완전히 무너진 때, 성서 기자는 태초의 창조를 어
두운 흑암 위에 하느님이 '빛이 있으라' 하심에 '빛이 있었다'는 전혀 과
학적이지 않은 사건으로 기술하기 시작한다. 그리고 그 창조의 7일은
아침부터 밤으로 진행되지 않고, "밤이 되고 아침이 되니" 이는 첫째
날, 둘째 날, 셋째 날 등으로 셈하여진다. 하루의 시작이 아침이 아니라
'밤'이고, 창조란 그 어두운 밤의 세계에 '빛을 창조하는 것'이었다. 아
우구스티누스의 '무로부터의 창조' 교리이건 성서의 '빛의 창조'이건
간에 기독교 신관의 핵심은 하느님이 '창조주이시다'라는 것이다. 그리

고 그 창조의 능력은 주변에서 활용할 수 있는 소재들을 새롭게 구성하여 이전에 존재하지 않던 어떤 것을 창조적으로 만들어내는 류의 창조성이 아니라, 비존재하는 것을 창조를 통하여 전적으로 존재케 하고 세계로 도래케 하는 능력을 가리킨다.

아우구스티누스의 '무로부터의 창조론'은 서구 신학에서 신을 사유하는 방법이 급진적으로 바뀌었다는 것을 나타내는 징표이다. 비록 성서의 문헌들은 '무로부터의 창조'를 주장하지 않더라도, 당대의 서구인들은 이제 신을 '철학적 논리와 합리성'에 기반하여 묘사하기 시작한 것이다. 그러한 연장 선 상에서 신의 여러 가지 속성들이 도출되기 시작했는데, 우선 신은 '전지'Omniscience하다는 속성이다. 신은 모든 것을 알고 있다는 뜻이다. 과거와 현재와 미래의 모든 것 뿐만 아니라 그 과정들 속에 접혀진 가능성들과 잠재성들까지 모두 알고 있다는 뜻이다. 그 다음으로 신이 '전능'Omnipotence하다는 속성은 신이 전지하다는 속성과 동연Co-extensive하다. 즉, 신에게는 '불가능이 없다'는 뜻이지만, 현실적으로 불가능이 불가능하다는 말은 논리적으로 모순이다. 왜냐하면 실제적으로 불가능이 존재할 수 있기 때문이다. 예를 들어, 하느님이 전쟁에서 나를 보호하신다는 믿음과 적으로 마주하고 있는 상대방도 역시 그 하느님이 그를 보호하신다고 믿을 경우, 그리고 전쟁의 결과로 나와 상대방 둘 중 하나가 목숨을 잃는 결과가 나올 수밖에 없는 경우, 하느님은 나와 상대방을 동시에 보호하실 수 있는가? 라는 물음을 물을 수 있다. 해마다 대학수학능력 시험장에서 자녀들이 시험을 잘 치를 수 있도록 기원하는 종교인들을 볼 수 있다. 교회마다 수험생을 위한 특별 기도회가 열린다. 이 '기도'를 하느님은 들어주실 수 있으신가? 시험은 결과를 절대치로 측정하는 것이 아니라 상대치로 측정한다. 내가 아무리 좋은 점수를 받아도, 상대방이 더 좋은 점수를 받는다면, 나쁜 점수가 된다. 이런 상황에서 하느님은 그 많은 경쟁자들의 기도를 어떻게 충족시킬 수 있으실까? 신의 전능함이라는 속성을 그 자체로 이해하자면, 이럴 경우 논리적 모순에 봉착하게 된다. 하지만 신의 전능함이라는 속성은 신이 모든 것을 이미 알고 있다는 '전지'의 속성과 연장된 속성으로 이해할 경우, '전능'이란 모든 경우의 수를 고려해서, 신은 최선의 결과로 그 능력을 발휘할 것이라는 의미로 이해될 수 있다. 또한 신은 '편재'Omnipresent한다는 속성을 갖는다. '편재'Omnipresence란 그 어떤 곳이든지 현재한다는 말이다. 우주의 물리적 공간 어디에나 혹은 내 마음이나 민족의 마음속에든지 어디에나 현재한다는 말이다. 이는 전지와 전능의 속성으로부터 도출되는 속성이다. 만일 신이 어느 한 지역이나 자리에 제한된다면, 애초부터 '전지'할 수 없고, 그렇다면 '전능'을 발휘할 수 없을 것이기 때문이다.

이상의 전지, 전능, 편재의 속성들은 곧 신은 '완전하다'perfect는 우리의 기대를 반영하는 속성들이다. 만일 신이 불완전하다면, 그리고 그 신이 할 수 있는 것이 나보다 조금 나을 뿐이라면, 존경이나 경의를 표하기는 하겠지만 '믿음의 대상'으로 삼지는 않을 것이다. 결국 전지, 전능, 편재는 신의 완전성을 구성하는 속성들이다. 이에 더하여 만일 신이 완전하다는 것은 어떤 의미를 갖는지를 구현하는 속성이 있다. 그것은 바로 신의 '선함'goodness이다. 신의 완전함은 이미 우리 인간의 기대치에서 보자면 선해야 한다. 만일 신이 '선'하지 않다면, 우리도 선할 이유가 없어진다.

　　이상의 속성들을 지닌 신이 형이상학적으로 가능하기 위해서는 다음과 같은 속성들을 담지하고 있어야 한다. 이것은 '신'을 신답게 확신할 수 있게 해주는 속성들이라 할 수 있다. 우선 '단순성'Simplicity인데, 이는 위에서 언급한 속성들이 구별되는 것은 인간의 관점에서 가능한 것이지, 신의 관점에서는 모두 동일하고 단순하다는 의미이다. 둘째로 불변성Immutability이 있는데, 신의 단순성이란 속성과 동연하다. 즉, 신은 세상의 변화와 마음의 변화로 인해 변덕을 부리지 않는다는 것이다. 신의 마음이 변화무쌍하여 바뀌거나 변심한다면, 사람들은 그 신을 신뢰할 수 없을 것이다. 따라서 믿음의 대상이 될 수 없다. 그래서 셋째로 신은 그 어떤 내적인 감정의 변화를 겪지 않는다. 이를 무감정성Impassibility이라 한다. 외부 세계를 느낀다는 것은 곧 이를 통해 내부의 자아가 변화 받을 수 있다는 것이고, 이는 곧 감정의 변화가 있을 수 있으며, 변심할 수 있다는 뜻이다. 이러한 내적 변화가 불가능하다는 것이다. 아울러 무감정성은 단지 감정적으로 변화하지 않는다는 뜻을 넘어서서 감각적으로 전혀 무감각하다는 뜻을 동시에 내포한다. 하느님의 아들이 십자가에서 죽을 때 하느님은 그 아들의 고통을 어떻게 느꼈을까? 슬퍼하셨을까 아니면 분노하셨을까? 그의 완전성은 이러한 감각적 느낌을 감정으로 받아들여, 반응하지 않는다.

　　이러한 형이상학적 속성들은 다시 신은 영원하다는 말을 가리킨다. 어느 순간 죽거나 사라질 수도 있는 존재라면, 신을 믿고 그에게 간구하거나 청원할 의미가 없기 때문이다. 신의 영원성은 우리가 신을 믿는 기본적인 토대 중의 하나이다. 신이 사라지거나 변할 수 있다면, 그 신을 우리의 믿음의 대상으로 삼을 이유가 없다. 그런데 여기서 '영원히 산다'는 것은 매우 독특한 특성을 보여준다. 모든 생명은 어떤 의미로 불멸한다. 인간을 예로 들자면, 인간은 종적으로 혹은 유전적으로 불멸한다. 하지만 개체적으로는 반드시 죽는다. 이는 자연선택의 기제가 생명이 진화할 수 있도록 선택한 기제이다. 도킨스의 말대로 우리 인간 유기체는 유전자들을 실어 나르는 '운송수단'Vehicle에 불과하다. 거대한 생명의 관점으로 보자면 각 개별 유기체는 생명을 유지하고 전달하는 수단에 불과하다는 말이다.

그런데, 인간이 영원이나 불멸을 희구한다는 것은 주어진 운명을 거슬러 그 거대한 생명의 흐름에 저항 의식을 표출하기 시작했다는 말이다. 하지만 그러한 바람을 가지고 있다고 해서, 그러한 일이 현실로 벌어졌다는 말은 아니다. 만일 모든 사람들의 영원불멸의 바람이 이루어졌다고 해보자. 그래서 신적인 존재가 되었다고 가정해보자. 모든 이들은 행복할까? 그렇지 않을 세상을 맞이할 가능성이 더 크다. 인간의 수명이 의학의 발전으로 늘어나 고령인구 국가로 접어드는 요즘, 대한민국은 은퇴 이후 늘어난 삶의 시간 때문에 버거워하고 있다. 심지어는 청년 세대와 일자리 싸움을 벌이는 듯한 인상을 받기도 한다. 이는 왜 인간이 한시적인 수명의 한도 내에서 소멸을 맞이해야 하는지를 간접적으로 방증하며, 이를 실현한 자연의 지혜를 보여주기도 한다. 종교는 신의 영원성을 통해 인간의 이 위험한 영원불멸의 욕망을 해소시켜 주는 듯하다. 내가 이 삶에서 못 다한 미완의 것들을 영원하신 신은 기억하고 대신 완수해주신다! 이런 의미에서 신에 대한 개념들과 속성들은 단지 미개한 인류가 두려움으로 표상한 미신과 원망투사에 불과한 것이 아니라, 우리가 살아가는 삶의 지적 환경에 가장 친화력 있게 적응한 설명과 믿음의 체계로 여겨진다.

4. 믿어야 할까, 이해해야 할까? : 신앙과 이성의 관계 문제

우리의 근대적 통념 속에서 신앙과 이성은 통상 대립적인 것으로 이해
되어왔다. 사실 근대 이래로 종교와 철학이 분리되면서, 이성과 신앙은
서로 어울릴 수 없는 어떤 무엇이라는 것이 일반의 견해이다. 하지만 믿
는 것과 생각하는 것은 정말 그렇게 대립적인가? 오히려 생각은 믿음에
기반하고, 믿음은 생각을 통해 자라나는 것 아닌가? 믿음과 생각 사이
의 이분법적 구조를 구축하려면, 그들 사이에 '사실'Fact의 영역이 전제
되어야 한다. 사실이 믿음과 생각 사이에서 어떻게 이해되어지느냐에
따라 믿음과 생각 사이의 태도 차이로 발전한다.

　　하지만, 심지어 과학 분야에서도, '사실'은 존재하지 않는다. 적어
도 우리가 생각하는 모습으로 사실로서는 말이다. 오히려 과학의 사실
도 어느 정도는 '믿음'에 기반한다. 예를 들어 원자나 전자를 우리의 눈
으로 직접 확인한 사람은 없지 않은가? 단지 그들이 남긴 흔적들을 놓
고 이론의 구성을 통해 그러한 존재를 합리적으로 예측하는 것 아닌가?
하이젠베르크의 불확정성 원리, 입자의 위치와 속도를 동시에 알 수는
없다는 원리의 해석은 과학적으로 확고해졌는가? 생물학에서 '진화'는
입증된 사실인가 아니면 가장 합리적인 해석을 위해 필요한 이론적 틀
인가? 과학의 사실에 대한 언급은 정상과학이라 불리는 일정한 패러다
임에 근거한다고 토마스 쿤은 이미 언급하지 않았는가? 그렇기 때문에

과학은 믿음에 근거한다는 것이 아니다. 단지 과학도 어느 정도 수준에서 믿음을 요청할 수밖에 없으며, 이렇게 요청되는 믿음은 맹목적 믿음이 아니라는 것이다. 이와는 정반대로 그럼 믿음은 언제나 비합리적인가? 앞에서 설명한 신의 정의와 속성 등은 믿음은 비합리적 맹목성이라기보다는 오히려 합리적 추론을 통해 근거를 찾아간다고 볼 수 있다. 따라서 신앙 '과' 이성의 관계 즉, 그 '그리고'and의 관계는 언제나 대립적인 것이 아니다. 예를 들어 우리는 고대 저술가 터툴리안Quintus S. F. Tertullianus, 160~220을 기억한다. 그는 "아테네와 예루살렘이 무슨 관계가 있는가?"[14]라고 반문하면서, 유명한 말 즉, "나는 불합리하기 때문에 믿는다"는 말을 남겼다. 터툴리안의 말은 기독교는 철학과 아무런 관련이 없고 그래서 철학적 이성의 기반인 합리성을 철저히 배격하는 태도로 해석되어왔다. 하지만 이러한 터툴리안의 주장은 '죽은 자의 부활을 논증하는 과정'에서 비롯된 것임을 고려해야 한다. 주변적 상황에 대한 고려가 중요한 것은 터툴리안이 본래 말하고자 했던 것을 온전하게 바라볼 수 있도록 해주기 때문이다. 죽은 자의 부활을 주장하면서, 그는 아리스토텔레스의 삼단논법에 기반하여 불합리성을 합리적 이해의 수단으로 사용하고 있다. 즉, 죽은 자의 부활이란 일단 일반 상식의 수준에서 불합리한 사건이다. 상식적 합리성을 근거로 해서는 이해되지 않는 사건이란 말이다. 이 논증을 펴는 사람도 그 불합리성을 상식선에서 공유한다. 그럼에도 그가 그 불합리성을 끝까지 주장한다면, 이제는 오히려 그 불합리한 사건이 사실일 가능성이 매우 높다는 것이다. 모든 사람들이 자신이 주장하는 것을 불합리하다고 여길 것을 뻔히 아는데도, 그 주장을 고집한다면 거기에는 반드시 그럴만한 이유가 있을 것이라는 추론이다.

이러한 맥락에서 보자면, 터툴리안은 이성을 배격한 것이 아니라, 오히려 불합리하게 여겨지는 죽은 자의 부활을 합리적으로 논증하고 있는 셈이다. 말하자면 신앙과 이성의 관계 설정 문제는 우리가 생각하는 것보다 훨씬 복잡하고 중층적인 양상을 지니고 있다. 요점은 신앙과 이성의 관계를 단지 이분법적인 선택의 문제로 환원시키지 말자는 것이다. 그런 점을 염두에 두고 우리는 신앙과 이성 사이에서 취할 수 있는 입장들을 살펴보아야 한다.

신앙과 이성 간의 관계 문제에서 취할 수 있는 한 가지 입장은 '합리주의' 혹은 '합리주의적 신앙'의 입장이다. 이 입장은 믿음이란 합리성에 기반해야 한다고 보는 입장이다. 이때 이 합리성이 엄격한 증거에 기반해야 한다고 믿는다면 종교에 부정적인 태도를 갖게 된다. 종교적 믿음은 증거에 기반하지 않기 때문이다. 예를 들어 19세기 영국의 수학자 클리포드W. K. Clifford는 "불충분한 증거를 가지고서 어떤 것을 믿는다는 것은 어느 경우이건 간에 그리고 누구이건 간에 언제나 잘못이다"[15]고 주장했다. 그러면서 종교는 이러한 엄격한 증거의 기준을 충족시키기 어렵다는 부정적인 생각을 갖고 있었다. 하지만 17세기의 존 로크나 13세기 토마스 아퀴나스는 기독교 신앙이 그러한 합리적 기준에 부응할 수 있다고 보았다. 로크와 아퀴나스는 '엄격한 증거'보다는 '합리적 기준'을 합리성의 기준으로 삼았다. 결국 합리성의 기준을 어떻게 세우느냐에 따라 종교에 대한 태도는 긍정적일수도 부정적일수도 있다. 따라서 합리주의적 태도를 지향한다고 해서 종교에 언제나 부정적인 것은 아니다. 문제는 이러한 합리주의적인 태도가 종교의 입장에서 건전한 것이냐이다. 신앙은 합리적으로 예측가능하고 계산 가능한 것의 지평을 넘어 있다고 생각할 때,[16] 믿음이 합리성에 근거해야 한다는 주장은 종교를 이성적 합리성에 종속시키는 결과를 낳기 쉽다. 이는 결코 종교에 건전한 태도가 아니다. 더 나아가 우리가 사유하는 모든 것들이 그렇게 합리적인 이성을 기반으로 이성적인 증거를 토대로 구축되었는가를 물어볼 수 있다. 이때 우리는 섣불리 그렇다고 대답하기 어렵다. 우리가 세계를 사유하는 것들 중의 많은 것들이 합리적 고찰과 증거를 기반으로 구성된 것은 아니기 때문이다. 그렇다면 이러한 엄격한 합리성의 기준을 굳이 종교에만 적용하는 것은 온당치 못한 일이다. 좀 더 가혹하게 묻는다면, 이성은 합리적인가 라는 물음을 던져볼 수도 있다. 프랑스 철학자 미셸 푸코의 작업들은 우리의 지식이 어떻게 권력 작용과 공모관계를 구성하는지를 적나라하게 보여준 바 있다. 즉, 우리가 합리적이라고 생각하는 것은 대부분 기존의 권력관계를 기반으로 구축된다는 것이다. 이 경우, 이성은 궁극적 의미에서 지적일수는 있으나, 상대적인 의미에서 합리적일 뿐이다.

합리주의의 정반대에는 바로 '신앙주의'Fideism가 있다. 종교적 믿음은 합리성의 시험을 거치지 않는다고 보는 입장이다. 신앙은 오히려 신앙 외부의 합리성이 아니라, 신앙적 믿음 그 자체 안에 내적으로 근거하고 있다고 본다. 예를 들어 20세기 신학자 폴 틸리히Paul Tillich는 종교의 토대로서 '궁극적 관심'을 제안한다. 종교적 믿음은 우리의 일상적인 관심사에 대한 것이 아니라, 그 어떤 궁극적인 것에 대한 관심으로부터 유래한다는 것이다. 이러한 입장은 키에르케고르의 문장을 통해서 적나라하게 드러나는데 :

모험이 없이는 신앙이 있을 수 없다. 엄밀하게 말해서 신앙은 개인의 내향성이 갖는 끝없는 열정과 객관적인 불확실성 간의 모순이다. 내가 신을 객관적으로 파악할 수 있기 때문에 믿는 것이 아니라 그렇게 할 수 없기 때문에 나는 믿어야만 한다. 내가 신앙 안에서 나 자신을 보존하기를 원한다면, 수천 피트의 깊은 바다 위에서도 여전히 내 신앙을 보존하기 위해서라도 객관적인 불확실성을 집중해서 단단히 붙들고 있어야만 한다.[17]

믿음은 합리적인 근거가 있기 때문에 믿는 것이 아니라, 오히려 그런 합리적인 근거가 불확실하기 때문에 믿음의 힘이 부각되는 것이다. 그래서 결국 믿음이란 '신앙의 도약'이라고 키에르케고르는 주장하였다. 결국 믿음이란 '이해되는 것'을 믿는 것이 아니라, '합리적으로 이해되지 않는 것'에 대한 믿음이다. 그런데 이 입장은 믿음을 애초부터 합리성 혹은 이성과 대립되는 자리에 믿음을 설정함으로써 이성과의 대화 가능성을 차단한다.

신앙주의의 '신앙의 도약'이라는 개념은 종교인들에게 매우 호감이 가는 표현이다. 문제는 여기서 그 '신앙'이 믿는 것이 무엇이냐?를 결정하는 기준이 제시되어지지는 않는다는 것이다. 우리가 믿고 있는 것이 올바른 것인가? 우리가 믿고 있는 것이 혹시 잘못된 믿음은 아닌가? 하는 물음들에 대한 검토 없이 신앙은 믿음의 도약이라고 주장한다면, 그것은 곧 신앙적 맹목주의를 조장하는 결과밖에 낳지 못할 것이다. 실제로 몽매한 신앙이 사람들을 비참한 결과로 인도한 경우를 우리는 역사에서 무수히 찾아볼 수 있다. 그렇다면 믿음의 반대말은 불不신앙 혹은 비非믿음이 아니라, 오히려 몽매한 신앙Blind faith이다. 믿음은 생각을 배제하지 않는다. 하지만 믿음이 맹목적이기를 바라고 그렇게 조작하는 '악한 행위'가 존재한다. 믿음이 온전한 믿음이기 위해서는 바로 이 맹목적 믿음을 경계해야 한다. 신앙이 근본적으로 합리적 추론에 근거하여 형성되는 것은 아닐지라도, 이미 형성된 믿음의 행위들에 대한 합리적 검토는 신앙을 훼손하는 것이 아니라 오히려 보다 온전한 믿음을 갖는데 매우 유용한 작업이다.

이러한 관점에서 사람들은 '비판적 합리주의'Critical rationalism를 주장한다. 이는 '종교적 믿음들에 대한 결정적인 증명이 불가능하더라도 그러한 믿음 체계들이 합리적으로 비판되고 평가될 수 있으며, 또 그래야만 한다고 보는 관점'[18]이다. 여기서 '비판적'이라는 말은 다음 두 가지 뜻을 함의한다. 즉, 종교적 믿음을 단번에 참이라고 믿고 결단하기보다는, 그 신앙 주장들에 대한 비판적 검토 작업들이 필요하다는 말이다. 다른 한편으로 '비판적'이라는 말은 우리의 '이성'의 능력에 대해서도 비판적일 것을 요구한다. 순수하고 객관적인 합리성이란 존재하지 않는다. 우리의 추론 방식과 사유 방식은 언제나 그 시대 지식 권력의 영향력 하에 있다. 따라서 우리가 추구하는 합리성이 진정한 합리성인지를 물을 수 있을 때, 그 합리성은 종교의 맹목성을 비판적으로 검토할 수 있다. 따라서 이성을 결여한 신앙은 맹목적으로 나아가기 쉽고, 신앙을 결여한 이성은 지능적 계산이 야사빠른 게임에 불과할 수 있다. 따라서 우리가 신앙과 이성 모두에 대해 '비판적 태도'를 견지할 때, 건전성을 확보할 수 있다. 신앙과 이성은 양자택일의 이분법적 문제가 아니며, 신앙과 이성은 '비판적 동무관계'를 견지하며 함께 같은 방향을 보며 삶이라는 길을 걸어가는 관계이다. '동무'는 오랫동안 지내왔기 때문에 익숙해져, 습관이 되어버린 관계를 말하지 않는다. 어깨동무를 한 '친구'가 길로부터 이탈을 하거나 뒤처지면, 같이 어깨동무를 걸고 있기 때문에 함께 쉬던지 이끌고 가든지 선택해야 한다. 만약 신앙과 이성의 관계에서 선택의 문제가 발생한다면 오직 이 경우뿐이다. 양자 간의 어느 한쪽만을 선택하기를 요구하거나 받는 것은 곧 근대 이래 정착된 잘못된 이분법적 구조에 우리의 사유가 길들여진 탓이다.

5. 믿는다면 증명해야 하는가, 증명하려면 믿어야 하는가? : 신 존재 증명

신앙의 본질에 대한 고전적인 이야기는 터툴리아누스Tertullianus, 160(?)~220(?)의 "불합리하기 때문에 믿는다"Credo quia absurdum라는 말이 있다. 믿음은 합리적인 것을 믿는 것이 아니라는 말이다. 따라서 믿음은 이성을 필요로 하지 않으며, 믿음과 이성은 서로 적대적일 수밖에 없다는 방식으로 인용되고 회자되곤 한다. 그런데 터툴리아누스의 이 신앙 명제는 그러한 것을 주장하기 위해 언급된 말이 아니다. 터툴리아누스의 말을 이해하기 위해서는 역설적으로 이성적으로 이해하는 일이 필수적이다. 터툴리아누스의 신앙 논증 즉, 불합리하기 때문에 믿는다는 논증은 그가 기독교의 부활 신앙을 설명하는 과정에서 나온 진술이다. 죽은 자가 죽음으로부터 일어난다? 부활한다고? 물론 고대의 신화에는 줄곧 등장하는 이야기이긴 하지만, 기독교는 거의 동시대인인 나사렛의 예수가 십자가에서 죽고 사흘 만에 부활했다고 전하고 있었다. 죽은 자의 부활, 거의 있을법하지 않은 이야기라고 여길 수밖에 없는 건

그때 사람들이나 지금 사람들이나 마찬가지일 것이다. 예를 들어, 예수 그리스도의 부활을 믿고 있는 현대의 그리스도인들에게 어떤 사람이 대략 100년 전 쯤 부활했다고 말한다 치자. 어떻게 반응할까? 단언컨대 거의 대부분의 사람들의 반응은 '불가능하다' 그리고 '그렇기 때문에 못 믿겠다'일 것이다. 터툴리아누스의 신앙 논증은 바로 이러한 맥락에 자리 잡고 있다. 거의 모든 사람들이 '그가 말하는 일이 불가능하다'고 믿고 있고, 말을 전하는 이도 다른 모든 사람들이 불가능하다고 생각하고 믿고 있다는 사실을 알고 있다. 다른 모든 이들이 자신이 말한 것이 가능하지 않다고 생각하고 있음을 알고 있음에도, 그것을 진짜라고 주장할 경우, 터툴리아누스의 논리에 따르면, 그것은 사실일 가능성이 높다. 이것은 사실 터툴리아누스의 논리가 아니라, 아리스토텔레스의 논리였다. 따라서 '나는 불합리하기 때문에 믿는다'는 터툴리아누스의 말은 신앙의 비합리성을 일방적으로 주장하는 논리와는 거리가 멀다. 오히려 그 비합리성이 논리적 이성적 판단의 근거가 될 수 있음을 주장하는 것이다. 따라서 당대의 모든 사람들이 있을법하지 않은incredible 일이라 생각하지만, 그럼에도 기독교를 체험한 이들이 그 있을법하지 않은 일이 일어났다고 줄기차게 주장한다면, 그들이 전하는 부활 사건의 비합리성은, 터툴리아누스에 따르면, 도리어 그 부활 사건이 일어났다고 믿어야 할 합리적인 근거가 되는 셈이다.

신을 믿는데 논리적 증명이 필요하다? 신 존재 증명은 이런 물음을 던지거나 해답을 제시하려 하는 것은 아니었다. 중세의 '신 존재 증명'은 신을 믿기 위한 근거로서 증명을 논리적으로 찾지 않았다. 신 존재 증명을 그렇게 오해하는 것은 21세기를 살아가는 우리의 문화적 맥락에서나 가능한 일이다. 우리들에게 신앙과 이성은 분리되거나 적대적인 상대가 되어버렸기 때문에 그렇다. 그러나 적어도 기독교 역사의 대부분 동안 신앙과 이성은 그렇게 적대적이고 갈라진 관계로 존재하지 않았다. 그들은 믿었기 때문에 이해할 필요가 있었고, 이해할 수 있었기 때문에 보다 더 신실하게 믿음을 지킬 수 있었다. 신 존재 증명은 바로 이런 맥락에서 추구되었다. 존재론적 신 존재 증명을 제안한 안셀무스 Anselmus, 1033~1109의 '신앙' 정의가 다름 아닌 '이해를 추구하는 신앙' Fides quaerens intellectum, faith seeking understanding이었음을 다시 한 번 주지할 필요가 있다.

완전한 것은 존재하는가 아니면 존재하는 것은 완전한 것인가?
: 안셀무스의 존재론적 신 존재 증명

'존재론적 신 존재 증명'은 신의 완전성이라는 개념으로부터 신의 '존재'를 논리적으로 추론해내는 증명이다. 존재론적 신 존재 증명의 원형은 캔터베리 대주교였던 안셀무스의 『프로스로기온』Proslogion에 소개되고 있는데, 그 책 2장과 3장에 각각 연관된 존재론적 논증들이 실려있다. 이 논증은 동시대인이었던 프랑스 말모띠에르의 수도승 가우닐로 Gaunilo로부터 비판받았는데, 도리어 비판을 받음으로써 널리 알려지게 되었다.

안셀무스의 전체 논증은 하느님 개념에 근거해 있는데, 『프로스로기온』 2장 첫 번째 논증에서는 '그 보다 더 위대한 것을 생각할 수 없는 존재'That than which nothing greater can be conceived[19]라는 정의를 그리고 3장 두 번째 논증에서는 '존재하지 않을 수 없는' 존재로 하느님을 정의한다. 먼저 첫 번째 논증을 따라가자면, 마음속에 존재하는 것과 실재로 존재하는 것 사이의 본질적 차이를 염두에 두는 것이 중요하다. 만일 어떤 것이 상상으로만 존재하고 실존하지 않는다면, 그것은 상상으로 뿐만 아니라 실존으로도 모두 존재하는 것보다 하등하다는 것이다. 그렇다면 신 혹은 하느님을 존재하지 않는 것으로 생각하는 것은 '자기-모순적'self-contradictory[20] 이다. 만일 우리가 하느님을 '비존재'로 생각한다면, 그것은 존재라는 중요한 속성 하나를 결여한 하느님이 될 것이고, 그런 하느님 혹은 신은 신에 대한 개념 즉, '그보다 더 위대한 것을 상상할 수 없는 존재'라는 정의에 위배되기 때문이다. 여기서 안셀무스의 하느님 정의의 기초는 바로 하느님이란 존재는 가장 완전한 존재라는 것이고, 가장 완전한 존재라면 상상으로 뿐만이 아니라 실제로도 존재해야 한다는 것이다.

두 번째 존재론적 논증은 상상으로뿐만 아니라 실제로도 존재하는 존재가 '하느님'만은 아니라는 비판에 대응하기 위해 '우연적 존재' Contingent existence와 '필연적 존재'Necessary existence[21]를 구별하면서 시작한다. 우연한 존재란 바로 그 존재의 비존재를 과거에나 미래에 혹은 현재에 생각할 수 있는 존재 그래서 그의 존재를 보다 근본적인 어떤 것에 의존하고 있는 존재를 말한다. 안셀무스는 하느님은 그런 의미의 존재가 아니라 '필연적인 존재'임을 논증히는데 이 존재는 바로 '존재하지 않을 수 없는' 존재인데, 이런 존재가 자기 스스로의 존재에 의하지 않고 다른 존재에 의해 존재케 되었다고 생각하는 것은 자기-모순적이라는 것이다. 그래야만 이 존재는 '그보다 더 위대한 것을 상상할 수 없는 존재'라는 처음의 정의에 부합하게 된다.

안셀무스의 존재론적 신 존재 증명에 대한 최초의 비판은 동시대 프랑스 수도사인 가우닐로로부터 유래하는데, 그는 '가장 완전하다고 상상되는 존재' 개념과 '존재하는 것 중 가장 완전한 존재' 개념 간의 불일치를 주목하였다.[22] 그는 『어리석은 자를 대신하여』라는 책에서 가장 완전한 섬이라는 개념이 그러한 섬의 실재를 증명하지는 않음을 지적하였다. 안셀무스의 논리에 따르면, 가장 완전한 섬이지만 실제로 존재하지 않는 섬이라면 완전하지 않다. 따라서 그 섬은 존재해야 한다. 그렇다면, 우리는 존재하는 섬들 중에서 '가장 완전한 섬'을 찾아야 하는데, 설혹 그런 섬을 실제로 찾더라도, 그 섬은 논증의 처음에 생각한 '가장 완전한 섬'이 아닐 가능성이 매우 높다. 왜냐하면 처음에 생각한 '완전한 섬'은 완전한 섬을 보고 추론한 것이 아니라, 논리적으로 그리고 상상을 통해 추론한 섬이기 때문이다. 이 경우 어떤 섬이 완전한 섬이 될까? 상상의 섬 혹은 실제의 섬? 그와 반대로, 예를 들어 환상의 사라진 대륙 '아틀란티스'처럼 '가장 완전한 섬'은 실제로 실례를 찾지 못하더라도 우리는 그러한 섬을 상상할 수 있다. 이 섬의 완전성은 그 섬이 실제로 존재하느냐의 여부에 달려있는 것이 아니라, 우리가 '완전'을 어떻게 정의하느냐에 달려 있다. 그렇다면 안셀무스의 신 존재 증명, 특별히 첫 번째 증명은 틀렸다는 것이다. 왜냐하면 완전이란 것은 실제로 존재하는 것과 반드시 연관된 개념이 아니기 때문이다.

이상의 가우닐로의 비판에 대한 안셀무스의 대답이 바로 두 번째 존재론적 논증인데, 하느님은 다른 우연적 존재들과 전혀 다른 '필연적인 존재'라는 것이다. 여기서 필연적인 존재란 그의 존재를 다른 존재들에게 의존하지 않는 존재를 가리킨다. 그래서 하느님이란 존재는 '영원하고 독립적이며 필연적이고 그리고 가장 완전하다고 상상할 수 있는 존재'[23]이다. 이 대답은 결국 '하느님'이라는 존재의 실체에 근거하여 작성된 것이 아니라, 가우닐로의 대답에 반응하면서 형성된 대답이다. 이 과정에서 신의 여러 가지 속성들, 영원성, 독립성, 필연성, 완전성 등이 규정되어지게 되었다. 따라서 철학사적으로 신 존재 증명은 이러한 개념들을 정리해주는 매우 중요한 증명들이었다. 두 번째 신 존재 증명에서 안셀무스는 가우닐로의 비판을 받아들여 '가장 완전하다고 상상할 수 있는 존재'라는 정의를 하느님의 정의에 포함시킨다. 이제 존재는 현실의 존재와는 다른 층위에 놓이게 된 것이다. 적어도 하이데거가 현존재Dasein를 주장하기 전까지는 말이다. 이러한 맥락에서 가우닐로의 비판에 대한 안셀무스의 답변은 적실성을 담지하고 있다고 여겨진다. 하지만 이 두 번째 증명은 신 존재 증명의 성격 즉, '존재론적 증명'이라는 성격에서는 한 단계 후퇴한 증명으로 여겨진다. 왜냐하면 존재와 상상 간의 틈새를 인정했기 때문이다.

존재론적 신 존재 증명은 안셀무스와 가우닐로 사이에서 끝난 것이 아니라, 근대철학의 데카르트René Descartes, 1596-1650와 칸트 Immanuel Kant, 1724-1804 사이에서 새로운 방식으로 다시금 전개되었다. 데카르트는 존재란 '속성이거나 술어'a Property or Predicate라고 주장했다. 즉, 사물의 '본질'은 '정의할 수 있는 속성'Defining nature[24]을 갖고 있다. 따라서 '존재'란 하느님을 정의할 수 있는 술어들 중 하나가 될 수 있다는 것이다. 삼각형의 내각의 합이 180도인 것은 삼각형의 필수적인 특성이듯, 존재도 가장 완전한 실재의 필수적인 속성이라는 말이다. 반복하자면, 필수적인 특성을 결여하는 삼각형은 삼각형이 아니듯, 필수적인 속성 즉, 존재를 결여한 하느님은 하느님이 될 수 없다는 말이다. 이 데카르트의 신 존재 증명은 안셀무스의 존재론적 증명1을 근대에 다시 부활시킨 격인데, '존재론'을 근거로 신 존재 증명을 전개하고 있기 때문이다.

데카르트의 이러한 주장에 대해 칸트는 우선 데카르트의 존재론적 증명은 삼각형과 하느님이란 존재가 있다고 전제하고 속성과 술어를 분석하고 있기 때문에, 그것을 부정하는 것은 처음부터 논리적인 모순에 봉착할 수밖에 없음을 지적한다. 따라서 전혀 증명이 아닌 동어반복인 셈이다. 더 나아가 칸트는 '존재'는 '내각의 합과 같은 속성'처럼 어떤 대상이나 물체에 덧붙여질 수 있는 '속성'과 같은 류가 전혀 아님을 지적한다. 말하자면, 상상 속에 존재하는 대상과 실재하는 대상과의 일치는 상상적 개념이 실재 세계에 '적용'된 것이지 결코 상상적 개념에다 실제적인 그 무엇이 더해진 것이 아니라는 것이다. '존재'는 빼거나 더할 수 있는 속성과는 전혀 다른 류의 것이다. 데카르트에 대한 칸트의 비판에서 핵심은 '존재'라는 속성은 대상의 정의에 반드시 필연적으로 포함되어야 하는 것인가의 문제이다. 만일 포함되어야 한다면, 안셀무스와 데카르트의 논증은 논리적으로 맞다. 하지만 존재라는 말이 '문법적으로는 … 서술의 역할을 하면서도 논리적으로는 전혀 다른 기능을 가지고 있다면'[25] 안셀무스와 데카르트의 존재론적 논증은 하느님의 존재를 증명할 수 있는 논증이 전혀 아니다.

그렇다면 존재론적으로 신을 증명하는 일은 가능할까? 글쎄 존재라는 개념을 어떻게 전제하느냐에 따라 답이 달라질 수 있을 것이다. 그 전제가 공유되지 않는다면, 이후의 논증은 전혀 의미 맥락이 와 닿지 않을 것이다. 안셀무스와 가우닐로의 논쟁도, 데카르트와 칸트의 논증도 역시 그랬다. 그런 면에서 존재론적 신 존재 증명은 증명 여부를 관심하지 않는 논증이었는지도 모른다. 왜냐하면, 설혹 이렇게 존재론적으로 신의 존재를 증명해낸다 하더라도, 그렇게 증명된 신이 정말 그 사람이 믿고 있는 혹은 믿고자 했던 신이냐는 전혀 다른 문제이기 때문이다. 이런 맥락에서 신학자 칼 바르트Karl Barth는 안셀무스의 증명이 '무신론자를 개조시키는 것이 목적이 아니라, 이미 기독교의 신앙을 가지고 있는 신도로 하여금 하느님을 더욱 깊이 이해할 수 있도록 하는데 그 목적이 있다'[29]고 주장하기도 했다. 이런 맥락에서 존재론적 신 존재 증명은 '이해를 추구하는 신앙'의 태도들 중 하나였다.

존재하는 것은 이유가 있다 : 아퀴나스의 우주론적 신 존재 증명

13세기의 중세철학자 토마스 아퀴나스Thomas Aquinas, 1224/5-1274는 다섯 가지 방법으로 하느님을 우주론적으로 논증했다. 하느님 개념이 함축하고 있는 의미를 논리적으로 풀어나가던 존재론적 논증과는 달리, 아퀴나스의 우주론적 신 존재 증명은 세상의 일반적 특징으로부터 출발하여, 그러한 특징들이 하느님이라는 궁극적 실재가 없다면 불가능했을 것이라는 논증의 형식을 취한다. 아퀴나스의 신 존재 증명은 첫 번째로 운동이라는 사실로부터 제일 운동자Prime mover를 증명하고, 두 번째로 인과법칙으로부터 제일 원인the first-cause을, 세 번째로 우발적 존재들로부터 필수적인 존재를, 넷째로 가치의 등급으로부터 절대 가치를, 그리고 다섯 번째로 자연 속의 목적성Purposiveness으로부터 신적 설계자Divine designer를 증명하고자 했다.

아퀴나스의 첫 번째 증명인 제일 운동자 증명은 플라톤과 아리스토텔레스의 논증을 자신의 관점과 어휘로 거의 그대로 반복한다. 플라톤은 『법』에서 우주의 사물들은 움직이거나 변화하는데, 그 운동은 다른 사물들의 운동이나 변화에 의해 야기된다고 말한다. 이 운동 원인의 소급은 최초의 운동을 야기하는 존재에 이르기까지 무한히 소급될 수밖에 없는데, 이러한 무한 소급은 불가능하며, 오로지 '자기 스스로 운동하는 최초의 운동자'an initial self-moved mover[27] 혹은 '영혼'에 의해서만 설명가능하다고 주장했다. 아리스토텔레스는 플라톤의 '자기 스스로 움직이는 운동자' 개념에 만족스러워하지 않았는데, 그는 자기 스스로 움직이는 것 속의 '운동'은 그 움직이는 영혼 속 어떤 것의 산물이라고 보았다. 이 운동은 그에 선행하는 어떤 것에 의해 야기되기 마련인데, 이러한 원인의 소급은, 플라톤과 마찬가지로, 무한히 소급될 수 없다고 보았다. '왜냐하면 (그 소급의) 끝이 없다면, 최초의 운동자도 없을 것이고, 최초의 운동자가 없다면, 운동의 인과적 연쇄는 결코 시작되지 않았을 것이기 때문이다.'[28] 그렇다면, 아리스토텔레스에 따르면, 모든 운동은 궁극적으로 영원한 '부동의 동자'Unmoved mover에 의존할 수밖에 없는데, 이 부동의 동자는 운동을 전달하지만 그러나 그 자신으로는 '운동하지' 않는 존재이다. 이 부동의 동자는 '목적인'이 되어 그 자신의 가치로 다른 사물들을 움직이게끔 만들지만, 그 자신으로는 전혀 변화하지 않고, 다른 사물들에게 미친 영향에 대하여 전혀 알지 못할 수도 있다.

오늘날 아퀴나스의 제일 운동자 논증은 그다지 설득력이 없는 것으로 받아들여지는데, 특별히 뉴턴의 제1운동 법칙에 견주어 그렇다.

관성의 법칙으로 알려진 제1운동 법칙에 따르면, 운동하는 물체는 운동하는 방향으로 계속 진행해나가려는 '관성'이 있다. 이는 곧 우주 내 운동들은 경험 세계 너머의 어떤 것에 의지하지 않고도 설명될 수 있다는 것을 암시한다. 말하자면, 어떤 운동의 원인은 그것을 야기한 이전의 원인들을 통해서만 설명되는 것은 아니라는 것이다. 물체가 운동방향으로 계속 진행하려는 성향을 갖고 있기 때문에 그 관성 자체가 물체의 운동의 한 원인이 되는 것이다. 그렇다면, 아퀴나스의 첫 번째 논증은 설득력을 잃게 된다.

아퀴나스의 두 번째 증명인 제일 원인 논증은 우리의 일상 삶 속에서 모든 일은 원인을 갖고 있다는 사실로부터 출발한다. 한 사건의 원인은 그 원인을 갖고 있고, 그 원인은 또 그 원인의 원인을 갖고 있다. 이렇게 원인을 소급해 올라가다 보면, 거의 끝없는 원인의 연속으로 이어질 터인데, 이는 불가능하다. 예를 들어 지금의 내가 존재하게 만든 원인이 있을 것이고, 그 원인의 원인을 찾아 소급해 끝까지 간다 해도, 그 원인이 지구 역사 이전 혹은 빅뱅 이전으로까지 갈수는 없다. 언젠가는 그 모든 원인들의 시초가 될 최초의 원인이 있다는 말이다. 여기서 이런 물음이 제기될 수 있다 : 왜 원인의 끝없는 소급이 불가능하지? 원인의 끝없는 소급이 이루어질 경우, 우리가 살고 있는 이 세계는 아무런 이유 없이 맹목적으로 존재하는 세계가 된디. 그렇다면, 말징난 같지만, '이유를 물을 이유'가 없어진다. 결국 원인의 끝없는 소급은 우리가 살고 있는 이 현실이 이해 불가능한 맹목적인 세계가 된다는 것, 그것은 곧 '이유 없는 세계'를 의미하므로, 원인의 끝없는 소급은 불필요하다. 따라서 논리적으로 원인을 무한 소급하는 것은 원인을 물어볼 이유를 불필요하게 만든다.

그런데 이상의 증명은 제일 원인에 대한 증명이나 논증으로는 부적절한 답변이 되고 만다. 왜냐하면 왜 '맹목적인 세계'가 '이유가 있는 세계'보다 더 못하거나 불가능한지를 설명하지 못하기 때문이다. 그래서 우리는 왜 '맹목적인 세계'가 아닌지를 설명하거나 아니면 원인의 무한한 소급으로 야기되는 무의미한 세계를 받아들이든지 양자택일의 상황에 놓이게 된다. 더 나아가 아퀴나스의 제일 원인 논증은 서구 철학의 '인과율' 개념에 크게 의존해 있다는 것도 논증의 주장을 약화시킨다. 즉, 어떤 것의 원인을 기술하는 것은 곧 그를 설명하는 것이라는 생각이 논증을 근거하고 있는 논리이다. 하지만 그 인과가 양자역학에서 말하듯 확률적인 기반을 갖고 있다면? 혹은 흄이 말하듯 우리가 인과적 관계로 생각하는 것이 단순히 '관찰의 연속'[29]이라면? 그렇다면, 아퀴나스의 제일 원인 논증은 설득력을 잃고 말 것이다. 사실 우리는 모든 일이 이유가 있다고 생각하지 않는다. 때론 아무런 이유가 없다. 그 무의미가 제일 무섭다. 아무런 까닭 없이 벌어지는 그 모든 사건들은 결국 내가 아무런 의미가 없다는 것을 말하고 있기 때문이다. 하지만 그런 무의미가 두렵다고 해서, 제일 원인이 존재한다는 것이 증명되는 것은 아니다. 이점에서 아퀴나스의 두 번째 신 존재 증명은 우리 삶의 존재 이유를 촉구하는 것이지 증명하고 있다고는 생각되지 않는다.

세 번째 논증 즉, 세계의 우연성으로부터 논증은 이 세상의 모든 것들이 우연적 존재라는 사실로부터 시작한다. 모든 것은 지금과는 다른 모습으로 존재했었을 수 있는데, 지금 이렇게 존재한다. 만일 모든 것이 이렇게 우연적이라면, 이 세상에는 아무 것도 존재하지 않았을 때가 있었을 것이다. 그랬다면, 현재 아무 것도 존재할 수가 없다. 이것은 모순이다. 따라서 지금의 우연적인 존재들이 여기에 있다는 사실은 곧 이 우연적 존재들의 '있음'을 보증할 어떤 필연적인 존재가 있음을 간접적으로 증명한다고 아퀴나스는 생각했다.

이 세 번째 논증은 '필연적인 존재'가 우연적인 존재의 근거라는 것을 주장한다. 여기서 필연적인 존재가 무엇이냐는 물음이 제기될 수 있다. 아퀴나스의 '필연적 존재'는 논리적 필연을 말하는 것은 아니다. 오히려 이 세상의 존재 근거가 될 수 있는 필연을 의미한다. 따라서 세 번째 논증은 두 번째 논증과 마찬가지로 필연적 존재를 통해 우연적 존재들의 존재 의미를 보증 받든지 아니면 전적으로 우연적이고 맹목적인 세계를 받아들이든지의 선택을 제시한다. 이는 매우 어려운 선택이다. 우리 시대에 우리가 필연적 존재라는 생각은 사실 과학적으로 설득력이 떨어지는 개념일 뿐만 아니라, 특별히 지구생태환경의 위기 시대에 우리가 모든 생명들 가운데 특별한 존재라는 특권 의식 즉, 인간중심주의적Anthropocentric 사유가 문제시 되고 있는 시대에는 더욱 그러하다. 하지만 우리가 철저히 우연적 과정의 산물이라는 생각도 선뜻 받아들이기는 쉽지 않다. 우주의 모든 과정이 정해진 과정대로 진행되는 것이 아니라, 많은 우연과 우발을 전제해야 하는 것을 인정한다 해도, 내 자신이 살아가는 삶의 과정 과정들이 전적으로 우연적이리는 것을 받아들이기는 쉽지 않다. 그것은 곧 내 삶이 '무의미'할 수도 있다는 것을 의미하기 때문이다. 여기서 다시금 아퀴나스의 증명은 필연적 존재를 요청하는 것이지 증명하는 것은 아니라고 볼 수 있다.

무엇보다도 아퀴나스의 세 번째 논증이 설득력을 가지려면, 우연/

필연의 이분법이 의미구조로 전제되어야만 한다. 그런데 우리에게 이 우연/필연의 단순한 이분법이 설득력을 잃고 있다. 바로 이점이 세 번째 논증의 설득력을 (적어도 우리 시대에는) 떨어뜨리고 있다. 이러한 이분법적 구조를 붕괴시킨 과학적 논증들 중 하나가 진화론이다. 진화의 과정들은 사실 '임의적'random이거나 '우연적'accidental이지 않다. 전체 과정의 구조는 필연적이지만, 그 과정의 구조를 통해 나타나는 결과들은 전혀 결정론적deterministic이지 않다. 즉, 자연 선택의 과정은 유전자들의 재조합에 따른 변이Variation의 발생과 그 변이들에 대한 환경의 선택selection 과정으로 구성되어 있다. 이 과정 자체는 임의적이거나 우연적인 것이 아니다. 그러나 그러한 과정에서 구체적으로 어떤 개체의 변종이 다음 세대의 선택을 받을 것인지는 전혀 결정되어 있지 않다. 이 과정의 법칙들은 오히려 필연적이다. 이러한 과정들을 통해 지금의 생명의 질서가 창출되어 왔기 때문이다. 진화론을 우연적이라고 말하는 것은 생명의 시초가 결정론적으로 결정되어 있지 않다는 사실에 있다. 생명의 시초가 우연적인지 혹은 필연적인지를 놓고 전체 생명 과정의 우연/필연의 이분법을 도입하는 것이 사실상 논의의 전체 틀에 확고하게 들어맞지 않는다는 것은 곧 아퀴나스 식의 우연/필연 이분법이 더 이상 우리의 존재 논증 속에서 작동하지 않는다는 것을 의미한다. 물론 거시적으로 우리의 존재 혹은 나의 존재가 의미를 지닌 필연성을 갖고 있느냐를 물을 수는 있다. 하지만 여기서도 '우리의 의미'와 '나의 의미'가 반드시 동일한 것은 아니다. 따라서 인간 존재의 의미와 나의 인생의 의미 사이의 간격을 고려하지 않고 '의미의 필연성'을 적용하는 것 자체가 적어도 '포스트모던'의 시대 이후를 살아가는 우리들에겐 그 다지 설득력 있게 다가오지 않는다.

　네 번째 논증은 가치의 위계질서라는 개념에 의존하는데, 우주 내 모든 사물들은 존재의 위계질서 속에서 그 가치를 부여받는다. 그리고 이 가치의 판단 혹은 척도는 절대 가치에 의존할 수밖에 없다는 논증이다. 여기서 이 절대 가치의 근거는 바로 '신' 혹은 '하느님'이다. 현대 사회에서 '가치의 다양성' 개념이 회자되면서, 가치의 위계질서 개념은 더 이상 설득력 있는 논증으로 다가오지는 않는다. 여기서 가치의 다양성이란 가치가 다양하다는 단순한 진술 수준을 넘어서서, 모든 가치는 나름대로의 고유한 가치를 나타내는 것이라서, 특정의 획일적 기준으로 가치를 서열화하거나 비교할 수 없다는 뜻을 함의한다. 다시 말해서 그 어떤 가치도 다른 가치에 견주어 높거나 낮게 평가될 수 없는 고유의 가치를 갖고 있다는 말이다. 다원화 시대를 살아가고 있는 우리들에게 그래서 상대적 가치와 절대적 가치의 구분은 그다지 설득력 있게 와 닿지 않는다. 하지만 아퀴나스의 절대 가치를 바라보는 관점은 단순히 자신이 갖고 있는 가치에 대한 입장을 절대화시키려는 단순한 동기에서 비롯되지는 않는다. 만일 어떤 것이 가치를 갖고 있다면, 그것은 나의 주관적인 관점에서 가치 있는 것일 뿐만 아니라, 내가 살아가고 있는 세계의 다른 사람들에게도 의미 있게 와 닿아야 할 것이다. 이것을 철학적으로 '보편'the Universal이라 한다. 만일 보편이 존재하지 않는다면, 우리가 의존하는 도덕과 윤리는 그 토대를 상실하고 말 것이다. 도덕이나 윤리를 주장할 근거가 없기 때문이다. 하지만 우리가 보고 경험하는 세계 안의 그 어떤 것도 나름의 상대성을 담지하고 있기 때문에 절대적으로 보편적인 어떤 것을 주장할 수 없었다. 그렇기에 아퀴나스는 만일 우리의 도덕이나 윤리가 절대적 근거를 확보한다면, 그것은 절대적 존재인 '신' 혹은 '하느님'을 통해서밖에 다른 방법이 없다고 보았다. 모든 것이 상대적이라면, 가치라는 말조차 의미가 없기 때문이다. 바로 여기에서 아퀴나스는 가치의 보편성을 염두에 두고 있었다. 하지만 모든 것이 '돈'이라는 기호로 환원되어져 이해되는 세상에서 '가치'라는 말은 더 이상 개인의 고유성이나 독자성을 의미하는 것이 아니라, 내가 소유하고 있는 재물의 양을 의미하는 단어로 환원되어져 버린 세상에서 어쩌면 우리는 가치라는 말의 의미를 상실해 버렸는지도 모른다. 이런 맥락에서 네 번째 논증은 우리 삶에 '가치'가 필요함을 촉구하는 논증으로는 중요하지만, 이 논증이 실제로 가치의 필연성을 '증명'했다고 보기는 어렵다.

아퀴나스의 다섯 번째 논증은 현대에 '설계 논증'으로 이어지고 있는데, 근대기의 윌리암 페일리William Paley의 논증이나 최근 『다윈의 블랙박스』의 마이클 베히[30]의 논증과 연장선상에 있다. 요점은 자연 내 과정들이나 현상들은 지적 존재의 설계 징후를 드러낸다는 것이다. 도저히 우연적인 과정들을 통해 구성될 수 없을 것처럼 복잡하고 정교한 생명 과정들은 자발적으로 일어날 수 없다. 그렇다면 그러한 정교한 과정들은 설계된 것임에 틀림없지만, 인간적 지성의 능력을 넘어서는 초월적 지성에 의해 설계되어진 것일 수밖에 없다. 그 설계자가 바로 신이라는 것이다. 이 설계론 논증은 우리 시대에 새롭게 부활하여, 진화론을 논박하는 증명으로 회람되고 있어서 아래에서 별도로 더 상술하고자 한다.

모든 것은 처음부터 계획된 것? : 설계론적 논증

바로 앞에서 설명했듯이, 설계 논증은 우주의 과정들은 설계의 징후를 보여준다는 사실에 초점을 맞춘다. 고전적인 예증은 페일리의 '시계 논증'이다 : 길을 지나가다, '시계'를 본적이 없는 사람들이 길에 떨어진 시계를 보았다고 가정해보자. 수천 개의 부품으로 이루어진 시계가 물론 자연의 우연적인 과정들이 축적되어 만들어졌을 수도 있다. 거의 불가능한 일이지만, 그러나 '거의 불가능'하다는 것이 곧 '불가능'한 것과 동일한 것은 아니다. 0.001 퍼센트의 가능성이지만 그러한 거의 불가능한 일이 일어날 수도 있는 것이 또 세상일이다. 하지만 그러한 일이 일어나려면 엄청난 행운들이 연속적으로 일어나야 한다. 행운들의 연속이 불가능한 것은 아니지만, 그러한 행운들을 통해 사태를 설명한다는 것은 논리적으로 매끄럽지 못하다. 오히려 시계를 설계한 누군가가 있다고 가정하는 것이 논리적으로 더 자연스럽다. 페일리의 논증은 이 세계가 그렇게 누군가 설계한 듯이 정확하고 조화롭게 운행된다는 것을 전제한다. 그렇다면, 시계처럼 복잡하고 정밀하게 운행되는 이 세상은 누군가 설계했다는 것이 논리적으로 더 자연스럽다는 주장이다.

그런데 페일리의 이러한 논증은 사실 아주 명백한 반론을 예상할 수 있다. 만일 자연에 존재하는 것들이 완벽한 신적 설계자에 의해 설계된 것들이라면, 오류나 실패 혹은 실수가 없어야 한다. 하지만 우리는 많은 불행들과 실수들을 기억한다. 예를 들어 지구상에 존재했던 생물종들 중의 90%가 멸종했다는 사실을 알고 있다. 그들이 완벽한 존재에 의해 설계되었다면, 왜 멸종되어야 했는가? 하지만 설계론을 지지하는 사람들은 그러한 과정들조차도 바로 지금 여기에 있는 소중한 당신을 위한 과정이었다고 주장할 수 있다. 하지만 도저히 최후의 성공을 위한 준비의 과정이라고 말하기엔 너무 참혹한 일들이 우리 지구상에서는 무수히 벌어지고 있다. 전쟁이 그 대표적인 비극이다. 우리의 삶 속에서 선이 승리하기 보다는 악이 승리하는 경우를 더 많이 보게 된다. 그 무수한 일들을 단지 선이 최후에 승리하기 위한 예비로만 바라본다는 것은 설득력이 없다. 하지만 이러한 반론이 전부가 아니다.

설계론적 논증에 대한 가장 강력한 반론은 흄David Hume의 『자연종교에 관한 대화』Dialogues concerning Natural Religion에 전개되어 있다. 흄에 따르면, 페일리의 시계 논증에서 간과되고 있는 것은 바로 시계는 무기체이고 페일리가 설계 논증을 통해 증명하고자 하는 대상들은 유기체라는 것이다. 말하자면 페일리는 잘못된 사례에다가 예를 적용한 셈이다. 우리 인간이 만든 작품들을 보면, 어떤 설계자의 존재를 가정하지 않을 수 없는데, 이러한 우리의 경험이 우주 전체에 곧장 적용될 수 있는 것은 아니다. 인간이 만든 작품들 중 시계와 같은 것은 제작자를 가정하지 않을 수 없지만, 그러나 우리가 보고 경험하는 모든 대상들에게 '제작자'라는 가정을 부여할 수는 없다. 바위는 자연 과정에 의한 생성인가 아니면 그렇게 모양새를 갖추도록 한 제작자가 있었는가? 우리는 우주의 탄생과 같은 사건에 비견될만한 경험을 갖고 있지 않다. 우리는 우주의 탄생에 대하여, 인간이 지은 집이나 시계와 같은 경험을 직접적으로 투사할 수 없다. 더 나아가 흄에 따르면 '우리가 살고 있는 세계는 설계되어진 것 같이 보이게 마련이다.'[31] 말하자면 우리는 주어진 환경에 어느 정도 적응하며 살아가도록 작동하고 있고, 그렇기 때문에 우리에게 이 세계는 마치 누군가 설계한 것처럼 보일 수밖에 없다는 것이다.

진화론은 바로 이점을 강력하게 설명해주고 있다. 우리가 번성하고 있다는 사실은 곧 우리가 처한 환경과 상황 속에서 적절하게 적응하고 있다는 말이다. 그렇기 때문에 이 환경은 마치 누군가 우리를 위해 설계한 듯이 작동하며 또 그렇게 보인다. 하지만 그러한 '적응'이 곧 누군가 우리를 위해 이 환경을 특별히 제작했다는 것의 증거가 될 수는 없다. 따라서 우리가 자연에서 목격하는 완벽한 상호적합성의 예들을 (진화론에 대한 참고나 전거 없이) 곧장 설계자 신에 대한 논증으로 사용하는 것은 적절하지 않다는 것이다.

설계론적 논증의 결정적인 약점은 설혹 설계자가 있다 해도, 도킨스가 『만들어진 신』에서 인용하듯이, 그 설계자가 어디서부터 유래하는지를 설명하는 것은 또 다른 문제이다.[32] 아퀴나스의 설명방식을 모방하자면, 그 설계자를 만든 설계자가 있고, 그 설계자의 설계자를 만든 설계자가 있고 그렇게 무한히 소급해 올라가는 것인가? 아니면 그러한 무한 소급은 불가능하기 때문에 결국 최초의 부동의 설계자가 있다고 가정해야 하는가? 설혹 그러한 설계자가 있다고 하더라도, 그 설계자는 논증에서 주장하듯 '완벽한' 설계자일 수 없다. 우리는 수없이 많은 실패들과 결함들을 생명 세계 속에서 경험하기 때문이다. 오히려 그 처참한 악의 현실을 드러내는 자연 앞에서 완전한 설계자를 꿈꾸는 것이 더 기적적일 것이다. 19세기 이래 발전을 거듭한 진화론에 대한 우리의 이해도 설계자 논증의 설득력을 잃게 한다. 진화론적 설명은 비록 생명의 시작을 증명하지는 못하지만, 태초의 시작 이래 벌어진 생명 과정을 설명하는데 그리고 그 설명들을 연구에 적용하는데 설계론자들의 주장보다 더 설득력을 얻고 있다고 생각된다.

설계론 논증의 또 다른 약점은 사실 설계론을 반박하는 이론들을 통해서라기보다는 오히려 설계론이 하나의 설득력 있는 가설로 제시될 때 드러난다. 왜냐하면, 이미 도킨스의 비판을 통해 알 수 있듯이, 설계론과 설계자 론은 구별될 수 있기 때문이다.[33] 즉, 세계가 설계되었을 가능성이 있다는 것이 곧 설계자의 존재를 증명하는 것은 아니라는 말이다. 사실 '설계'의 가능성을 지지하는 학자들은 비단 기독교인들만이 아니다. 예를 들어 프란시스 크릭Francis Crick은 진화론으로 우주와 지구의 역사를 조망하면서 발견되는 설명상의 결함을 메울 이론으로 '설계 가능성'을 제시하기도 한다. 하지만 이때 제시되는 설계는 기독교인인 설계론자들이 생각하는 설계가 아니라, 외계로부터의 생명의 기원이 유래했을 가능성을 의미한다.[34] 얼핏 과학이 아니라 공상과학소설의 느낌을 안겨주는 이 반론은 지구에 추락한 운석들에 대한 정보 분석에 근거하여 추론되었다. 지구상에서 만들어지는 아미노산은 대략 20가지 정도로써, 이 아미노산에 대한 정보가 유전자가 저장하고 있는 정보의 전부이다. 유전자는 사실 그 안에 무슨 특별한 신비의 비밀을 담고 있는 것이 아니라, 생명 활동을 관장하는 단백질의 구성요소인 아미노산들을 만들어내는 정보를 담고 있다. 그 인간 유전자 안에 담겨진 아미노산의 종류가 대략 20가지 정도인데, 운석을 분석하여 그에 실려 온 아미노산을 분석해본 결과 일부 운석은 6~70여 가지의 아미노산 정보를 담고 있다고 한다. 우리 지구에서는 존재하지 않는 형태의 아미노산들이 운석을 통해 지구로 유래한 것이다. 외계생명유래설은 바로 이러한 관찰에 근거한다. 아직 생명이 출현하기 전의 원시 스프 단계로부터 아미노산을 직접 생산해낼 수 있는 시스템으로의 진화는 상당한 시간이 소요되

는 과정인데, 만일 이 과정이 외계로부터 유입되는 아미노산으로 인해
절약될 수 있었다면, 진화론이 설명하지 못하는 몇 가지 수수께끼가 풀
릴 수도 있을 것이다. 즉, 어느 정도 완성품의 형태로 외계로부터 날아
온 아미노산은 마치 누군가에 의해 '설계된 듯이' 지구생명역사에 출현
하게 되는 것이다. 만일 지구의 생명의 역사가 이렇게 운석을 통해 도래
한 아미노산으로 촉진되었다면, 우리는 그 아미노산의 '설계'를 담당한
'설계자'Designer의 존재를 반드시 가정할 필요가 없어진다.

신이 없다면, 무엇이든지 가능할까? : 도덕적 논증

도덕적 논증은 도스토예프스키의 『까라마초프가의 형제들』에 등장하는
명대사, '신이 없다면, 무엇이든지 가능하다'는 말을 역으로 추론하는
것이다. 즉, 우리 삶의 악한 일들을 제어하는데, 신의 존재가 도덕적으
로 요청된다는 것이다. 이 논증은 크게 두 가지 형식으로 각각 제시되는
데, 초월적 입장과 선험적 입장으로 구별된다. 초월적 입장에서 전개되
는 도덕적 논증은 우선 우리가 지닌 객관적인 도덕 법칙들로부터 도덕
적 가치의 초월적 입법자로서 절대 존대인 신을 추론해낼 수 있다고 믿
는 입장이다. 이 입장은 다음과 같이 정의될 수 있다 :

1) 신이 존재하지 않는다면 모든 사람을 구속하는 절대적 도덕 명
   령은 있을 수 없다.
2) 그런데 누구나 지켜야 하는 도덕이 있다.
3) 그러므로 신은 존재한다.[35]

이러한 입장을 초월적transcendent 입장이라 한다. 사람들이 살아가는 사회에는 어디에나 옳고 그름에 대한 판단들이 작용하고 있다. 그러한 기준을 충족하지 못하거나 위반할 때, 인간에게는 '양심'이 작동한다. 이 양심의 근거가 궁극적으로 초월적인 존재 즉, 신에게 있다고 보는 것이다. 여기에는 모든 실재와 진리의 원천은 선the Good이라는 생각이 전제되어 있는데, 이는 플라톤 철학과 기독교 신학의 토대이다. 사실 선한 삶을 살아가야 한다는 생각은 그와 같은 삶이 인간을 행복으로 인도한다는 추론에 근거하지만, 현실적으로 선한 삶을 괘념하지 않고 악을 행하고도 자기만의 행복을 누리는 사람이 있음을 보게 되며, 또한 선한 삶을 추구하던 모든 사람이 행복했는지도 분명하지 않다. 오히려 그렇게 믿을 뿐이다. 이때, 지금은 아니지만 반드시 그 악에 대한 보응을 그 누군가가 해줄 것이라는 믿음 즉, 신이나 하늘이 해줄 것이라는 '믿음'이 작동한다. 예를 들어, 칸트는 이 믿음의 보증을 위해 신 즉, 기독교의 하느님이 필요하다고 하였다. 그러나 칸트는 초월적 입장을 주장하지 않는다. 그의 입장이 정확히 무엇이든 간에, 초월적 존재가 도덕과 윤리의 토대라고 믿는다면 이를 초월적 입장이라 한다.

도덕적 논증을 통해 신의 존재를 증명하고자 하는 두 번째 입장은 선험적transcenental 입장이다. 이 입장은 도덕적 가치가 인간 삶에 절대적인 힘을 발휘한다고 믿는 사람은 이미 하느님과 같은 초월적인 존재를 도덕적 가치의 근거로 믿고 있다는 것이다. 첫 번째 입장과 다른 중요한 점은 초월적 입장은 도덕이나 윤리는 반드시 초월적 존재에 근거하고 있다고 믿는 반면, 두 번째 입장인 선험적 입장에서는 우리의 도덕적 경험을 설명하기 위해서 신적 존재가 논리적으로 요청된다고 본다는 점이다. 도덕적 경험은 오직 신적 존재에 의해서만 이해 가능하지만, 이 경험의 근거는 우리의 선험적 경험 구조가 그런 존재를 전제하도록 구조화되어 있기 때문이라 것이다. 즉, 초월적 존재는 인간의 도덕적 삶에 선험적인 전제 조건이라고 보는 것이다. 이러한 입장의 대표자가 바로 철학자 칸트인데, 그는 『실천이성 비판』에서 모든 사람은 최고의 선을 추구할 불가피한 도덕적 의무를 지니고 있다고 주장한다. 여기서 최고의 선이란 최고의 덕과 최고의 행복이 결합된 상태를 가리킨다. 그러한 상태는 '자유와 불멸과 하느님'[36]의 존재를 전제한다고 그는 주장했다. 자유는 사람들이 자신들의 행위에 책임을 지고 덕을 갖추기 위해 요구되고, 불멸은 사람들이 도덕 법칙을 수행할 시간을 갖기 위해 요청되며, 하느님은 종말에 도덕과 행복의 일치를 보증하기 위해 요청된다고 그는 주장했다. 이런 맥락에서 도덕적 논증은 신의 존재를 도덕적으로 입증했다기 보다, 신의 존재가 왜 필요한지를 도덕적으로 요청한다고 보여진다.

인간의 삶에서 이 입장은 제한된 설득력을 가질 수도 있다. 도스토예프스키의 말은 바로 그런 상황을 배경으로 이루어진 것이다. 신이 없다면, 그 어떤 악한 일도 하지 말아야 할 이유를 설명하기 어려워진다. 왜냐하면 '악한 일'에 대한 정의 자체가 존재하지 않을 수 있기 때문이다. 문제는 그 도덕적 추론이 요구하는 그러한 도덕적 이상을 우리가 실제로 수행하느냐에 있다. 어떤 것이 옳고 그르다고 판단하는 것과 그 판단기준에 따라 행위 하는 것은 별도의 문제이기 때문이다. 어떤 것이 그르다고 판단하면서도, 그 그른 행위를 하게 되는 경우, 신의 존재는 어떤 기능을 감당하고 있는 것인가? 선의 기준을 충족시키지 못한 사람에게 '심리적 부담'으로 작용하는 것 아닌가? 그러한 도덕적 부담감은 우리가 윤리를 실천하는데 도리어 장애가 되지 않는가? 게다가 도덕적 책무를 완벽히 수행한 사람은 이상적으로 옳지만, 그러한 사람을 현실 속에서 찾기란 쉬운 일이 아니다. 그러한 사람을 찾는 것이 논리적으로 불가능한 일은 아닐지라도, 논리적으로 가능하다 해서 현실에서 실천 가능한 것이냐의 문제는 또 다른 문제이기 때문이다. 옳고 그름에 대한 판단과 우리가 실제로 행하는 행위 사이의 틈이 존재한다는 사실은 곧 도덕적인 의무감이 인간에게 가장 중요한 권위이냐의 문제를 제기한다. 더 나아가, 설혹 도덕의 토대가 되는 초월적 존재를 인정한다 하더라도, 그 신이 바로 기독교에서 말하는 혹은 이슬람에서 말하는 그 신이냐의 문제는 여전히 증명되지 않는다.

　도덕적 논증에 대한 검토는 최근 쏟아지고 있는 진화심리학 분야의 연구결과들을 통해서 검토하는 것도 가능하다. 도덕적 논증은 도덕을 자연적인 원인들이나 토대를 통해서는 설명할 수 없고 오로지 초월적 근거를 통해서만 설명가능하다는 전제를 갖고 있다. 그런데 최근 진화론적 입장에서 혹은 진화심리학적 관점에서 인간에게 왜 도덕이 존재하게 되었는지를 설명하는 이론들이 등장하면서, 이러한 입장은 신의 존재를 증거하는 논증이 될 수 없게 되었다. 진화심리학적 입장에서 보자면, 인간에게는 선천적인 '도덕 문법'the moral grammar이 있다.[37] 티한의 말을 인용하자면, '인간이 도덕 판단을 내리는 능력의 배후에는 고유한 도덕적 문법이 존재하는데, 이것은 생물학적인 기반이 있고 보편적으로 공유되는 인간의 특징'[38]이다. 약술해서 표현하자면, 인간의 도덕은 초월적이거나 선험적인 것이 아니라, 생물학적인 기반으로부터 출발한다는 것이다. 이는 우리가 지금까지 상식적으로 알아왔던 도덕이나 윤리의 기원과는 사뭇 다른 설명이다. 진화심리학의 기본 전제는 인간의 두뇌는 기본적으로 지금으로부터 약 2500~3000년 전의 시대에 적응되어 있다는 사실이다. 그 수렵과 채집 시대가 바로 인간이 지구상에 처음 등장하는 시기이면서, 인간이 지구상에 하나의 살아있는 생물종으로 정착하는데 가장 결정적인 시기이기 때문이다. 그때, 유전적 성향은 언제나 '이기적'인 태도를 부추기지만, 가장 이기적인 목적 즉, 살아남아 다음 세대로 생명이 전해져야 하는 목적을 달성하는 일은 유전자만의 힘으로는 가능하지 않았다. 그래서 이기적 유전자(들)는 유기체 안에서 생존이라는 이기적 목적을 달성하기 위해, 유기체 내 다른 기관들과 협동하는 성향과 태도를 갖기 시작했다. 즉, 인간을 포함한 유기체들의 협동과 이타심은 유전자의 이기심이 추동해낸 생물학적 기제라는 것이다. 처음 인간 유기체가 서로 협동하는 기준은 유전적 친족성의 여부였다. 윌리엄 해밀턴William Hamilton은 이를 '포괄적 적응도'inclusive fitness라는 개념으로 공식화했는데, 말하자면 내가 타인을 위해 희생하려 할 가능성의 범위를 수치로 표현한 것이다. 나와 유전적으로 가까울수록 나는 그 '사람'을 위해 희생하고 돕고 헌신할 가능성이 높다는 것이다. 이것이 바로 '친족 선택'Kin selection 개념이다. 그런데 친족끼리만의 협동으로는 부족의 경계를 넘어 확장되어가는 문화 세계 속에서 최상의 적응을 도모할 수 없었다. 그래서 유전적으로 혈족이 아닌 사람과도 '협동'하는 법을 익혀나가기 시작하는데, 이를 '호혜적 이타주의'라고 한다.[39] 이는 철저하게 'give-and-take'의 논리에 근거한 협동으로서, '내가 너의 등을 밀어 줄 테니, 너는 나의 등을 밀어다오'의 논리에 기반한다. 약술하자면, 인간이 선사시대부터 생존을 하기 위한 경쟁의 장에서 '협동하고 서로 돕는 것'이 개인적으로 활동하는 것보다 유리하다는 경험이 유전적으로 축적되어, 인간에게 도덕적으로 행위 하려는 성향이 사회적으로 나타나게 되었다는 것이 진화심리학적 입장이다. 진화심리학적 입장에서 도덕이나 윤리는 초월적이거나 선험적인 근거를 갖는 것이 아니라, 도리어 철저하게 '이기적 유전자'의 심적 태도를 기반으로 생물학적 진화의 현장에서 가장 이기적인 목적 즉, 생존과 번식을 위해 발생하고 유래하였다. 따라서 이 진화심리학적 입장에서는 신의 존재를 설명하거나 입증하지 않고, 왜 종교적 믿음이 한 공동체의 이타적인 행위를 진작시키는데 필요한지를 설명하고자 한다.[40] 이러한 입장에서 보자면 신의 존재 유무는 가장 중요한 문제가 전혀 아니다. 우리가 이 진화심리학적 설명을 받아들이게 되면, 신의 존재를 도덕적으로 추론할 필요가 없어진다. 여기서 이런 설명들이 신의 존재나 종교의 필요성을 전적으로 부정하는 것은 아니다. 함축적으로 보자면 그런 내용들이 드러나지 않는 것은 아니지만, 적어도 진화심리학적 연구와 설명들이 가리키는 것은 우리가 익숙하게 배워왔던 종래의 도덕/윤리 체계에 기반하여 신과 세계를 설명하는 일이 이제는 가능하지 않게 되었다는 것이다. 진화심리학적 설명을 통해 신의 존재가 부정되었다고는 생각되지 않는다. 인간 문화가 존재하는 한 종교는 언제나 우리와 함께 할 것이다. 그것이 초월적인 이유이든 선험적인 이유이든 신경생물학적 이유이든 진화론적 이유이든 간에 말이다. 하지만 그와 동시에 분명하게 확신할 수 있는 것은 문화 안에서 세계를 바라보는 방식이 변화함에 따라 신과 초월과 도덕과 윤리를 설명하는 이론들과 근거들도 바뀌어 갈 것이라는 것이다. 진화심리학적 설명은 이제 신학과 철학과 종교철학에게 묻는다 : 이제 어떻게 신과 세계를 설명할 것인가?

신을 경험할 수 있을까? : 종교경험으로부터의 증명

신의 존재를 증명하는 논증 중 가장 확증적이면서 동시에, 그러한 경험을 공유하지 않은 이에게는, 가장 설득력이 없는 논증이 종교적 경험에 의한 신 존재 증명일 것이다. 신을 직접 체험했다는 것은 그 개인에게는 절대로 흔들릴 수 없는 확실한 경험이다. 하지만 이와 같은 경험에 의한 논증은 언제나 하느님이나 종교적 절대의 실재를 경험하지 못한 사람에게 무의미하고 이해하지 못할 해답처럼 들려진다. 따라서 이 종교경험에 의한 논증은 언제나 순환적이다. 신의 존재 여부를 알기 위해서는 그 신을 경험해야 하고, 그 경험을 갖고 있는 사람은 신이 존재한다고 확신한다. 그런데, 모든 존재 증명이 그러하듯, 그 경험을 토대로 신을 증명하는 것은 별도의 문제이다. 종교경험을 가진 사람이 거짓말을 하지 않는다거나 악의가 없다거나 순진하다는 사실을 인정하거나 확인하는 것과 그 사람이 증언하는 것을 다른 사람들이 합리적으로 받아들이는 것은 서로 다른 층위의 일이기 때문이다. 즉, 자신이 경험적으로 확신하는 것과 그 사람의 체험을 다른 이가 설득력 있게 받아들이는 것은 동일하지 않다.

최근 앤드류 뉴버그와 유진 다킬리같은 과학자들이 종교적 경험이 무엇인지 그리고 어떻게 작동하는지를 뇌 촬영 기술을 통해 실험을 했었다. 그들은 불교신자이면서 티벳 명상 수행자인 로버트를 대상으로 종교 경험이 실재로 이루어지는 것인지 아니면 그냥 그렇다고 생각하는 것인지를 실험을 통해 검토해보았다.[41] 명상 수행자가 소위 '열반의 체험'에 들어가는 순간, 미리 손가락에 걸어놓은 실을 잡아당기면, 다른 방에서 대기하고 있던 뉴버그와 다킬리는 두뇌를 촬영할 수 있는 스펙트SPECT 카메라를 작동시킨다. 이 카메라를 통해 촬영하면 두뇌의 어느 부위에 피가 많이 모이는지를 볼 수 있는데, 피 순환이 활발한 지역은 두뇌 활동이 활발하게 이루어지는 곳이다. 실험 결과 명상의 순간에 들어가면 두뇌의 '전두엽' 활동이 활발해지고, 두정엽 후두부는 휴식에 들어가게 된다는 사실을 발견하게 되었다. 두정엽 후두부의 활동이 감소한다는 것은 곧 나와 나머지 세계를 구분하는 경계가 희미해진다는 것을 의미한다. 그래서 명상에 들어가면 (전두엽의 활동이 활발하여) 집중력이 높아지지만, (두정엽 후두부가 휴식하고 있기 때문에) 나와 세계 사이의 구별이 희미해진다. 따라서 내가 집중하는지 세계가 나를 집중하는지 구분을 할 수 없는 상태가 된다. 이때에는 외부의 자극이 전혀 없기 때문에 두뇌가 스스로 마치 세계와 하나 된 듯이 감각하는 상태를 만들게 된다. 이 실험은 우리에게 종교인들이 말하는 종교적 경험은 적어도 거짓말은 아니라는 것을 알려주었다. 하지만 그러한 경험을 통해 종교가 믿음의 대상으로 여기는 신이 실재하는지 혹은 어느 종교의 신이나 존재가 진짜인지를 알 수는 없었다. 뉴버그와 다킬리는 동일한 실험을 프란치스코회 수녀들을 대상으로도 수행했다. 모든 결과가 거의 동일했지만, 한 가지 즉, 수녀들은 모든 것과 하나 되는 그 상태를 불교처럼 '공의 체험'으로 느끼지 않고, 하느님과 하나 되는 체험으로 여겼다고 한다.[42] 이 실험은 한편으로 종교적 경험의 실재성을 증명해주지만, 다른 한편으로 티벳 명상가와 수녀들의 경험이 다르게 진술되었다는 점에서, 그 경험의 실재와 관련해 중요한 물음을 던져준다. 종교적 경험은 실제로 일어난다. 그런데 왜 각각의 종교인들은 서로 다른 경험을 하는 것인가? 그리고 그 다른 경험이 적어도 뇌의 수준에서는 거의 동일한 현상으로 관찰되는 것인가? 보다 더 노골적으로 물음을 던지자면, 도대체 어느 종교적 경험이 진짜인가? 아니면 모든 경험들은 각각 다 실제이고, 신이나 궁극적 대상은 다양하게 존재하는 것인가? 아니면 궁극적으로 절대적 존재는 하나이지만, 인간이 갖고 있는 다양한 경험의 구조가 그 존재를 문화마다 종교마다 다르게 경험하도록 만드는 것인가? 중요한 물음이지만, 쉽게 대답할 물음이 아니다. 이 물음에 대한 답을 구하는 것이 본서의 목적은 아니기 때문에 물음으로 남겨두고 넘어가면서, 주지해야 할 한 가지는 종교경험은 실재하지만, 그 종교적 경험이 신의 존재를 증명해주지는 않는다는 것이다. 적어도 아직은.

다른 한편 과학자들은 두뇌 측두엽의 간질을 앓는 환자들이 특별한 종교 체험을 보통 사람들보다 더 많이 강렬하게 한다는 사실을 발견했다. 그래서 마이클 퍼싱어는 뇌의 측두엽을 자극할 수 있는 헬멧을 만들어 자신의 측두엽을 자극하는 실험을 했는데, 이 헬멧을 쓰면 강렬한 신비 체험이나 종교 체험을 빠르고 쉽게 한다고 한다.[43] 이러한 헬멧을 만들게 된 동기는 측두엽 간질 환자들이 종교적인 경험과 같은 유사한 현싱을 체험하는 확률이 높다고 일러졌기 때문이다. 간질환자들은 간혹 발작을 일으키는데, 그 발작이 때로 두뇌 영역 특별히 측두엽에서 일어날 수 있다. 측두엽 부위에서 이 간질 발작이 국소적으로 일어나면 환자는 '강렬한 황홀경에서 극심한 절망에 이르기까지 강한 흥분 상태'를 느낀다고 한다.[44] 이 흥분상태를 체험했다는 여성들은 발작 중에 강한 오르가즘을 느끼기도 한다. 이유는 알 수 없지만,

남자들은 오르가즘을 느꼈다는 사례가 없다. 그러한 체험들 중 신의 현존을 느꼈다 거나 신과 이야기를 나누었다는 체험이 많이 등장한다. 라마찬드란은 이를 '신의 눈을 직접 응시할 수 있는 특권'이라고 표현한다.[45] 그런데 문제는 이 발작 중에 겪는 신 체험은 단지 일시적인 체험에 그치지 않는다는데 있다. 측두엽 간질을 경험한 사람의 인성은 '영구적으로'[46] 변한다. 그래서 라마찬드란은 이를 '측두엽 인격'Temporal lobe personality이라고 부르는데, 이들은 '감정 상태가 고양되어 있으며, 사소한 사건에도 우주적 의미를 부여'하고, '유머가 없고, 자신을 매우 중요하게 여기는 경향'을 공유하며, 또한 '평범한 사건을 매우 자세하게 기록하는 일기'를 쓰는 경향이 있는데, 거의 중독적이어서 '글쓰기 중독'Hypergraphia이라는 특징을 보인다고 한다.[47] 그렇다면 우리는 이러한 환자들이 경험한 신 체험을 거짓이라고 말할 수 없다. 그렇다면 신은 측두엽 간질을 앓는 사람에게만 신을 경험할 수 있는 특권을 허락하는 것인가? 아니면 신적인 경험은 간질 경험의 부산물인가?

이 뇌 과학자들의 연구는 우리의 종교 체험이나 신 체험이 뇌의 활동의 결과라는 단순한 사실만을 전달하는 것을 넘어서, 매우 어려운 논제를 제시한다. 뉴버그와 다킬리의 실험은 우리의 종교적 수행이 단순히 허위적인 것이 아니라 실재적인 것이라는 점을 분명히 한다. 종교적 수행은 분명히 종교적 체험을 분명하게 가져다준다. 그런데 티벳 명상 수행가와 프란치스코회 수녀들의 경험이 사뭇 다르듯이, 그 경험이 가져다주는 근원적 차이에 대해서 우리는 아직 결론을 내릴 수 없다. 가장 안전한 결론은 인간은 종교 체험을 할 수 있는 정신과 몸의 구조를 가졌다는 것이다. 라마찬드란의 설명은 바로 이 지점에서 아주 어려운 물음을 던지는데, 종교적 체험은 우리 모두에게 공통된 것인가 아니면 특정의 몇몇 사람들에게 예외적으로 허락되는 경험인가의 물음 말이다. 뉴버그와 다킬리의 실험은 인간의 경험 구조는 종교를 실재로 체험할 수 있는 보편적 구조를 갖고 있음을 말하지만, 라마찬드란의 설명은 종교란 예외적인 특별한 사람들의 비정상적인 체험임을 가리킨다. 뉴버그와 다킬리의 실험은 우리 인간은 종교적 체험을 할 수 있는 뇌 구조로 배선되어 있다는 사실을 말하고 있다. 즉, 우리는 종교적인 감정을 느낄 수밖에 없는 생물체라는 것이다. 왜 종교가 존재하느냐? 라는 물음은 내가 왜 사느냐의 물음과 같다. 내가 살아있는 것은 나의 선택이 아니었지만 그럼에도 우리는 감사하게 살아간다. 하지만 '왜 사느냐?'의 물음에 답하기는 매우 어렵다. 마찬가지로 종교도 왜? 라는 물음에 확실하게 답하기는 어렵다. 수없이 많은 종교들이 있고, 그리고 나는 그중 한 종교에 특별히 더 끌림을 느끼며 살아가고 있을 뿐이다. 라마찬드란의 설명처럼 종교적 체험들 중에서도 소수의 특별한 사람들에게만 허락되는 더욱 특별한 경험의 영역이 존재한다. 그 영역은 모든 이들에게 자유롭게 공유되는 영역이 아니다. 오로지 그들의 진술들을 통해 접근할 수 있을 따름이다. 이런 점에서 종교 경험, 특별히 신 체험을 신의 존재를 증명하는 논증으로 활용하는 것은 설득력이 떨어진다.

결론적으로 종교적 체험은 우리에게 우리가 믿고 있는 신의 존재 유무를 증명해주지는 않는다. 도리어 종교적 경험의 다양성은 우리에게 신의 존재 증명 말고 달리 생각하도록 권면하고 있는 듯이 여겨진다. 그 어떤 종교적 믿음의 근거로서 초월적인 무엇이 있지만, 그것을 특정 종교의 신과 동일시하는 것은 아직 가능하지 않다는 것이다. 어쩌면 영원히 불가능할지도 모른다. 종교적 경험이 있다는 것과 내가 믿는 신이 바로 그 신이라는 것은 언제나 다른 별도의 논증을 요구하는 문제이기 때문이다.

신의 존재를 증명할 수 있는가?

신 존재 증명은 결국 신을 증명하는데 성공하지 못했다고 할 수 있다. 어느 종교가 옳고, 어느 신이 실제로 존재하고, 어떤 믿음이 효율성이 높고 등의 문제를 확인해볼 요량이라면 신 존재 증명은 매우 실망스러운 결과만을 낳을 수밖에 없다. 하지만 신 존재 증명은 신을 증명하는 것이 일차적인 목적이 아니라, 믿음을 합리적으로 생각해보려는 노력의 일환이었다는 점에서 우리들에게 '믿음이 무엇인지'를 다시금 돌아보게 한다. 믿음은 이성을 거절하거나 경멸하는 것이 아니라, 오히려 이성적 사유를 통해 합리성의 토대를 마련해나간다. 믿음이 이성에만 근거하거나 기초하는 것은 아니지만, 그럼에도 믿음은 이성을 통해 잘못된 신앙과 믿음을 구별해나가는 것이다. 이런 맥락에서 신 존재 증명을 조명한다면, 신 존재 증명은 신이 존재하는가? 라는 물음에 대한 답이 아니라, 오히려 우리가 믿어야 할 신은 어떤 신인가를 신앙의 언어로 표현하는 시도에 더 가깝다. '정의' 혹은 '공의'를 속성으로 갖지 않는 초월적 존재는 신인가 악마인가? 신/악마를 구별하고 경계 짓는 것은 바로 우리 인간의 이성적 판단 능력이다. 그것은 단순히 합리적 논리의 차원에서만 기능하는 것이 아니라, 우리가 살아온 혹은 우리가 살아갈 삶의 세계에 '신' 혹은 '하느님'이라는 존재가 어떻게 작용해야 하는가의 문제와 맞물려 있는 구별인 것이다.

6. 신은 없다! : 무신론 논증

신 존재 증명이 궁극적 존재로서 신의 존재를 입증하는데 목적이 있다면, 무신론 논증은 궁극적 존재가 신이 아님을 논구하는 증명이다. 앞서 언급했듯이, 무신론적 입장이 곧 종교를 부정하는 것은 아니다. 무신론적 논증은 그래서 크게 두 가지 입장들로 나누어 구별해볼 수 있다. 신은 존재하지 않기 때문에 종교란 환상이라고 주장할 수도 있고, 아니면 그와는 반대로 신은 궁극적 존재를 충분히 표현해주지 못하기 때문에 궁극적 존재를 표현할 다른 기표언어를 필요로 한다고 나아갈 수도 있다. 아래에 열거된 무신론적 입장들은, 적어도 필자의 관점으로는, 후자의 입장을 따르고 있다고 여겨진다. 예를 들어, 프로이트의 종교론은 종교를 유아기적 원망의 투사로 보지만, 인간이 삶을 통해 그 유아기적 원망을 궁극적으로 극복할 수 없는 것인지는 결론이 나지 않는다. 오히려 그 원망이 빚어내는 욕망의 구조는 인간의 근원적 심리 구조라서 종교의 자리를 마련한다고 볼 수도 있다. 말하자면, 무신론적 논증이 우리가 살아가는 세계에 신은 왜 불필요한가를 논구한다는 점에서, 무신론은 신에 대한 우리의 믿음이 담지한 부정적인 측면들을 매우 효과적으로 조명한다. 그리고 이는 종교 비판과 맞물려 있다. 이는 곧 무신론적 논증이 종교를 부정한다기 보다 오히려 기존 종교의 부정적인 측면들을 철저히 비판함으로써 진정한 종교가 건전하게 사회에 자리 잡을 수 있도록 하는 비판적 동반자의 역할을 감당할 가능성을 열어놓는다고 할 수 있다. 왜냐하면 무신론 논증이 의미 있게 다가온다는 것은 곧 유신론적 종교문화를 배경으로 하기 때문이다. 신의 존재 자체가 아예 관심 밖이라면 군이 '무신론'을 말할 필요조차 없다. 이렇게 놓고 볼 때, 무신론 논증은 종교철학적으로 '신이 없다'는 사실을 증명하기 보다는 종교라는 틀 속에서 신 개념이 감당하고 있는 부정적인 측면들을 적나라하게 노출해줌으로써, 진정한 종교란 무엇인가에 대한 근원적인 물음을 제기한다고 보는 것이 무신론적 논증들을 균형 있게 이해할 수 있는 한 가지 방식이라 여겨진다.

신은 인간정신의 투사이다 : 포이에르바흐

독일철학자 포이에르바흐Ludwig Feuerbach, 1804~1872는 헤겔의 사상에 영향을 크게 받았지만, 헤겔의 관념론을 거절하고 그의 철학을 철저히 유물론적인 관점에서 재구성하였다. 역사는 절대정신의 자기실현이라던 헤겔을 뒤집어 그는 신학은 인간학이라고 말했다. 헤겔의 절대정신은 기독교의 삼위일체론과 연동된 개념이어서 결국 정신적인 것 혹은 관념적인 것이 물질적인 것의 발전을 이끌어간다는 도식을 보여준다고 보고, 그 도식을 뒤집어서, 물질적인 것이 곧 정신적인 것을 만들어낸다고 보았다. 전통적으로 인간학은 신학의 인간 규정에 의거하여 인간 존재를 자리매김해왔다. 이 말은 인간학은 신학에 종속된 분야로 간주되어 왔다는 말이다. 따라서 신학은 인간을 다루는 여타 학문들과는 다른 자리 즉, 학문의 여왕의 자리에 있었다. 그런데 포이에르바흐는 신학이 초월적인 상위 학문이 아니라 다름 아닌 인간학이라고 선포하였다. 조잡하게 번역하자면, 이 말은 곧 신에 관한 말은 인간에 관한 말이라는 뜻이다. 그리고 다시 이 말은 곧 신은 인간에 의해 규정된다는 말이다. 그래서 포이에르바흐는 '신은 곧 인간 정신의 투사Projection이다' 라는 유명한 말을 남겼다. 모든 만물은 신적 정신으로부터 유출되어 하등의 무생물까지 이른다는 전통적인 플로티누스적 통념을 뒤집어, 가장 정신적인 존재인 신으로부터 인간이 만들어지는 것이 아니라, 인간의 정신적 투사를 통해 신이 창조된다고 본 것이다. 인간의 지성은 언제나 개인적이고 특수한 것으로부터 보편적이고 추상적인 것을 추론해나아간다. 그런데 신이란 존재는 가장 보편적이고 추상적인 존재이다. 그렇다면 신으로부터 모든 존재가 비롯되는 것이 아니라, 가장 구체적이고 실재하는 자연으로부터 추상적인 신이 인간의 지성을 통해 만들어진다고 본 것이다. 구체적이고 실제적인 자연의 모습들, 예를 들어 인간의 능력과 힘을 넘어선 대자연의 위력과 위엄을 보고, 그로부터 인간을 초월하는 인격적인 신적 존재의 보편적인 이상을 투사했다고 본 것이다. 예를 들어, 천둥과 번개가 내려치거나 혹은 번개에 맞아 친구가 죽거나 할 경우, 이를 그냥 있을 수 있는 자연스러운 일로 받아들이기 보다는 오히려, 그러한 우발적인 사건 배후에 숨겨진 초월적 의도를 추측하는 과정 속에서 신이라는 존재가 투사되었다고 본 것이다. 다시 말해서 자연의 위력 앞에서 인간들이 바라는 바를 간구할 인격적 대상으로서 인간 지성을 통해 투사된 것이 바로 신이라는 것이다.

포이에르바흐의 이러한 혁명적 전복은 곧 당시의 세계를 바라보는 그의 세계관이 투영되어 있다고 할 수 있다. 그에 따르면 '세계는 거꾸로 되었다. 비정상이요, 그래서 바로 잡혀야 한다'[48]는 것이다. 당시 사회에서 신학은 인간을 해방시키는 것이어야 함에도, 인간의 삶의 조건을 옭죄는 억압의 조건으로 작용하고 있는 현실 속에서 세계가 마땅히 그래야 하는 모습과는 정반대의 모습으로 가고 있다는 그의 생각이 철학적 사유를 통해 거꾸로 된 세계를 바로 세우고자 하는 역발상으로 나아갔다. 이런 면에서 보자면, 신학은 인간학이라는 그의 선포는 신학의 폐지가 아니라, 인간학을 통해 인간의 해방과 구원을 위한 새로운 신학의 도래를 요청하고 있다고 볼 수도 있을 것이다.

종교는 인민의 아편이다! : 칼 마르크스

칼 마르크스Karl Marx, 1818~1883는 동시대인인 포이에르바흐의 유물론에 큰 영향을 받았다. 그래서 마르크스에게는, 포이에르바흐에게서처럼, 이 세상은 현재 모든 것이 뒤집어진inverted 세계였고, 이 뒤집어진 것을 바로 세우는 것이 그에게는 철학이었다. 세상에서 가치 즉, 재화는 노동을 통해 생산되는데, 경제적 불평등이라는 태생적 조건들로 말미암아, 가치를 생산하는 노동자들은 자신들이 생산한 생산품으로부터 소외당하고, 자본가들에게 착취를 당한다. 이 경제적 불평등의 구조가 마르크스에게는 반드시 시정되어야 할 뒤집혀진 진리였던 것이다.

종교와 연관하여 마르크스는 종교를 '인민의 아편'the opium of the people이라고 하였다. 억압받고 소외받는 노동자들이 지금 이 현실에서 겪는 고통과 억압은 내세에서 보상받을 것이라는 허위의 위로를 줌으로써, 노동자들이 역사의 현실을 바로잡고자 선봉에 서는 투쟁의 주체가 되지 못하고, 억압의 현실에 순응하도록 만드는 역할을 종교가 하고 있다는 것이다. 따라서 종교는 뒤집어진 현실을 바로 세우는 역할을 감당하기 보다는 내세라는 허위의 위로를 통해 보상하면서 기존 기득권의 입장을 정당화시키며, 또한 현실의 고통을 정당화시켜주는 역할을 감당하고 있는 셈이다. 결국 종교는 이 뒤집어진 세계에 내세라는 교리를 통해 기생하고 있는 셈이다. 하지만 마르크스의 이런 종교 비판은 종교 무용론과는 다르다. 말하자면 마르크스는 종교의 부정의한 역할을 비판한 것이지, 종교 자체를 폐지해야 한다고 보지는 않았다는 말이다. 종교에 대한 그의 입장을 드러내는 본문을 살펴보자 :

> 종교는 이 세상의 일반적 이론이요, 백과사전적 목록이며, 유력한 형태의 논리, 영적인 명예감정, 열정, 도덕적 제재, 엄숙히 보충하는 것, 위로와 정당화의 일반적 기초이다. 종교는 인간이 진정한 실재를 소유하지 못하는 까닭에 생기는 인간 자신의 환상적 실현이다. 그러므로 종교에 대한 투쟁은 간접적으로, 종교를 영적인 품위로 삼는, 세계에 대한 투쟁이다. 종교적 고통은 동시에 실제적 고통의 표현이요, 그에 대한 항거이다. 종교는 억압받는 피조물의 한숨이요, 무정한 세상의 정서이고 영혼 없는 조건들의 영혼이다. 그것은 민중의 아편이다.[49]

이 인용 본문에서 우선 마르크스는 종교란 고통인데, 그 고통은 실제적 고통의 표현이면서 동시에 그에 대한 항거라고 밝히고 있다. 그래서 종교란 '억압받는 피조물의 한숨'이고 '무정한 세상의 정서'라고 말한다. 더 나아가 그는 종교란 '영혼 없는 조건들의 영혼'이라고 표현한다. 즉, 종교는 단지 사람들이 내세 신앙에 취해 현실의 고통을 망각하고 억압과 착취의 현실을 무시하고 맹목적으로 순종하게 만드는 것이 아니라, 종교는 현실을 살아가는 사람들의 눈물과 한숨과 고통을 담아내는 동시에 그것들이 종교적 삶의 고통을 통해 표현되도록 함으로써, 그 삶의 고통에 항거한다는 것이다. 그를 통해 종교는 이 억압적 세상의 '영혼 없는 조건들'의 영혼으로서 기능하고 있음을 분명히 한다. 그렇기에 종교

는 '민중의 아편'인 것이다. 아편은 물론 병의 증상을 치유하지는 않는
다. 그러나 다른 치료책이 없는 상황에서 아편은 환자가 겪을 무자비한
고통을 느끼지 않도록 해주는 기능을 감당한다. 치료 방법이 있는데 아
편에 중독되어, 치료보다는 아편을 택한다면 그것은 매우 부정적인 기
능이다. 그러나 억압의 현실을 실제적으로 스스로 해쳐나갈 수 없는 민
중들이 종교를 통해 자신들의 고통을 한숨과 눈물로나마 표현해낼 수
있다면, 그것은 아편의 치유적 기능인 셈이다. 이런 점에서 마르크스의
종교 비판 즉, 종교는 민중의 아편이라는 주장은 양날의 검이다. 그것은
종교의 부정적 기능들을 고발하면서, 동시에 종교가 감당할 수 있는 최
선의 기능을 가리켜 주기도하는 셈이다.

신은 죽었다 : 니체

니체의 책 『즐거운 학문』The Gay Science에는 밝은 대낮에 등불을 들고
뛰며 '신은 죽었다'고 외치는 광인의 이야기가 나온다. 그는 외치기를,
"신이 어디에 있느냐? … 내가 여러분에게 말할 것이다. 우리가 그를 죽
였다. 여러분과 내가. … 신은 죽었다. … 그리고 우리가 그를 죽였다."
[50] 이 인용된 말만 그대로 읽어보면, 니체는 신을 철저히 부정한 사람으
로 여겨질 수밖에 없다. 하지만 그가 말하는 '신의 죽음'은 무신론을 주
장하기 위한 것이 아니다. 니체가 여기서 말하는 죽은 신은 제도 종교,
특별히 서구교회가 믿음의 대상으로 주장해왔던 신의 죽음을 의미한다.
따라서 이러한 신 죽음의 철학은 우리에게 단순한 신의 비존재나 부재
에 대한 주장이 아니라, 우리가 표상하고 상징하는 질서의 근원으로서
의 신의 죽음을 가리킨다는 말이 보다 정확한 표현이 될 것이다.

사실 신의 죽음은 니체에게서 처음 이루어진 것이 아니다. 주판치치Alenka Zupančič는 니체가 말하는 신의 죽음은 신의 두 번째 죽음이라고 말한다. 첫 번째 죽음은 헤겔적인 신 죽음이었다. 기독교에서 말하는 예수의 죽음은 신의 아들의 죽음이 아니다. 즉, 하느님은 저 하늘에 계시고, 그의 아들이 십자가에서 죽음으로써 우리의 죄를 위한 대가를 치렀다는 것이 기독교의 전통적인 해석이지만, 주판치치에 따르면, 기독교 신학의 핵심은 하느님과 하느님의 아들이 그렇게 구별되는 것이 아니다. 오히려 하느님이 스스로 아들이 되어, 그 아들 된 모습으로 십자가에서 직접 죽은 것이다. 따라서 그것은 아들의 죽음이 아니라, 바로 신 자신의 죽음이었다. 그리고 이 '신의 죽음'이 신의 첫 번째 죽음 즉, 헤겔적인 신 죽음이고, 이는 동시에 기독교의 탄생 조건이었다. 왜냐하면 '신의 죽음'은 그를 믿는 자들의 '보편적 유대'universal bond의 조건이 되며, 그 유대 안에서 하느님은 상징계the Symbolic로 태어나기 때문이다. 따라서 기독교는 처음부터 '신의 죽음'을 필요로 하는 종교인 셈이다.

하지만 주판치치는 이상의 '신의 첫 번째 죽음'은 신이 상징적 공간으로 태어나는 자리가 된다는 점에서 니체가 말하는 신의 죽음과 다르다고 말한다. 니체가 말하는 신의 죽음은 첫 번째 죽음처럼 상징계로 태어나기 위한 것이 아니라, 오히려 그 상징계 자체의 죽음, 기독교적 상징계에서 보편적 유대관계를 형성하는 이름인 '하느님의 죽음 자체'를 가리킨다. 그리고 이 죽음이, 라캉의 용어를 따르자면, '실재'the Real라고 주판치치는 주장한다. 상징계는 상징 질서와 등가어로서 논리적이고 문법적인 하느님을 가리키며, 이는 세계와 우주와 언어의 구조를 가

리킨다. 반면 실재는 '삶의 잉여'로서 '상징계의 잉여'를 가리킨다.[52]
이 두 번째 신의 죽음이 가리키는 '실재'는 사실 죽지 않는다. 실재는 오
히려 기존 상징계적 질서가 논리적으로 문법적으로 품지 못하는 그래서
상징계적 질서 속에서 무가치한 혹은 의미 없는 것으로 간주하는 것들
을 통해 지시되어질 뿐이다. 전통적인 기독교적 상징질서는 언제나 죽
음을 부정함으로써, 그러니까 죽음의 실재 혹은 실재라는 죽음을 부인
함으로써 구성되었다면, 두 번째의 신의 죽음 즉, 니체가 말하는 신 죽
음은 바로 기존 기독교 신학의 상징 구조 자체가 죽음을 맞이했다는 것
을 가리킨다.

상징계에서는 기호가 기호대상의 부재를 대치한다. 하느님이란 기
호는 그 기호가 가리키는 대상 즉, 하느님이라는 실재가 그곳에 부재함
을 나타내는 기호이다. 따라서 이러한 상징계의 특성상 상징계적 질서
속에서 하느님은 죽을 수밖에 없다. 바로 이것이 프로이트의 종교 이해
이다. 이 상징계적 질서 속에서 '사물' 즉, thing은 그 모습을 드러내면
안 된다. 따라서 하느님이란 기호가 존속하는 한, 하느님이라는 실물은
등장하면 안 된다. 이러한 모순적 상황은 도스토예프스키의 『까라마초
프 가의 형제들』에 나오는 대심문관 이야기 속에 적나라하게 드러난다.
재림 예수가 이 땅에 내려오셨지만, 종교 지도자들은 예수가 등장하면
안 된다고 분명히 선포한다. 왜냐하면 상징계적 질서 속에서 지시되던
예수가 실물로 나타나면 상징계적 질서는 그 뿌리에서부터 붕괴할 수밖
에 없기 때문이다. 이 이야기 속에서 '등장하면 안 되는 예수'의 자리가
바로 '실재'의 자리이다. 실재가 출현한다면, 사람들은 무시하거나 이
해할 수 없다는 반응을 보인다. 우리들이 살아가는 세계의 이 상징계적

특성을 우리는 '카페인 없는 커피'에서 보게 된다. 카페인 없는 커피란 곧 커피를 커피 되게 하는 그것이 탈각된 것 그래서 더 이상 커피로 불릴 수 없는 것을 가리키지만, 역설적으로 그것은 우리의 상징계적 질서 속에서 엄연히 커피이다.

상징계적 질서 속에 부재하는 실재로서 하느님이란, 뒤집어 표현하자면, 하느님이란 실재는 결코 상징계의 구조적 움켜쥠에 포박되지 않는다는 것을 의미한다. 인간의 언어 구조 속에서 신이란 그저 알 수 없는 X로서 기표 가능할 뿐 결코 실재를 소환할 수 없다는 것이다. 그런데 근대의 개신교 종교개혁은 바로 이 상징계에 부재하는 기표로서 작용하는 하느님을 실재the Real로서 살려내려는 시도였다. 가톨릭의 저승/이승의 이분법적 상징질서 속에서 부재하는 상징기호로서 작용하던 하느님을 거절하고, 일상 삶의 한 복판에 살아있는 실재로서 하느님을 회복하고 복구하자는 것, 바로 그것이 개신교 종교개혁의 핵심이었다. 상징계적 질서 속에서 하느님 상징은 우리에게 죄책과 처벌을 교환하는 상징으로서 작용했지만, 개신교적 윤리는 그러한 교환적 상징가치를 거절하고, 하느님 앞에서 개인의 직접적 책임과 양심을 세우며 상징계적 질서 자체를 거절한다. 이것은 곧 '신의 죽음을 선포하는 혁명'이었던 것이다.

여기시 주목해야 힐 깃은 바로 니체의 신 죽음 신포는 바로 가톨릭적 상징질서의 죽음을 선포하는 것이 아니라, 가톨릭적 상징계의 하느님의 죽음을 선포했던 개신교적 상징계의 죽음을 선포한다는 사실이다. 중세적 상징질서를 부인한 개신교는 그 중세의 상징계는 부인했지만, 상징계 자체를 폐지하지는 못했다. 즉, 가톨릭적 상징의 교환 질서가 붕괴되자마자 상징계는 자신만의 독자적인 시장성을 확보하게 되었고, 이제 새롭게 형성된 개신교적 상징질서 속에서 부의 축적은 윤리적으로 회피되거나 거부되어야 할 무엇이 아니라 도리어 구원을 위해 요구되어지는 것으로 탈바꿈되었다. 이러한 상징계적 질서의 전환이 막스 베버의 『개신교 윤리와 자본주의 정신』의 서술 속에 그대로 드러나 있다. 칼뱅의 이중예정설은 역사의 바로 이 시점에서 백미를 드러낸다. 결론적으로 그 이중예정설은 최후의 심판이 바로 지금 여기에서 이미 발생한 사건이라는 것이다. 그 사건 속에서 구원은 이미 예정되어 있지만, 문제는 그 누구도 누가 예정되었는지를 알 수 없다는 것이다. 그 예정을 간접적으로 확인할 수 있는 유일한 방법은 일상의 삶을 열심히 치열하게 근면하게 살아내는 것인데, 그를 통해 물질적 부의 축적이 이루어진다면, 이 부의 축적을 구원 예정의 간접적 징표로 삼을 수 있다는 것이다. 개신교 정신과 자본주의의 결탁은 칼뱅이 이 이중예정설을 논리적으로 거꾸로 거슬러 올라감으로써 절묘하게 이루어진다. 만일 부의 축적을 통한 구원의 간접적 확신이 구원의 확증을 확보하는 유일한 길이라면, 구원은 오직 성공적인 삶을 살아감을 통해서만 도래하는 것이고, 부유하고 성공적인 삶은 근면하고 열심히 살아가는 근대 시민의 삶의 이상이자 구원의 상징질서가 된다. 이는 한가하고 유유자적하는 귀족의 삶이 구원의 상징으로 작용하던 중세적 질서가 대치되었다는 것을 의미한다. 이제 구원의 확실성은 성공적인 직업을 가짐으로써 확보된다. 이런 면에서 개신교 종교개혁은 근대 자본주의 질서 속에서 가장 성공적인 상징계로 자리 잡게 된다.

니체가 말하는 신의 죽음은 바로 이 개신교적 상징질서에서 기표

되는 신의 죽음을 가리킨다. 니체는 두 가지 형식의 도덕을 말한다 : 주인의 도덕Master morality과 노예의 도덕Slave morality. 이 두 도덕은 주인과 노예의 이중적 도덕을 가리키는 것이 아니라, 오히려 두 가지 형태의 다른 '지배력'[53] 을 말한다. 즉, 니체가 말하는 노예란 약하고 억압당하고 착취당하는 인간을 가리키는 것이 아니라, 자신의 지배력의 근거를 자신이 아닌 다른 것을 통해 정당화하는 지배자를 가리킨다. 이렇게 본다면, 개신교적 상징 질서 속에서 자신의 구원의 확증을 세속적 삶의 성공을 통해 확보하려는 이들은 전형적으로 노예적 도덕을 구가하는 자들이다. 주인의 도덕이란 곧 자신의 권력의 근거를 자신에게 두는 자로서 이는 스스로 완전하고 강한 자를 의미하는 것이 아니라, 자신의 구원의 근거를 자기 자신 스스로 결정해나가는 자를 가리킨다. 신이 죽은 세계에서 니체가 '초인'Übermensch, the Overman의 등장을 말하는 이유가 여기에 있다. '초인'이란 번역은 영어에 익숙한 우리에게 꼭 '슈퍼맨' Superman이란 의미로 다가온다. 하지만 독일어의 Übermensch는, 영어로 굳이 번역하자면, **the overman** 즉, 인간을 넘어선over-man 사람을 가리킨다. 이는 인간과 다른 신적인 존재를 말하는 것이 아니라, 우리가 기존의 사유 구조와 세계관 속에서 '인간'이라고 규정하는 범위 '너머의'Over 인간 즉, 우리가 정상적이고 모범적인 인간이라고 정의하는 범위 너머의 인간을 가리킨다. 이는 노예 도덕과 외지로 살아가는 사람들은 진정한 인간이 아님에도, 마치 자신들이 정상적인 인간인 듯이 살아가는 모습을 비판하고자 하는 것이다. 이제 '초인'이라는 이름을 통해 그러한 인간들은 더 이상 인간이 아님을 선포하고 싶었던 것이다. 이는 우리가 우리 자신의 존재감을 확인할 때 늘 벌어지는 일이다. 우리는 우리 자신의 내적인 가치나 본질로부터 우리 자신을 규정하고 정의하기보다는, 우리가 소유한 재산이나 직업, 명예, 인간관계, 지위 등을 통해 우리의 존재감을 확인하는 습성을 소비자본주의 사회 속에서 습득해왔다. '초인'은 바로 그러한 비본질적인 혹은 부차적인 조건들을 통해 인간이 스스로의 존재를 확인하려는 노력을 멈추고, 자기 자신이 자신 스스로의 가치를 선포할 수 있는 사람을 가리킨다. 그러려면, 자신이 확보한 직업이나 학력 또는 인맥 등을 통해 구원의 확실성을 확보하려는 노력을 멈추어야 한다. 그리고 그러기 위해서는 그러한 자본주의적 상징 질서를 근거하고 있는 신이 죽어야 한다. 왜냐하면 그것은 진정한 구원의 확실성이 아니기 때문이다. 니체가 신을 우리가 죽였다고 말하는 이유이다. 신을 경건하고 신실하게 믿는 듯하지만, 사실은 그러한 경건은 거짓된 경건이기 때문에 도리어 신을 죽이고 마는 것이다. 니체의 신 죽음 선포에서 핵심은 자기 스스로의 결단에 의해 구원을 확보하는 것, 그것은 바로 '지배자 없는 지배'mastery without master인데, 이를 실현할 힘은 곧 '이성적 합리성'이라는 것이다.[54] 주인의 도덕이라는 것은 바로 자기 스스로 선포하는 지배력을 의미하는 것이 아니라 '이성적 합리성'을 통해 스스로 권위를 찾아가는 인간의 능력을 의미한다. 이렇게 보자면, 니체의 신 죽음의 선포는 진정한 신 자체의 죽음을 가리키는 것이 아니라, 오히려 거짓된 신들의 죽음이라고 보아야 할 것이다. 비본래적인 모습으로 부패하고 타락한 제도 종교의 죽음, 제도권 신의 죽음, 바로 이것이 니체가 신 죽음을 통해 전하려 했던 메시지였다.

종교란 유아기적 원망의 투사이다! : 프로이트

프로이트는 종교를 '환상'으로서 '원망의 충족'이라고 보았다. 여기서 '원망'은 怨望 즉, 무언가 억울한 것에 대한 바람이라기보다는 願望 즉, 바라고 원하는 마음으로서 원망을 의미한다. 프로이트는 종교란 인간이 환상의 기제를 통해 바라고 원하는 것을 자신이 살아가는 세계 위에 투사한 것으로 보고 있는 것이다. 그의 말을 따르자면 :

교리라고 고백하는 것은 경험의 잔재이거나 숙고의 마지막 결과가 아니다. 그것은 환상이요, 가장 오래되고 강하고 지속적인 인간 소원의 성취이다. 그 힘의 비밀은 그 소원의 힘이다. 우리는 이미 유아의 힘없음의 무서운 결과가, 아버지가 제공하는 보호의 필요를 낳게 한다는 것과 평생 동안 계속되는 그 무력감이 아버지와 같은 존재—이번에는 더 능력 있는 존재—에 매달리도록 만든다는 것을 알고 있다. 그러므로 신적인 존재의 자비로운 통치가 삶의 위험에 직면하는 우리의 불안을 경감시킨다. … 환상은 실수와 같은 것이 아니다. … 심리적 망상과는 다른, 환상의 특징은 그것이 사람의 소원에서 유래한다는 것이다. 환상은 반드시 거짓이거나 실현 불가능하거나 실제와 불일치하는 것은 아니다. … 환상이 현실이 되는 예는 찾기 힘들다. … 따라서 우리는 소원성취가—현실과의 관계를 무시하면서—가장 중요한 동기가 되는 믿음을 환상이라 부른다. … 환상은 그것을 믿거나 부정하라고 강요될 수 없는 것이요, 증명하기나 반박할 수도 없는 것이다. 그것을 저절히 비평하기 위해 우리는 아는 것이 너무 적다. … 그러나 과학적 노력이 외부 실재에 대한 지식에 이른 우리의 유일한 길이다.[55]

이 종교적 원망은 인간이 거대한 자연의 사건들 속에서 극도의 무기력을 느낄 때, 죽음으로 무너져 내리지 않게 하는 '정신적 방어'[56]이다. 그래서 환상의 기제를 통하여 인간은 종교적 신을 투사한다. 예를 들면 유대-기독교에서는 '보호해주는 하나의 위대한 힘으로서'[57] 아버지 하느님을 투사한다.

하지만 종교는 단순히 바라고 원하는 것을 자신의 우주에 투사하는 기제에 불과한 것은 아니다. 오히려 그 종교는 인간 사회와 법의 근간이 되는 금기Taboo를 낳는 근원이다. 프로이트는 『토템과 타부』에서 오이디푸스 콤플렉스 개념을 활용하여 금기와 억압이 왜 종교적 심리를 발생시키는지를 설명한다. 그의 설명에 다르면, 아주 오랜 옛날 아버지와 어머니 그리고 자녀들로 구성된 가족이 있었다. 이는 선사시대를 살아가는 인류의 모습을 설정한 것이다. 이 가족 내에서 아버지와 아들들은 '사랑의 관계'가 아니라 한 여성 즉, 어머니를 사이에 두고 성적 경쟁자 관계를 형성한다. 하지만 기존 상황에서 힘과 권력을 독차지하고 있는 아버지는 어머니에 대한 아들들의 접근을 제한한다. 어머니에 대한 성적 동경을 현실에서 실현하는 길이 억압되어 있던 아들들은 그 억압을 실현하기 위해 공모하여 아버지를 살해한다. 아들들의 부친살해는 인류 최초의 범죄였고, 그 살해를 통해 그들을 억압하던 아버지는 사라졌지만, 그들의 마음속에 범죄에 대한 양심의 가책이 일어났다. 그 가책에 대한 아들들의 응답이 '근친상간 금기'의 제정이었다. 여기서 아버지는 아들들의 살해로 없어졌지만(부재), 그 아버지의 부재는 근친상간 금기 '법'을 통해 (아버지의) 현존을 드러낸다. 즉, 부재하는 아버지가 법으로 현존하는 것이다. 그래서 종교의 법과 교리는 이 부재하는 아버지의 말씀을 '대신'하는 것이다. 프로이트는 이를 '억압된 것의 복귀'the return of the repressed라고 표현하였다. 이런 맥락에서 종교는 결국 오이디푸스 콤플렉스의 산물이라고 볼 수 있다. 그리고 이 오이디푸스 콤플렉스는 단지 '종교'만을 발생시킨 것이 아니라, 인간의 모든 문화와 제도와 사회를 발생시켰다고 볼 수 있다.

프로이트의 종교론에 대한 여러 가지 비판들이 가능하다. 그것들 중 가장 강력한 비판은 바로 에드워드 윌슨Edward O. Wilson이 그의 책 『통섭』에서 서술하는 '베스터마르크 효과'[58] Westermarck effect이다. 베스터마르크Edvard Westermarck는 핀란드의 인류학자로서 『인류의 결혼사』The History of Human Marriage, 1891에서 처음으로 이 '베스터마르크 효과'를 가설로 제시하였다. 베스터마르크 효과는 전혀 혈연적으로 관련이 없는 남녀 아기들을 만2세 이전에 한 가족으로 기르면, 그 아기들은 자라나서 성인이 되어서도 상대방에 대해 전혀 성적인 매력을 느끼지 못한다는 것이다. 이는 프로이트의 오이디푸스 콤플렉스 가설을 근간에서부터 뒤집는 것인데, 프로이트는 인간의 성적 본능이 근친상간 금기의 원인이라고 보았지만, 베스터마르크에 따르면, 근친상간 금기를 작동시키는 근원적인 성Sexuality이 생물학적으로 고정된 것이 아니다. 즉, 선척적이 아니라는 말이다. 이는 프로이트 뿐만 아니라 우리 문화가 갖고 있는 성에 대한 고정관념들을 뒤집어주는 연구가설이다. 우리는 '성'은 본능이라서, 문화나 주관에 의해 변동되지 않는 것으로 그래서 그 어떤 본능보다도 본능적인 것으로 간주해왔다. 하지만 프로이트의 동시대 학자인 베스터마르크의 실험은 '성'이란 사회적 관계를 통해, 특별히 가족관계를 통해 그 경계가 정해지는 것임을 보게 된다. 만일 '성'이 생래적이고 선천적이라면, 애초부터 혈연관계를 갖고 있지 않은 입양한 남녀 아이들은 성인이 되어 '성'에 눈을 뜨게 된 이후, 서로를 이성적으로 생각할 수 있어야 할 것이다. 그런데 베스터마르크 효과는 그렇지 않음을 보여준다. 오히려 2세 미만부터 마치 한 남매인 듯이 양육된 입양아들은 성인이 되고 난 후에도 서로를 '이성적' 대상으로 생각할 수 없었다. 그렇다면, 성은 생물학적으로 내장된 혹은 선천적이거나 생래적인 어떤 본능적 충동이라기보다는 후천적 양육 환경과 상호작용하는 가운데 발현되는 어떤 것일 가능성이 높다. 이 경우, 프로이트가 오이디푸스 콤플렉스를 통해 설명한 종교와 문화는 설득력을 그 토대에서부터 잃게 된다. 하지만 이 연구결과가 '성'은 후천적이라는 것을 입증해주는 것은 아니다. 왜냐하면 이들이 서로를 이성적 대상으로 생각하지 않게 된 것은 역설적으로 근친상간 금기가 무의식적으로 작동한 결과일수도 있기 때문이다.

그럼에도 여전히 프로이트가 설명하는 종교의 기원에는 법과 금기의 상관성에 대한 근원적인 통찰력이 담겨있다. 문제는 이 프로이트의 종교론은 신의 존재를 괘념하지 않는다는 것이다. 즉, 종교는 문화의 산물이지, 결코 초월적 신의 개입에 대한 경험으로 구성되지 않는다는 것이다. 프로이트의 심리학의 근간을 뒤집는 윌슨의 주장 즉, 베스트마르크 효과의 발견에도, 프로이트가 설명하는 종교의 기원은 여전히 설득력을 갖고 있다. 말하자면 신은 심리적으로 인간 사회에서 부재함으로 현존함으로써, 인간 문화와 도덕의 근간을 구축한다는 것이다. 아울러 이기적 유전자의 추동을 받는 인간의 마음이 사회문화적으로 주변사람들과 협력하고 이타적으로 행동해야 한다는 압박 속에서 어떻게 자신의 심리적 갈등과 압박감을 '종교'를 매개로 풀어나가는지를 설명해준다. 문제는 여기서 '신이라는 존재'는 전체 설명을 위해 요구되어지는 장치이지, 신이 존재한다거나 신의 존재를 증명하지는 않는다는 것이다. 오히려 프로이트의 종교에 대한 설명이 설득력 있게 작동하는 이유는 바로 왜 신이 '부재'Being absent해야 하는지를 말해주고 있기 때문이다. 여기서 종교란 아버지와의 화해라는 현실적으로 불가능하지만 심리적으로 반드시 필요한 일을 해소시켜주는 즉, 원망을 풀어주는 역할을 감당한다는 것이다. 결국 이 말은 신학은 인간학이라는 포이에르바흐의 말을 심리학적으로 풀어 놓은 것과 같다. 신이라는 존재는 결국 인간 원망의 투사의 산물인 셈이다. 포이에르바흐의 신학은 인간학이라는 선포는 잘못된 신학을 바로잡으려는 시도로 볼 여지가 있었던 반면에 프로이트의 종교란 인간 원망의 투사라는 말은 이제 종교의 외면적 형식 이면 곧 내부에는 아무것도 없다는 것, 종교란 벌거벗은 임금님과 같은 존재라는 것을 까발려 버렸다. 근대 이래 사실 가장 공격적인 무신론 논증은 프로이트의 이론이라는 것은 과언이 아니다. 그런데 같은 동전의 반대면으로 보자면, 인간이 무의식적으로 작동하는 오이디푸스 콤플렉스를 근원적으로 극복하지 못하는 한, 인간은 언제나 심리적으로 종교적 메커니즘을 그들의 문화생활을 위해 필요로 한다. 종교의 심리적 필요를 요청하는 이러한 논증이 종교인들에게 매우 부정적인 종교 이해로 비쳐진다고 할지라도 말이다.

종교는 망상이다! : 도킨스의 '화물선 신'

세계적으로 유명한 무신론자 리처드 도킨스는 그의 책 『만들어진 신』

The God Delusion에서 종교란 '망상'Delusion[59)]이라고 정의했다. 프로이트는 종교를 '환상'Illusion이라 했는데, 여기서 환상이란 자신의 원망이 투사되어, 사물을 잘못 보는 것을 의미한다. 반면 도킨스가 정의하는 망상은 '전혀 존재하지 않는 것을 존재한다고 믿는 믿음 혹은 강박증'을 의미한다. 그래서 한 사람이 망상적 증후군을 앓으면, 병이라고 하지만, 한 집단이 망상 증세를 보이면 '종교'라고 한다.

그는 자신의 책 『만들어진 신』에서 종교의 유래를 설명하는데, 데이비드 아텐보로David Attenborough의 『낙원을 찾아서』Quest in Paradise를 크게 참고하여, 남태평양 군도들 가운데 돌아다니는 실제 사례들을 예증하는데, 이를 '화물선 신 제의'the cargo cults라 이름하였다. 사실 유사한 사례의 이야기들이 이 남태평양 군도의 섬들에는 특별히 제2차 세계대전 이후 우후죽순처럼 번성했다 사라졌다. 그 이야기들 대부분은 공통의 요소들을 공유하는데, 대략적으로 약술하자면, 한 섬에 백인 관리가 상륙한다. 그는 그곳에 기지를 설치하고 무전기를 설치하여, 자신이 필요한 것이 있을 때마다 무전기를 켜고 육지의 사람들에게 연락하여 가져다달라고 했다. 원주민과 교류하던 그는 때로 원주민들이 부탁을 하면 그 무전기를 켜고 교신을 하고, 원하는 것을 가져다주었다. 무전기가 무엇인지 모르던 원주민들은 무전기로 교신을 하면, 얼마 후 화물선이 도착하여 요청한 물건들을 가져다준다는 사실이 무척 신기했고, 그들은 자신들의 관점에서 백인 관리의 행위를 해석했다. 즉, 백인 관리가 무전기를 들고 기지로 교신하는 것을 그들은 '제의 행위'라고 판단한 것이다. 그래서 그가 떠나간 후, 원주민들은 자신들이 보았던 무전기와 외형이 비슷한 제단을 쌓고, 그 앞에서 장교가 하듯이 기도를 드리는 제

의를 시작했다. 그들은 많은 물건을 실고 해안으로 다가오는 화물선이 신이라고 생각한 것이다.[60]

그중 뉴 어브리드the New Hebrides의 탄나Tanna 섬에는 여전히 잔존하는 '화물선 신 제의'가 있다. 이 제의는 전설적인 메시야적 인물 존 프럼John Frum을 둘러싼 이야기인데, 이 이야기는 1940년대 쯤 유래한 것으로 추정되지만, 존 프럼이 실제 인물이었는지는 알 수 없다. 한 전설에 따르면 프럼은 높은 톤의 음성과 백발을 한 작은 남자였고, 빛나는 금속 버튼을 단 코트를 입고 다녔다고 한다. 그는 예언을 하고 다니며, 선교사들을 배척하도록 사람들을 선동했고, 조상들 곁으로 돌아가면서, 풍성한 화물을 가지고 다시 올 것을 약속하고 떠났다고 한다. 섬에 남겨진 원주민들은 이 존 프럼의 예언들을 믿으며, 그가 다시 올 것을 기다리며, 그곳에서 존 프럼이 사용했을 무전기들과 책상들을 야자수 나무로 비슷하게 만들어 제단을 꾸미고는 정기적으로 모여 소위 제의를 드렸다. 1950년대 이 지역을 탐험한 아텐보로는 이 존 프럼 제의에 대한 다양한 모습들을 보고해주고 있다.[61]

이러한 예를 통해 도킨스는 종교란 '존재하지 않는 것을 있다고 믿는 믿음' 즉, 망상임을 주장한다. 따라서 종교는 애초부터 잘못된 것이다. 종교란 치료가 필요한 증상이지, 결코 우리 사회를 구원하는 대안적 시유니 길이 아니라는 것이다. 근대의 무신론적 종교 비판들은 기존 제도 종교의 행위들을 거짓된 것으로 비판하면서, 주로 유물론적인 설명들을 대안으로 제시했다면, 도킨스는 진화심리학적 설명에 근거하여 종교를 두뇌 신경회로의 오작동으로 판단한다. 원시 인류가 수렵과 채집으로 살아가던 시절에 환경에 적응하면서 내장된 종교적 성품이 이제 현대 사회에서는 불필요한 오작동만을 일으키고 있다고 주장하는 것이다. 하지만 이러한 그의 종교 비판이 인간에게 종교성 자체가 불필요하다고 보는지는 논쟁의 여지가 있다. 왜냐하면 그를 세계적인 학자로 만들어준 책 『이기적 유전자』 말미에 그는 '이기적 유전자의 폭정에 맞설 수 있는 주체'로서 인간 유기체를 들고 있기 때문이다. 왜 우리는 이기적 유전자가 시키는 대로 태어나고 명멸해가지 못하고, 그 유전자들의 폭정에 맞설 생각을 해야 하는가? 이것은 도킨스의 '이기적 유전자'와 논리적 모순이 아닌가? 바로 이 지점에서 도킨스의 이기적 유전자는 '종교론'을 필요로 한다. 이기적이라는 것은 상대적인 말이다. 내가 타자와 구별될 때, 이기적이란 나를 위해 타자를 이용하는 성품을 말한다. 그런데 만일 '이기적'이란 말 속에서 기능하는 '나'가 만일 온 우주 생명과 하나라고 여긴다면, 다른 사람들과 생명들을 위해 그 거대한 '나'의 일부로서 '내'가 자신을 희생시켜 생명 전체로서 '나'를 살리려는 노력을 시도할 수 있다.[62] 도킨스가 『이기적 유전자』라는 책에서 그토록 유기체의 이타적인 행위들을 설명하고 있는 이유이기도 하다.

무신론은 유신론이라는 배 위에서만 춤을 출 수 있다

지금까지 고려한 무신론들은 종교를 투사나 아편 혹은 상징계 또는 환상 또는 망상으로 정의한다. 하지만 신 존재 증명들과 마찬가지로 이들이 논증하는 잘못된 종교가 종교인들이 믿는 종교 자체를 의미하는 것인지 아니면 종교의 잘못된 측면들을 좀 더 근원적인 방식으로 비판하면서, 참 종교의 길을 제시하고 있는 것인지에 대해서는 받아들이는 독자들마다 일치하기 어려울 듯하다. 적어도 신 존재 증명이 검증이라는 의미에서 불가능하듯이, 무신론 논증도 적어도 증명이라는 면에서는 전혀 일치를 보이지 않는다는 점을 염두에 둔다면, 신을 증명하든 무신론을 논증하든, 논리적 판단과 기준으로는 종교의 유/무를 결정할 수 없을 것이다. 다만 여기서 우리가 짚고 넘어가야 할 한 가지 분명한 사실은 무신론 논증이 곧 무신론의 입장을 증명하는 입장이라고 보는 것은 용어에 대한 혼동일 수 있다는 점이다. 이미 포이에르바흐나 마르크스 혹은 니체의 경우에서 볼 수 있듯이, 이들의 주장들이 종교 자체의 폐지를 주장하기 보다는 종교 혹은 신학의 잘못된 관행들을 바로잡고 오히려 참 종교를 세우려는 시도로 볼 여지도 있다. 물론 프로이트나 도킨스의 경우처럼 종교에 매우 적대적인 태도를 가지고 종교는 불필요하다고 주장하는 사람들이 없는 것은 아니다. 하지만 적어도 서구 사상사 속에서 무신론적 논증은 항상 있어왔고, 그 무신론적 논증들은 종교의 폐지를 주장하기 보다는 부패한 종교의 모습들을 고발하는 기능에 더 유효해 왔다는 점을 망각해서는 안 된다. 말하자면 무신론 논증은 언제나 유신론적인 문화와 전 이해를 전제로 전개되어 나간다는 것이다. 이 점에서 무신론 논증은, 앞에서 언급했듯이, 종교의 비판적 동반자라고 보는 것이 오히려 전체 맥락을 공정히 판단하게 만들어 줄 것이라고 생각한다.

7. 왜 선한 하느님이 만드신 세상에서 착한 사람이 고통을 받을까?

신학적으로 신의 존재를 가장 당혹스럽게 만드는 주제와 물음은 '무신론 논증'이라기보다는 오히려 우리 삶에 생생하게 실제 하는 악의 현실이다. 가장 원초적으로 신은 '선하다.' 물론 악한 신이 등장하는 종교도 있지만, 이 경우 신은 신보다 높은 절대를 섬기는 하위 신으로 기능할 뿐이다. 만일 신이 궁극적인 존재라고 여긴다면, 신은 선해야 한다. 만일 그렇지 않다면, 우리가 신을 믿을 이유는 없다. 그런데 세상에서 우리는 악을 너무나 생생하게 그리고 간절하게 체험한다. 신학적으로 뿐만 아니라 종교철학적으로도 악의 문제는 언제나 난제이다. '악'이 존재한다는 것은 앞에서 정의했던 신의 속성들이 창조 세계에서 완벽하게 작동하지 않는다는 것을 의미하거나 아니면 적어도 몇몇 속성들을 포기해야 한다는 것을 의미하기 때문이다. 예를 들어 신은 선하다고 하지만, 그 선한 신이 창조한 세계 안에 악이 존재한다면, 그 신은 선하지 않은 것이 아닌가하는 물음을 제기할 수 있다. 선한 신이 창조했는데에도 악이 초래되었다면, 그 신은 악의 현실을 제어할 완전한 힘과 능력을 갖추지 못했을 가능성도 있을 것이다. 그렇다면 신은 선하고 전능하지 않거나 혹은 전능하면서 선하지 않은 존재일 가능성이 제기된다. 어느 쪽의 대안을 택하든 우리가 전통적으로 생각해왔던 신 개념의 수정을 요구받는다. 혹은 악은 인간의 자유의지의 발휘를 위한 필연적인 조건이라고 보면서, 악을 '과정의 문제'로 볼 수도 있다. 그런데 어떠한 대답이 과연 세상에 벌어지는 참혹한 악의 현실에 대한 확고한 답이 될 수 있을까? 엄밀히 말해서 우리가 악의 문제에 대한 절대적인 답을 얻을 가능성은 없다. 그럼에도 우리는 악을 이해하며 삶의 시간들을 살아가야 한다. 해답이 없지만, 그럼에도 이해하며 감내해야 하는 문제, 바로 그것이 '악'의 문제이다. 악에 대한 해답들은 통상 '도덕적 악의 문제'에 대한 해답으로 생각하기 쉽다. 하지만 정작 문제가 되는 악은 우리가 그 원인을 어떤 행위자에게 돌리기 어려운 '자연적 악의 현실'이다. 2011년에 일본에서 있었던 쓰나미는 과연 누구의 잘못으로 벌어진 것인가? 그 쓰나미라는 악에 대해 책임을 진 사람은 없다. 왜냐하면 책임질 수 없기 때문이다. 여기서 우리는 데이비드 흄의 신 비판을 참고해보자. 우리는 신이 전능하다고 생각한다. 그런데 그 전능한 하느님이 창조한 인간이나 동물들 모두 행복해하지 못한다. 그렇다면 신은 우리들의 행복을 의도하지 않았다. 혹은 신은 우리를 행복하게 하기 위해 악을 미연에 방지할 능력이 없는 것이다. '그렇다면 신은 무력하다. 신은 능력은 있으나 그렇게 하고자 하는 의향이 없는 것인가?'⁶³⁾ 이 물음에 대한 해답으로 우리가 도덕적으로 그리고 윤리적으로 옳고 그름을 판단하는 기준은 우리 인간의 기준이므로 신에게 적용할 수 없다고 주장하면서, 신은 도덕적으로 옳고 그른 존재가 아니라는 답이 제시되기도 한다. 그렇다면 신은 선하지 않다. 그리고 선하지 않다면, 우리가 그 신을 신뢰하고 믿고 헌신할 이유가 있는가? 이와는 다른 각도에서 신은 선하시고 그래서 우리의 악한 현실에 동참하셔서 같이 슬퍼하시지만, 거대한 악의 도래는 신조차도 어쩔 수 없었다고 보는 입장도 있다. 다만 우리와 더불어 그 악을 극복해나가기를 원하실 뿐이라는 것이다. 최근 과정신학자들은 이러한 신학적 해답을 모색해왔다. 문제는 이런 신을 우리의 신앙의 대상으로 섬을 수 있겠는기 이디. 결론적으로 악의 문제에 대한 절대적으로 확고한 대답은 없다. 다만 우리가 처한 악의 상황에 따라 우리가 참조해볼 다양한 입장들과 논리들이 있을 뿐이다.

'악'의 문제에 대한 신학적 해답은 전통적으로 악을 '선의 결핍'으로 보는 아우구스티누스적 관점과 악한 현실은 완성된 미래의 삶을 향

해 나아가는 과정의 필요한 절차라고 보는 이레니우스의 관점, 그리고
신은 그 악한 현실을 방지할 수 있는 전능함은 없지만, 그럼에도 우리의
고난 받는 현실에 같이 동참하시는 '동료-고난자'Fellow-sufferer로 간주
하는 화이트헤드적 과정신학 등이 있다.

악은 선의 결핍이다 : 아우구스티누스

아우구스티누스는 우선 '악'을 선의 결핍으로 규정한다. 이 말을 뒤집으
면, 기독교의 하느님은 선하시고, 그분은 선하게 세상을 창조하셨다. 하
지만 존재하는 모든 것은 본래 태어나거나 만들어진 그대로 있는 것이
아니라, 시간이 흐름에 따라 본래의 모습으로부터 부패해가거나 또는
타락하게 된다. 따라서 악은 어떤 신적 존재에 의해서 작용하는 실체적
힘이 아니라, 본래 좋았던 어떤 것이 그 기능을 발휘하지 못하게 된 것
을 가리킨다. 예를 들어, 맹인이 되는 것은 눈이 제 기능을 발휘하지 못
하기 때문에 생기는 것이지, 좋은 눈과 나쁜 눈이 따로 있는 것은 아니
다. 눈 자체는 좋은 것이지만, 그것이 제 기능을 발휘하지 못함으로 인
해 앞을 보지 못하는 일이 벌어지는 것이다. 이렇게 선하게 창조된 세계
에서 선이 결여되는 이유는 '존재의 타락'이다. 이 타락의 모습과 이유
를 성서는 창세기에 기록해두었다. 존재하는 것이 부패하는 것은 자연
스런 성향인데, 그것은 본래의 선한 성품이 쇠약해지는 것을 가리킬 뿐
이다. 따라서 악은 실체적인 혹은 실재적인 것이 아니라는 것이다.

　마찬가지로 인간 세계에서 타락의 근본 원인은 인간이 자신들에게
선한 의도로 주어진 자유의지를 잘못 사용하는 데에서 발생한다. 하느
님이 창조하신 것들 중에 악하고 선한 것이 구별되는 것이 아니다. 하느

님이 창조하신 모든 것은 본래적으로 선하다. 하지만 하느님은 인간들이 스스로 그 본연의 모습을 찾아갈 수 있도록 자유의지를 주셨다. 문제는 인간이 그 자유의지를 사용하기를 배워나가는 과정에서 실패나 실수가 끊임없이 발생한다는 것이다. 이 자유의지의 잘못된 사용이 우리 세계에 악이 도래하게 되는 이유이다. 즉, 악은 하느님, 신의 책임이 아니라, 자유의지를 행사하는 인간의 책임이라는 것이다. 그래서 그 잘못된 자유의지의 사용에 대한 심판이 역사의 끝에 있을 것이다. 그리고 그를 통하여 하느님은 자신의 선하심을 다시금 본래적으로 회복하실 것이다. 이러한 아우구스티누스의 입장은 하느님의 속성 즉, 선하심과 현재의 악한 세상의 현실 간의 괴리와 모순을 신학적으로 설명하고 해소하려는 노력 속에서 시도되었다. 따라서 하느님의 선하심을 변증하는 점에서는 설득력이 없다고 할 수 없지만, 악에 대한 설명으로는 대단히 미흡한 점이 많다.

아우구스티누스의 이러한 악에 대한 이해는 독일 신학자 슐라이어마허Friedrich Daniel Ernst Schleiemacher, 1768~1834에게 이미 비판을 받았다. 슐라이어마허에 따르면, 우선 완전하게 선하게 창조된 질서가 아무런 이유도 없이 자발적으로 타락할 수 있다는 생각 자체가 모순이라는 것이다. 이는 곧 악이 무로부터 생겨난다는 것을 의미한다. 그렇다면 아우구스티누스는 하느님의 완선하심과 선하심을 보호하기 위해 악을 신의 결핍으로 정의했음에도, 그의 악에 대한 이해는 그 하느님의 전능하신 능력을 악에게도 동등하게 부여하는 실수를 저지르고 마는 것이다. '무로부터 무언가를 창조할 수 있는 능력,' 아우구스티누스에 따르면, 바로 이것이 신의 전능함의 상징이다. 그런데, 아우구스티누스의 악 이해는 이제 바로 그 악에게 스스로를 무로부터 창조할 능력을 부여하고 있다고 슐라이어마허는 비판한다. 아우구스티누스의 악 이해에 대한 두 번째 비판은 우리가 알고 있는 인간의 역사와 진화는 인간이 낮은 수준의 의식과 도덕과 이성으로부터 점점 발전해왔다는 것을 증거하며, 따라서 완전한 상태로부터 점점 더 타락해왔다는 주장과는 전혀 맞지 않는다는 것이다. 근대 이래로 진화론과 진화론적 사유 혹은 진보에 대한 역사 이해가 발전해오면서, 태고의 완전한 상태로부터 타락이라는 신화는 사람들 사이에서 점점 과학적 설득력을 상실해왔다. 이점에서 아우구스티누스의 완전한 창조는 이치에 맞지 않는다고 그는 주장하는 것이다.

더 나아가서 우리는 악을 단지 '선이 결여된 것'으로 경험하는가? 아니면 악 그 자체를 그보다 훨씬 강력한 어떤 것으로 경험하는가? 예를 들어, 한 주부가 성범죄 전과자에게 무참히 살해되었다. 이 끔찍한 살인은 단지 그에게 '선'이 결여되어서 비롯된 것인가 아니면 그 범죄자에게는 그 자체로 악한 어떤 것이 내적으로 발동한 것인가? 우리가 살아가는 현실 속에서 악은 단지 그의 선한 기능을 결여하고 있는 모습으로 다가오는 것이 아니라, 그 악 자체가 스스로의 근원적인 힘을 지니고 우리를 지배하려고 다가오는 것처럼 보인다. 수많은 사람들의 죽음을 초래한 리비아의 민주화 투쟁과 시리아의 민주화 투쟁은 단지 '민주주의'라는 선의 결여인가 아니면 군사독재정권이 그 자체의 독자적인 악마적 권력을 행사하고 있는 것인가? 이런 경우들에서 악을 단지 '선의 결여'라고 보는 것은 악의 현실을 너무 순진하게 파악하고 있다는 느낌을 준다. 이런 점에서 아우구스티누스의 악 이해는 현실적으로 매우 빈곤하다고 여겨진다.

악은 인간 자유의 실현 기회이다 : 이레니우스

이레니우스는 아우구스티누스의 악에 대한 이해를 역으로 구성하였다. 그래서 그는 악은 인간이 보다 완전한 단계로 성숙해가는 데 불가피한 요인이라고 본다. 우선 그는 인간의 창조를 두 단계로 나누어 보았고, 창세기 1장의 창조 이야기와 2장의 창조 이야기가 거기에 상응한다고 보았다. 창세기를 읽다보면, 우리는 창조의 이야기가 두 번 반복되는 것에 의아하게 된다. 그런데 보다 의아한 것은 한 이야기의 반복이나 중복이 아니라, 완전히 새로운 구성을 지닌 전혀 다른 두 이야기라는 사실이다. 왜 다른 창조 이야기가 두 번 나오는 것일까? 이레니우스는 이 두 이야기를 인류의 두 단계 창조로 이해하였다. 우선 인간은 도덕적으로 영적으로 엄청난 발전 가능성을 담지하고 있는 '지적인 동물'로 처음 피조되었다. 그런데 완전한 모습의 인간으로가 아니라 '긴 성장 과정의 출발점에 있는 (아직은) 미숙한 피조물'[64]로서 피조되었다. 그래서 첫 번째 창조는 보다 완전한 존재를 이루어가도록 하기 위해 그 다음 단계의 인간 창조를 필요로 한다. 이 두 번째 창조 단계에서는 인간 스스로 '자유로운 응답'과 결정을 통해 하느님의 자녀들로 변화해간다. 이레니우스는 첫 번째 창조를 '하느님의 형상'Image을 창조하는 단계로, 두 번째 창조를 '하느님을 닮은 자'Likeness를 창조하는 단계로 보았다. 이 두 번째 창조에서 '악'은 결정적인 역할을 감당한다. 인간은 처음에 정신적으로 영적으로 그리고 도덕적으로 미숙한 단계로 태어나기 때문에 그가 온전한 하느님의 자녀로 성장하기 위해서는 시험과 훈련이 필요하다. 그러한 시험과 훈련의 과정 속에서 인간은 자신의 자유로운 의지를 사용하는 법을 익히게 되고, 그 자유 가운데 영적으로 도덕적으로 성숙한 존재로 나아가게 된다. 이를 통해 보이는 이레니우스의 인간 이해는 우선 어려운 시험과 역경 속에서 자유의지를 통해 선한 결정을 내릴 수 있는 인간이 그러한 갈등어린 결정과정 없이 처음부터 선하게 피조된 존재보다 온전한 인간존재임을 강조한다. 완전함이란 주어지는 것이 아니라 도덕적 시험들을 통해 획득되어지는 것이라는 것이다. 또한 두 번째로, 이레니우스에게, 진정한 인간이란 자유의지를 가지고 하느님을 선택할 수 있는 영적 성숙함을 지닌 존재이다. 바로 이러한 모습이 창세기 2장의 타락 이야기 속에 담겨있는 것이다. 비록 인간들이 그 시험에 실패하여 낙원에서 쫓겨나는 한이 있더라도, 자신의 자유로운 의지를 사용하여 결정을 내릴 수 있다는 것은, 전지전능한 신과는 다른, 우리 인간만의 고유성이다. 이런 맥락에서 우리가 악이라고 부르는 역경은 우리의 영혼이 온전하게 성장하는 데 필수적인 요인이다. 이를 통해 이레니우스는, 비록 긴 시간 동안 힘들고 어렵게 성취되는 과정을 거쳐야 하지만, 그럼에도 우리의 삶과 역사가 미래에 완성될 것이라는 낙관적 견해를 견지한다. 이는 결국 악을 극복 가능한 대상으로 보는 것이다.

이레니우스는 악을 인간이 창조의 두 단계들을 거쳐 가면서 지나가야 하는 필수적인 조건이라고 보았다. 그리고 악한 상황 속에서 자유를 참되게 사용할 능력을 갖추는 것이 인간을 실현하는 데 중요하다고 보았다. 악에 대한 이레니우스의 이러한 입장이 의미하는 바는 만일 우리가 싫어하고 회피하고 싶어 하는 악의 현실들이 모두 제거된 세계가 가능하다고 가정해본다면 보다 분명하게 드러난다. 그 누가 어떤 악한 일을 해도, 그것이 상대방과 주변인들에게 전혀 악한 해를 입히지 않는 세계 말이다. 그것은 곧 우주적인 법칙들이 붕괴된 세계가 될 것이다.

자동차 사고를 당해도, 그것이 사고 피해자와 가족에게 악이 되기 때문에 취소되는 세계, 누군가의 총에 맞아도 그런 일이 벌어지는 것은 악이기 때문에 취소되는 세계, 누군가에게 도둑을 맞아도 그런 일은 악이기 때문에 취소되는 세계, 누군가 병이 들어 죽는 것은 악이기 때문에 병에 걸리는 것이 취소되는 세계, 우리는 수많은 생각의 나래들을 펼 수 있지만, 결국 '악이 없는 세계'란 불가능한 세계이며, 악이 제거된 세계가 우리 모두를 행복하게 해주는 세계와 같지 않다는 것을 알 수 있다. 악이 없는 세상은 결국 선이 사라진 세상과 같은 말이다. 따라서 선한 세상이 가능하려면 선의 부족과 결핍을 지시하는 '악'이 실존할 수밖에 없다. 그 생생한 악의 현실 앞에서 이 세상에 벌어지는 그 무수한 부정의와 불의를 외면하거나 부인하기 보다는 오히려 우리가 헤치고 나아가기를 주장하고 결단하는 것은 인간의 창조적 가능성을 강조하는 말임에는 분명하다.

그럼에도 이레니우스의 악에 대한 이해는 우리에게 닥치는 모든 악의 현실을 설득력 있게 설명하지 못한다. 이레니우스가 말하는 악이 의미 있게 와 닿는 것은 그 악을 우리 스스로의 능력으로 극복할 여지가 있을 때이다. 꼭 그때뿐이다. 우리 스스로의 힘으로 극복할 수 없고, 치유할 수 없고, 넘어설 수 없는 악의 현실, 그것도 다 성장해가는 과정의 일부라고 말하는 것은 곧 이 부정의 한 현실의 체제에 머리를 숙이고 순응하라는 말과 같기 때문이다. 그래서 이레니우스의 악에 대한 이해에 가해지는 비판은 세상에는 인간의 자유의지와는 무관한 악의 현실이 있다는 것이다. 즉, 인간의 자유의지를 발휘해서 영향력을 미칠 수 없는 사건들 예를 들어 자연 재해들이 있다는 것이다. 그러한 사건들이 과연 인간이 자유를 성숙하게 사용할 수 있는 훈련으로서 도입된 것이란 말인가? 그리고 그렇다면 훈련으로서는 무척 잔인하고 야비한 셈이다. 홍수와 쓰나미 같은 자연재해를 통해서 너무나도 많은 무고한 사람들이 죽었기 때문이다. 그들의 무고한 생명이 과연 일부 살아남은 자들의 윤리적이고 도덕적인 훈련을 위해서 발생한 것이란 말인가? 이레니우스의 악에 대한 이해는 그러한 자연적인 악의 원인들을 규명하기 보다는 오히려 그러한 악한 일들이 벌어지는 현실 세계 속에서 그러한 악한 일들이 인간에게 어떻게 선용될 수 있는가를 예시하는 이론에 더 가까워 보인다. 예를 들어, 이레니우스의 관점은 결코 일제 강점기 때 끌려간 정신대를 정당화해주지 않으며, 나치에 의해 학살당한 유대인들의 죽음을 정당화해주거나 설명해주지 않는다. 단지 그러한 상황 속에서 우리가 어떻게 선한 의지를 발휘할 수 있겠는가를 강조할 따름이지만, 이 경우 이레니우스의 악에 대한 이론은 하나의 설명 가설이라기보다는 설교에 더 가까워 보인다.

악은 더 큰 선을 이루기 위한 조건이다! : 조너던 에드워즈

이레니우스의 악에 대한 이해를 좀 더 노골적인 표현으로 드러내는 입장으로서 조너던 에드워즈의 악에 대한 이해를 들 수 있다. 조너던 에드워즈에 따르면, 신은 선한 결과를 예상할 수 있는 경우에만 악을 허용하며, 그렇지 않을 경우 악한 현실을 제어한다고 주장한다. 에드워즈의 관점은 이레니우스의 것보다 더 적극적으로 신의 전능성을 변호한다. 그래서 신이 악을 허용하는 경우는 오직 그보다 더 큰 선을 예상하기 때문이며, 이로 인해 잠시간 악이 현실화되었을 때 초래되는 혼란과 부조화를 보다 큰 선을 위해서 감수한다는 것이다. 이 경우, 신이 악을 허락해서 야기되는 인간의 고통이 정당화되는 것인가의 물음을 우리는 당연히 제기할 수 있다. 에드워즈의 관점을 따르자면, 악이 신에 의해 정당화될 수 있는 것은 그 신이 전지전능한 예지력을 갖추고 있을 경우이다. 인간은 때로 오판할 수 있으며, 잘못 예측할 수 있다. 하지만 전지전능한 신의 예지력은 실수를 용납하지 않는다. 따라서 전지전능한 힘을 갖고 있지 못한 인간에게 악은 매우 불공정한 현실로 느껴질 수 있지만, 적어도 전지전능한 신에게는 결코 부당한 것이 아니다. 이러한 견해는, 이미 이레니우스의 입장에서 드러나듯이, 사실 에드워즈가 창안한 독창적인 관점만은 아니다. 예를 들어 고대 교부 오리겐Origen, 185~254은 '반대가 없다면 악은 빛나지 않으며 시험에 의해서 더 영광스러운 것이 되지도 않을 터이다. 미덕은 시험과 검증이 없이는 덕이 아니다'[65]고 하였다. 이 말은 곧 '악'이 없다면, 세상은 '특정한 유형의 덕스러운 반응—즉, 악을 완화하고 대항하며 극복하는 것으로 구성되어진 지각되어지고 인지된 반응'[66]을 결여할 것이다. 그래서 존 키츠John Keats, 1795~1821는 악의 현실이 실재하는 삶의 세계를 '영혼의 학교'로 이름하기도 하였다.

그럼에도 우리가 악의 현실을 극복해나가면서 얻게 되는 선이 크기 때문에 악은 세상 속에 허락되었다는 주장은, 이레니우스의 주장처럼, 악에 대한 설명이라기보다는 '피할 길이 없으니 즐기라'는 식의 설교로 들린다. 왜 내게 이런 악한 고통과 부정의가 찾아왔는가? 이후의 보다 더 큰 선을 이루기 위해서! 이는 우리에게 닥친 악의 현실의 부당함과 신의 전지전능함 간에 놓인 깊은 신비의 심연을 이해하려는 종교인들의 전통적인 해법이었다. 하지만 여기서 우리가 느끼는 부정의의 현실과 신의 전능함 사이의 심연이 우리에게 이해되는 것은 '신의 전능함을 가정할 경우'뿐이다. 말하자면 신의 전능성은 여기서 해답을 도출하기 위해 가정된 것이지, 결코 증명된 것이 아니라는 것이다. 그렇다면 에드워즈의 입장은 악에 대한 설명이 되기보다 설교와 권면이 되고 마는 것이다. 전능한 신의 자녀에게 악하고 험한 일이 벌어진다는 것은 곧 그분이 우리에게 필요하기 때문에 발생하도록 용납하였거나, 그분이 그 일을 막을 능력이 없거나 둘 중 하나일 것이다. 여기서 전능한 신에 대한 절대적인 신뢰가 해답의 논리나 이해에 앞서 이미 요구되어지고 있다. 그렇다면 에드워즈 식의 해법은 순환적일 수밖에 없다. 신의 전능한 예지력을 철저히 믿는 사람에게 이런 식의 해답은 위로의 힘을 제공해 줄 수 있지만, 신을 믿지 않는 사람들에게는 전혀 의미 없는 설명이 되고 만다.

신은 우리와 함께 아파하시는 동료-고난자이다 : 과정신학적 이해

기존의 신학적 설명과는 전혀 다른 관점에서 악에 대한 문제에 대답을 시도한 것이 바로 과정신학적 시도이다. 과정신학은 영국 태생의 철학자 화이트헤드A. N. Whitehead의 철학적 관점을 신학적으로 수용하면서 도입되었다. 간략하게 표현하자면, 존재는 '과정'Process이라는 것이다. 파르메니데스의 전통 이래로 존재는 일시적이거나 변질되는 것이 아니라, 고정되고 확고한 실체라는 이해가 서구철학을 관통하는 큰 흐름이었다. 화이트헤드는 서구 철학의 이 전통적인 존재 이해를 이제 파르메니데스가 아니라 헤라클레이토스Heraclitos적인 관점에서 변화와 생성을 근간으로 존재를 설명한다. 이러한 설명 과정에서 특이한 점은 근대 이래로 서구 철학에서 '신'은 존재와 현상을 설명하는 과정에서 점차 배제되어왔는데, 화이트헤드는 이 근대 이래의 전통을 거슬러 신을 철학적 설명의 중요한 인자로 다시 도입하고 있다는 점이다. 하지만 이러한 화이트헤드의 시도가 결코 중세 신학으로의 복귀를 의미하는 것은 결코 아니다. 오히려 화이트헤드의 철학적 체계 속에서 신의 존재란 설명을 위해 논리적으로 필수불가결하게 요청되는 것이지, 신의 존재를 입증하거나 신을 변증하는 시도가 결코 아니었다. 따라서 화이트헤드의 신 이해는 신학적인 신 이해를 따르지 않는다. 오히려 화이트헤드의 악에 대한 이해는 우리가 도덕적으로 요청하는 신의 모습이 어떠한지를 보여준다.

화이트헤드의 철학을 신학적으로 수용하면서 과정신학은 기본적으로 신의 전능성 개념을 파기한다. 또한 신이 무로부터 세상을 창조하였다는 관점도 주장하지 않는다. 그럼에도 신은 세계에 계속 중요한 영향력을 행사하면서 상호작용한다고 주장한다. 화이트헤드의 철학에 뿌리를 두고 있는 과정신학Process theology에서 신은 모든 개념들의 토대가 되는 것이 아니라, 세계 과정을 사변적으로 구성하는 데 반드시 필요한 조건이며, 이 사유 속에서 신은 세계 과정을 초월하는 지평에서 세계에 영향을 미치는 것이 아니라, 신도 전체 우주 과정의 일부를 구성한다. 따라서 신도 우주 과정의 제약들을 적용받는다. 이런 면에서 과정신학의 하느님은 전통적인 기독교의 하느님과 상당히 다른 모습을 지닐 수밖에 없다.

우선 간략하게 과정신학의 구조를 설명하자면, 신을 제외한 모든 현실적 존재Actual entity들은 물리적 극에서 정신적 극을 향하여 나아간다. 이러한 과정을 예인하는 두 힘이 있는데 하나는 인과율적 작용causal efficacy이고, 다른 하나가 현시적 직접성presentational immediacy이다. 인과율적 작용은 과거로부터 유래하는 힘이다. 모든 현실적 존재들의 과정들은 과거 사실을 기반으로 미래를 향하여 진행되어진다. 미래는 결정되거나 예정된 것이 아니라, 과거로부터 유래하는 힘이 현재의 현시적 직접성의 힘과 만나 '합생'Concrescence을 이룰 때 만들어내는 새로운 배치가 미래의 향방을 결정하게 된다. 우주 내 모든 현실적 존재들을 이러한 과정을 통해서만 설명할 경우 우리는 모든 것을 과거 사건들을 통해서 예측가능하다고 말할 수 있을 것이다. 이 경우, 사건 과정들에 대한 설명은 결국 인과율에 기반한 유물론적 설명과 크게 다르지 않게 된다. 그리고 이는 화이트헤드가 추구하는 형이상학적 해법과는 정면으로 배치된다. 왜냐하면 그는 유물론적 사유 혹은 근대의 인과율적 사유를 뛰어넘는 형이상학적 사유를 추구하기 때문이다. 그런데 현실적 존재들 중 오직 한 존재는 물리적 극에서 정신적 극을 향해서가 아니라, 정신적 극으로부터 물리적 극을 통해 나아간다. 그 존재가 바로 신이다. 이 현실적 존재는 정신적 극에서 물리적 극으로 도래하기 때문에 여타 존재들의 눈으로 보자면, 비존재와 같다. 가능성이나 희망은 현실적으로 존재하는 어떤 것이 아니기 때문이다. 신은 물리적 극에서 정신적 극으로 인과율적 작용에 기반하여 나아가는 현실적 존재들이 '유물론적 결정론'의 세계로 함몰해 들어가지 않도록 하기 위해 각 현실적 존재들에게 이상Ideal을 제시하고 따르도록 설득하고 유인하는 역할을 감당한다. 그래서 인과율적으로 모든 것이 조건화된 세상에 돌연 기존 조건들을 뛰어넘는 가능성들이 도래한다. 그래서 신을 통해 현실적 계기들은 창조적 전진을 이루어나가게 된다.

그러한 창조적 전진의 과정 속에서 과정신학은 기본적으로 세상에 벌어지는 (자연적인 혹은 윤리적인) 악의 문제를 우주의 실제 과정의 일부로 조망한다. 우주의 모든 실재Reality는 실체Substance로서가 아니라 과정 Process으로서 존재하는데, 모든 각 과정이 그 완성을 이루는 것은 아니기 때문에 과정의 미완결로 인한 악이 불가피하게 발생한다. 즉, 악은 한 현실적 계기가 그 온전함을 이루지 못함으로 인해 발생한다. 과정이란 과거 계기로부터 유래하는 자료들을 현시적 직접성으로 주어지는 조건들에 기반하여 현실적 계기가 신으로부터 도래하는 주체적 목적을 통해 창조적으로 재구성하는 것을 의미한다. 하지만 그 창조성은 긍정적으로 온전히 발현될 수도 있고 혹은 창조성이 과거 계기의 관성이나 현재 조건들의 편견들과 상황으로 인하여 억눌릴 수도 있다. 현실적 사건 계기들이 창조적 전진을 이루지 못하고 조건에 억눌려 기존의 불완전을 반복할 때 악이 하나의 실재로 자라나게 된다. 비록 악을 창조성의 조건으로 여기기는 하지만, 그렇다고 당장의 악한 현실이 미래에 전능한 신의 섭리 안에서 보상을 받을 것이라는 신앙적 기대로 나아가지는 않는다. 악은 '비존재'가 아니라 생생한 현실이다. 그 악의 생생한 현실을 전적으로 뒤집을만한 전능한 힘을 신은 갖고 있지 못하다. 신조차도 그 모든 과정의 일부이기 때문이다.

신은, 다른 모든 현실적 계기[67]와 달리, 모든 과정을 창조적 전진의 과정으로 유인한다. 과거 조건들이 현재 상황 속에서 신으로부터 도래한 시초적 목적을 통해 창조적으로 조합되는 자리를 화이트헤드는 '합생'이라 불렀다. 신은 각 과정들이 창조성을 온전하게 발휘할 수 있는 방향으로 그들을 설득하고 유인하는 우주의 '목적론적 계기'인 셈이다. 여기서 신은 전통 기독교의 전지전능한 모습과는 달리 각 사건 계기들을 설득과 유인을 통해 창조적 완성을 향해 인도하려고 노력할 뿐 그 어떤 강제적 수단도 사용하지 않는다. 이런 관점에서 신은 전지전능성을 부여받지 않는다. 비록 전통적인 신의 속성인 전능성을 결여한다 해도 과정철학과 신학의 신은 무기력하지 않다. 오히려 악의 현실 한 복판에서 신은 각 사건 계기들과 더불어 고통을 나누는 '동료-고난자'가 된다. 각 과정들이 창조성을 발휘하여 과거 자료들을 현재 상황 속에서 새롭게 재구성하는 목적은 '조화'Harmony인데, 이를 온전히 달성하지 못한 사건 계기들은 '악'의 현실이 된다. 그러나 그 악한 현실은 그대로 고정되어 저주받지 않는다. 오히려 조화로운 완전성을 구현하지 못한 계기는 이후 조화를 이룰 목적을 갖게 됨으로써, 현재의 불완전한 악은 더 큰 창조성을 발휘하도록 하는 유인이 되기도 한다. 즉, 문명은 불만족 경험을 통하여 앞으로 진보해나가며, 불완전성을 통하여 완전을 꿈꾸게 된다. 이런 면에서 보자면 악이란 창조적 과정의 필수불가결한 일부가 되기도 한다. 신은 이 과정에서 발생하는 불가피한 악의 현실에 각 현실 사건들과 더불어 아파하며 고통을 나누는 동료-고난자이다. 또한 그 불완전성을 다음 계기들이 이루어야 할 목표나 이상으로 제시해줌으로써, 추후 과정들이 더 나은 선을 지향해 나아가도록 '최초의 주체적 목적' Initial subjective aim을 제공함으로써 우리 우주의 계기들이 '목적'을 바라볼 수 있도록 한다.

이상의 맥락에서 과정신학의 '신'은 세계에 발생하는 악에 대한 책임을 지지 않는다. 그는 우리가 당한 악의 현실에 함께 아파하며 고통을 나눈다. 그리하여 신은 우주의 모든 과정을 무로부터 창조한 전지전능한 존재가 아니라, 우주 자체의 일부로서 기능하는 그래서 다른 현실적 존재들Actual entities들과 다를 바 없는 동료 존재가 된다. 그럼에도 신이 갖는 고유한 위치는 바로 모든 각 현실체들을 조화의 과정으로 나아오도록 시초적 목적을 통해 설득하며 유인하는 데 있다. 이 과정에서 각 현실적 사건들은 '창조성'을 부여받아 발휘하게 된다. 따라서 신에게 왜 선한 사람에게 나쁜 일이 생깁니까? 라고 물으며, 악에 대한 책임을 묻는다는 것은 온전한 물음이 아니다. 왜냐하면 악이 신으로부터 혹은 신이 할 수 있는 책임 범위 안에 놓여있는 것이 아니기 때문이다. 신은 오히려 세계에 발생하는 악들이 선으로 전환될 수 있도록 끊임없이 현실 사건계기들을 설득하며 유인하는 중이다.

악에 대한 이상의 과정신학적 이해는 합리적이고 논리적인 이해를 보여주지만, 다른 한편으로 상당한 비판도 받는다. 우선 악에 대한 과정 신학적 이해가 너무나 '엘리트주의'적인 성격을 드러낸다는 점이다.[68] 창조성이 조화의 이상을 구현해나가기 위해 그렇게 수많은 사람들이 절대적인 절망적 상황 속에서 고통 받아야 했을까에 대한 고민의 흔적이 보이지 않는다는 것이다. 인류 역사 내내 수많은 사람들이 노예였거나 그와 유사한 억압의 상황 속에서 삶을 살아낼 수밖에 없었다. 때문에 단지 창조성이 조화를 이루어가기 위한 과정의 일부였다고 말하는 것은 의미가 있는가? 그 과정에 하느님이 함께 아파하며 고통을 나누었다는 것은 악한 현실의 피해자에게 어떤 위로를 주는가? 오히려 그 힘없고 나약한 피해자의 입장에서 신을 찾는다면, 적어도 자신이 부당하게 당한 악한 현실을 되돌리거나 혹은 보상해줄 수 있는 존재를 찾지 않을까? 여기서 신은 끝까지 우리와 함께 그 고통을 감내하면서 동참해주시는 분이지만, 그럼에도 그러한 모든 악의 현실과 고통을 극복하고 선한 조화를 완성해나갈 수 있는 사람은 극소수의 지적 그리고 영적 엘리트들에 불과할 것이다. 결국 모든 현실적 과정들은 그 극소수의 깨달음을 얻는 사람들을 위한 것들에 불과한 것인가? 특별히 가난한 자들과 억눌린 자들을 우선하시는 하느님을 주장하는 해방신학의 관점에서 볼 때, 과정신학의 악 이해는 너무도 낭만적이고 엘리트 중심적인 시각에 불과하다.

결국 악의 문제는 난제이다. 왜 전지전능하시고 선하신 하느님이 창조하신 세상 가운데 '악'의 현실이 도래하는 것인가? 왜 선하고 의로운 사람들에게 부정의한 악이 자행하는 고난의 현실이 벌어지고 있는 것인가? 우리가 추구하는 대답은 언제나 악의 현실에 대한 이유를 묻는다. 그러나 때로 악한 현실은 이유가 없다. 근거도 없다. 논리도 없다. 이러한 상황에 가장 많이 인용되는 이야기가 바로 성서의 '욥'의 이야기일 것이다. 아무런 이유 없이, 아무런 잘못 없이 자신에게 닥쳐진 악한 현실 앞에서 욥은 굴복하거나 순응하거나 타협하지 않고, 물음을 제기한다. 그는 묻는다. 왜 이런 고통이 나에게 닥치냐고? 친구들은 그런 재난들이 이유가 없을 리 없다고 타박하고 질책한다. 하느님은 그런 욥에게 다시 이전의 영광을 두 배로 갚아 주신다. 하지만 본문은 전체적으로 우리가 당한 부당한 악이 선으로 보답될 것이라는 암시를 주지 않는다. 오히려 하느님이 그를 회복시키신 것은 그가 끝까지 하느님을 신뢰하고 부당한 부정의 앞에서 순종했기 때문이 아니라, 끝까지 물음을 묻고 항변했기 때문인지도 모른다. 악은 우리에게 물음을 제기해야 할 이유를 가져다준다. 그 물음이 우리를 창조적으로 나아가게 하는 것 아닐까?

8. 죽음 이후에도 삶이 있을까? : 불멸과 영혼의 문제

플라톤의 『대화』에는 소크라테스의 유명한 죽음 장면이 나온다. 이때 우리에게 익숙한, 매우 유명한 '악법도 법이다'는 소크라테스의 말이 나온다. 그리고 그는 독배를 들고 기꺼이 죽음을 맞이한다. 이 장면에서 우리는 소크라테스가 민주주의와 법치주의의 이상을 지키기 위하여 스스로 독배를 든 것으로 기억하지만, 본문을 읽다보면 소크라테스의 대사 중 많은 부분이 영혼의 불멸성에 관한 것임을 보게 된다. 즉, 비록 악법 때문에 독배를 든다 해도, 자신의 영혼은 결코 파괴되는 것이 아니며, 오히려 영원한 영혼이 육체라는 감옥으로부터 해방되는 것이라고 믿으며, 그는 독배를 들었다. 이러한 관점으로 본문을 보자면, '영혼의 불멸성'과 '사후 세계'의 문제는 매우 철학적인 문제임을 알게 된다. 많은 종교들이 사후 세계에 관하여 언급한다. 그리고 사후의 세계에서 우리의 영혼이 영원불멸하지 않는다면 종교를 믿어야 할 가장 중요한 이유들 중 하나가 없어지는 것이다.

소크라테스의 제자 플라톤은 영혼이 불멸한다는 것을 철학적으로 논증한 거의 최초의 사람이다. 그는 실재 세계Reality를 현상계와 이데아계로 구별하여 보았는데, 우리가 감각을 통하여 경험하고 관찰할 수 있는 세계가 현상계이다. 반면 이데아계는 우리의 감각에 온전히 그 모습을 드러내지 않아서 불확실하게 보이지만, 그 세계는 영원불변하고 보편적인 세계이다. 플라톤에 따르면, 우리의 영혼은 그 영원한 이데아의 세계에 속하고, 우리의 몸은 가변적인 감각의 세계인 현상계에 속한다. 육신이 속한 현상계에서 영원히 지속되는 것은 아무것도 없고, 모든 것은 변한다. 하지만 우리의 영혼은 영원히 변함없는 이데아의 세계로부터 유래하기 때문에 변함이 없으며 불멸한다. 그 영원불멸하는 영혼이 우리의 삶 동안 육체라는 감옥에 유배되었을 뿐이다. 따라서 우리가 진정한 삶을 회복하려면, 바로 이 육체라는 감옥을 벗어나야 한다. 죽음이 우리의 영혼을 육체라는 감옥으로부터 해방시킨다는 플라톤의 생각은 기독교 중세로 이어져, 서구 사상사의 영혼관의 뿌리를 형성하였다.

영혼불멸? 객관적 불멸? : 불멸과 연관된 용어상의 문제

소크라테스는 영혼이 불멸Immortal하다고 말하면서, 우리 육신의 생물학적인 죽음과 부패를 극복한 어떤 부분이 우리 안에 있고, 이것이 우리의 자아 동일성Self-identity의 근거이며, 이것은 또한 영원불멸하다고 하면서 이를 '영혼'이라 하였다. 우리의 육체가 죽음을 맞이하게 되면, 이 영혼은 이 세상과는 다른 영역으로 넘어가 거기서 새로운 형태의 몸을 입거나 혹은 몸 없이 영원히 살아간다고 본 것이다.

그러한 서구의 영혼 이해와 달리 동양에서는 윤회라는 개념으로 죽음 이후의 삶을 생각하는데, 죽음 이후 다른 신체를 가진 존재로 다시 태어나 삶을 살아가며, 이 과정은 내면의 혼이 완전한 자유를 혹은 해방을 이룰 때까지 계속 반복된다. 이때에도 영혼이나 자아는 소멸하지 않으며 영원한 자유에 이를 때까지 계속해서 다른 몸으로 환생한다고 본다.

소크라테스의 불멸하는 영혼과는 비슷하지만 다른 맥락에서 기독교는 '부활'을 이야기하는데, 세상의 종말이 오면 모든 죽은 자의 영혼은 동일한 육체와 다시 결합하여 새로운 삶을 부여받게 된다. 그리고 이렇게 새롭게 부활하여 사는 삶에는 이제 죽음이 없다.

영혼의 불멸을 이해하는 이러한 다양한 방식들은 곧 영혼과 자아의 개념들을 이해하는 기본 틀이 되며, 더 나아가 우주와 세계를 바라보는 인식의 전제로 작동한다. 이는 곧 죽음을 어떤 과정으로 바라보느냐의 차이로 이어지게 된다. 만일 죽음으로 인간의 모든 것이 종말을 고한다고 생각한다면, 논의는 거기서 끝이 날 것이다. 따라서 죽음 이후의 문제를 논의한다는 것은 이미 인간이 죽음 이후 어떤 형태로든 삶을 이어간다는 것을 전제로 한다. 그런데 죽음 이후의 삶이 가능하다는 것이 반드시 자아의 동일성을 유지하는 영혼이 불멸의 방식으로 삶을 이어간다는 것을 말하지는 않는다. 이는 각 종교와 문화마다 자아와 영혼을 어떻게 이해하느냐의 차이로부터 비롯된다.

우선 서구 종교들은 죽음 이후의 삶을 이야기하면서, 특별히 각 사람이 몸의 죽음 이후에도 자신의 인격적 동일성을 유지하며 현세와는 다른 세계에서 삶을 이어간다고 본다. 사후의 인격적 삶을 주장하는 이 관점은 죽음 이후 자기-동일성을 의식하는 상태로 영혼과 같은 어떤 것이 존재함을 전제로 한다. 이것이 우리가 일반적으로 (특별히 서구에서) 가정하는 죽음 이후의 세계이다. 그리고 그 증거로 귀신이나 유령의 존재를 찾는다.

각 개별 인격이 불멸하는 영혼을 통해 죽음 이후의 삶을 이어간다고 보는 입장과는 달리 힌두교는 죽음 이후의 삶은 우주적 일자와의 연합이라고 주장한다. 우주의 궁극적 실재는 둘이 아닌 하나로서 브라만이고, 각 개별 인격 속에 담겨진 아트만(자아)은 그와 분리된 것이 아니지만, 그 브라만과 아트만이 구별되고 다른 것이라고 생각함으로부터 삶의 고통과 번뇌가 시작된다고 힌두교는 보았다. 그래서 죽음은 이 구별을 넘어 우주적 일자인 브라만과의 완전한 합일을 가능케 하지만, 죽음을 통해서 그러한 분리를 극복하지 못한 영혼은 윤회를 거듭하면서, 점차 '하나됨'의 진리를 깨달을 때까지 그러한 합일이 유예된다.

이러한 고전적 이해와는 달리 독일 신학자 루돌프 불트만Rudolf Bultmann은 '죽은 자의 부활'이란 그 죽은 자의 의미가 우리의 현재 삶에서 실존적으로 의미화되는 것이라고 보면서, 죽은 자의 부활을 문자 그대로 신봉할 것이 아니라, '비신화화'해야 한다고 주장하였다. 따라서 부활이란 죽은 자가 생물학적으로 같은 몸을 가지고 다시 살아나는 것이 아니라, 그가 살아있는 사람들에게 실존적 의미로 경험되어지는 사건으로서, 그 경험하는 사람의 마음속에서 실존적으로 부활하는 것을 의미한다. 유사한 맥락에서 철학자 필립스D. Z. Phillips는 영혼불멸은 죽음 이후의 삶과 관계하는 것이 아니라, 현재 상황 속에서 선을 실현하는 것을 의미한다고 보았다. 즉, 우리가 타인들을 위해 자신의 이기적 욕망과 욕심을 내려놓고 자신의 자아의 죽음을 내적으로 감행할 때, 우리는 죽음을 넘어서게 된다고 보았다.

불트만과 필립스가 자아 주체의 관점에서 비신화적으로 영혼불멸을 해석한다면, 죽음 이후의 삶을 바라보는 또 다른 비신화적인 관점은 '기억에 의한 불사'[69]이다. 우리는 우리의 기억을 통해 내 자아 혹은 주체 밖의 사람들이나 사건들을 기억하며, 그 기억의 되살림을 통해 그 본래 인물이나 사건을 자신의 내면으로 주체화한다. 예를 들어 예술가들이 자신의 생각이나 혼을 담아 작품을 남겨 놓으면, 그것을 감상하는 사람들이 그 작품들을 바라보며 그의 의미를 되살린다. 혹은 역사의 기록은 과거 사건에 대한 우리의 기억을 상기시켜줌으로써 그 의미를 되살린다. 이는 우리가 자손들에게 아버지의 성을 물려주는 풍속에 고스란히 담겨있고, 이는 인류의 공통적인 욕망이기도 하다. 그런데 여기에서 기억되는 사람 자신의 내적 자아와 그를 기억하는 사람이 이해하는 그 사람의 자아가 일치하지는 않는다. 예를 들어 어떤 사람은 자신이 의로운 사람이라고 생각하지만, 그를 기억하는 주변 사람들은 그를 부도덕하고 이기적인 사람으로 기억할 수 있다. 이 경우, 어떤 자아 이해가 올바른 것인가? 화이트헤드는 우리가 주체적으로는 소멸하지만, 객관적으로는 불멸한다고 보았다. 우리는 나를 바라보는 사람들이 나를 어떻게 기억하느냐의 모습으로 영원히 유전된다는 것이다. 이러한 이해는 우리의 전통적인 영혼 이해에 심각한 차이를 야기한다. 영혼은 그 영혼의 소유자가 내적으로 이해하는 자아를 지녔다고 믿어진다. 그런데 객관적 불멸론이나 기억에 의한 불사 개념은 불멸하는 영혼과 내 존재의 핵심이라는 영혼 간에는 '차이'가 존재함을 말한다. 이 경우 우리는 영혼을 어떻게 이해할 것인가의 문제를 대면하게 된다.

영혼이란 무엇인가?

불멸에 관한 물음들은 결국 영혼이란 무엇인가의 물음을 우회할 수 없다. 왜냐하면 죽음 이후의 삶이 가능하다면, 그 주체는 결국 영혼일 수밖에 없기 때문이다. 그런데 문제는 이 '영혼'이란 용어의 이해가 단일할 수 없다는데 있다. 심지어 이 '영혼'이란 것이 존재할 수 있느냐조차 문제이다. 여기서 우리는 영혼이란 무엇인가의 물음에 직접적으로 대답하기 보다는 오히려 영혼이란 개념이 도입되어서 해결하고자 하는 문제가 무엇인지를 물어보자. 영혼이란 개념은 우리 인간에게 자아—동일성의 토대를 제공한다. 인간의 삶의 경험을 놓고 보자면, 우리는 끊임없이 변화한다. 단지 육체만이 변화하는 것이 아니라, 생각하는 방식과 느끼는 방식마저도 시간이 흐르고 세월의 무게를 느끼면서 변화한다. 때로는 급격하게 때로는 서서히. 이런 사실을 놓고 볼 때, 인간은 내면의 정신과 동일시 될 수 없다. 나라고 불릴 수 있는 그 무엇은 내면의 정신만으로 설명되지 않는다는 것이다. 내면의 정신마저도 나이가 들어감에 따라 달라지기 때문이다. 바로 여기서 '영혼' 개념은 몸과 마음이 변해가더라도 그 해당 인물에게 어떤 '동일성'을 보증해주는 토대로 기능한다. 그래서 영혼은 '불변의 것' 즉, 영원불멸의 것이어야 한다. 만일 영혼도 우리의 몸이나 정신이나 감정처럼 변한다면, 굳이 영혼이라는 또 다른 개념을 도입해 인간의 고유성과 정체성을 설명할 이유가 없어지기 때문이다.

그렇다면 왜 우리는 영혼을 통해 불변의 동일성을 확보하고자 하는가? 일단 이론의 여지가 많은 종교적인 대답들은 유보하고, 우리의 삶 속에서 그러한 영혼 개념이 요청되는 경우들을 생각해보자. 우선 우리 각자는 나의 동일성에 대한 의식을 확고하게 경험한다. 그것은 나에게 고유한 것이며 전적으로 주관적이다. 이러한 주관적인 '나의 동일성' 의식은 그 어떤 삼인칭 관점의 객관적 서술로 환원되지 않는 고유한 특성을 갖는다. 따라서 경험적으로 몸과 정신과 감정 상태의 변화에도 불구하고 나를 나로 만들어 주는 어떠한 고유성의 토대가 있다고 생각할 수밖에 없다. 둘째로, 만일 몸과 정신과 감정의 변화에도 불구하고 불변하는 어떤 자아의 동일성이 확보되지 않는다면, 우리는 그 누구에게도 그 사람이 과거에 행한 행위로 인한 도덕적이고 윤리적인 책임을 물을 수 없다. 그리고 이 경우, 우리 문화의 도덕적 토대가 사라진다. 우리가 어떤 행위에 대한 책임을 묻는 것은 그 행위를 수행할 수 있는 자유로운 의지의 실행이 가능하다는 것이고, 그러한 의지 수행은 그 행위자가 당면한 여러 가지 물리적 정신적 조건들로 환원될 수 없는 고유한 차원을 갖고 있다고 가정하기 때문이다. 이는 우리가 결정하고 행위하는 데 있어 그 누구에게 전가할 수 없는 자유를 갖고 있음으로 인해 가능한 것인데, 만일 이러한 자유의 여지가 없다면, 우리의 모든 행위는 그에 선행하는 인과적 조건들의 결과로 환원될 수밖에 없고, 이 경우 조건의 산물인 행위에 대하여 책임과 결과를 묻는 것은 가능하지 않다. 여기서 자유의지를 실행하는 자아의 어떤 부분은 인간을 구성하는 물리적 인과관계로 환원되지 않음이 가정되어진다. 이런 연유로 우리는 영혼 개념을 도입하여 인간의 고유성을 설명한다.

　최근의 과학연구들은 이상의 영혼 개념을 거절할 수밖에 없는 연구 결과들을 보여주고 있다. 예를 들어 우리는 유전학의 연구를 통해 인간의 정신적인 능력이 유전을 통해 크게 영향을 받는다는 사실을 알고 있다. 우울증 증세를 갖고 있는 사람의 후손들은 그러한 증상을 겪을 확률이 다른 사람보다 높다. 우울증적 태도는 단순히 내면의 정신만의 문제가 아니라 그와 함께 하는 몸의 구성 문제인 것이다. 또한 특정 부위의 두뇌가 손상되었을 때, 인간의 인지 능력과 감정 그리고 태도까지도 영향을 받는다는 연구가 있다. 안토니오 다마시오Antonio Damasio는 『데카르트의 오류』Descartes's Error라는 책에서 게이지라는 사람의 기록을 통해 그러한 주장의 증거를 제시하는데, 대륙 횡단 철도 공사를 하던 게이지라는 사람이 어느 날 폭약 사고로 전두엽이 쇠막대기로 관통당하는 끔찍한 사고를 겪는다. 기적적으로 살아나서 일상으로 복귀했지만, 사고 이후 게이지는 이전과는 다른 인지 능력과 정서적 태도를 보였다. 그의 두뇌 손상 부위를 확인한 결과 전전두엽Prefrontal cortex 부위가 크게 파손되었음을 확인할 수 있었고, 이를 통해 전두엽 부위가 의지와 책임감 같은 태도에 크게 영향을 미치는 부위임이 밝혀졌다.[70] 이후 뇌 과학 연구가 활발해지면서 뇌의 각 부위는 인간의 정신적 능력들을 분산해서 감당하고 있다는 사실이 밝혀졌다. 유사하게, 의학적인 이유로 좌반구와 우반구를 연결하는 뇌량을 절개당한 환자들이 보여주는 두뇌 두 반구들의 소통불능 현상을 연구하면서 두 반구들이 각각 다른 인지 능력들을 감당하고 있음을 확인하기도 했다.

이상의 과학연구들은 인간의 정신적 능력이 두뇌에 크게 의존하고 있다는 정도를 넘어서서 오히려 마음은 두뇌의 작용 결과라는 결론을 비중 있게 암시한다. 두뇌는 신경세포들로 구성되어 있고, 우리의 생각과 인지와 감정들은 그 신경세포들의 네트워크적 연결을 통해 의미들을 표상하는데, 정신의 상부구조들은 뉴런들의 하부구조들이 맺는 네트워크적 구조를 통해 형성된다는 것이다. 예를 들어, 집단 지성Swarm intelligence의 예를 보여주는 개미집단을 관찰해보면, 그들의 집을 짓는 기술이나 먹이를 찾는 행위들은 어떤 지성이 작용함을 전제할 수밖에 없을 만큼 복잡한데, 그러한 지성의 활동결과를 보여주는 개미집단의 작동은 의외로 간단하다. 각 개미가 이동하면서 배설하는 페로몬이라는 호르몬의 농도가 그러한 상부 지능을 보여준다는 것이다.[71] 즉, 상부구조란 존재하지 않는다. 단지 그런 것처럼 보일 뿐이다. 이러한 연구 결

과들을 참고한다면, 우리는 영혼이란 육체 혹은 몸과 동 떨어져 별도로
존재하지 않는다는 결론을 내려야 할 것이다. 그런데 문제는 그렇게 간
단치가 않다.

　　이상의 과학적 연구결과들과는 정반대의 연구결과들도 있는데, 예
를 들어 임사체험[72] 연구들이 있다. 즉, 죽었다 살아난 사람들의 경험들
을 과학적으로 검토해보았다. 임사체험을 했던 많은 사람들이 '유체이
탈'을 증언하며, 몸으로부터 영혼이 분리되고 난 후 터널과 같은 어두운
곳을 지나 꽃밭으로 나가는 체험을 하거나, 환한 빛으로 나아가는 경험
을 증언하기도 한다. 특별히 케네스 링Kenneth Ring은 임사체험의 다섯
가지 단계 혹은 요소들을 열거하는데, 1)평화로운 마음, 2)유체이탈, 3)
어둠으로 들어가기, 4)빛을 보기, 5)빛 속으로 들어가기가 그것들이
다.[73] 재미있는 것은 여러 문화권의 사람들의 임사체험을 종합해보면,
그들의 체험담 속에 어떤 보편적인 요소들이 공유되고 있다는 것이다.
예를 들어 유체이탈, 터널 체험, 빛의 체험, 심판의 체험 등이 그것들이
다. 이러한 체험은 전통적으로 생각해왔던 몸과 정신 그리고 영혼 간의
관계에 대하여 상당히 어려운 난제를 안겨주는데, 몸을 빠져 나온 영혼
의 상태로 경험하는 죽음 이후의 시간에서도 체험자들은 대개 자신의
육체적 형상을 지니고 있기 때문이다. 사람은 오랜 시간 살아가면서 자
신이 입고 있는 육체의 모습이 시기마다 다르다. 그렇다면 임사체험 때
에는 인생의 어떤 시절의 몸을 입고 있는가? 임사체험자들의 증언에 따
르면, 대체로 자기 인생의 전성기 때의 몸의 모습을 죽음 이후에 지니고
있다고 한다. 그렇다면 죽음 이후에 우리가 갖는 몸의 형상이 특정한 시
기의 모습을 갖게 되는 것은 왜인가? 영혼은 육체와 전혀 다른 것이 아

닌가? 왜 영혼의 체험 속에서도 몸의 형상은 사라질 수 없는 것인가? 이에 대한 설명을 탐색하면서 일부 학자들은 인도 베단타 철학의 아이디어를 인용해, 인간은 복수의 몸들을 가지고 있다고 보기도 한다. 예를 들어 '물질적인 거친 몸'the Gross body, '미묘한 몸'the subtle body 그리고 '원인체'the causal body가 그것들인데, 물질적인 거친 몸은 우리가 통상적으로 생각하는 몸을 가리키고, 미묘한 몸은 육체적인 몸을 넘어서 죽어서도 살아남는 몸을 말한다.[74] 마지막으로 원인체는 '물질적 육체'로서의 몸과 '미묘한 몸'의 원인이 되는 몸이기 때문에 원인체라 불린다. 베단타 철학에 의하면, 미묘한 몸은 죽음을 넘어 존재할 수는 있지만, 윤회로 넘어가면서 사라진다. 하지만 원인체는 윤회의 과정을 통해서도 사라지지 않는다. 이 철학에 따르면, 적어도 죽음 이후에도 여전히—우리가 통상적으로 알고 있는 육체의 형태는 아니지만—몸을 갖는다. 그런데 어떤 몸을 갖는다 하더라도 그 몸의 변화를 뛰어넘는 혹은 죽음마저도 뛰어넘는 어떤 영혼 같은 것이 실제로 존재한다고 이 연구들은 보여준다.

임사체험은 단지 상상력의 소산에 불과한 것은 아니다. 실제로 임사체험을 한 사람들의 이후 삶은 이전의 삶과 급격한 변화를 겪게 되는데, 그러한 변화들은 때로 체험자들에게 이혼과 같은 개인적 상실의 경험을 가져다주기도 한다. 죽음을 체험한 이들은 자신들의 과거 삶의 방식을 청산하고, 의미를 찾아 살아가려는 태도를 갖게 되는데, 그러한 체험을 공유하지 못하는 주변 사람들, 특별히 배우자가 그러한 삶의 태도의 변화를 이해하지 못하고 감당하지 못하는 경우가 많이 발생하기 때문이다. 이러한 삶의 변화는 임사체험이 단지 허황되거나 과장된 허풍

이 아니라, 적어도 체험자에게 너무도 생생한 실재라는 사실을 간접적으로 증언한다. 물론 체험자가 진실하다는 것이 임사체험 자체를 진리로 만들어주지는 않는다. 하지만 임사체험을 증언하는 사람들이 여러 문화권을 뛰어넘어 보여주는 공통된 증언의 요소들은 인간의 육체적인 삶을 뛰어넘는 어떤 영적인 실체가 인간에게 내재해 있는 것이 아닌가 하는 물음을 제시할 수 있도록 해준다. 인간의 정신 혹은 마음이 두뇌의 작용으로부터 전적으로 일어나는 것이라고 한다면, 뇌가 기능을 멈춘 이후에 경험하는 '임사체험'의 증언들은 두뇌와는 별도의 어떤 영적인 것이 체험의 주체가 되었다는 것을 의미한다. 실제로 죽은 사람의 영혼과 교통했다고 주장하는 사람들의 증언이 있는데, 예를 들어 노스캐롤라이나에 살았던 어느 농부는 자신이 죽은 지 4년 후 아들에게 나타나 분실된 유언장의 위치를 가르쳐주었다고 전해진다.[75] 이러한 사례들은 두뇌 연구의 결과들과 다른 결론들을 보여주고 있고, 그러한 맥락에서 우리의 고전적 영혼 이해를 뒷받침해주고 있다.

영혼은 존재하는가? 이 물음에 확실히 답하기는 어렵다. 과학적 연구결과들은 어느 분야의 연구냐에 따라서 상반된 결론을 보여주고 있다. 만일 과학적 연구가 일치된 결론을 보여주지 못한다면, 결국 이 물음에 대한 답은 종교와 문화를 통해서 얻을 수밖에 없는 것인가? 그렇다면 각 종교마다 혹은 문화마다 상이하고 다양한 영혼 이해는 우리에게 어떤 합의된 결론을 내려줄 수 있을 것인가? 지금으로선 결론을 찾기보다, 좀 더 심층적인 '다중학문적'인 연구들이 필요한 때라 여겨진다. 이는 종교와 철학이 다루어왔던 주제들이 이제 뇌 과학과 임사체험 연구 같은 분야들 그리고 진화심리학과 인지과학 그리고 진화이론 등의 분야들과 더불어 나아가야 할 때임을 알려준다. 그런데 여기서 뇌 과학의 연구결과들과 임사체험 연구들이 보여주는 갈등은 혹시 우리가 '인간'이라는 개념이나 이미지를 혹시 잘못 갖고 있어서 생기는 것은 아닌지 의구심이 든다. 인간의 몸은 우리가 통상적으로 생각하는 수준을 넘어선다. 라마찬드란은 아주 재미있는 실험 이야기를 전해주는데, 두 사람이 조를 이루어 한 사람은 책상에 앉아 한 손을 책상 밑에 안 보이도록 둔다. 곁에 있는 사람이 이제 그 사람의 책상 밑 안 보이는 손과 책상 표면을 동시에 손가락으로 두드리기 시작한다. 무슨 일이 벌어질까? 놀랍게도 어느 정도 시간이 흐른 후, 책상 밑에 손을 두고 있던 사람은 이제 책상 표면을 자기 몸의 일부로 경험하기 시작한다! 그러한 경험이 이어지고 있을 때, 누군가가 망치로 책상을 내려친다면? 두뇌 시각영역이 대뇌 변연계에 비상 신호를 보낼 때 방출되는 엄청난 양의 '전기피부반응'Galvanic skin response, GSR이 감지되었다.[76]두뇌는 진짜로 문자 그대로 책상 표면을 피부 표면으로 인식하는 것이다. 이를 라마찬드란의 말로 직접 표현하자면, "신체상은 겉으로 영속적인 것처럼 보이지만, 실제로는 간단한 속임수에 의해 크게 뒤바뀔 수 있는 일시적으로 만든 내적 구성물에 불과하다. 당신의 신체상은 후손들에게 당신의 유전자를 성공적으로 물려주기 위해 일시적으로 만들어 놓은 껍질에 불과하다."[77]우리의 정신과 몸의 관계를 설명해주는 한 가지 재미있는 실험이 하나 있었는데, 그 실험에서는 시각적으로 입력되는 상을 뒤집어서 보이게 하는 선글라스를 실험자들에게 주고 쓰고 다니도록 했다. 처음에는 모든 게 뒤집어져 보이는 선글라스에 적응하지 못하다가 얼마 후 극적인 전환이 일어난다. 모든 시각적 이미지들이 다시 정상적으로 보이기 시작한다. 뒤집어져 보이던 것들이 다시 제자리로 돌아와 정상적인 모습으로 보이는 것이다. 이제 다시 그 선글라스를 벗도록 하자, 실험참여자들은 다시 세상이 뒤집어져 보이는 경험을 한다. 물론 이내 어느 정도 적응기를 보낸 후, 모든 것은 정상으로 돌아왔지만 말이다.[78] 몸은 매우 유연한 경계이다. 생물학적 몸을 지니고 살아가는 우리에게는 매우 고정적이고 단단한 경계를 구성하는 몸이지만, 뇌 연구를 통해 인지와 관련한 우리의 몸은 상당히 가변적이다. 그렇다면 임사체험 연구들이 보여주는 몸이란 이런 몸을 앞서 보여주는 것 아닌가? 이런 가변적인 몸이라면 영혼의 문제에 지금까지와는 다른 대답을 시도할 여지를 허용하고 있을 듯하다.

9. 경험? 어떤 경험? : 종교적 경험의 종류들의 문제

종교경험이란 종교의 대상과의 만남을 의미한다는 점에서 전통적으로 신 존재에 대한 강력한 증거로 제시되어 오기도 했다. 간접적인 진술이나 글을 통해서 어떤 것을 접하는 것보다 직접 만나서 경험하는 것 이상으로 확실한 것이 있을까? 물론 경험이라는 것은 경험한 주체에게 무척 확실한 사건이지만, 그것이 경험한 대상에 대한 가장 확실한 증거는 되지 못한다는 점을 염두에 두어야 한다. 이런 점에서 종교경험은 종교적 경험의 대상의 진위에 대한 증거라기보다는 오히려 '종교란 무엇인가?'의 물음에 대한 보다 구체적인 대답이 될 수도 있다고 여겨진다. 아무튼 철학자 리차드 스윈번R. Swinburne은 다양한 종교적 경험의 유형들

을 다섯 가지로 분류해주었다.[79]

1. 일반적인 감각 대상을 통한 신이나 궁극적 존재에 대한 경험 : 예를 들어 집으로 가는 길에 비추어진 석양을 바라보며, 초자연적인 신비를 경험할 수도 있다. 이는 우리의 일상적인 감각을 통해서 주어지는 신비한 경험이지만, 특정의 종교적인 대상을 전제로 하지는 않는다. 하지만 만일 특정 종교를 갖고 있는 신앙인의 경우 이 경험을 자신의 신앙적인 관점에서 해석할 여지가 높을 것이다. 에머슨은 대자연을 바라보면서 느꼈던 경이를 기록하고 있는데, 그의 진술은 단지 자연에 대한 경이를 넘어서서 종교경험의 영역으로 승화되어지고 있다. 즉, 대자연 속에서 '우주적인 존재'를 체험하는 것이다.

2. 인간의 일상적인 감각을 통해서 경험되어지긴 하지만 그러나 감각 대상이 전혀 일상적이지 않은 경우 : 예를 들어 한 소녀에게 현시한 성모 마리아의 체험은 사람의 일상적인 감각을 통해서 경험되지만, 그 경험되어지는 대상이 전혀 일상적이지 않은 비범한 대상이라는 점이 앞의 경우와 다르다. 많은 경우, 이러한 경험들은 일상적인 감각을 통해서 현시되어지고 있기 때문에 여러 사람들에게 열려진 경험이라 검증할 기회가 있지만, 그러나 대부분의 경우 이러한 사건은 잘 반복되지 않는다. 예를 들어 모세가 보았다는 불타는 떨기나무는 경험 주체가 인간의 일상적인 의식과 감각을 갖고 있을 때 일어났기 때문에 반복된다면 그것이 어떻게 가능했는지를 검증할 수 있겠지만, 성서의 기록 말고는 단 한 번도 반복된 적이 없다.

3. 언어로 표현될 수 있는 경험이지만 개인적인 환상이나 꿈이나 방언으로 전해지기 때문에 전적으로 사적인 종교 경험 : 이런 경우를 우리는 개인의 종교적 체험이

라고 말한다. 언어로 진술될 수 있을 만큼 의식적이고 선명하지만, 그것은 어디까지나 개인의 체험 수단을 매개로 이루어졌기 때문에 전혀 다른 사람들과 공감하기 어렵다. 물론 비슷한 경험을 갖고 있는 신앙인이라면, 자신의 경험을 바탕으로 진술된 종교 경험을 공감할 가능성은 매우 높다. 꿈속에서 계시를 받았다는 진술은 종교인들에게 매우 어렵지 않은 경험이다. 단 꿈속에서 보는 모든 것들이 계시인 것도 아니며, 자신이 꿈속에서 받았다는 계시 모두가 사실인 것도 아니다. 하지만 꿈을 통해 계시라는 종교경험을 하게 되는 것은 세계 종교에 매우 공통적인 현상이기도 하다.

4. 종교경험 자체가 무척 사적이어서 공유되기 어려울 뿐만 아니라 또한 그 경험이 언어로 기술할 수 있는 범위를 넘어선 경우 : 종교경험은 우리의 일상적인 경험 범위를 넘어서는 경험일 경우가 많기 때문에 막상 경험할 경우, 그것을 언어화시켜내기가 어려운 경우가 많다. 더구나 그 경험 대상이 내가 한 번도 삶 속에서 경험한 그 어떤 대상이 아니라면, 더더욱 진술하기 어렵다. 즉, 형언할 수 없는 어떤 신비한 대상에 대한 체험으로서 종교경험이라고 할 수 있을 것이다.

5. 감각을 넘어선 경험을 통해 궁극적 존재를 체험하는 경우 : 이 경우는 네 번째 경우와 유사하지만, 다른 점은 이 경험이 감각을 넘어서 있다는 점이다. 아주 고도의 훈련을 거친 수사들이나 승려들에게 찾아오는 절정의 경험이 여기에 해당할 것이다. 감각을 넘어서 체험하는 절대자의 현존, 이것은 언어로 기술되기 불가능하며, 검증하기도 가능하지 않아 보인다.

이상의 종교경험에 대한 분류들은 결국 종교경험의 다양성을 의미한다.

이런 다양한 종교적 경험이 다른 경험과 달리 종교적이라 불려질만한 어떤 공통의 특성이 있는가? 이 물음에 답하기는 쉽지 않아 보인다. 우선 앞에 열거된 경험의 스펙트럼이 무척 다양하기 때문이다.

19세기 신학자 슐라이어마허는 종교를 '절대 의존의 감정'Absolute feeling of dependency이라고 표현하였다. 이것은 합리적 사유나 추론 혹은 논리로 검증되거나 변호될 수 있는 성격의 것이 전혀 아니지만, 그러나 그러한 경험을 체감하는 이에게는 '절대적'인 것으로 간주된다는 의미에서 '절대적'이다. 무언가에 절대적으로 의존되어 있다는 느낌, 바로 그 느낌이 절대적으로 생생하기 때문에 사람은 종교를 체험한다고 볼 수 있을 것이다. 종교경험의 감정적인 측면에서 루돌프 오토Rudolf Otto는 누미노제Numinose적 경험을 제시하는데, 누미노제는 그 경험 주체에게 자신은 한낱 피조물이라는 감정을 불러일으키는 느낌으로서 무서움과 경이를 동시에 야기하는 전율이다. 그래서 이렇게 경험된 종교적 대상은 인간에게 절대 타자로 체험된다. 이들이 말하는 종교경험은 어디까지나 정서적이고 감각적인 경험으로서 종교경험이다.

하지만 종교경험을 감정적 측면에 두는 것에 반대하여 오히려 지각 경험이라고 주장하는 이들도 있다. 즉, 종교경험은 지각 대상에 대한 특별한 지각이라는 것이다. 하지만 감각 지각은 인간에게 보편적인데 반해, 종교경험은 특수한 경험이라는 것 그리고 일상적인 지각은 감각적이지만 종교적 경험의 지각은 감각을 초월하는 지각이라는 점에서 종교경험을 지각으로 간주하는 관점의 문제점이 제시되기도 했다. 이에 대해 윌리엄 얼스턴William Alston은 지각 대상의 현상적 성질과 객관적 성질 즉, '어떤 것이 나에게 보여지는 방식'과 '대상이 일정한 상황 속에서 일정한 방식으로 보여지는 성향'을 구별한다.[80] 즉, 대상이 주관적으로 체험되는 방식과 객관적으로 현시되는 방식 사이에는 틈이 있고, 우리는 이러한 틈을 메우기 위해 '비교개념들'Comparative concepts을 사용한다고 얼스턴은 주장한다. 이 비교개념들을 사용하여 주관적 경험을 객관적 언어로 번역함으로써 우리는 주/객의 세계를 소통해나간다는 것이다. 따라서 아주 특별한 주관적 체험인 종교경험도 지각 경험으로 번역 가능하다고 보는 것이다.

하지만 종교경험을 지각 경험으로 보는 것은 너무 지나치게 인간적 경험으로 한정하는 것이라는 비판이 제기된다. 오히려 종교경험은 경험의 '인간성'을 초월하는 경험으로써, 인간의 한계 너머를 지시하는 경험이라고 보기 때문이다. 인간의 경험과 언설을 뛰어넘는 경험이 인간의 경험이 될 수 있는 것은 곧 경험 주체가 초자연적 경험 대상에 대한 범주와 믿음을 갖고 있기 때문일 것이다. 그리고 이 대상 범주와 믿음은 단순히 초월적 대상을 구별하는 데에만 적용되는 것이 아니라, 오히려 살아가는 세계 전반을 조망하는 틀 구조일 가능성이 높다. 따라서 서로 다른 종교경험을 갖고 있다면, 이는 곧 종교적 믿음의 대상이 단지 다르다는 것만을 의미하는 것이 아니라, 살아가는 세계 자체가 다르다고 말할 수도 있을 것이다. 이는 곧 다른 종교의 경험들을 내 자신의 종교 체험으로 비교하거나 판단할 수 없음을 의미한다. 실제로 최근의 종교경험에 대한 과학적 연구들은 종교경험이 실재하는 경험이긴 하지만, 그 경험의 내용을 진위판단하거나 비교하는 일은 간단치 않음을 보여주고 있다. 티베트 승려의 종교경험과 가톨릭 수녀들의 종교경험 모두 생생하게 실재하는 경험이지만, 이 경우 우리는 어떤 경험을 기준으로 종교경험을 진술하느냐를 결정하기 어려운 난국에 처하게 된다. 왜냐하면 두 경험 모두 부인할 수 없는 실제의 경험인데, 한쪽은 공의 체험을 한쪽은 그리스도의 체험을 전하고 있기 때문이다. 따라서 종교경험의 다양성 문제는 종교철학적으로 매우 어려운 숙제를 던져주는 듯하다.

10. 다른 것을 믿는 이들과 어떻게 같이 살지? : 다원화된 종교 간의 관계 문제

종교경험의 다양성 문제는 곧 우리 세계 안에 현존하는 다양한 종교들의 문제 즉, 종교들의 다원성 문제와 직결된다. 왜냐하면 종교경험의 다양성은 다원화된 종교 체계의 문제이기 때문이다. 각 종교마다 자신의 진리를 체험하는 구조와 방식의 다양성이 있다. 승려들과 수녀들의 체험이 다른 것은 그들이 믿고 있는 궁극적 실재와 그 실재를 만나는 방식의 차이로부터 비롯된다. 앞서 언급했듯이 여기서 우리는 종교경험의 대상의 진위 여부를 판가름할 수 없다. 왜냐하면 두 경험 모두 실재하는 경험이기 때문이다. 여기서 다원화된 세계 종교에 대한 물음은 우리가 다른 종교인들에게 어떻게 다가가는지에 대한 물음으로 흔히 오인되어진다. 하지만 종교들의 다원성은 다른 종교인이 아니라, 다른 사람이 믿고 있는 종교적 대상에 대하여 우리가 어떻게 접근해야 하는가의 물음이다. 즉, '사람들의 진리 언명들을 평가하는 것과 그 언명들을 주장하는 사람들을 대하는 것은 별개의 문제'[81]이다. 그리고 그것이 궁극적 실재에 대한 물음이 되기 때문에 사람들에게 늘 종교 간의 차이는 배타적 선택의 문제로 인식되어 왔다. 하지만 믿는 바가 서로 다를지라도 그들은 여전히 사람이다. 따라서 다른 믿음을 가진 사람을 악마적인 존재로 다룰 수 있는가 하는 윤리적인 물음이 제기된다. 즉, 종교 다원성의 문제는 종교적인 물음과 윤리적인 물음이 서로 교차되어 있는 물음이다.

전통적으로 종교의 다원성을 대하는 고전적인 태도는 배타주의Exclusivism적 태도이다. 이는 자신의 진리 주장이 옳다는 입장에서 다른 종교를 대하는 태도를 가리킨다. 이것은 인류의 오래된 보편적인 믿음의 구조 안에 기생하는 태도이다. 즉, 진리는 하나라는 것이다. 만일 진리가 유일하고 독보적인 것이 아니라면, 굳이 이 진리를 위해 내 삶을 걸고 희생하고 결단할 이유가 없지 않은가? 이러한 입장을 극단적으로 반영하는 사람이 바로 신학자 칼 바르트Karl Barth, 1886~1968이다. 칼 바르트는 종교와 계시를 대비시킨다. 종교란 인간들이 신의 계시에 대항하여 세운 것이라는 관점을 지향하면서, 종교란 인간의 관점에서 신을 이해하고, 신과 인간 사이의 격차를 인간의 노력으로 극복하려는 불경한 시도라고 보았다. 하지만 그의 입장에서 구원이란 오로지 예수 그리스도를 통한 계시로만 가능하며, 그 외에 다른 길은 없다. 이러한 배타주의적인 태도가 기독교에만 국한된 것은 아니다. 이슬람은 특별히 민족주의적인 태도와 맞물려 다른 종교에 대하여 배타주의적인 태도를 보일 수 있으며, 이는 힌두교나 불교에도 마찬가지이다. 비록 역사적으로 종교적 배타주의로 인한 참사는 사막 종교들(기독교와 이슬람)에 전례가 많기는 하지만 말이다.

배타주의와 정반대되는 자리에는 다원주의Pluralism가 있다. 해방이나 구원으로 나아가는 길은 많으며, 그 모든 길들은 구원으로 향하는 길로서 동등하다고 보는 입장이다. 이의 전제는 모든 종교들이 말하는 구원이나 해방은 본질적으로 동일한 것이라고 보는 것이다. 칼 바르트가 종교와 계시를 구별할 때 핵심은 구원은 계시를 통해서만 도래한다는 것이다. 계시 이외의 종교는 인간의 자기-수련 혹은 자기-통찰을 가져다주긴 하지만 결코 구원은 아니라는 것이다. 하지만 이런 식의 대답으로 종교 간의 다원성 문제를 해결하기는 어려워 보인다. 각 종교는 저마다 자신만의 진리 주장에 근거해 있기 때문이다. 더군다나 지구촌 시대로 접어들면서, 다양한 사람들이 서로 교류하고 있는 시대에 종교가 다르다는 이유로 배척하는 것이 현실적으로 불가능한 시대를 살아가고 있다. 이러한 상황에서 대부분의 사람들은 종교의 진리 물음을 사람들 간의 관계 속에서 유보한다. 이것이 우리가 접하고 있는 소비 자본주의 시대의 종교 다원성 현상이다. 이 종교 다원성과 맞물려 우리는 또한 가치 다원화의 시대를 살아간다. 예를 들어 소비사회의 소비 주체로서 자신의 구원을 지향하는 사람은 종교 대신 경제적 능력을 선택할 수도 있을 것이다. 이 경우 다원주의는 종교 다원주의와는 다른 맥락에 정초되어야 할 것이다. 따라서 다원주의의 문제는 우리에게 단지 양자택일의 물음 구조를 용납하지 않는다. 그렇게 선택할 수 있는 문제라면 오히려 답을 찾기는 쉬울 것이다. 때로 오답의 가능성이 높다고 하더라도 말이다. 하지만 우리가 접하고 있는 종교적 다원성은 문화적 다원성과 가치 다양성과 맞물려 손쉬운 해법을 열어주지 않는다.

종교 문제에 한정해서, 배타주의적 태도와 대립하는 종교 다원주의는 아마도 모든 종교는 공통의 목표를 향해 달려가는 서로 다른 길과 방식이라고 보는 입장일 것이다. 이러한 입장의 대표적인 학자가 존 힉 John Hick인데, 그에 따르면 진리는 실재로서 궁극적으로 인간의 언설

너머에 존재한다. 그리고 우리의 종교는 종교경험을 통해 현상 세계의 언어로 그 궁극적 실재를 전달한다. 이 과정에서 우리는 각자의 문화적 기반을 토대로 해석적 개념들을 활용하게 되며, 그러한 해석들은 모두 일면 맞고 일면 틀리다. 궁극적 실재가 우리의 언어와 경험을 근원적으로 초월해 있고, 우리의 해석적 경험들이란 우리의 문화적 상황과 개인적 욕망들이 투사되어 언어로 표현되는 것이기 때문이다. 이러한 다원주의적 입장은 문화와 가치의 다양성 시대를 살아가는 우리에게 친숙한 해법인 듯이 여겨지지만 사실은 아무런 해답도 제시하지 않는 무기력한 해법일 가능성도 높다.

다원주의적 태도의 문제는 언제든지 회의주의나 '절대적 상대주의'의 오류에 빠질 가능성이 높다는 것이다. 배타주의가 '상대적 절대주의'의 위험을 안고 있다면, 다원주의는 바로 '절대적 상대주의의 농간'이라는 위협 아래 놓여있다는 것이다. 왜냐하면 인간의 진리 언명이 역사적 문화적 틀 구조에 제약을 받는 상대적인 주장이라는 입장은 결국 종교에 대한 회의주의로 귀결될 가능성이 높기 때문이다. 힉은 다원주의를 논증하기 위해 코끼리의 여러 부위들을 만지고 그것을 기술하는 장님들의 비유를 들지만, 그 비유의 또 다른 결론은 결국 장님들 중 어느 누구도 코끼리를 제대로 알 수는 없다는 것이다.[82] 자신이 갖고 있는 한정된 지식으로 인해 궁극적 실재에 관하여 확신을 갖고 말할 수 없다면, 결국 자신이 만진 것이 코끼리인지 혹은 더 나아가 코끼리가 실재하는 것인지조차 확신할 수 없을 것이다. 바로 이런 연유로 힉의 다원주의는 종교인들에게 그다지 큰 매력을 발휘하지 못하고 지적 엘리트들 사이에서 소통되는 담론으로 그치고 말았다.

다원주의적 태도에 함의된 회의주의를 극복하기 위해 포괄주의
Inclusivism적 태도가 제시되기도 하였다. 이는 진리는 하나이지만, 그러
나 그 진리는 결국 모든 사람들을 위한 것이므로 다른 종교에도 구원의
가능성은 열려있다고 보는 것이다. 다원주의적 입장과 포괄주의적 입장
의 차이는 다른 종교의 구원 가능성을 어떠한 방식으로 용인하느냐의
차이에 놓여있다. 다원주의는 다른 종교가 그 자체로의 구원 가능성을
가질 수 있는 가능성을 열어놓는다. 하지만 포괄주의적 입장은 비록 타
종교인들이 구원을 받을 가능성을 인정하기는 하지만, 타 종교가 구원
의 가능성을 갖고 있다고 보지는 않는다. 예를 들어 칼 라너Karl Rahner
와 같은 가톨릭 신학자는 타 종교인들을 '익명의 그리스도인들'[83]로 보
자고 제안하였다. 그에 따르면 다른 종교들은 구원의 길이 아니지만, 기
독교의 하느님은 모든 사람을 구원하시고자 하였기 때문에 아직 예수
그리스도를 알지 못하는 이들을 위해 다른 문화와 종교에 기독교적 정
신을 실현하는 이들을 허락하셨고, 그들이 그 예수의 정신을 의식적으
로든 무의식적으로든 실현하면서 살아가는 한 그들은 구원의 가능성을
갖는다. 하지만 이것은 여전히 가능성일 뿐이다. 그렇기 때문에 진정한
구원의 길로 인도하기 위해 포괄주의자는 여전히 다른 이들을 향해 자
신의 진리를 전파할 동기를 갖게 된다. 이러한 면에서 라너의 포괄주의
는 엄밀히 말하자면 기독교 중심적 포괄주의라고 할 수 있다. 그에게
'익명의 그리스도인'은 있지만, '익명의 불교인'이나 '익명의 힌두교인'
혹은 '익명의 이슬람'은 가능한 표현이 아니기 때문이다. 물론 이슬람의
입장에서 기독교인들을 익명의 이슬람으로 보는 것이 논리적으로 가능
하지만, 라너의 입장에서 그들은 어디까지나 익명의 기독교인일 수밖에

없기 때문이다. 이러한 상호적인 익명의 종교인이 될 가능성이 있느냐 하는 것은 조금 더 신학적인 숙고를 거쳐야 할 문제라고 여겨진다.

　　종교의 다원성 문제는 결국 처음 시작했던 본래의 자리로 되돌아온다. 우리는 다양한 종교들의 다양한 진리 주장들을 어떻게 받아들여야 하는가? 모든 종교는 모두 각자의 방식대로 진리를 증언하는 것인가? 아니면 그들 중 어떤 것은 맞고 어떤 것은 틀린 것인가? 만일 그렇다면 우리는 참 종교를 어떻게 구분할 것인가? 그를 위해 제시되는 기준들은, 세계의 그 다양한 문화와 사회를 고려할 때, 모두가 동의할 수 있는 참다운 기준으로 기능할 수 있는 것인가? 이러한 물음들에 대한 답을 얻기 위해 다원주의 모델을 연구한다면, 그 해답은 공허할 수밖에 없을 것이다. 어떤 것이 참이냐를 묻는 것 자체가 우리가 살아가는 다원화된 세계에서는 섣불리 가능한 문제가 아니기 때문이다. 오히려 여러 다양한 종교들과 태도들이 존재하지만, 결국 모든 다양한 종교의 공통점이 사람을 살리는 것이라면, 어느 종교가 21세기 이 극도의 다원화된 삶의 환경 속에서 사람들을 살리는 데 적합하냐에 따라서 우리는 종교의 진정성을 판단하게 될 수밖에 없을 것이다. 진리는 결국 우리의 기존 사유 체제 너머로부터 도래하는 것일 수밖에 없다. 그렇다면 다양한 문화들의 상호작용이 이루어지는 세계 환경 속에서 우리는 종래의 지역중심적인 사고에 근거하여 구축한 진리 물음의 틀을 좀 더 '다중학문저인' 안목으로 바꾸어야 할 것이다. 세상을 바라보는 틀 구조의 전환을 통해서만이 다양한 종교들 간의 진리 물음을 물을 수 있을 가능성을 열어줄 것이다.

11. 간학문적 시대에서 다중학문의 시대로 : 종교와 과학

다원화된 종교들의 문제는 결국 종교와 과학의 관계 문제로 이어진다. 참 종교를 판별하는 기준을 결국 우리 인간이 발견해온 과학적 사실들과 종교가 얼마나 적합성과 일관성을 유지할 수 있느냐의 문제이기도 하기 때문이다. 하지만 이 물음에 대한 답은 생각보다 쉽지 않다. 종교를 판단하는 기준으로 과학이 기능할 수 있다는 생각 자체가 과학에 근거한 사실적인 판단이라기보다는 그 어떤 정확한 증거 없이 과학을 종교보다 객관적이고 공정한 것으로 상정하는 과학주의Scienticism적 태도의 산물일 가능성이 크기 때문이다. 토마스 쿤Thomas Kuhn은 과학은 계속적인 패러다임Paradigm의 변동을 통해 발전해나가는데, 이때 패러다임은 동시대 사람들이 연구 프로그램을 구상할 때 전제되는 일종의 세계관 혹은 세계상이다. 이것이 전제되지 않는다면, 탐구 계획 자체가 불가능하지만, 이 패러다임 자체는 검증의 대상이 되지 않는다. 단지 그를 전제로 연구 계획을 작성할 뿐이다. 예를 들어 생물학에서 '진화'는 근원적인 패러다임이다. 그러나 여전히 이 '진화'는 과학적으로 검증된 사실이라기보다는 이론적 전제의 위치에 있다. 진화를 과학적으로 실증하기에는 생명의 과정이 무척 방대했기 때문이다. 오히려 진화를 전제로 이론을 세웠을 때, 그 이론이 우리가 관찰할 수 있는 자료들을 잘 설명하고 있기 때문에 우리는 진화를 당연한 전제로 받아들인다는 편이 더 사실에 가깝다. 진화라는 패러다임이 큰 틀의 변화 없이 계속 수용되어 왔던 생물학 분야와는 달리, 물리학에서는 패러다임의 변화들이 여러 번 초래되었다. 천동설에서 지동설로의 패러다임 전이가 있었고, 뉴턴적 패러다임을 통한 우주관의 변화가 있었고, 아인슈타인의 상대성이론을 통한 패러다임 변화가 있었으며, 최근에는 양자역학과 초끈 이론 등을 통한 패러다임의 변화가 지속적으로 있어왔다. 이러한 패러다임의 변화들은 과학이 제시하는 기초적인 세계상이 정말 진정한 의미에서 '진짜'일 수 있는가의 물음을 묻게 한다. 지금 우리가 갖고 있는 지식의 한계 내에서는 현대 과학의 패러다임이 맞겠지만, 과학의 역사는 그러한 패러다임들을 후대의 패러다임에 의해 지속적으로 변동되어 온 사실을 증언하고 있지 않은가? 그렇다면 지금의 과학적 패러다임도 언젠가는 수정되거나 변동될 것이다. 이런 면에서 보자면, 과학의 패러다임은 임시적인 효력만을 갖는 것이 아닌가? 바로 이 지점에서 종교는 과학과 조우한다. 과학은 모든 것을 판단하고 심판하고 분별하는 심판관의 자리에 설 수 없다. 오히려 과학은 현대의 핵 위기와 생태 위기 등을 통해 볼 수 있듯이 윤리적이고 영적인 조언을 필요로 한다. 과학이 객관적이고 중성적인 사실 탐구만을 목표로 한다는 것은 사실이 아니다. 대학에서 이루어지는 많은 연구 프로젝트들은 기업이나 정부 기관들의 재정적 후원을 받는다. 그중에는 살상 무기를 연구하는 프로그램도 있고, 의료 분야의 특허를 따내 시장을 독점하려는 욕망으로 제시되는 프로젝트들도 있다. 그러한 시도들을 윤리적으로 검토하지 않는다는 것은 무척 위험한 일이다. 종교는 여기서 무엇을 할 수 있는가? 종교는 급격하게 흔들리는 윤리적 가치판단의 현장에서 궁극적인 방향성을 제시해줄 수 있다.

종교와 과학의 관계를 근대적인 관점에서 정형화시키는 사건은 바로 갈릴레이에 대한 종교재판이다. 지구가 태양 주위를 돈다는 과학적 주장을 자신의 종교적 기득권에 눈이 먼 가톨릭교회가 정치적으로 재판을 벌여 갈릴레이를 억압했다는 것이다. 그런 면이 전혀 없었던 것 같지는 않다. 결국 종교재판은 정치였기 때문이다. 그런데 여기서 우리가 주지해야 할 것은 당시 갈릴레이는 자신의 이론을 뒷받침할 과학적 근거를 여전히 확보하고 있지 못했다는 사실이다. 이제 우리가 잘 알고 있듯이, 태양의 주위를 도는 행성들은 심한 편차를 보이는 타원형 궤도를 돌고 있다. 하지만 갈릴레이와 코페르니쿠스는 여전히 천체의 물체들은 완전한 운동 즉, 원 운동을 하고 있다고 믿고 있었다. 갈릴레이는 행성들이 원 궤도를 이탈해 타원으로 돌고 있는지를 설명할 수 없었다. 여기서 갈릴레이의 개인적 성품을 간접적으로 알 수 있는데, 갈릴레이는 천체 망원경의 발명자였다. 그래서 그는 목성의 주위를 도는 위성들을 직접 관찰하면서 지동설의 영감을 얻은 사람임을 잊어서는 안 된다. 그렇다면 그는 자신의 망원경으로 관찰했을 때, 행성들이 자신이 예측한 궤도를 따라 돌지 않고 있다는 사실을 당시의 그 누구보다도 알고 있었을 것이다. 하지만 그는 자신이 틀렸다고 생각하지 않았다. 도리어 그는 자신의 이론이 맞다는 것을 주장하기 위해 자신의 책에 마태복음의 성서 구절을 인용하였다. '세례 요한의 때로부터 천국은 침노를 당하나니, 천국은 침노하는 자의 것이다.' 이 인용은 맥락에 따라서 그 다지 중요하지 않게 여겨질 수도 있지만, 자신의 이론적 주장들을 전개한 후 결정적인 관측 자료를 증거로 제시하지 못하면서, 성서를 인용한다면, 이것은 성서를 과학을 보충하는 문서로 간주하는 꼴이 될 것이다. 바로 이점이 갈릴레이 재판에서 쟁점이 되었다. 당시 학문은 학부 7학의 과정과 그 상급과정인 법학, 의학, 신학의 과정으로 구성되어 있었는데, 말하자면 천문학은 당시에 신학보다 하위 과정이었던 것이다. 신학을 공부하는 이들은 적어도 천문학을 이론적으로 배웠지만, 천문학자인 갈릴레이는 신학을 체계적으로 배운 적이 없었다. 즉, 갈릴레이는 당시 세워져 있던 학문의 위계질서를 정당한 증거 없이 위반한 셈이 된 것이다.

우리에게 종교와 과학의 갈등 관계라는 이미지를 확고히 심어주는 풍경은 바로 진화론과 창조론 간의 대립일 것이다. 하지만 여기서도 주의해야 할 것이 있다. 통상 창조론자들이 주장하는 성서 독법 즉, 축자영감설이나 문자주의적 독해는 신학을 전공하는 학자들에게 널리 받아들여지는 성서 독법이 전혀 아니라는 사실이다. 종교는 인간의 환상의 투사로서, 실제 세계의 모든 것들은 그 물적 기반을 관찰하면서 설명될 수 있고, 이 작업은 오로지 과학을 통해서만 이루어질 수 있다고 보는 과학주의적 태도는 전혀 과학이 아닌 것과 마찬가지로, 성서의 문자들이 그대로 한 점의 오차 없이 진리라는 창조론자들의 주장은 전혀 신학이 아니다. 종교와 과학의 관계를 '갈등'으로 설정하고 종교적 입장에서 과학을 배격하거나, 과학적 입장에서 종교를 배격하는 태도는 종교와 과학 모두에게 건전한 태도가 아니다. 오히려 그 종교-주의와 과학-주의를 넘어서서 종교와 과학을 아우를 수 있는 관점이 우리 시대에 요구되어진다.

갈등론적 관계 해석을 넘어서서 종교와 과학은 각각 자신의 자리에서 참이라는 입장이 제시되어지기도 한다. 이러한 입장을 아이언 바버Ian Barbour는 '분리'라고 이름하였는데, 종교와 과학을 서로 분리된 영역에 위치시키기 때문이다. 작고한 생물학자 스티븐 굴드Steven J. Gould는 이를 종교와 과학은 서로 다른 교도권을 갖고 있다고 표현하기도 하였다. 과학은 사실의 영역에, 종교는 가치의 영역에서 작동한다는 것이다. 이렇게 종교와 과학의 영역을 서로 분리시키는 것이 서로 간의 갈등을 일으키지 않는 데에는 도움이 될지 모르지만, 지금 현재 우리 사회의 문제는 종교와 과학의 역할이 중첩되는 지역들이 점점 확산되고 넓어진다는 데 있다. 예를 들여 생명윤리의 현장에서 '안락사 논쟁' '인간복제 문제' '이종 간 이식의 문제' '줄기세포 연구 문제' 등이 제기되는데 각 논쟁들은 단지 사실이나 가치의 어느 한편에 속한 문제가 아니라, 사실과 가치 영역이 혼재되는 영역이다. 과학적으로 이해되는 생명과 종교적으로 이해되어지는 생명 개념 간에 갈등이 유발되는 것이 아니라, 이미 사실과 가치가 혼재된 현상으로 줄기세포가 출현하고 있다는 것이다. 줄기세포는 이미 사실이자 가치이다. 이렇게 사실과 가치가 서로 혼종적으로 얽매인 가운데 우리는 더 이상 사실과 가치, 자연과 사회를 구분하는 근대적 이분법에 기반 한 세계관으로 문제를 해결할 수 없다고 부루노 라뚜어Bruno Latour는 주장하기도 한다.[84]

그렇다면 종교와 과학의 관계를 어떻게 상보적으로 맺어갈 수 있을 것인가? 아이언 바버는 '대화'와 '통합'의 관계들이 가능하다고 본다. 종교와 과학은 서로 대화를 통해 서로에게 좋은 비판자와 조언자가 될 수 있다고 보는 것이다. 과학은 가치의 영역을 논의에서 배제함으로써 그 스스로가 특정의 가치를 주입받은 이데올로기의 도구가 될 가능성을 검토할 능력을 상실했고, 종교는 사실의 영역을 도외시함으로써 자신이 주장하는 가치가 타자들을 억압하고 학대하는 폭력의 이데올로기가 될 가능성을 철저히 비판해내는 데 실패했다. 그럼으로써 현대 세계에서 발생하는 여러 가지 문제들 즉, 위에서 언급한 생명복제 문제,

안락사 문제, 낙태 문제, 이종 간 이식 문제, 줄기세포 연구 문제 등에서 종교와 과학은 상대방의 논리를 이해하지 못하고 서로를 비난하는 상황을 연출해왔다. 종교는 과학으로부터 새롭게 발견된 사실에 근거하여 자신의 생명관을 교정할 필요가 있고, 과학은 자신의 사실 탐구가 이미 세계를 바라보는 특정한 관점으로서 이념적 지향성을 담지하고 있다는 점을 염두에 둘 필요가 있다. 과학은 그 자신이 어디로 나아가야 할지를 결정할 가치판단을 결여하고 있다. 이 점에서 과학은 종교를 필요로 한다.

하지만 우리 시대 종교와 과학의 근원적인 문제점은 종교와 과학이 각각 제시하는 세계상과 인간상이 새롭게 출현하고 있는 시대를 담아내지 못하고 있다는 지적들이 제시되기도 한다. 이미 자연과 문화, 인간과 비인간, 사실과 가치가 뒤얽혀 발생시키는 혼종성Hybrid은 우리가 근대 이래로 견지해온 생명의 경계들을 근원적으로 재구성할 필요를 제기한다. 이점에서 대화를 넘어서서 새로운 통합Integration으로 나아가야 한다고 주장되는 것이다. 이를 위해 라뚜어는 '자연의 정치'Politics of nature라는 개념을 자신의 책 제목으로 내세우기도 한다.[85] 어떻게 보면 우리는 이미 자연적 인간 상태를 넘어선 시대를 살아간다. 우리 모두는 사이보그이다. 인공적으로 제작된 의복이나 혹은 안경, 스마트폰 등이 없으면 삶의 영위기 불가능한 시대를 살아가고 있기 때문이다. 스마트폰 스케줄러는 이미 우리의 외장 메모리 기능을 감당하고 있고, 안경은 우리의 눈이 자연 상태보다 더 편하고 선명하게 세계를 볼 수 있도록 해준다.[86] 우리가 입고 있는 옷은 단지 보온 기능과 보호 기능만을 갖고 있는 것이 아니라, 세계와 타인을 향한 우리 몸의 메시지를 전달하는 기능들도 감당하고 있다. 즉, 우리는 더 이상 자연인Natural being이 아니다. 어쩌면 자연인이라는 것은 애초부터 존재하지 않았었는지도 모른다. 단지 근대가 자신의 지적 구성물을 쌓기 위해 인위적으로 가공해낸 개념이 자연인지도 모른다. 즉, 인간이 살아가는 사회의 바깥 경계를 인위적으로 세우고, 그 안에는 유럽인들이 그 밖에는 아프리카 사람들이 있도록 하고, 인간은 오로지 내부의 사람들로만 즉, 유럽중심의 사람들로만 규정하기 위해 세운 개념 말이다. 이제 종교와 과학은 우리 시대를 위한 새로운 사유의 틀을 제시할 능력이 있는지를 추궁 받고 있다. 많은 것들이 급속하게 변해가는 시대에 종교와 과학은 변화한 세계에 맞는 개념들의 창조를 요구받고 있다. 그 개념들의 창조는 종교와 과학이 다중학문적으로 연계하여 이루어질 것을 요청받고 있다. 이점에서 우리 시대의 종교철학은 이제 종교에 대한 철학적 성찰이나 종교 현상에 대한 과학적 분석의 수준을 넘어서서, 인문학과 자연과학이 다중학문적 성찰들을 통해 세계와 인간을 설명할 개념들의 창조 지평으로 나아가야 할 것이다.

2부

종교와 철학의 깊이로

1장
종교는 어떻게 경험되는가?

박남희

종교란 무엇일까? 종교가 종교일 수 있는 까닭은 무엇일까? 이러한 물음에 대하여 사람마다 그리고 시대나 공동체에 따라서 다양한 입장이 있을 수 있다. 그러나 종교에서 가장 중요한 것은 무엇보다도 종교경험일 것이다. 왜냐하면 종교경험이야말로 다른 영역과의 차이성 즉, 종교가 가지는 특성을 가장 잘 말해주기 때문이다. 그렇다면 종교경험이란 어떠한 경험을 말하는가. 이를 위해 2부 1장에서는 종교경험이란 구체적으로 무엇을 말하는지 그리고 종교경험이 왜 중요한지 그리고 종교경험과 관련하여 생각해보아야 할 문제는 무엇인지에 대해 알아보도록 하자.

1. 종교경험이란 무엇인가?

종교경험이란 무엇을 일컫는 말일까? 종교경험이란 어떤 특정한 종교 공동체의 경험을 말하는 것일까 아니면 일상과는 다른 그 무엇 즉, 이질 감 내지는 낯설음과 같은 자기 외적인 초월적 경험을 말하는 것일까? 도대체 종교경험이란 무엇일까? 무엇을 경험하는 것이 종교경험일까? 우리는 어디에서부터 어디까지를 종교경험이라 이야기 하는가? 종교에서 종교경험은 반드시 필요한 것일까? 종교경험 없는 종교는 있을 수 없는 것일까? 그러면 종교에서 종교경험이 가지는 의미는 무엇일까? 종교경험은 우리의 지각 안에서 이루어지는 것인가 아니면 우리의 인식 능력을 넘어서 행해지는 것일까? 이때의 종교경험은 개인적이고 주관적인 것인가 아니면 객관적이고 이성적인 것으로서 기술되고 가르치고 배울 수 있는 것인가? 또 종교경험은 특정한 사람이나 집단에 한정된 것일까 아니면 누구나 가능한 것인가? 이처럼 종교경험은 단순한 문제가 아니라 매우 다양한 문제와 복잡하게 연관되어 우리로 하여금 많은 문제를 고찰토록 한다. 따라서 종교경험이 무엇인지 살펴보기 위해 이러한 문제들과 더불어 논의해보도록 하자.

우리는 무엇을 종교경험이라 하나?
종교경험을 자신의 연구주제로 삼은 사람으로 엘리아데Mircea Eliade 1907~1986와 루돌프 오토, 그리고 슐라이어마허를 먼저 생각할 수 있다. 따라서 우리의 논의도 이들의 이야기를 빌어서 시작하기로 하자.

　　먼저 엘리아데는 종교경험이란 다름 아닌 일상성과 구별되는 성스러운 힘을 경험하는 일이라고 한다. 다시 말해 엘리아데는 종교경험을 성의 거룩함 즉, 성과 속의 구별 속에서 찾는다. 그런데 이 성스러운 힘은 제의의식을 통해서 늘 현실 속에서 재현(크라토파니아Cratofania) 되는 바, 종교의식이란 바로 이러한 성스러운 힘을 경험하기 위한 신비의식(이에로파니아Herofania)이라고 말한다.[87]

반면에 루돌프 오토는 엘리아데와 같이 종교의 의미를 종교경험에서 찾고는 있지만 그와는 달리 이를 자기 밖의 거대한 힘(누멘Numen)을 인지하면서 이에 대해 느끼는 두려운 감정으로 종교경험을 이야기한다. 오토는 자신 밖의 거대한 힘에 대한 두려움과 떨림이 전율로 느껴지는 이 신비하고 매혹적인 감정을 누미노스Numinous라 이름하고, 이를 경험하는 일을 누미노제Numinose라 부른다.[88] 그러나 오토가 말하는 이러한 감정은 그보다 앞서 종교경험을 감정의 문제와 연결시켜 나간 슐라이어마허가 말하는 감정과는 차이가 있다.

슐라이어마허는 1799년 『종교론』On Religion을 통하여 종교는 교리가 아닌 신앙에 의해서 존립하는 것으로, 종교경험이란 합리적 사유나 추론 내지는 논리로 검증할 수 없는 거룩한 존재에 대한 절대 의존의 감정으로 이야기한다. 그러나 슐라이어마허의 이러한 감정은 분명 종교경험에서 우러나오는 감정임에는 틀림이 없으나 오토처럼 알 수 없는 힘에 대한 두려운 감정이 아니라 공동체가 명명하는 존재를 경험함으로 가져지는 의존의 감정이다. 비록 그가 이성의 추론에 따른 교리로서가 아니라 경험을 중시하며 이를 감정과 결부시켜 나가고는 있지만 그가 말하는 감정은 오토가 갖는 막연한 감정과는 다른 구체적 '존재'에 대해 갖는 의존의 감정인 것이다. 다시 말해 오토는 자기 밖에 외재하는 거대

한 힘에 대한 두려운 감정을 이야기하는 반면 슐라이어마허는 존재에 대한 의존의 감정을 이야기 한다.[89]

그러나 이 세 사람은 모두는 종교에서 종교경험을 중시한다는 면에서는 공통점이 있다. 비록 엘리아데가 성스러운 힘에 대한 인식으로, 오토는 강력한 힘에 대한 두려움으로, 그리고 슐라이어마허는 거룩한 존재에 대한 절대 의존의 감정으로 종교경험을 이야기 하고는 있지만 무엇보다도 종교경험을 중시한다는 점에서는 모두 같은 입장을 취하고 있음을 알 수 있다.

종교와 종교경험은 어떠한 관계인가

그렇다면 이들이 모두 종교에서 종교경험을 최우선시 함에도 그 내용을 달리 하는 까닭은 무엇일까? 그것은 바로 그들의 종교 이해와 밀접한 연관이 있음을 알 수 있다. 다시 말해 슐라이어마허는 종교경험을 매우 중시하나 그렇다고 그는 종교경험을 곧 종교로 여기지는 않는다. 슐라이어마허에게서 종교는 어떤 특정한 공동체가 가지는 공통된 경험 위에서 고백하는 존재에 대한 경험, 그리고 이에 따른 교리, 이 모든 것을 가리키는 반면에, 엘리아데는 종교경험을 가능하게 하는 제의와 제의에 참여하는 일, 그리고 이러한 일 속에서 경험하는 신비한 힘에 대한 경험 모두를 종교적인 일로 여긴다. 그리고 오토는 그 무엇보다도 알 수 없는 힘에 대한 경험 그 자체를 종교적이라 한다. 그러한 면에서 오토는 엘리아데보다, 엘리아데는 슐라이어마허보다 포괄적이고 광범위한 의미에서 종교를 이해하고 있음을 알 수 있다.

이처럼 종교와 종교경험은 때론 같은 의미로 이야기되기도 하고 때론 다른 의미로 말해지기도 한다. 그래서 사람들은 종교와 종교경험을 엄밀히 구별하지 않고 혼용해서 사용하기도 한다. 그만큼 종교와 종교경험은 아주 밀접한 관계를 가진다. 그렇다면 종교와 종교경험의 관계는 어떠한 관계일까?

종교와 종교경험이 구별은 공동체의 확대와 관련이 깊다. 즉, 알 수 없는 신비한 힘에 이끌리어 신비한 경험을 하게 된 사람들은 점차 공동체를 형성하게 되면서 공동체의 결집과 지속을 위한 노력을 하게 된다. 그러한 노력의 일환으로 사람들은 종교경험을 체계화하고 이론화하여 공동체 구성원들에게 가르치고 전달하기 위한 교리를 정형화해나간다. 이제 종교경험 대신 교리가 종교의 역할을 해나가는 것이다. 따라서 종교와 종교경험이 구별되기 시작하면서 그 의미도 달리하게 된다. 이러한 사실로부터 우리는 이론적으로는 종교가 무엇인가가 말해져야 종교경험에 대한 정의가 가능하다고 할 수 있으나, 실질적으로는 종교경험을 통해 종교가 형성되었다고 할 수 있다.

종교경험 없는 종교는 불가능 한가

그렇다면 종교경험 없는 종교란 불가능한 것일까? 이성을 중시하는 사회에서는 종교경험보다는 이성에 의해서 교리화된 이론을 더 강조하는 면이 있다. 뿐만 아니라 이성을 강조하는 사회에서는 때론 종교경험을 불명료한 비이성적인 것으로 치부하면서 오히려 극복해야 할 문제로 여기기도 한다. 그런 면에서 칸트는 종교를 이성의 한계 안에서 도덕적이고 윤리적인 문제로[90] 파악한다. 뿐만 아니라 포이에르바흐[91]는 종교란 사람이 만들어낸 환상이라 폄하하기도 하고, 마르크스는 종교를 아편과 같은 것이라 비난하기도 한다.[92] 왜 그럴까. 왜 그들은 종교에 대해 그러한 주장을 하는 것일까? 도대체 그들은 어떤 근거를 가지고 종교에 대해 그러한 생각을 하게 된 것일까?

중세시대의 모순을 극복하며 새로운 세상을 열어 나가고자 했던 근대인들은 이성에 근거한 객관성과 합리성에 따른 새로운 학문-과학을 태동시킨다. 그리고 이를 통해 모든 것들을 재단해가기 시작 한다. 이제 종교는 초월적이기보다는 이성적이고 도덕적이고 윤리적인 문제로 여겨진다. 그리고 종교적 열망과 그에 따른 종교적 경험도 욕망과 결핍에 따른 심리적인 문제로 치부된다.[93] 이름 하여 종교의 세속화가 추진되는 것이다. 그런데 종교가 세속화된다는 것은 무엇을 의미하는 것일까? 종교경험 역시도 세속화의 옷을 입는 것일까?

사람은 누구나 단지 지금 여기만이 아니라 이를 넘어서 무엇인가를 사유하며 이를 열망하는 존재라 한다면 그래서 이를 추구하는 것이 종교로, 그리고 이를 경험코자 하는 것이 종교경험으로 말해지는 것이라 한다면 근대에서는 이러한 문제를 어떻게 표출하는 것일까? 혹시 이러한 종교적 열망이 특정한 사물이나 사람에게 투사되어 맹신과 광신의 모습을 띠는 것은 아닌가?

이전에는 찾아보기 힘든 공산혁명의 파고와 두 차례의 대량살상이 근대에서 자행된 까닭은 왜일까? 이러한 문제가 단순히 과학기기의 발명과 발전 때문일까? 왜 사람은 특정한 정치제도에 광분하며, 최신기기에 열망하고, 대중스타에 열광하고, 특정한 일에 맹신하는 것일까? 자신들이 신념하고 있는 것들을 관철시키기 위해 정의의 이름으로, 선의 이름으로, 우월을 내세워 다른 사람, 다른 나라, 다른 문화를 무력화시키는 광기는 도대체 어디에서 나오는 것일까? 오늘 날에도 세계 도처에서 끊임없이 벌어지고 있는 전쟁의 당위성은 어떻게 주어지는 것일까? 스스로 자신들을 가리켜 이성적 존재라 하는 근대인들이 말하는 이성이란 무엇을 뜻하는 것인가? 피를 흘리며 보다 극렬하게 행해지는 이러한 횡포는 종교적 열망을 잠재우지 못하는 사람들이 보이는 또 다른 양태라 한다면 지나친 이야기인가? 히틀러나 나치만이 아니라, 중국의 문화혁명, 중동사태, 아프리카의 내전은 물론 오늘 날 스포츠, 대중스타, 기계, 돈, 제도 등과 같은 것 등을 숭배하는 사람들에게서 우리는 무엇을 엿볼 수 있는가? 성스러움을 지워버린 세속적인 종교경험의 극단적인 예가 혹시 다양한 형태의 광기로 그리고 중독으로 이어지는 것은 아닌가? 알코올, 게임, 도박은 물론 성형, 소비, 일, 인터넷, 성 등 어느 하나에 지나치게 몰입하는 태도도 일종의 세속화된 종교경험의 단면은 아닐까?

모든 삶의 의미를 특정한 일에 몰입하여서 찾으려는 행동과 종교적 경험은 그러한 면에서 어떻게 같고 다른 것일까? 화려한 불빛과 굉음 수준의 음악소리에 맞추어 어둠 속에서 춤을 추는 사람과 타악기의 음률에 맞추어 춤을 추던 사람들의 종교의식과 종교경험은 어떻게 다른 것인가? 그들이 마시던 동물의 피와 알코올음료는 마약류와는 다른 것인가? 인간의 이러한 몸짓들이 삶의 의미를 찾고자 하는 일과 무관하지 않다면 우리는 이 또한 종교경험이라 할 수 있나? 그렇다면 무엇에 의해 우리는 종교경험과 그렇지 않은 경험을 분별하는 것일까? 그것을 판단하는 근거가 성스러움인가 아니면 윤리적이고 도덕적인 것인가? 아니면 또 다른 그 무엇인가?

슬라보예 지젝Slavoj Zizek은 현대인들의 이러한 경향을 '숭고한 대상'Sublime Object이라는 미명하에 이데올로기적 비판을 가하기도 한다.[94] 이를 위해 그는 먼저 칸트와 헤겔이 숭고한 것에 대한 기술을 어떻게 하고 있는가를 살핀다. 지젝에 따르면 칸트는 숭고한 것을 어떤 무한하고 공포스럽고 인상적인 현상(포효하는 자연 등)으로 여기며, 헤겔은 비참한 '실재의 작은 조각'[95]으로 이야기한다고 지적한다. 그리고 '숭고한 대상은 불일치를 통해 초월적인 물자체의 차원을 가리키는 경험적인 대상이 아니라 절대 부정성을 순수한 무, 공백으로서의 사물의 빈자리를 대체하고 채워버리는 대상'[96]이라고 말하면서 '숭고한 것이 실정적인 신체를 가지고 있는 대상이라면 그러한 신체는 단지 무에 대한 하나의 구현물에 지나지 않는다'[97]고 말한다.

그렇다면 우리에게 종교, 또는 종교경험이란 도대체 무엇일까? 우리에게는 종교란 그리고 종교적 경험이란 더 이상 필요하지 않은 사회에 살고 있는 것일까 아니면 오히려 잃어버린 종교경험을 회복하여야 하는 절대적 요청 앞에 서 있는 것일까? 이미 모든 것이 세속화되어 버린 세상에서 과연 우리는 무엇을 어떻게 할 수 있으며, 하여야 하는가? 니체가 말하는 초인이 되어야 하는가? 헤겔이 이야기하는 이성이 충만한 사람이 되어야 하는가? 아니면 지젝의 말처럼 우리가 이러한 현상성을 극복하기 위해서는 그것 너머에 도달함으로서가 아니라 그것 너머에는 아무 것도 없다는 사실을 경험하는 것이어야 할까?

힘인가 존재인가

점점 더 기계화되고 사물화 되는 세상에서 상대적으로 잃어버리는 인간성에 대한 희구, 인간의 자기소외가 우리로 하여금 다시금 영성으로 향할 것을 권한다면 도대체 이런 영성을 가능하게 하는 것이 무엇일까? 그것이 기존의 종교에서 가능할까? 만약에 그것이 불가하다면 왜 일까? 그렇다면 우리는 이러한 영성을 어디에서 구할 수 있을 것인가?

종교의 역할은 무엇일까? 종교가 종교일 수 있는 까닭은 무엇인가? 만약에 종교를 종교이게 하는 것은 사람들에게 영성을 경험하게 하는 데 있는 것이라 한다면 영성을 잃어버린 종교가 지금 우리에게 무슨 의미가 있나? 오히려 오늘 날의 종교는 이데올로기를 앞세운 권력의 쟁탈전은 아닐까? 현재의 종교가 혹시 종교의 본래성을 회복한다면 가능할까? 그렇다면 종교의 본래성을 어떻게 회복해야 할 것인가? 종교의 본래성을 회복하기 위해 우리는 다시 종교적 경험을 필요로 하는가? 그렇다면 우리가 추구하여야 할 종교경험은 무엇에 대한 경험인가? 현대사회에서 사람들이 다양하게 행하고 있는 경험들과 종교경험은 어떻게 다른 것일까? 오토와 엘리아데 그리고 슐라이어미허기 말히는 '힘'과 '존재'에 대해 논하면서 이에 대한 답을 찾아보기로 하자.

먼저, 엘리아데와 오토가 말하는 '힘'Macht과 슐라이어마허가 말하는 '존재'Sein는 어떻게 다른가? 이름이 다르듯이 힘과 존재는 전혀 다른 것인가 아니면 이름만 달리할 뿐 실상은 같은 것인가? 만약에 이름만 달리하는 것이라 한다면 왜 이름을 달리하는가? 이름을 달리하는 이유가 단지 시간의 흐름 때문인가 아니면 공간을 달리하는 자연 환경 때문인가? 시간과 관계한다면 진화론적 관점에서 보아야 하는가 아니면 단순한 변화의 시선에서 보아야 하는 것인가? 그도 아니라면 단순한 논의의 범위에 따라 힘과 존재로 다르게 불리는 것인가? 도대체 이 둘의 차이는 무엇일까?

이에 대해 사람들은 힘도 무엇이 '있다'는 측면에서 존재의 다른 이름이라고 하기도 하고, 또 존재란 이미 대상화된 그 무엇이라는 의미에서 힘과는 다른 영역을 지시한다고 하기도 한다. 이는 존재가 구체적이거나 그래서 무엇으로 규정하거나 어떤 인격성을 갖고 있지는 않다 해도 존재란 힘과 비교해볼 때 이미 대상화와 객체화가 이루어진 것이라고 여기는 것이다. 그리고 또 힘과 존재를 시간과의 관계 하에서 힘이 존재로 변화된 것 즉, 힘이 공동체의 확대와 더불어 일정한 제도를 가지면서 존재로 불리는 것이라는 입장도 있다. 그리고 이를 진화론적 입장에서 연결해나가기도 한다. 그러나 힘과 존재를 이와는 달리 변화, 분화로 파악하는 사람들도 있다. 그런가 하면 어떤 공동체는 존재를, 또 어떤 공동체는 지금도 여전히 존재보다는 힘을 경험하는 것에 종교적 의미를 부여하기도 한다. 또한 힘과 존재를 각기 다른 이해에 따른 해석이라고 보는 입장도 있다. 개인이던 공동체이던 각기 경험하는 것들을 어떻게 이해하고 해석하는가에 따라 때론 힘으로 때론 존재로, 그리고 때로는 신으로 말해진다는 것이다. 이처럼 사람들은 힘과 존재에 대해 다양한 생각과 태도를 가진다. 그러나 그것이 무엇이든 사람들은 나름으로 믿는 대상과의 관련성 속에서 믿음을 확고히 해간다. 때로는 제어할 수없는 자연의 힘을, 그리고 자신보다 강력한 힘을 가진 자를, 또 초자연적인 신비한 존재를 경험하면서 사람들은 이를 신앙한다.

대상에 대한 경험인가, 경험이 대상을 만드나

그렇다면 우리는 이러한 것을 어떻게 경험하는가? 경험의 내용이 경험의 대상을 만드나 경험의 대상이 경험의 내용을 채워간 것일까? 힘에 대한 경험이 시대에 따라 달리 이해되면서 다른 이름으로 불리는 것이라 한다면 종교도 이러한 힘을 어떻게 인지하는가에 따라 다양하게 이야기될 수 있을까? 그렇다면 특정한 종교가 주장하는 구원의 문제는 어떻게 받아드려야 할까? 그리고 이러한 힘에 대한 추구가 종교의 본질이라 한다면 현대인들은 이러한 힘을 어떻게 표현하고 있나?

사실 힘에 대한 신앙은 원시시대로부터 현대에 이르기까지 다양한 형태로 이어져온다. 원시사회에서는 자연에 대한 두려움으로(누미노제), 모든 살아있는 사물 안에 들어있는 정령으로(애니미즘), 질서정연하게 변화하는 자연의 힘logs으로, 또 자신과는 다른 월등한 힘에 대한 경험을 일정한 제의 형태로 갖추어 이를 신앙하기도 했다(마나).[98] 그러나 이러한 힘에 대한 신앙은 시간의 흐름과 더불어 초월적인 존재가 되기도 하고, 경우에 따라서는 인격적인 모습을 띠기도 한다(신). 왜냐하면 공간의 확대와 인구의 증가로 인히여 느슨해진 공동체는 이전과는 다른 형태의 결속력을 위한 장치를 필요로 하면서 힘에 대한 신앙을 구체적인 형태로 강화시켜나갈 필요를 가지기 때문이다. 이 과정에서 사람들은 자신들의 정체성을 부각시키고자 동물이나 특정한 형태의 상징을 취하기도 하는데(토템), 이는 결국 모든 생명체에 우월한 사람을 상징으로 하는 인격신의 등장을 낳는 계기가 되기도 한다. 그로 인하여 신과 사람이 뚜렷하게 구별되지 않는 신화시대가 열리며 사람과 사람의 형상을 한 신들과의 동반시대가 전개되는 것이다.

그러나 힘의 논리에 의해 새롭게 재편성되는 시대를 맞아 각기 나름의 고유한 능력을 가진 신들은 가장 힘센 신에 의해 제압된다. 그리고 세계는 질서와 체계를 중시하는 유일한 신의 체계로 바뀌어 간다. 이제 유일신은 자기 외에 다른 문화, 가치, 인종, 역사를 때로는 배제하고, 변호하고, 동화하기도 하면서 구성원들의 오랜 경험을 공동체의 가치로 내재화하며 이를 이론화하고 체계화시켜나간다. 이제 힘은 체재로, 종교적 경험은 특정한 존재에 대한 경험으로 바뀌면서 이를 신념체계로 강화시켜나가는 것이다. 그리고 이러한 공동체의 신념체계는 교리라는 이름으로 사람들에게 가르치고 전달된다. 그리고 이렇게 정형화된 교리는 교세의 확장과 번영을 위한 지배 이데올로기로 변질되어가기 시작한다.

이에 의문을 제기하는 사람들은 더 이상 종교적 교리에 의존하지 않고 인간이성에 근거한 판단과 가치를 새롭게 주창한다. 그래서 절대적 신뢰를 얻기 시작한 이성은 자유와 평등이라는 가치 하에 새로운 사회를 건설해가는 것이다. 그러나 이러한 태도는 엄밀히 말해서 종교교리에 따른 지배 이데올로기의 세속화 즉, 초월적인 것을 내재화시켜나가는 것일 뿐 근본적의 변화라 하기는 어렵다. 왜냐하면 특정한 무엇을 절대화시키며 이를 신앙한다는 면에서는 크게 다르지 않기 때문이다. 그래서 니체는 절대화하는 모든 시도들을 거부하며 생명의 충일로서의 '초인'[99]이 될 것을 주창한다. 그리고 이에 영향을 받은 역시 독일의 철학자 마르틴 하이데거도 기존의 교리화되고 절대화된 이러한 태도들을 달리 성찰하면서 새로운 존재철학을 전개시켜나간다. 그에 따르면 이전에 사람들이 신앙하던 것(신)은 우리의 기도를 들어줄 수 없는 우리와 같은 피조물인 존재자일 뿐이며[100] 이와는 다른 '존재'에 대한 이야기를 한다. 하이데거가 말하는 '존재'란 모든 존재자를 존재케 하는 존재로서, 존재는 그 무엇으로 고정되고 절대화되지 않는 우리와 같이함과 동시에 우리를 초월해 있는 그 무엇이라 이야기한다.

그러나 하이데거의 이러한 주장에 대해 하나 안에 모든 것을 섭렵해온 이전의 주장과 다를 바가 없다며 비판하고 나오는 사람이 프랑스 유대 철학자 임마누엘 레비나스Emmanuel Lévinas, 1905~1995이다. 레비나스는 존재란 개별적 존재자들을 통해서만 경험될 수 있는 그 무엇으로 존재는 우리를 떠나 따로 존재할 수 없다고 못 박는다. 이러한 주장은 존재경험이란 보편적이고 추상적인 것이 아니라 개별적이고 구체적이어야 한다는 점을 강조하는 것이다.

레비나스는 왜 존재가 아닌 존재자를 강조하는 것일까? 그 이야기가 의미하는 바는 무엇인가? 그가 하고픈 말은 세속화된 세계에서 우리가 추구해야 할 새로운 영성Spiritualitas에 대한 이야기인가? 그래서 종교경험의 대상이 아닌 자신 안에 하나가 되어 있는 존재를 깨닫고 이를 경험하면서 나아가야 한다는 이야기일까? 그래서 경험의 주체는 니 지신이어야 하며 그것은 객관적인 것이 아니라 그렇다고 마냥 주관적인 것만도 아닌 이성과 감성의 구별을 떠나 있는 몸을 가진 나, 개별자 안에서 자기를 초월해가는 일이라고 말할 수 있나? 우리는 과연 그의 이러한 이야기를 통해서 무엇을 얻어야 하는가? 종교의 교리화 현상으로 파생된 반목과 갈등을 넘어 종교의 원초적 경험을 통해 새로운 시대의 영성을 열망하는 사람들에게 그의 이야기가 복음이 될 수 있을까? 교리가 이론화되고 그래서 화석화될수록 사람들은 오히려 원초적 종교적 경험을 갈구하면서 이와는 다른 세계를 추구하는 까닭은 무엇일까?[101] 왜 사람들은 그처럼 어떤 형태로는 현실세계와 다른 그 무엇을 갈구하며 이를 추구하는 것일까?

2. 종교경험의 주체는 누구인가

우리는 이 이야기를 종교경험의 주체는 누구인가 하는 문제로 논의를 좀 더 진척시켜 보자. 종교경험을 갈망하는 실질적 주체는 누구인가? 다시 말해 종교경험의 주체는 개인인가 집단인가? 그리고 또 특정한 사람인가 아니면 일반사람 누구나 인가? 종교경험의 주체가 누구인지에 따라 종교경험의 내용 또한 주관적인지 객관적인지, 그리고 감정적인지 이성적인지도 달리 이야기 될 수 있다.

누구의 경험인가

아직 재정이 분리되지 않은 초기 공동체에서 종교경험은 공동체의 지도자에 한하여 엄격히 제한되었다. 예를 들어 샤머니즘을 신앙하는 공동체에서는 샤먼만이 제의를 주제하면서 이를 통해 행해지는 종교경험의 결과를 구성원들이 습득함으로 삶을 영위해나갔다. 즉, 사제가 행하는 의식과 종교경험을 동일시하면서 나머지 사람들은 그들의 종교경험을 자신의 삶으로 받아드려야만 했던 것이다. 이러한 형태는 초기 공동체가 공동체를 유지하기 위한 방편으로 행해진 측면이 강하다.

이처럼 특정한 사람들에 의해서 주도되고 전유된 종교경험은 마틴 루터Martin Luther, 1483~1546[102]가 만인사제설Priesthood of all Christians[103]을 주장하기 전까지 오랫동안 지속되었다. 물론 그 이전에도 묵상과 기도를 통해 종교경험을 중시해온 수사들의 집단이 전혀 없었던 것은 아니지만 이들 역시도 사제라는 특수한 계층에 속한 사람이라는 측면에서 보면 크게 다르지 않다. 그리고 이들의 경험 또한 반드시 교황이 허락하는 한에서만 인정되었다는 면에서 볼 때 오늘 날과 같은 개인적이고 주체적인 경험과는 다소 거리가 있다. 뿐만 아니라 이들의 경험은 개인의 은밀하고 신비스러운 경험이라 하기보다는 매우 제한적이고 의도된 경험 즉, 공동체에서 고백하고 교리화된 것을 단지 체험코자 하는 것에 가깝기 때문이다.

그러나 루터에 의해 주창된 만일사제설은 '오직 믿음으로만'Sola fides이라는 구호아래 모든 사람의 종교적 경험을 가능케 하기에 이른다. 특정한 계층의 전유물이 아닌 모든 사람에게 가능해진 종교경험은 교리보다는 믿음을 강조하며 이성이 아닌 감정을, 그리고 보편적이고 객관적인 문제보다 주관적이고 개인적인 종교경험의 장을 열어나간다. 그리고 이는 보편적 이성에 근기힌 교리보다는 개인의 종교적 믿음과 이에 따른 경험을 중시하는 운동 즉, 프로테스탄트의 등장을 가져왔다. 이제 종교경험은 공동체의 고백보다는 개인의 신앙에 의거한 경험적 측면이 보다 강조된다.

그러나 이 또한 시간의 흐름 속에서 본래 가졌던 개인적인 종교경험의 역동성은 상실되고 오히려 주관적 경험에 따른 독단화가 심화되는 경향을 보인다. 그래서 차이를 악으로 간주하며 공생이 아닌 배제의 논리로 화평이 아닌 분쟁과 갈등을 초래하는 결과를 낳기도 한다. 같은 신앙을 하면서도 그 방법의 차이로 인하여 종교 간에는 끝없는 종파와 분파가 생겨나면서 이로 인하여 서로 간에 반목하는 모습을 보이기도 하는 것이다.

개인적인 것인가 보편적인 것인가

우리는 이 문제를 개인의 종교경험과 보편적인 종교경험 사이로 다시 제한하여 생각해보도록 하자. 즉, 개인의 종교경험이 반드시 보편적인 종교경험과 일치하여야 하는가 하는 문제이다. 우리는 일반적으로 개인보다 보편적인 일을 보다 우월적인 것으로 여기는 경향이 있다. 이는 개인의 문제가 공동체의 확대와 더불어 일반적인 문제가 되던 초기 사회와 달리 이미 보편적 가치가 지배하는 세상에서 태어난 이후의 삶에서 나타나는 현상이라고 할 수 있다. 그러나 또 다른 관점에서 보면 사람에게는 시간과 공간을 떠나 공통된 존재성이 있기에 이에 따른 보편성으로서의 일반성이 있다고도 생각할 수 있다.

그렇다면 종교가 추구하는 경험이란 어디에 근거하는가? 만약에 종교경험이란 공통된 보편성Allgemeinheit에 기초하는 것이라 한다면 서로 다른 종교경험은 어떻게 이해해야 하는가 하는 문제가 생기게 된다. 그리고 종교경험이란 개인의 경험에 근거한 것으로 서로 다른 경험일 수밖에 없다면 어떻게 이를 두고 종교경험이라 할 수 있는가 하는 문제가 파생된다. 다시 말해 종교경험을 일반성에 근거하여 일정한 공동체가 하는 고백을 종교경험이라 한다면 서로 다른 고백사이에 옳고 그름에 따른 논쟁이 있게 되고, 그렇지 않을 경우에는 종교 자체가 존립할 이유를 찾기 어렵다는 문제가 있다.

현대의 많은 사람들이 개인의 종교경험을 중시하며 특별한 종교공동체를 취하지 않는 태도도 이러한 입장을 보여주는 것이기도 하다. 우리는 그 한 예를 무교회주의에서 찾아 볼 수 있다. 즉, 영성은 추구하나 종교공동체는 원하지 않는 것이다. 오늘 날 종교인의 수가 축소되는 현상도 이와 무관하지 않다. 그렇다면 이러한 문제를 어떻게 해결해갈 것인가? 다시 말해 개인의 자유로운 경험을 존중하면서도 종교의 해체를 가져오지 않을 수 있으려면 종교는 어떠한 태도를 견지해야 하나? 우리는 이러한 문제를 종교경험과 해석의 문제로 풀어나가 보도록 하자.

3. 종교경험의 보편성과 다양성은 어떻게 주어지는가

아는 것이 아니라 이해하는 것이다

종교경험에서 이해의 문제를 처음으로 제기한 사람은 슐라이어마허이다. 슐라이어마허는 루터가 성서를 독일어로 번역한 이후 촉발된 성서이해의 차이를 어떻게 해결해갈 것인가 하는 문제에서 출발한다. 이는 달리 말해서 종교공동체가 지향하는 보편성과 개인이 이해에 따른 문제의 충돌을 어떻게 해결할 것인가 하는 문제이다. 이에 대해 슐라이어마허는 앞서 살펴보았듯이 개인의 종교경험을 중시하며 다양한 성서이해의 가능성을 제기한다. 다시 말해 슐라이어마허는 이성에 근거한 죽어 있는 이론이 아닌 감정에 충실한 생생한 종교경험에서 오는 이해의 다양성을 논의한다. 그러나 그는 여전히 이해의 다양성을 본 의도와 연결시킨다. 그래서 저자의 의도에 따라 이해의 진위 여부를 문제 삼는다는 면에서 볼 때 그는 여전히 공동체의 공통성에 우위를 두고 있음을 알 수 있다. 그럼에도 그의 이러한 시도는 그 당시 상황에서 볼 때 진일보한 태도가 아닐 수 없다. 다시 말해 슐라이어마허는 당시 교리로 대변되던 보편성의 일방화에 개인의 감정에 근거한 종교경험을 더하여 화석화되어가는 종교에 생명력을 불어 넣고자 한 것이기 때문이다.

그의 이러한 노력은 인간의 한계를 직시하며 신과의 합일을 통해 이를 극복해나가고자 했던 고대사유의 전통을 이어가는 낭만주의와 닿아있다. 특히 슐레겔F. Schlegel, 1772~1829에 의해서 이끌리는 독일 낭만주의는 인간 이성으로는 알 수 없는 어떤 힘이 존재한다고 믿고 이를 중세를 관통하고 흐르는 고대 인문주의의 신비주의 전통과 연결을 해가며 근대의 이성중심의 사유와는 다른 입장을 견지한다.

슐레겔의 주장에 따르면 우리가 경험코자 하는 힘이란 우리의 인식의 범주 안에 머무르는 것이 아니라 오직 직관에 의해서만 경험될 수 있을 뿐이라고 한다. 슐라이어마허는 슐레겔의 이러한 주장에 영향을 받아 교리라는 이름의 객관적인 이론에 의해서 주도되는 이성종교의 한계를 직시하고 직관에 의한 종교경험을 감정과 연결시키며 이를 종교성으로 표명하는 것이다. 다시 말해 슐라이어마허는 종교는 아는 것이 아니라 신앙하는 것이며, 신앙한다는 것은 이성적 논리에 의해서가 아니라 절대적 존재를 경험하는 것으로, 이는 감정에 의한 것이라 하는 것이다.[104] 그의 이러한 주장은 종교의 종교성을 앎이 아닌 종교경험에서 찾으며 이를 이성이 아닌 감정의 문제로 연결해가는 것이다.

이성인가 감정인가

이처럼 슐라이어마허는 그동안 서구 사회에서 지향해온 이성 중심[105]
의 종교가 가지는 한계를 극복하며 본래 종교가 가지는 생명력을 다시
회복하고자 노력한다. 실제로 서구사회는 소크라테스이래로 앎知에 대
한 강조가 전 정신사를 지배해왔다고 할 수 있다. 중세에서 조차도 알고
배우는 가르치는 교부철학이 종교를 주도했으며, 근대에서는 더더욱 인
간 이성이 경험하고 관찰하는 앎의 문제가 과학을 배태하기도 한다. 슐
라이어마허는 바로 이러한 현상을 과감하게 지적하며 이성이 아닌 감정
의 문제로부터 종교가 처한 문제를 해소해가고자 하는 것이다.

그러나 슐라이어마허가 종교를 이성이 아닌 감정의 문제로 이야기
하며 앎이 아닌 경험을 이야기한다고 해서 종교경험의 주체가 개인이라
고 말할 수는 없다. 왜냐하면 종교경험은 개인이라 하여도 그 내용은 공
동체가 공동으로 고백하는 존재에 대한 경험이라면 우리는 이를 개인의
종교경험이라고 할 수 있을까 하는 것이다. 종교란 어느 한 사람의 문제
가 아니라 공동체가 공동으로 신앙하는 것이라 한다면 이미 종교라는
말 속에는 개인의 주관보다는 공동체가 가지는 공통된 부분을 고백하는
것이라고 할 수 있기 때문이다. 그럼에도 루터에 의해 제기된 신앙의 자
유와 슐라이어마허의 감정에 대한 강조는 공동체보다는 개인의 종교경
험을 강화시켜준다는 면에서 기여한 것은 분명한 사실이다.

이제 개인은 이전보다 훨씬 자유롭게 자신의 종교경험을 논할 수
있게 되었다. 다시 말해서 종교공동체의 고백으로부터 크게 벗어나지

않는 한 개인은 다양한 종교경험을 이야기할 수 있게 되었다. 물론 이들이 경험하는 다양한 종교경험이란 자신들이 속한 공동체의 종교를 다양하게 이해하고 경험하는 것이다. 그러나 이러한 다양한 경험에 의한 성서이해는 다양한 해석의 문제를 낳으면서 성서해석의 새로운 장을 연다. 그동안 성서는 일점일획의 오류도 없는 신의 말씀으로 여겨졌으나 루터에 의해 주장되고 이루어진 만인사제설과 성서의 독일어 번역은 다양한 사람들에게 성서이해와 더불어 종교경험을 가능하게 하면서 해석의 문제를 불러일으켰다. 그리고 이러한 성서해석의 다양한 이해의 문제는 본격적으로 해석학이라는 독립된 학문을 낳게 된다.

해석학과 경험의 문제

해석학Hermeneutik[106]이라는 독립된 학문을 정초시킨 사람은 독일의 철학자 윌리엄 딜타이Wilhelm Dilthey, 1833~1911이다. 딜타이는 해석의 문제를 성서라는 텍스트에 제한해서가 아니고 우리가 살아가는 삶의 구체적 현실성의 문제로 새롭게 확장시켜나간다. 그래서 슐라이어마허가 제시한 해석의 문제를 딜타이는 사회가 추구하는 합목적성으로서의 가치와 연결시켜나간다. 이는 개인과 보편 사이의 문제를 개인과 사회가치의 문제로 전향시켜나가는 것이다. 이러한 둘 사이의 변증법적 관계 속에서 문제를 해소해가고자 하는 해석학의 방법에 관한 논의는 하이데거에 의해서 존재론으로 전회하게 된다.

하이데거는 해석의 방법적 문제에 머물기보다는 에드문트 후설Edmund Husserl, 1859~1938의 현상학Phänomenologie[107]적 방법을 통해 사람이 처한 실존Existenz의 문제를 직시한다. 그가 마주한 실존의 모습이란 유한한 시간과 공간 안에 제한된 세계-내- 존재In-der-Welt-Sein이다.
이때 존재란 구체적인 시간과 공간 안에 실제로 존재하는 존재자인 현
존재Da Sein로서, 자신이 속한 세계 안에서 이렇게 저렇게 나름으로 이
해하며 해석하면서 있는 존재이다. 다시 말해 하이데거의 해석학은 후
설의 현상학적 방법을 통하여 새로운 인간이해를 시도한다. 그리고 이
를 통해서 드러난 현존재의 존재이해를 통하여 그동안 방법론을 추구하
던 해석학으로부터 존재론적 해석학으로의 길을 열어간다.

하이데거의 이러한 존재로의 전회를 보다 심화시키며 철학적 해석
학을 성립시킨 사람이 독일의 철학자 한스 게오르그 가다머Hans Georg
Gadamer, 1900~2002이다. 가다머는 기존의 전통 서양철학이 가지는 실재
성Realität[108]을 비판하며 사람의 존재의 근거를 이해의 운동으로 찾는
다. 사람은 이해의 운동을 통해서 늘 달리 이해하며 있는 존재라는 것이
다. 가다머의 이와 같은 존재이해는 인간의 주관이 개입하는 여러 방식
중에 하나가 아니라 현존재 자체의 존재방식이라는 하이데거의 시간분
석 위에서 현존재의 실천적 현실의 이해운동으로 인간존재를 해명한다.
다시 말해 현존재의 역사성과 유한성 안에서의 세계경험을 주/객의 대
립 안에서가 아니라 끊임없이 달리 현현해가는 그 자체로 파악하는 것
이다. 이는 우리들의 행위나 의지를 넘어서 우리에게 일어나는 것이 무
엇인가를 묻는 일로, 우리로 하여금 세계경험과 생활실천의 전체로 향
하기를 요청하는 것이다. 가다머는 이를 위해 헤겔의 이성의 변증법적
운동을 이성에 제한하여서가 아니라 모든 것을 같이 하며 있는 구체적
현실의 이해의 운동으로 바꾸며, 딜타이의 '삶의 철학'으로서의 해석학
에 후설의 '현상학적 방법'에 의한 하이데거의 존재와 존재자의 '이해

의 역사성'을 응용하면서 자신의 철학을 전개시켜나간다. 그래서 늘 달리 이해하며 자기를 새롭게 실현하며 나오는 이해의 무한운동을 진리라고백하며 이를 경험과 연결시키는 것이다.

그에게 있어 이해는 현존재의 실천 운동이다. 마주하는 다양한 현실 안에서 자신보다 앞서 있는 것들과 하나로 하면서 자신을 늘 달리 새롭게 만들어가는 현존재의 근원운동이 가다머에게 있어서는 경험으로 이야기된다. 아는 것이 아니라 참여함으로 하나가 되는 만남의 사건인 경험은 자신보다 앞 서 있는 전승Überliefung과 함께 현재 상황을 하나로 달리 이해하며 적용하며 자신을 실현해가는 일이다. 가다머는 이를 실현Vollzug의 진리라 이야기한다.

Gadamer, Wahrheit und Methode S. 387

진리와 만나는 일, 그래서 이전과 달리 새롭게 자신을 만들어 나오는 일 그것이 이해의 운동이자 가다머의 경험이다. 이때 이해는 우리가 무엇을 아는가 모르는가, 그래서 이해를 잘했는가 못했는가 하는 진위 여부나 사실 확인 내지는 비교를 위함이 아니다. 가다머에게 이해란 이미 나와 함께하며 실천해가고 있는 존재생성의 운동으로 이는 참여하는 자만이 가능한 경험의 영역이다. 내가 처한 상황에서 내가 이해한 만큼 나를 만들며 있는 실천의 운동이 경험인 것이다. 다시 말해 이해Verstehen란 이성과 오성과 감성까지도 하나로 하면서 자신의 삶을 형성하는 일로서 가다머는 이를 지평융합Horizontverschmelzung이라는 용어로 설명한다.

사람은 늘 자신보다 먼저 있었던 앞선 역사와 더불어 자신이 마주한 현실을 하나로 융합하면서 늘 달리 새롭게 자신을 만들어 간다는 것이다. 이때 하나로 지평융합하는 이해의 운동을 가다머는 적용Anwendung으로도 설명한다. 적용이란 우리가 아는 어떤 것을 실제로 해보는 의미에서의 적용Applikation이 아니다. 가다머가 말하는 적용이란 자신의 삶 속에 이미 이해가 하나로 지평융합하며 있는 바로 그것을 가리킨다. 그런데 자신이 이해하며 있는 것을 동시에 하나로 적용하며 있는 것이 곧 나라는 사람이다. 그러므로 가다머에게서 이해와 적용과 해석은 다른 것이 아니라 하나의 다른 지칭이다. 마치 삼위일체의 하느님을 이야기 하듯이 가다머에게 이해와 적용과 해석은 각각 층위를 달리하는 하나의 다른 이름이다. 따라서 가다머의 이해는 대상에 대한 앎을 추구하는 것이 아니라 이미 하나로 적용하며 있는 경험적 차원을 가리킨다. 그러기에 이해는 이성에 의해 무엇을 어떻게 알아야 하는가 하는 문제를 다루는 인식론의 문제가 아니라, 모든 것들과 하나가 되어 만나는 경험과 관계하는 것으로서 존재론적 해석학이 되는 것이다.

가다머의 이러한 철학적 태도는 인간이성에 의해서 새롭게 재단하여 온 근대가 낳아온 많은 문제들, 특히 자연과학에 의해서 전도되어온 문제들에 대해 비판적 태도를 가지고 있음을 알 수 있다. 다시 말해 가다머는 근대인이 이성을 방법적 도구로 제한함으로 과학의 발전이라는 눈부신 성과를 이루어 내기는 했지만 또 한편으로는 자연과학의 방법으로 모든 것들, 특히 정신과학의 영역까지도 재단하려 하는 근대이성의 오만함을 지적한다. 그래서 가다머는 인간이성의 한계를 직시하며 진리의 물음을 다시 물어 나간다. 그리고 이러한 문제를 근원에로 소급하거나, 선험적 근거에로 환원하거나, 주관성의 선험적 가능성을 문제 삼지 않고, 늘 달리 새롭게 자기를 실현시켜나가는 이해의 운동 즉, 실천적 차원인 경험의 문제로 해명해간다. 가다머의 이러한 태도 즉, 방법이 아닌 진리에의 경험을 강조하는 태도는 종교경험에 새로운 영역을 열어준다. 가다머가 새로이 열어가는 종교경험이란 무엇인가?

우리는 이를 위해 먼저 경험과 체험의 문제를 가지고 논의를 계속해보기로 하자.

4. 종교체험인가 종교경험인가

체험과 경험은 어떻게 다른가

경험은 무엇을 가리키며 체험은 또 무엇을 말하는 것일까? 우리는 일상생활에서 경험과 체험이라는 말을 구별 없이 사용할 때가 많다. 그 까닭은 영미의 경험론Empiricism에서 말하는 경험Experience과 대륙의 낭만주의 전통에서 말하는 경험Erfahrung이 의미하는 바가 다름에도 불구하고 같은 말로 말해지기 때문이다. 그러나 이 둘은 전혀 다른 영역을 가리킨다. 영미철학에서 말하는 경험이란 우리의 지각능력인 시각, 후각, 청각, 미각, 촉각 등 우리의 감각기관을 통해 파악이 가능한 그래서 우리가 실제로 우리가 관찰하고 느끼고, 볼 수 있는 차원을 가리킨다. 그러나 독일의 신비주의 전통에 서있는 낭만주의가 말하는 경험이란 이와는 전혀 다른, 우리의 감각기관으로는 도달할 수 없는 다른 차원인 깨달음을 의미한다. 때문에 가다머는 경험이란 말의 개념적 정리를 그의 대표작인 『진리와 방법』Wahrheit und Methode에서 문헌학적으로 아주 소상하게 다루며 자신이 말하고자 하는 경험의 의미가 무엇인지 확실히 밝히고 있다.[109]

> 체험된 것das Erlebte이라는 표현형식은 … 성과 또는 결과와 같은 것이다. 그것은 … 직접성이며 다른 하나는 직접성으로부터 확정된 성과 즉, 직접성의 고정된 결과이다. … 체험은 … 인식론 그 자체의 동기이다.
>
> – 가다머, 『진리와 방법』, 체험이라는 역사에 관하여 중

가다머는 경험Erfahrung이란 내가 어떤 대상과 관계하는 체험Erleben과는 달리 오히려 어떤 일에 참여함으로 그것과 하나가 되어 만나는 차원이라고 말한다. 다시 말해 경험이란 내가 어떤 대상을 어떻게 하는 것이 아니라 오히려 그것과 하나가 되어 이전과 달리 새로워지는 일이라는 것이다. 가다머는 이를 가리켜 존재생성 즉, 자기를 늘 달리 새롭게 만들어 가는 실현의 진리로 이야기한다. 따라서 가다머에게서 진리란 자신과 분리된 그 무엇으로 있는 것이 아니다. 그래서 체험해야 하는 것이 아니라 이미 자기와 함께 하며 있는 것으로, 우리는 그것과 더불어 늘 달리 자신을 만들어 가며 있는 것이라 한다. 따라서 가다머가 말하는 경험은 바로 이 진리의 운동과 관계한다. 그래서 그에게 진리는 인식하는 것이 아니라 직관하는 것이며, 이성만이 아니라 그렇다고 감성만으로도 아닌 이 모두를 하나로 하며 생성해가는 무한한 운동 그 자체를 가리킨다.

이처럼 가다머는 경험을 내가 어떤 일을 구체적으로 행하는 대상

에 대한 주관적 경험과는 다른 차원으로 설명한다. 자신이 말하는 경험은 주관과 객관을 넘어서 내가 무엇을 하는 것이 아니라 오히려 그 어떤 일에 참여하여 하나가 되는 일 즉, 만남의 일이라는 것이다. 이는 가다머가 이전의 서구철학이 진리를 그 무엇으로 언표하는 실재성Realität의 차원을 넘어서 진리는 경험하는 일 그 자체로 여기고자 하는 것이다. 가다머가 이처럼 주장하는 까닭은 무엇일까? 가다머는 이를 통해서 무엇을 이야기하려는 것일까?

종교경험과 진리의 운동

가다머에게 종교경험이란 초월적 실재를 경험하는 것이 아니다. 그런 것이란 실제로 실재하지도 않는다. 설사 그런 것이 존재한다 하여도 우리는 그것을 인식할 수 없다. 왜냐하면 우리는 유한한 시간과 공간 안에 사는 사람이기 때문에 우리를 떠나 다른 세계에 실재하는 것을 알 수도 체험할 수도 없다. 그것이 진실로 우리와 관계가 있기 위해서는 우리가 사는 이곳에도 존재하여야 한다. 그러므로 우리의 삶의 터를 떠나 다른 세계에만 있는 존재는 참다운 신일 수 없다. 만약에 그것이 신이라 한다면 신은 이 현실에도 있어야 한다. 왜냐하면 신은 어디에나 존재해야 하기 때문이다. 그리고 그러한 초월적 존재가 있어 우리가 설사 인식을 한다한들 우리는 그것에 관하여 알 수는 없다. 때문에 우리가 그것에 대해 체험을 할 수 있을지는 몰라도 경험할 수는 없다. 왜냐하면 체험한다는 것은 내가 나의 의지로 일정한 대상을 이렇게 저렇게 할 수 있는 데 반하여, 경험은 나의 의지로만 될 수 있는 일이 결코 아니기 때문이다. 경험이란 앞에서 이야기하였듯이 내가 하는 것이 아니라 내가 그 일에 참여함으로 이루어지는 일이다. 그래서 어떤 일에 참여한 모두에 이전과 이후가 달라지는 존재생성이 일어나는 일을 의미 한다. 즉, 체험이 나의 주관성의 영역이라면, 경험은 주관과 객관을 넘어선 다른 차원을 지시한다. 유한이 무한을 품을 수 없듯이 유한한 인간은 무한한 존재를 알 수도 인식할 수도 체험할 수도 없는 것이다. 다만 우리는 자신이 참여한 만큼 경험하며 이와 더불어 이전과 다른 사람이 되어 갈 뿐이다. 내가 경험하는 것이 아니라 어떤 의미에서는 경험되는 것이기도 하는, 그런 의미에서 우리는 경험에 참여하는 것이지 내가 경험 하는 것이 아니다.

그의 이러한 입장은 어떻게 보면 멀리는 중세의 토마스 아퀴나스Thomas Aquinas, 1224~1274의 '자연의 빛'보다 아우구스티누스Augustine, 354~430의 '은총설'에 무게를 두면서 두 사람의 의견을 같이 수용하고 있다고도 할 수 있다. 그리고 가깝게는 인간 이성 중심주의의 신 논쟁의 한 획을 긋고 있는 근대의 철학자 포이에르바흐의 주장 즉, '신이 인간을 창조한 것이 아니라 인간이 신을 창조한 것'이라는 인간 이성의 독선에 겸손할 것을 이야기하는 것이기도 하다. 그래서 이러한 책임을 칸트에게서 찾으며 인간의 주관성을 넘어서 주관과 객관에도 치우지지 않은 경험 그 자체를 가다머는 논하는 것이라 하겠다.

그러나 가다머는 중세에서처럼 신에 의해서만 전권적으로 이루어지는 초월적인 방식이 아니라, 또 플라톤처럼 따로 이데아의 세계를 설정하는 것이 아니라, 이 세계에서 모든 것이 함께하는 진리의 자기운동을 경험적 측면에서 고찰한다. 그리고 이를 종교경험과 연결시켜 나간다. 다시 말해 가다머에게서 종교경험이란 저 세계를 동경하는 초월론적Transzendental인 문제가 아니라 유한한 시간과 공간을 사는 사람이 자신의 한계를 넘어서 늘 달리 새로워지고자 하는 자기를 초월 Transcendence해가는 일 즉, 늘 달리 이해하고 적용하며 해석해가는 자기실현의 일이라 하겠다. 이 일은 나의 주관적인 의지로, 이성만의 활동으로 주어지는 것이 아니다. 오히려 이것은 이성과 감성, 그리고 내가 알 수 없는 모든 것까지도 하나로 하면서 함께 만들어 가는 일이다. 그래서 가다머는 내가 하는 것이 아니라 그 일에 참여하는 것이고, 서로 만나는 것으로서 대화라고 이야기하기도 한다. 즉, 내가 진리를 경험하는 것이 아니라 내가 그 일에 함께 할 때 진리가 자기를 드러내 보이는 것이다. 자기를 드러내 보이는 진리와 만나는 일이 경험이다. 진리란 가다머에게서 늘 달리 이해하며 적용하며 해석하며 있는 이해의 운동으로 그 일에 참여하는 자, 경험하는 자는 이미 진리 안에 있으며, 자기를 이전과 달리 실현하는 것이다. 그런데 자기를 이전과 달리 만들며 나오는 일은 늘 달리 새롭게 세계를 해석하며 있는 일이다. 따라서 해석이란 무엇을 어떻게 해석해야 할 것인가를 궁구하는 방법과 관계하는 것이 아니라 자기를 어떻게 달리 실현해가는가 하는 존재생성의 문제이다. 이처럼 가다머에게서 해석이란 존재근원으로서의 진리를 경험하고 이전과 이후를 달리하는 일이다. 마치 아우구스티누스가 종교경험을 통해 이전과 이후를 달리 하듯이 그래서 사울이 바울이 되듯이 종교경험이란 아는 일이 아니라 실제로 새로운 존재가 되는 존재생성의 운동이다. 다시 말해서 존재가 자기를 실현해가는 이해의 자기 실현운동이다.

　　가다머의 이러한 작업은 우리가 논의하고자 하는 '종교경험이란 무엇을 경험하는 것인가', '경험의 주체는 누구인가' 그리고 '종교경험과 해석'의 문제에 대하여 새로운 관점을 열어준다. 다시 말해서 가다머의 진리경험과 관계된 종교경험은 우리들로 하여금 종교경험은 공동체가 공동으로 고백하는 존재에 대한 경험도 아니며, 그렇다고 개인의 주관적인 경험도 아니라는 사실을 말해줄 뿐만 아니라, 종교경험의 대상이 특정한 무엇을 상정해야 하는 것도 아님을 이야기해준다. 그리고 늘 달리 이해하면서 해석하며 적용하며 나오는, 그래서 이전과 이후가 달리 존재하며 있는 존재의 무한운동이 곧 종교경험일 수 있음을 우리에게 들려준다. 그렇다면 가다머의 이와 같은 주장이 종교의 해체를 가져오지 않으면서도 개인의 자유로운 경험이 존중될 수 있을 것인가. 여전히 영성은 필요하나 종교는 피하고 싶은 현대인들의 종교적 욕망을 충족시킬 수 있을 것인가?

5. 종교경험의 세속화인가 현재화인가

세속화된 교회와 영성을 추구하는 사람들

오늘날 현대 교회의 모습은 어떠한가? 신앙이 아닌 교인을 위해 봉사하는(?) 교회는 가난한 예수와 무관한지 이미 오래 되었다. 영적인 일은 유보하고 교회 확충과 권력이라는 옷으로 잔뜩 치장한 교회는 교세의 확상을 위해 스스로 자본주의의 성공신화의 표본이 되고자 하였다. 그래서 종교의 종교성을 잃어버린 교회는 그야말로 하나의 소멸해야 할 낙후된 건물로 전락되고, 그 안에서 행해지던 일들은 동아리나 취미활동으로 대치되며, 성직자의 역할은 이름하여 전문가 집단에게 맡겨진다면 교회가 서야 할 자리는 어디인가? 그래도 그 무엇으로도 대치될 수 없는 것이 있다면 그것이 무엇일까? 우리는 그것을 무엇이라 하나? 혹시 그것을 영성이라 이름한다면 영성이야말로 우리가 사물화로부터 거리두기를 할 수 있는 생명을 잉태하는 유일한 일인가?

세상은 점점 더 이미지 사회로 치닫고, 그래서 모든 것이 보여지는 것과 보는 자의 관계로 환원되어버린 요즈음 우리는 무엇에 근거하여 영성을 이야기할 수 있을 것인가? 사람조차도 기계화가 되어가는 마당에 영성을 이야기한다는 것이 과연 가능한 이야기인가? 자칫 환상과 망상으로 덧입혀지기 쉬운 영성을 어떻게 이런 것들로부터 구별하여 참다운 생명력으로 마주할 수 있을 것인가? 신념과 속견도 아니고 이데올로기도 아닌 참다운 영성을 우리는 어떻게 누릴 것인가?

경험의 현재화로서의 자기실현

하느님 앞에서는 율법을 듣는 자가 의인이 아니요, 오직 율법을 행하는 자라야 의롭다 하심을 얻으리니, 율법 없는 이방인이 본성으로 율법의 일을 행할 때는 이 사람은 율법이 없어도 [110] 자기가 자기에게 율법이 되나니sich selbst ein Gesetz sind 이런 이들은 그 양심이 증거가 되어 그 생각들을 서로 혹은 송사하며 혹은 변명하며, 그 마음에 새긴 율법의 행위를 나타내느니라. 곧 내 복음에 이른 바와 같이 하느님이 예수 그리스도로 말미암아 사람들의 은밀한 것을 심판하시는 그날이라.

– 로마서 2:13-16

이 말씀은 율법이 없이도 자기가 자기에게 율법이 되는 즉, 서로 송사하며 혹은 변명하며, 혹은 마음에 새긴 율법의 행위를 나타내는 일, 그래서 새로이 심판하면서 새로운 생명을 약속하는 완전에의 예기에 관한 이야기이다. 이 구절을 우리는 가다머의 이해의 실현의 문제와 연관하여 생각해볼 수 있다. 즉, 가다머의 실현의 진리차원에서 보면 자기가 자기에게 율법이 되는 현재적 이해의 영향작용사적 이해의 실현이 지금 바로 여기에서 현전하는 것이라 할 수 있다. 달리 말하면 율법이 없는 이방인이 자신의 본성에 의하여 율법과 같은 일을 행할 때 바로 그러한 때를 실현의 진리가 일어나는 때라고 할 수 있다.

늘 변화하는 세계에서 늘 달리 새로운 세계와 만나며 자기가 자기에게 율법이 되는 것 그것이 가다머의 실현의 진리경험이라고 하겠다. 자신의 외부에 있는 일반적 규범을 수용하거나 하지 않는가 하는 문제 이전에 이미 올바름과 잘못됨, 단정함과 용기와 품위를 나의 존재방식 안에서 이미 실현하고 있는 그런 완전성에의 예기가 자기가 자기에게 율법이 되어 현재하는 것이다. 그런데 이것은 자신의 연관 안에서 이루어지는 것으로, 우리는 이를 가리켜 이해의 실현운동이라 한다. 나의 상황 안에 나의 해석학적 연관으로 '이미' 수용되어 있는 것이다. 가다머는 이를 전승überlieferung으로, 권위Autorität로, 선입견Ur-teil으로, 그리고 나의 타재성Andersheit으로 이야기하면서, 이와 함께 융합하면서 달리 이해되고 적용되면서 나로 실현해가며 있는 것을 경험의 현재화로서 자기실현으로 여긴다.

현재 융합의 '동인'Weile, 그리고 '머물음'Verwiele의 시이로 충만히게 살아있는 이해의 운동은 물론 역사의 모든 현상들 시간간격을 자기 율법으로 극복한다. 가다머가 말하는 해석학적 세계는 살아있는 현실로의 나옴과 새롭게 만들어 가는 예기가 하나가 되어 열어가는 세계이다. 이는 시작과 종말을 함께하는 카이로스Kairos로 현재의 절대긍정을 의미한다. 하느님의 말씀은 이미 어두움과 빛이 함께하는 세계경험이다. 다시 말해 지금 여기에서 나는 죄와 구원, 그리고 죽음과 생명을 이미 하나로 함께하면서 있는 것이다. 이때 하느님의 말씀은 내가 어찌할 수 없는 타재성으로 가다머의 말로 이야기하자면 전승이자 권위이며, 선입견이고, 영향작용사이다. 영향작용사Wirkungsgesichte로서의 융합은 순서와 질서의 연속적 논리와 변증법적 전개로서가 아니라 급박하게 찾아오는 것이다. 눈 깜박할 사이에 찾아오는 영향작용사의 융합의 위대한 순간은 목적론적 의미로 해소될 수 없는 풍요로운 세계이다. 영향작용사적 융합은 영향작용의 현실성과 의미의 제 관계를 하나로 하며 있는 형성Gebide된 세계이다.

가다머는 현재-융합하는 머물음을 적용으로도 이야기한다. 그에 따르면 해석자의 현재의 상황이 이해 안에서 적용하며 있는 것이다. 사이Weile를 메워주는 적용은 그렇기 때문에 모든 이해를 종합하는 계기로서 구체적 연관 안에서 현재 지금 나로 생성하는 일어남이라고 할 수 있다. 이와 같이 적용, 융합, 그리고 일어남 등은 하나의 통일적인 현상들로 해석자의 주관성과 이해될 의미의 객관성을 나누는 문제 이전에 달리 이해하며 적용하며 실현하며 나오는 지평이다. 그런 의미에서 가다머의 적용과 실천은 하나라고 볼 수 있다. 적용은 이론의 응용이 아닌 그 이상을 의미한다. 본능적으로 보증된 실천이 아니라 프로네시스Pronesis적 실천을 말한다. 아리스토텔레스가 프로네시스를 가리켜 공유하고 있는 신념과 습관, 가치관에 의해서 구성된 살아있는 문맥 안에서의 에토스Ethos라고 말하듯이 이것은 내가 생각하는 선과 악의 기준이 아니라 그리고 설명서나 처방전처럼 어떻게 사용하여야 한다는 일반적인 설명으로서의 규범이 아니라 모든 것을 내가 처한 상황에 적절하게 행하며 있는 것이다.

6. 종교경험은 어떻게 종교언어로 현존하는가

인간의 유한성과 언어의 일어남

가다머는 융합의 차원에서 기독교의 성어이해와 종교경험의 문제를 새로운 차원으로 이끌어 갈 수 있는 길을 열어준다.[111] 가다머는 언어에 대해 다음과 같이 말한다. "언어의 일어남이 인간의 유한성과 일치한다."[112] 그리고 이 유한성이 바로 '언어의 핵심 문제'[113]라고 한다. 여기에서 우리는 언어가 모든 세계경험이 하나로 융합하는 해석학적 경험의 또 다른 계기라는 사실을 안다. 이를 달리 표현하면 기독교의 말씀은 하느님의 말씀인 한 존재자 전체와 관계를 가지며 이 존재자 전체는 인간의 유한한 역사적 존재가 계시되는 자리인 것이다. 성서말씀은 존재자 전체로서의 신과 자기 자신 즉, 존재자 안에서의 세계를 중보 하는 것이라 하겠다. 율법의 틀에서가 아니라 복음의 말씀과 하나 되는 일이 바로 언어의 일어남과 일치하는 사건이다. 예수를 통하여 이루어지는 이 세상에서의 역사의식은 인간의 유한성에 내한 새로운 경험이자, 동시에 융합하는 일 즉, 영향작용사와 더불어 하나 되는 문제이다. 율법의 틀은 복음 안에서 다시 말해 '중재자의 손을 거쳐 제정된 것'[114]이다.

　　여기에서 말씀의 언약과 말씀에 대한 신앙은 곧 구원이 된다. 이때의 약속과 신앙과 구원은 서로의 대화이며, 대화는 현재지평을 지시한다. 대화를 내적 차원으로의 이행이라 할 때 이에 대한 논의는 '철학과 기독교, 또는 종교의 역사적 의식의 시작이 어디에서 일어나는가 하는 물음과도 직접 연관된다. 다시 말해서 말씀의 약속과 신앙과 구원은 바로 지금 여기에서 내게 일어나는 일이다. 그러기에 목사의 설교는 과거의 그리스도에 대한 정보나 지식을 전해주는 것이 아니라 살아있는 예수를 지금 여기에서 만나게 하는 일이다. 그러기에 참다운 설교는 지금 여기에서 예배를 드리고 있는 모두에게 예수를 알게 하는 것이 아니라 살아있는 예수를 경험토록 하는 일이다. 그러나 이는 목사에 의해서 일방적으로 주어지는 것이 아니라 예배에 참여하는 자는 누구나 예배에 참여함으로 주어지는 것이다. 그래서 예배에 참여한 사람은 누구나 이전과 달리 새로운 사람이 되는 일이다. 이처럼 하느님 말씀은 전체와 연관된 언어에서 나오는 언어이다. 때문에 하느님의 말씀은 알레고리이자 상징적 언어이다. 그러기에 성서는 이해되고 해석되어야 하는 것이다. 서양의 언어는 기독교 말씀의 상징성과 밀접하게 연관되어 있다. 이는 서양의 언어, 사유가 기독교의 전승 안에 있다는 사실을 말해주는 것이다. 전개되고 해석될 무한성을 안으로 갖는 언어는 한편으로는 유한하기에 인간의 일상 언어의 우연성 속에서 제한적으로 드러나나, 또 그렇기 때문에 늘 달리 읽히고 밝혀지며 새로워지는 것이다.

그러나 이러한 언어이해는 전통과 역사의 내적 예속성innere Zugehörigkeit 없이는 이야기 할 수 없다. 전통Tradition[115]과 역사의 내적 예속성의 개념은 정신이 존재자를 접합하는 합-목적론적 관계가 아니라[116] 성령과 유한한 인간을 이어주는 수육의 역사적 사건임과 동시에 부활의 약속이다. 그리고 전통과 역사의 내적 예속성 개념은 현재하는 위대한 하나 됨의 일로, 전통적 형이상학의 논리적 근거를 모두 부정하는 것이며, 명증적 자기 동일성으로서의 현현의 역사성을 보여주는 것이다. 가다머는 이 명증적 자기 동일성으로서의 현현의 역사성을 "해석학적 경험이 '언어의 실현방식'을 가진다"[117]고 하기도 하고, 또 '해석자와 전승의 대화'[118] 라고 말하기도 한다. "전승의 진리는 현재와 같은 것이며, 그 현재는 의미를 직접 열어 놓는 것이다."[119] 가다머의 말에 의하면 그것은 '신비로운 방법으로 현재로 있는 것이다.'[120] 이것은 분명히 '눈으로 본적도 없고 귀로 들은 적이 없으며, 아무도 상상조차 하지 못한 일을 하느님께서는 당신을 사랑하는 사람들을 위하여 마련해주셨다[121]는 성서의 구절처럼 신비로운 방식으로 있는 것이다. 그러나 우리는 사랑하는 사람을 위하여 마련해주시는 그분의 의논상대가 될 수 있도록 그리스도의 생각을 알기도 한다.'[122] 대화전체가 현재로 살아있는 이 지평에서 실재성이 아닌 구체적 역사성인 사실성Fakzität으로, 그리고 영향작용사의 역사적 의식으로 다시 밝혀지는 것이다. 그리고 이 지평에서 우리는 생명의 말씀을 얻는 것이다. 기독교의 성서 안에서 제자와 예수 그리스도의 대화는 지금 바로 나의 생명에의 말씀으로 살아 현현하는 것이다. 이러한 의미에서 가다머의 해석학은 기독교 복음의 해석에 새로운 전기를 열어준다고 하겠다.

종교언어 안에서의 진리경험

가다머는 성서해석에 새로운 전기를 줄 수 있는 해석학이 언어의 차원에서 어떻게 실현의 진리란 이해의 운동으로 새롭게 존재론적 의미를 가지며 삶을 해석해 나가는지 『진리와 방법』제3부 '언어의 실마리에 해석학을 존재론으로 적용하기'에서 물어 나간다. 그래서 해석학적 일어남이 물음의 변증법에서 어떻게 실현 되는가[123]을 보여준다. 여기에서 논의되는 생성Geschehen, 작용의 생김Insspielkommen, 그리고 전승내용의 자기 일함Sichausspielen des Überlieferungsgehaltes은 새로 확대되는 의미 가능성이며, 동일화하는 가능성Resonanzmöglichkeiten[124]이라고 볼 수 있다. 새로 확대되고 동일화의 가능성인한 '물음과 대답의 변증법은 동시에 해석의 변증법보다 언제나 먼저 오는 것이며, 이해를 하나의 일어남으로 규정하는 그것이다.'[125] 유한한 존재와 함께 하는 일어남이란 유한성 또는 종말론적 현재의 절대적 생명이 구체적 나로 실현되는 자리이다. 그래서 현재의 의미가 역사의 의미가 되는 바로 그 시간이다. 우리가 그 시간을 기독교의 의미로 말할 때 그 시간은 종말론적 현재가 된다. 우리는 누구나 타당한 보편사 속에서 네 자신을 살피는 것이 아니라, 유한한 구체적 역사인 나 자신의 개인적인 역사를 먼저 생각한다. 그리하여 항상 나의 현재 속에서 역사의 의미를 찾는다. 훅스Ernst Fuchs의 말처럼 역사의 의미는 그때그때 현재 안에 있는 것이다.Der Sinn der Geschichte liegt je in der Gegenwart 이 말은 진리가 이미 실현되었다는 뜻이 아니라 현재가 기독교 신앙에 의해서 종말론적 현재로서als eschatologische Gegenwart 파악될 때 역사의 의미가 실현되는 것[126] 이라는 뜻이다. 역사의 의미는 보편사 속에서 의미 있는 것이 따로 있어 그것이 나에게 의미를 주는 것이 아니라 나의 역사 안에서 그때그때 나에게 마주하며 말 걸어오는 것 안에서 의미는 만들어지는 것이다. 그리스도의 말씀 역시도 하느님의 일반적인 이념Allgemeine Idee을 선포하는 것이 아니라 '말 걸어주고' 마주 이야기Zuspruch하며 이전의 나를 버리고 '새로운 나'가 될 것을 제언하는 것이다. 그래서 나에게 들려지는 복음, 그리스도의 메시지Verkündigung는 은총과 감사와 회개와 희망을 품는 사건 즉, 생명의 말씀이 실현되는 것이다. 역사의 내부에서 일어나는 새로운 생명으로서의 신앙사건이 되는 것이다.

새로운 생명으로서의 신앙사건인 수육의 사실성은 그러므로 인식의 문제가 아닌 존재의 의미를 갖는 것이다. 설명의 해독으로 비로소 얻어지는 지식의 결과가 아니라 어느 날 '갑자기' 다가오는 현재이며, 대화의 존재론적 전환이며, 전체적이며 존재론적 구조Uuniversal ontologische Struktur를 지시하는 것이다. 그러한 의미에서 신앙은 앎의 문제가 아니라 경험의 영역이다. '이러한 경험을 주도하는 것은 과학이 아니다. 그것은 경험을 대상화하고 인의적 목적을 제공하는 조작Bearbeitung도 아닌 다른 어떤 것이다.'[127] 이 존재론적 전환은 '이해가 지향하는 바의 그 모든 것의 근원적 파악'[128]을 지시하는 것으로서 나 자신의 전체성Universalität으로의 전환을 꾀하는 것이다. 이 말을 달리 표현하면 '이해될 수 있는 존재는 언어'[129]이듯이 기독교 선교의 존재 근거는 바로 말씀의 역사인 것이다. 이처럼 이해되는 존재는 어떤 이념도 명제도 이론도 아니다. 대신 이해되는 존재는 구원과 신앙과 좌절과 죄악과 은총이 함께 일하는 바로 그 자리이다. 이 자리를 가다머는 보편적Universalität이라 하기도 하며 또 존재론적 구조라고도 하고, '영향자용사의 역사의식'[130]이라고도 한다. 바로 이것이 우리가 말하는 삶의 지평융합이다. 이 '이해될 수 있는' 지평융합에서 우리는 '자기 자신의 전체성'을 회복한다. 이름하여 부활과 새로운 생명이 약속되는 자리이다. 이때 현재는 완성의 시간이며 자리이다. 즉, 나로 실현하는 것이다. 그러나 이 실현은 유한성으로서의 실현이다. 기독교 용어를 말하자면 종말론적인 것이다. 이것이 수육의 양의성이라 하겠다.

가다머의 이러한 해석학적 진리경험이 오늘날 우리에게 왜 영성이 중요한지, 그리고 왜 종교에서 종교경험이 이야기되어야 하는지에 대해 다시금 성찰할 수 있는 기회를 제공한다. 자, 이제 우리는 무엇을 어떻게 할 것인가? 종교경험의 세속화인가 종교경험의 현재화인가.

2장

종교를 어떻게 말할 수 있나?

서동은

우리들은 하루도 말없이는 살아가기 힘들다. 거의 매일 언어를 매개로 세상 및 주변사람들과 마주하며 살아간다. 말은 마치 공기와도 같아서 우리는 언어 그 자체 대해서 거의 관심을 두지 않는다. 어떤 부정적인 경험을 통해서 이외에는 언어 그 자체가 관심의 대상이 되는 경우가 별로 없는 것이다. 언어가 관심의 대상이 될 때에도 우리가 어떤 위치에 있느냐에 따라 언어 그 자체의 관심 방향이 매우 다르다. 나의 직업이나 사회적 위치에 따라 언어 그 자체의 기능과 관련된 관심사도 서로 달라질 수밖에 없디. 예를 들어 과학자나 기자들에게 있어서 언어는 자주 사실을 정확하게 드러내는 기능으로 이해된다. 과학자는 자신의 언어를 보다 정교하고 정확하게 사용하여 가장 사실에 부합한 객관적 결과를 만들어내야 하고, 기사를 작성하는 기자 또한 선입관 없이 있는 그대로의 사실을 드러내려면 자신이 사용하는 언어에 대한 세밀한 검증을 거쳐야 할 것이다.

만약 다른 사람에게 웃음을 선사하는 사람이라면 사실에 부합한 문장 보다는 기존의 문법과 형식에 구애됨이 없는 자유로운 파격을 사용해야 할 것이다. 그 이유는 과학자나 기자의 언어로는 사람들을 웃길 수 없기 때문이다. 이때의 언어의 기능은 사실에 부합하느냐 여부보다는 사람들의 마음을 움직일 수 있느냐의 여부와 관계한다. 문학이나 윤리적 진술 등도 과장과 수사修辭를 통해 사람들의 마음에 특정한 감정을 일으키려고 시도 한다. 오늘날 인기 있는 연예인이나 인기 있는 작가 등은 바로 이러한 언어의 기능을 잘 발휘하는 사람들이라고 말할 수 있을 것이다. 종교언어도 마찬가지라고 할 수 있다. 종종 문학 언어와 사실 언어를 혼동하는 경우도 있지만, 종교언어에는 과학자나 기자의 관점에서 볼 수 없는 독특한 기능이 있다. 종교언어는 기본적으로 자신의 특수한 체험을 바탕으로 상대방에게 그 체험에 초대하고자 하는 언어이다. 그래서 상대방의 마음을 변화시키고자 하는 의도가 담겨져 있다. 그러니까 소설이나 문학작품과 마찬가지로 사람들의 감동을 일으키려는 기능이 가장 기본적인 종교언어의 기능이라고 할 수 있다. 이런 점에서 보면 종교언어는 선교언어라고 말할 수도 있을 것이다.

예를 들어 '신이 세계를 창조하셨다' 라는 말을 생각해보자. 이 진술은 증명할 수 없는 진술이다. 아무도 세계를 창조하기 이전의 신의 활동을 볼 수 없기 때문이다. 이러한 진술이 성립하려면 신이 창조하는 순간을 본 누군가가 있어야만 한다. 성서를 비롯하여 많은 종교적 경전들에는 과학자나 기자의 시선으로 보았을 때 사실과 조회할 수 없는 진술들이 많이 등장한다. 이러한 진술들은 사실에 대한 진술들이라기보다는 신앙고백 차원의 진술에 가깝다. 마치 어떤 아이가 자신의 경험에서 '우리 아빠 최고야~'라고 말하는 것과 유사한 표현인 것이다. 아무도 그 아빠가 이 세상에 존재하는 아빠 중에 최고라고 여기지 않는다. 그 진술은 그 아이가 특별한 상황 속에서 아빠를 향해 던진 진술일 뿐인 것이다. 그렇기 때문에 종교적 언어들을 과학자와 기자들의 시선으로 보는 것은 일종의 범주오류에 해당한다고 말할 수 있다. 영국의 철학자 버트란트 러셀B. Russell은『나는 왜 기독교인이 아닌가?』라는 책에서 경험 과학자의 시선으로 성서의 진술들을 이해하면서 받아들일 수 없다고 하였는데, 이는 기독교에 대한 정당한 비판이라고 할 수 없다. 왜냐하면 종교언어가 가지고 있는 중요한 기능을 그 종교언어 고유의 범주에서 이해하기 보다는 전혀 다른 범주에서 이해하고 있기 때문이다.

한때 러셀의 이러한 시선이 지배적인 때가 있었다. 서양의 근대시기가 바로 이때라고 할 수 있다. 중세나 그 이전의 시대에서의 종교언어는 사실로 받아들여졌다고 할 수 있다. 그러나 수학을 지표로 하는 근대과학의 발전으로 종교적 진술이 허위이거나 무의미한 것으로 간주되기에 이른다. 이러한 관점에는 당시의 세계관과 언어관이 밀접하게 맞물려 있다. 근대이후 사람들은 점차 당시의 이러한 언어관에 문제점을 제기하기 시작하였고, 종교언어의 정당성을 찾기 시작하였다. 따라서 우리는 종교언어에 대한 당시의 비판들을 수용하면서 과학의 언어를 이해할 필요가 있다. 또한 이와는 다른 차원에서 종교언어의 정당성을 생각해볼 수 있다.

여기서는 이러한 문제들을 살펴보되 특별히 의미론의 차원에서 살펴보고자 한다. 먼저 단어의 의미가 어떻게 변화하는가 하는 문제와 관련하여 살펴보고자 한다. 한 단어나 문장의 의미변화가 가장 잘 드러나는 순간은 오해의 현상에서라고 할 수 있다. 이러한 오해는 일상생활에서도 일어나지만 번역을 통해서도 발생한다. 이러한 의미변화에 주목하면서 우리는 과학자의 시선에서 보는 종교언어 이해와 이와는 전혀 다른 관점에서 이해할 수 있는 언어 이해의 지평을 열 수 있을 것이다.

1. 오해는 왜 생길까?

종종 우리는 어떤 언어가 지칭하는 설정 범위가 서로 달라서 오해를 하기도 한다. 우리는 하루에도 여러 번 오해를 경험하며 살아 갈 수밖에 없는데, 오해의 현상을 매개로 종교언어의 특징에 대한 고찰에로 들어가 보자. 길버트 라일이 지적하고 있듯이 범주오류Category mistake가 대표적으로 오해의 한 예에 해당한다고 할 수 있다. 어떤 한 한국 유학생이 밤늦게 독일의 한 도시 뮌스터Münster에 도착했다. 그는 대학교 근처에 가면 뭔가 하루 지낼 수 있는 곳이 있다고 생각을 하고 택시를 탄 다음 '뮌스터 대학'으로 가달라고 말했다고 한다. 택시기사는 도대체 어디를 가는지 몰라서 다시 물었다고 한다. 대학 어느 건물을 말하느냐고 물었다. 이때 유학생은 무조건 뮌스터 대학으로 가자고 다시 말했다고 한다. 택시 운전사는 하는 수 없이 대학 본관 건물 앞에 데려다주었다고 한다. 이것은 대학교에 대한 경험의 차이가 불러오는 오해의 한 사례이다. 유학생은 한국에서처럼 독일에도 대학 캠퍼스가 있다고 생각하고 그 대학을 염두에 두고 대학으로 가지고 한 것이고, 독일 택시 기사는 캠퍼스가 따로 있는 것이 아니고 도시 전체 이곳저곳에 학과별로 분포되어 있는 건물들 전체를 머릿속에 생각하고 있었기에 오해가 발생한 것이다. 두 사람이 대화를 할 때 같은 단어를 사용해서 말하지만 서로가 생각하고 있는 영역이 달라서 오해가 생긴 것이다.

이러한 오해를 통해 사람들은 언어가 지칭하는 영역을 보다 섬세하게 구분해서 명료화하려고 하기도 한다. 우리는 말이 달라서 혹은 말이 지칭하는 범위의 불확실함 때문에 생기는 오해를 일상생활에서 자주 경험한다. 다만 그 정도가 클 경우에만 우리는 오해를 풀기 위해 문제를 삼는다. 우리의 삶 자체가 어쩌면 이해와 오해 사이에서 성립한다고도 말할 수 있을 것이다. 만약 완벽한 이해에 이르러서 더 이상의 차이가 존재하지 않는다면 대화는 불필요할 것이다. 만약 반대로 서로 간에 오해만이 있다고 한다면 의사소통이 이루어지지 않아서 언제나 혼란만 있게 될 것이다. 그러기에 이해와 오해의 왕복 속에서 우리의 삶이 이루어진다고 볼 수 있다. 그렇다면 오해는 왜 생길까? 엄밀하게 말하면 모든 오해는 어떤 단어가 지칭하는 범위설정의 차이에서 생긴다고 말할 수 있다. 엄밀하게 말해서 오해는 이해가 성립하는 곳에서 성립한다. 이해와 오해는 언어가 가지고 있는 근본적인 한계이면서 가능성이다.

인간의 언어가 언제 시작되었는가? 라는 물음은 마이다스왕의 궁금증 이래 많은 사람들의 호기심의 대상이었다. 여러 가지 설명들이 있지만 언어가 가지는 1차적인 기능은 어떤 방향을 가리키는 지시적 기능에서 찾을 수 있다. 수렵 생활에서 보다 효율적으로 사냥을 하기 위해 앞에서 있던 사람이 손으로 방향을 가리키는 손동작이 화살표가 되고 그것이 점차 언어로 발전되지 않았을까 하는 트랑 투타오의 설명방식은 나름의 일리가 있다고 여겨진다. 이 점에서 보면 언어의 기능은 방향설정 즉, 지시적 기능을 갖는다. 내가 "저기에 만년필이 있다" 혹은 "거기에 있는 접시를 주시겠습니까?" 라고 말하면 나의 말을 들은 사람은 내가 지시하는 만년필과 접시에 시선을 돌리고 그 말이 지시하는 내용에 따라 움직인다. 그런데 말은 언제나 이렇게 개별 사물들을 지시하는 기능만 가지고 있는 것이 아니다. 개별 사물들을 총칭하는 보다 포괄적인 말들이 생겨나면서 이른바 추상명사들이 등장하게 된다. 그래서 반드시 특정한 대상을 지시하지 않아도 의사소통에 무리가 없는 경우도 많이 있다. 예를 들면 인간이나 동물 혹은 식물 혹은 과일 등의 단어들이 그 예들이다. 우리는 개별자를 넘어서 그것을 포괄하는 보다 큰 개념의 단어들을 만들어내기도 하고 또 지시적인 기능을 넘어서 전이된 의미에서 특정한 단어를 사용하기도 한다. 이러한 예들은 수없이 많다.

　중세 시대의 개별자／보편자 논쟁은 바로 구체적으로 존재하는 개별자를 넘어서 보편자가 존재하느냐 여부를 둘러싼 논쟁이라고 말할 수 있다. 우리가 경험할 수 있는 사과나 바나나는 누구나 정상적인 사람이라면 알 수 있기에 그 존재성을 의심할 수 없다. 하지만 과일이 존재하는가? 라고 물으면 이에 대해서 선뜻 대답하기 어려워진다. 독일의 철학자 헤겔은 이러한 문제의식에 착안해서 재미있는 이야기를 한다. 과일 가게에 가서 과일을 달라고 하면 절대로 과일을 살 수 없다는 것이다. 과일은 존재하지 않고 구체적인 사과나 바나나만이 존재한다. 린네에 의해서 발전된 생물학에서 여러 가지 분류체계의 발전은 구체적인 것에서 추상적인 것에로의 생각의 발전을 잘 보여준다. 같은 것 혹은 비슷한 것과 다른 것의 종차에 따라 분류해가는 종속과목강문계의 분류방식은 널리 사용되어 왔다.[131]이를 언어적으로 보면 상위개념과 하위개념으로 나눌 수 있고 또 어떤 단어가 지칭하는 외연과 내포관계로 나누어 설명할 수도 있다. 이러한 논의에 들어가기에 앞서 우리는 언어의 1차적 의미와 2차적 의미 관계에서 대해서 잠시 살펴보자.

2. 말의 뜻은 어떻게 변화하나?

인간의 언어는 눈에 보이는 사물에만 정위되어 있지 않다. 인간의 언어는 현재 눈에 보이는 사물이 없어도 이른바 '거짓'으로 꾸며댈 수도 있다. 이것은 다시 말하면 인간의 언어는 현재에만 제약되지 않은 과거와 미래적 계기를 갖는다는 것을 함축한다. 이러한 시간성의 계기가 개입되면서 우리의 언어는 전위적인 용법으로 많이 사용된다. 언어의 확장은 바로 이렇게 주어진 현재 상태를 지칭하는 언어에서 전위적 용법으로 사용됨으로써 가능해진다. 예를 들면 화학 등에서 사용되는 '포화상태'라는 말이나 불교에서 사용되던 단어인 '이판사판'이라는 단어 등은 특정한 범위에서 사용된 단어가 일상 언어로 전위된 것들이다. 일상생활에서 말하는 '재수 없다'는 말에서 '재수'는 원래 무속적인 용어라고 밀힐 수 있다. 한 딘이나 말이 가리기는 1차적 대상 즉, 원래의 삶의 지리가 바뀌거나 사라져도 그 말은 다른 의미로 전용되면서 사용될 수가 있다. 이렇게 전이적인 의미로 사용되는 단어들은 수 없이 많이 있다. 본래적이고 1차적인 의미의 측면에서 보면 전이적 의미의 단어들은 일종의 추상이거나 꾸밈이라고 할 수 있다. 하지만 우리는 꾸밈 혹은 '거짓'을 통해 언어를 발전시켜나간다고 할 수 있다. 보통 자연Nature하면 우리 외부에 있는 어떤 자연을 연상하지만 이 자연이라는 단어는 서양에서 인간의 본성이라는 의미로도 사용된다. 이처럼 특정한 대상을 지칭하는 언어에서 인간의 특성을 지칭하는 뜻으로의 전이가 일어난다. 우리가 글쓰기를 하면서 자주 사용하게 되는 표현가운데는 '나는 ~이렇게 본다'라고 할 경우가 있다. 이는 실제의 어떤 사물을 내 시야에 놓고 본다는 의미가 아니라, 자신의 의견 혹은 자신의 시각을 표현할 뿐이다. 이 말은 우리의 눈으로 '본다'는 의미에서 '생각한다'라는 의미로의 전용이 일어난 것이다.

불교 경전에서 자주 사용되는 표현 가운데는 '나는 이렇게 들었다'如是我聞라는 표현이 있다. 이 말은 1차적으로는 귀로 들었다는 의미로 이해할 수 있지만, 여기서의 뜻은 '나는 이렇게 이해했다'라는 의미로 이해되어야 마땅하다. 실제적으로 직접 귀를 통해 들은 것이 아님에도 또 실제적으로 본 것이 아님에도 이러한 표현을 하는 것은 그것이 시간적인 간격을 넘어서 자신의 입장에서 '해석'한 것을 말한다는 의미이다. 언어의 이러한 용법은 흔히 일어나는 일이고 그 자체로는 자연스러운 현상이지만, 엄밀하게 말하면 직접적으로 '본 행위'나 직접적으로 '들은 행위'의 결과는 아닌 것이다. 여기에는 일종의 '꾸밈' 혹은 '거짓말'이 개입되어 있는 것이다. 엄밀하게 말하면 우리 언어생활 가운데 거의 모든 부분이 이러한 언어들로 가득 차 있는 것이다.

이런 측면에서 보자면 인간이 언어를 가지고 이 세상 속에 살아간다는 것은 꾸밈으로 혹은 거짓말을 하면서 살아간다고 해도 과언이 아닐 것이다. 그래서 어떤 사람들은 언어의 이러한 꾸밈과 거짓말의 속성 때문에 언어를 바로 해야 사회질서가 바로 잡힐 수 있다고 보기도 하였다. 공자의 정명론正名論이 그 예라고 할 수 있을 것이다. 서양에서는 논리실증주의자들이나 일상 언어학파들을 포함해서 언어분석철학 학파가 이를 대표한다고 볼 수 있다. 하지만 이들과 나란히 언어의 이러한 꾸밈과 거짓의 성격 때문에 가능한 한 말을 하지 않는 것이, 바람직하다고 보기도 한다. 불교나 노자가 이러한 입장을 대변한다고 할 수 있다. 노자는 '정말 아는 자는 말이 없고, 모르는 자가 말이 많다'知者無言 言者無知고 한 바 있고, 불교에서도 부처는 자신의 가르침을 언어로는 전달할 수 없고 오로지 '마음에서 마음으로'以心傳心으로 전달 될 수 있을 뿐이라고 말한 바 있다. 말의 이러한 전위적 성격 즉, 꾸밈의 성격 때문에 사람들은 꾸미지 않는 상태로 돌아가려고 한다. 또 다른 한편으로는 가능 한한 말을 적게 해서 오해를 줄이는 쪽으로 나가야 한다고 주장하기도 한다.

우리들의 문화는 곧 언어의 짜임새와 밀접하게 관련이 있는 바, 언어의 짜임새는 곧 문화를 반영하고 문화는 이러한 언어의 전위적 용법 즉, 꾸밈과 밀접한 연관을 맺고 있는 것이다. 문화란 그러므로 있는 그대로의 1차적인 사실이 아닌 '허구의 세계'라고 말할 수도 있을 것이다. 이러한 허구의 세계는 바로 언어적 측면에서 볼 때, 언어의 전위용법을 통해서 이루어신나고 말할 수 있다. 그렇다면 허구의 세계가 어떻게 일어나는지 살펴볼 필요가 있다. 이는 표현의 차이를 통해서 우선 살펴 볼 수 있다. 여기서 '허구'라는 말은 일차적인 의미가 아닌 2차적인 의미에서의 세계를 지칭하는 것이지, 윤리적이고 가치적인 의미에서의 부정적인 의미가 아니다. 특정한 영역에서 쓰이던 단어들이 다른 영역에 들어가서 새로운 의미로 변형되는 경우가 언어의 전위적 용법이라고 할 수 있다면, 또 다른 경우는 단어 자체가 의미의 변형을 가지는 경우도 있다.

3. 말의 뜻이 변화는 방식은 어떠한 것들이 있을까?[132)]

언어는 고정되어 있지 않다. 언어는 끊임없이 변화한다. 그리고 잘 사용되지 않는 언어는 없어지기도 한다. 어떤 단어들은 때로 변화하여 의미가 전혀 달라지기도 하고, 어떤 단어는 의미 영역이 넓혀지기도 한다. 언어는 이렇게 끊임없이 변화하는데, 이러한 변화과정에는 몇 가지 법칙들이 있다. 우선 단어들의 의미 변화하는 예를 들어 보자. 예를 들어 영어의 Beautiful 같은 단어는 원래 '사랑스러운'이란 뜻을 가지고 있었다. 시간이 지나면서 이런 뜻은 없어지고 현재는 '아름다운'이란 뜻으로 변형되었다. 이러한 변화의 과정에 대해서는 잘 알 수 없지만, 단어는 언제나 한 가지 뜻으로 고정되어 있지 않고 그 단어를 사용하는 사람들에 의해서 끊임없이 변화하고 있는 것이다. 영어의 Deer라는 단어도 현재는 '사슴'을 뜻하는 단어지만, 원래는 '동물'을 의미하는 단어였다. 이 단어는 독일어의 동물을 뜻하는 Tier와 발음이 유사하다. 그리고 동물에 해당하는 단어가 라틴어에서 채용되어 animal이란 단어가 나와 사용되었다. 영어의 Hound(이 단어도 독일어의 '개'에 해당하는 단어인 Hund와 발음이 유사하다)라는 단어도 원래는 '개'를 뜻하는 단어였다. 하지만 이 단어는 '사냥개'라는 의미로 변용되었고, '개'를 뜻하는 단어로 Dog가

채용되었다. Dog라는 단어는 어디서 왔는지 정확히 알 수가 없다. 많은 단어들이 그 의미가 변용되기도 하고 때로는 그 의미 영역이 확대되기도 하는데, 이러한 경우를 일컬어 '의미장'Semantic field(의미영역)이 넓어진다고 말한다. 그렇다면 의미 변화가 일어나는 경우는 어떠한 과정을 통해서 일어날까? 한 단어의 의미는 일차적으로 연상 작용에 의해서 변화한다고 말할 수 있다. 대체적으로 어떤 단어의 의미가 변화할 때는 원래의 의미와 새로운 의미 사이에 뭔가의 연관관계가 있는 것이 보통이다. 이 연관관계에 대해서 살펴보기로 하자.

'돌'의 경우를 예로 들어 보자. 돌에 대한 연상은 우선 '견고함' '딱딱함'을 연상시킨다. 돌은 결코 '약함'이나 '부드러움'을 연상시키지는 않는다. 어떤 사물을 가리키는 말에 대한 연상이 그 단어의 의미 변화에 중요한 영향을 끼치는 것이다. 연상은 어떤 것을 다른 것 사이의 무언가의 관련성이 있다고 느끼는 것이다. 이 연상 작용의 계기는 두 가지로 나누어 생각해볼 수 있다. 첫 번째는 유사성Similarity에 따른 것이다. 이것은 형상, 색채, 재질, 기능, 조성 등의 여러 가지 면과 관련을 가지고 있다. 또 다른 하나는 근접성Contiguity에 따른 것인데, 이것은 두 개의 사물 사이에 특별히 가까운 관계에 있는 것에 따른 것으로 이 관계는 공간적인 것만이 아니고, 시간적인 것 혹은 인과관계적인 경우가 많다. 심리학에서 연상 실험을 한 바 있다. 어떤 단어를 주고 이 단어에 대한 사람들의 반응을 실험한 바 있다. 예를 들어 '흰색'이란 단어를 잠시 보여주고 이 단어와 연관해서 연상되는 단어를 말하도록 하였다. 사람들은 이 실험에서 눈, 구름, 설탕 등을 연상하였다. 특이하게도 '검은색'을 연상하는 경우도 있었다. 또한 말의 소리에 따라 연상되는 경우도 있었다.

잘못 알아들은 경우도 이에 해당한다고 할 수 있는데, 여기서는 '흰 새'
로 알아듣기도 하는 것이다. 말의 소리에 따른 연상이다. 따라서 연상
작용에는 의미상의 연상 작용과 말의 형태 혹은 소리에 따른 연상 작용
이 있는 것이다. 따라서 이 두 가지 내용의 합쳐서 4가지 경우의 수를 생
각해볼 수 있다.

유사성에 따른 연상 작용이면서 언어의 형태나 소리에 따른 연상 작용 :
숫자에 관련된 미신 같은 것이 이에 해당한다. 숫자 4는 한자의 죽을 사
死자에 해당하기 때문에 사람들이 기피한다. 숫자 9자도 일본에서는 한
자의 고苦를 연상시키기에 피하기도 한다. 여행객들은 그래서 호텔에서
4호실이나 9호실을 피한다. 한국에서는 엘리베이터에서도 4층이라고
표시하지 않는다. 영어로 Four의 첫 글자를 따서 F자로 기록한다.
    유사성에 따른 연상 작용이면서 언어의 뜻에 따른 연상 작용 : 강
의 河口(하구), 사람의 입과 연상 작용이 생겨서 만들어진 말이라고 할
수 있다. 책상다리, 바늘귀, 병목, 入口(입구), 영어의 understand는 원
래 '아래에 서다'라는 의미에서 '이해하다'라는 의미로 변용이 된 것이
다. 그리고 마찬가지로 이해하다는 뜻의 comprehend도 원래 '함께'라
는 뜻의 com이란 뜻과 '잡다'라는 뜻의 prehend라는 단어가 결합되어
서 만들어진 단어이다. 그러니까 '함께 손을 잡다'라는 뜻에서 '이해하
다'라는 뜻으로 전용된 것이다. 일본어나 한국어의 '파악하다'라는 말도
'손으로 잡다'라는 의미에서 전용된 것이다. 불교 경전에서 자주 사용되
는 '여시아문'이라는 표현에서도 마찬가지라고 할 수 있다. 이 말은 앞
에서도 언급했듯이 '나는 이렇게 들었다'라는 말인데, 이 말은 '나는 이

렇게 이해했다'라는 말이다. 그러니까 이런 의미에서 보면 '이해하다'라는 말은 일차적으로 언어로 이해하다는 의미 이전에 몸동작 혹은 손의 촉각과 밀접하게 연관되어 있음을 알 수 있다. 이러한 논의는 하이데거의 '손안의 존재' '눈앞의 존재' 사이의 구분과 관련해서 의미 있는 논의가 될 수 있을 것이다. 잘 알려져 있듯이 하이데거는 우리들의 일차적인 삶의 이해 방식은 '손안의 존재'Zuhandensein라고 말하고, 여기에서 부차적으로 추상화된 삶의 방식을 '눈앞의 존재'Vorhandensein라고 말한 바 있다. 그러니까 우리들의 세상경험의 기초에는 몸의 감각이 참여하고 있는 것이다. 언어의 경우에도 이렇게 촉각에서 청각과 시각적 의미로 변용되고 있다. 이 외에도 우리가 보통 은유라고 부르는 용법이 있다. '희망의 빛' '마음의 상처' '연애에 빠지다' 등의 경우도 유사한 의미에 따라 언어가 만들어 진 경우이다. '단 소리' '쓴 소리' '냉담한 소리' '온화한 색' '냉담한 색' 등이 이러한 예에 해당한다.

근접성에 따른 연상 작용이면서 언어의 형태나 소리에 따른 연상 작용 : 엄마/맘마가 이에 해당한다고 볼 수 있다. 엄마는 밥을 주는 사람과 연관되어 있다. 그래서 맘마는 엄마에게서 받은 먹을 것이라는 뜻이다. 영어의 Silver는 원래 '은'을 뜻하는 단어였으나 나중에 '은화'를 지칭하는 단어로 바뀌었다. 매일 매일의 신문이라는 뜻으로 Daily newspaper로 쓰였으니 이것이 정착이 되어서 '일간지'라는 말로 정착되었다. 어떤 단어들은 생략을 통해서 말이 변형되기도 한다. 아파트먼트 Apartment가 아파트로, 파마넌트Permanent가 파마로 변형되었다. 이러한 식의 어형변화를 생략에 의한 변화라고 말할 수 있다. 슈퍼마켓도 슈퍼로 변형되었다. 언어의 형태에 따라 별명을 부르는 것도 이에 해당한다고 말할 수 있다.

근접성에 따른 연상 작용이면서 언어의 뜻에 따른 연상 작용 : 근접성이 수사학의 방식으로 표현되면 환유가 되고, 근접성이 특별히 부분과 전체의 관계에서 성립하면 제유법이 된다. '손이 발이 되도록'이란 표현이 대표적이다. 어떤 사람의 특징적인 복장이나 습관적인 행위에 따라 별명을 부르는 경우도 이에 해당한다. 표범색깔 모양의 외투를 입고 다니는 사람에게 '표범'이라고 별명을 부르는 것이 이에 해당한다. 독일어에서 '나는 침대로 간다'Ich gehe ins Bett라는 말은 곧 '잠을 잔다'라는 표현이다. 이 말은 시간적인 근접에 의한 어의의 변형이라고 말할 수 있다.

4. 말의 의미는 좁아질까 확장될까?

원래 좁은 의미의 영역을 지칭하는 단어였지만 그 의미가 보다 폭넓은 의미로 확대되는 경우가 있다. 혹은 그 반대로 넓은 의미가 좁은 의미로 축소되는 경우도 있다. 예를 들어 '인연'이라는 말은 원래 불교에서 사용되는 용어였지만, 지금은 일상적인 언어로 그 의미가 확대되었다고 말할 수 있다. '지혜'라는 말도 원래는 미혹을 버리고 반야般若에 이르는 지혜라는 의미에서의 불교용어였다. 하지만 이 단어는 일반적인 의미로 의미가 확대되었다. 일반적으로 말은 어떤 특정의 그룹영역을 넘어서서 사용될 때 그 의미가 넓어지고, 그 반대로 일반적으로 사용되는 말이 특정한 그룹에서 사용하게 되면 그 의미 영역이 좁아지기도 한다.

전통적으로 학술 분야에서 사용되던 '원점'이나 '포화' 등의 말도 일반적은 의미로 사용되면서 그 의미가 넓어졌다고 할 수 있다. '요리'라는 말도 원래는 어떤 사물을 다룬다는 의미에서 사용되었다고 할 수 있다. 이 말은 원래 '처리'라는 말과 동일한 의미로 쓰였다. 그런데 이는 특별히 음식을 다루는 방식과 관련된 의미로 전이되어 사용되었다. 이렇듯이 어떤 말은 특정의 맥락에서 이렇게 좁은 의미로 사용되는 경우가 있다. 경어를 사용하는 경우에도 의미를 특수화하거나 일반화 하는 경우도 있다. 경어의 기능 가운데 하나는 직설적으로 표현하지 못하는 것들은 우회적으로 표현하는 데 있다. 이렇게 의미의 특수화나 일반화가 일어나는 것은 사람들이 기존의 모든 언어를 기억하고 있지 못하고, 이미 알고 있는 언어를 자신이 살고 있는 맥락에서 적용하려고 하는 데서 발생한다고 볼 수 있다. 이러한 의미의 일반화화 특수화 문제를 '좋다'나 '나쁘다'의 관점에서 보자면 의미의 향상이나 의미의 추락이라고 말할 수도 있을 것이다.

영어의 Lady는 원래 밀가루로 반복해서 빵을 만드는 사람을 지칭하는 말 즉, 가정에서의 주부를 지칭하는 말이었다. 그런데 이 말이 나중에는 '귀부인'이라는 말로 변용되었고, 지금은 여성 전체를 지칭하는 말로 정착이 되었다. 영어의 Gentleman이라는 단어는 고귀한 이라는 뜻의 신분이 높은 남성을 의미히는 뜻이었지만, 지금은 남자 일반으로 지칭하는 말로 정착이 되었다. 우리말의 '변소'나 '측간'라는 말도 '화장실'이라는 말로 변용되었다. 영어의 Disease라는 말은 원래 '편안하지 않음' 혹은 '불쾌'라는 의미였지만 그 의미가 전이되어서 '병'이란 의미를 띠게 되었다. 독일어의 Gift라는 단어는 원래 '선물'이라는 단어였다. 그런데 이 말은 '독'이란 의미로 변용되었는데, 그것은 중세 시대에 사람을 죽이기 위해 선물을 사칭하고 사실은 그 안에 독을 넣어서 주는 것을 반복했기 때문에 여기서 '독'이라는 말이 생겨나게 된 것이다.[133]

위에서 살펴보았듯이, 단어나 말들은 매순간 변화하는 가운데 있다. 소리나 연상 등에 의해서 의미가 변화하기 때문에 사람들 사이의 대화는 이해에 근접해가는 것 같으면서도 오해의 가능성을 언제나 자체 안에 가지고 있는 것이다. 많은 단어들은 언제나 1차적 의미와 2차적 의미의 혼용 속에서 사용되고 또 변용되기 때문에 어떤 사람들은 1차적 의미의 단어들이 지칭하는 의미영역을 고정시켜야 오해가 줄어들 수도 있고, 그에 따라 학문의 발전도 기대할 수도 있다고 생각한 사람도 있었다. 반면에 어떤 사람들은 단어의 의미를 고정시키는 것은 가능하지도 않고 단지 우리는 매순간의 대화의 상황에 따라 그때마다의 의미를 이해하면 된다고 주장하는 사람도 있었다. 또 어떤 사람들은 언어는 그 자체로 대상을 지시하는 의미만 가진 것이 아니고 단지 의사소통의 수단만이 아니라 그 자체로 상대방에게 어떤 힘을 일으키게 하는 잠재성을 가지고 있다고 주장하기도 하였다. 종교언어란 위에서와 같이 의미 변형의 과정에서 생기는 특수한 언어 가운데 한 종류라고 말할 수 있다. 이제 이러한 의미론의 염두에 두면서 종교언어의 특징에 대해서 살펴보도록 하자.

5. 우리는 신에 관해서 어떻게 의미 있는 발언을 할 수 있을까?

우리들이 일상생활에서 사용하는 단어는 그 의미가 사회적 맥락에서 정해져 있다. 문화마다 차이는 있지만 대체적으로 사회 대다수가 이해하는 방식으로 한 단어나 말의 의미가 전달이 된다. 물론 이러한 이해가 있다고 해서 모든 의미가 1:1 대응하는 것처럼 하나의 의미만 있는 것은 아니다. 여기에는 다양한 의미의 프리즘이 존재한다. 이러한 일상적인 언어를 떠나서 존재하는 언어의 일탈이 있다. 이러한 일탈은 크게 두 가지로 생각해볼 수 있다. 하나는 광고언어이고, 다른 하나는 시적 언어이다. 보통 우리는 일상생활에서 아무런 문제없이 대화하면서 살아간다. 하지만 광고언어나 시적인 언어 혹은 종교언어를 접하게 되면 낯선 느낌을 받게 된다. 갑자기 이해의 문제에 봉착하게 된다. 마치 암호를 해독하듯이 그렇게 해석해 들어가기 시작한다. 이러한 언어들이 그렇게 낯설게 느껴지는 이유는 일상 언어를 사용하지만, 거기에 새로운 의미 부여가 일어나기 때문이다. 그리고 이에 대한 이해에 어려움을 느끼는 이유는 시적인 언어나 광고언어 등이 통용되는 콘텍스트Context 혹은 의미의 장이 달라지기 때문이다. 이러한 과정을 통해서 말은 자의적으로 변화하기 마련이다. 이러한 변화가 새로운 기호의 등장을 가져오고 새로운 창조성으로 이어지기도 한다. 기존의 기호가 전혀 다른 맥락에서 다른 의미로 사용되기 시작하고 그러한 의미가 일반화될 때 의미는 새로운 의미를 띠면서 새로운 문화기호로 등장한다. 문학이나 예술에서 자주 사용되는 방법인 '낯설게 하기 효과'Entfremdungseffekt도 모두 이러한 일상 언어로 부터의 일탈 때문이다.

언어는 대표적인 기호가운데 하나라고 말할 수 있을 것이다. 수신호나 깃발 신호 교통신호나 모스신호 등도 기호에 해당한다. 때로는 몸짓이나 의복 등도 기호에 해당한다. 이 점에서 보자면 우리는 이러한 기호의 세계 속에서 살아간다고 해도 과언이 아닐 것이다. 기호를 해석하고 그 기호에 따라 자신의 입장이나 의견을 주장하면서 살아간다고 말할 수 있다. 기호는 여러 가지의 의미를 가지고 나타난다. 예를 들어 '장미'라는 단어는 1차적으로 무수히 많은 꽃 가운데 하나를 지칭한다. 하지만 '장미'는 이러한 지시적 기호의 의미에만 제한되지 않는다. '장미'는 자주 '사랑'을 상징하는 의미를 가진다. 연인들 사이에서 주고받는 선물 가운데서 '장미'는 사랑의 마음을 상징한다. 그러므로 '장미'라는 단어 기호는 다른 의미를 띠고 사람들의 생활세계 속에 그 모습을 드러낸다. 이러한 일상 언어의 일탈은 '완곡어법'에서 자주 경험하게 된다. 어떤 교회에서 설날이 되어 많은 사람들이 지방에 내려가야 하는 관계로 주일 오후 예배를 드릴 수 없게 되었다. 교회에서는 예배를 드려도 거의 사람들이 올 수 없음을 알기에 불가피하게 오후 예배를 드리지 않는다는 광고를 주보에 실어야 했다. 이때 교회에서는 주보에 광고를 다음과 같이 실었다. '오늘 오후 예배는 가정 예배로 드립니다'라고 실었다. 물론 '오늘 오후 예배는 없습니다' 혹은 '오늘 오후 예배는 쉽니다'라고 말할 수도 있었다. 하지만 전자를 선택함으로서 서로에게 서로 다른 느낌을 갖도록 하는 효과를 얻었다. 즉, 예배를 드리는 것은 교회에서 늘 있는 일이다. 정해진 시간에 예배를 드리는 것이 교회의 기본적인 임무이다. 하지만 만약에 '오늘 오후 예배는 없습니다'라고 말하면 사람들에게 가끔씩 예배를 드리지 않기도 하는구나 하는 생각을 줄 수도 있고, 또 예배 담당자가 자신의 직무를 충실하게 하지 않는 다는 인상을 줄 수도 있다. 하지만 후자의 표현을 통해서 이 두 가지 문제가 해소되었다고 할 수 있다. 더 나아가 이제 예배 지속의 문제가 개개인의 양심이나 결단의 문제로 전이 되었다. 즉, 예배라고 하는 행사의 문제가 이제는 교회의 문제 혹은 성직자의 직무와 관련된 문제가 아니고 개개인의 문제가 된 것이다. 이제 교인들은 가정 예배를 드려야 할 것인가 말 것인가를 고민하게 된 것이다. 완곡어법을 통해서 사람들의 시선을 전혀 다른 곳으로 환기시키며 전혀 다른 의미를 창출한 것이다.

　　하루에도 수없이 많이 등장하는 광고언어나 신문 등에서 등장하는 머리글자 등은 이러한 문화적 코드 즉, 기호들의 수사학이라고 볼 수 있다. 원래 수사학은 서양에서 설득을 위한 기술로서 발전되었으나 지금은 이데올로기를 주입하거나 교묘한 상술에서 일반화되고 있다. 현대인들은 어쩌면 이 기호의 수사학에 교묘히 이용당하고 있는지도 모르겠다. 현대 세계는 무수히 많은 '차별화' 혹은 '차이의 기호화'를 통해서 사람들로 하여금, 자신들에게 유리한 쪽으로 이끌어 가려고 하는 힘의 역학관계가 지배하고 있다고 말해도 과언이 아닐 것이다. 과거에는 지배자와 피지배자 사이에 이러한 이데올로기에 따른 역학관계가 지배적이었지만, 그래서 정치가들의 기호의 수사학이 주류를 이루어 왔지만, 이제는 모든 개개인이 자본주의적 질서 속에서 차이의 수시학, 차이의 기호를 만들어 소비자를 끌어들이고 있다. 이러한 '차이의 기호학'은 고사성어 가운데 등장하는 '조삼모사'朝三暮四의 역학이라고 말할 수도 있을 것이다. 이 고사성어가 가지고 있는 이야기는 그렇다. 조삼모사라는 말은 '아침에 3개 저녁에 4개'라는 말이다. 어떤 주인이 원숭이들에게 아침에 3개와 저녁에 4개를 줄 수도 있고, 아침에 4개와 저녁에 3개를 줄 수도 있었다. 원숭이들은 전체적으로 하루에 받는 것은 7개임에도 불구하고 아침과 저녁에 주는 숫자를 달리함으로 기뻐한다. 이러한 교묘한 수자놀이를 통해 원숭이들을 속이고 있는 것이다. 즉, 지시하는 사태는 같지만 표현을 달리함으로써 사람들에게 다른 느낌을 주고 있는 것이다. 그러니까 이 이야기를 우리 사회의 맥락으로 끌어들여 이야기하면, 사람들은 지시하는 사물이나 내용에 주목하기 보다는 그 사태를 지시하는 언어에 주목한다는 것이다. 여기서 광고나 시적인 언어가 우리를 속이고 있음을 말하려는 것이 아니다. 어떻게 일상 언어에서 일탈해서 다른 의미를 만들어 가는가 하는 그 의미 변화의 메커니즘에 주목하고자 하는 것이다. 여기에 바로 '기호의 수사학'이 있는 것이다. 언어 기호에 따른 정보의 전달과 수용과 관련된 대화 형식은 인터넷의 발전과 더불어 다른 모양을 띠고 나타난다. 이른바 특정 언어를 입력함으로써 정보를 검색하는 검색엔진을 통해 새로운 기호의 세계 속에서 사람들은 살아간다. 종교언어도 크게 보아 일상의 언어를 넘어 사람들에게 새로운 경험의 세계로 안내하는 기호의 수사학 혹은 은유적 언어 가운데 하나라고 말할 수 있을 것이다.[134]

그런데 이러한 종교언어의 유의미성에 대한 의심은 서양 근대에 이르러 시작되었다. 흄을 비롯하여 논리실증주의자들에 의해서 제기된 종교언어의 유의미성에 대한 의심은 종교 그 자체의 의미에 대한 의심과도 밀접한 연관을 가지며 발전된다. 종교언어의 유의미성에 대한 물음은 또한 칸트의 코페르니쿠스적 전회 이후 그리고 언어적 전회와 더불어 본격적으로 부각되었다. 세상 그 자체를 바라보기 보다는 세상을 바라보는 나의 눈을 바라보자고 한 것이 코페르니쿠스적 전회라면, 이 눈의 토대가 되는 언어와 문화에 대한 관심이 바로 언어적 전회라고 할 수 있는데, 종교언어의 유의미성에 대한 물음과 의심은 이러한 전회와 더불어 본격화되기 시작하였다. 이들은 일상 속에서 실제로 기능하고 있는 종교언어에서 그 유의미성을 찾기 보다는 검증 가능한 경험적 진술의 차원에서 종교언어의 유의미성을 찾으려고 하였다. 영국의 철학자 흄은 구체적인 경험에 근거하지 않은 진술들로 되어 있는 책들을 불살라 버리라고도 하였다. 흄의 전통을 이어 논리실증주의자들 또한 검증원리에 입각하여 미학적 진술, 윤리적 진술 그리고 종교적 진술들은 의미 없는 진술로 간주하기도 하였다. 이러한 전통은 아리스토텔레스의 논리학 전통을 이어 라이프니츠와 러셀에 이르는 논리적 전통과 연결되어 있다. 이들은 사실과 조회할 수 없는 모든 진술들의 무의미성을 주장하였다. 이들의 주장은 과학적 진술에 정당성을 부여하는 역할을 하였다. 논리실증주의자들에 따르면 과학의 언어는 엄밀한 사실에 기초해야만 하는데, 철학의 기능이란 바로 이러한 것을 명료하게 하는 데 있다고 보았다. 결국 철학의 고유성은 언어를 명료하게 해주는 논리학에 있다고 보았다.

아리스토텔레스의 논리학에서 논리실증주의에 이르는 언어관은 기본적으로 사물과 언어의 1:1로 대응한다는 대응설에 기초해 있다.[135] 한 단어는 그 단어가 지시하는 사물이 대상세계에 존재할 때에만 의미가 있다는 것이다. 즉, 시각 혹은 감각적으로 실재하지 않는 대상에 대한 단어나 문장은 실제와의 조회가 불가능함으로 그 자체로 의미가 없다는 것이다. 예컨대 용이라든가 천사라든가 하는 실제로 경험가능하지 않는 대상에 대한 언어는 무의미하다는 것이다. 이러한 입장에 서면 우리들이 일상에서 사용하고 있는 여러 가지 단어나 문장들이 심각한 도전에 직면하게 된다. 왜냐하면 문학의 언어는 말할 것도 없고, 자신의 느낌을 표현한 문장이나 종교적 언어의 대부분이 위에서 말한 것과 같은 범주에서 설명될 수 없기 때문이다.[136] 기독교의 종교적 언어 '하느님은 인류를 사랑하신다'라는 문장을 예로 들어 보자. 이 문장에서 '인류'라는 말도 그렇고 '사랑 하신다'라는 말도 실제로 검증 가능한 사태가 아니다. 구체적인 개별적인 인간을 떠난 '인류'가 무엇을 지칭하는지 증명할 수 없고, 누가 누구를 사랑한다는 것도 그저 개인의 감정적 표현에 불과하기 때문에 증명할 수가 없다. 위에서 말한 입장에 따르자면 우리들이 사용하는 단어나 어휘가 지극히 제한될 수밖에 없다. 과연 우리는 검증할 수 있는 말, 대상을 그대로 지시하는 말만 사용하면서 살아야 하는가? 자주 우리는 신의 속성의 문제나 신학적인 주장들을 합리적으로 정당화할 수 있는가의 여부에 관심을 가져왔다. 이를 위해 종교언어를 사용해왔다. 이제는 우리가 종교언어 그 자체 혹은 신학적인 담화 그 자체의 구조, 의미 등에 대해서 진지하게 생각해볼 필요가 있다. 우선 종교언어의 유의미성에 대한 고전적인 설명방식을 살펴보자.

6. 하느님은 하늘과 땅을 창조하셨나?

아퀴나스에 따르면 신에게 적용시키는 낱말과 피조물에게 적용시키는 낱말이 두 경우에 일의적으로 사용되는 것이 아니라고 말한다. 그렇다고 해서 똑같은 의미로 사용되는 것도 아니라고 한다. 신의 성질과 인간의 성질 사이에는 유사성이 있으며, 신의 정의와 인간의 정의 사이에도 연관성이 있다는 것이다. 신에 관한 낱말이 유비적으로 사용될 수 있는 것은 이질성 안에 유사성과 유사성 안에 있는 이질성 때문에 가능한 것이다. 이러한 유비적인 표현의 대표적인 예는,

하느님이 하늘과 땅을 창조하셨다.

주는 나의 목자가 되신다.

하느님이 이스라엘 백성들을 애굽에서 인도하셨다.

여호와께서 선지자들에게 말씀하셨다. 하느님은 정의롭다.

로스는 이러한 전통적인 유비 이론이 종교언어의 일의적 용법과 이의적異意的 용법 사이에서 절충점을 찾게 해줌으로써 신인동형론과 불가지론을 피할 수 있게 해준다고 생각한다. 그리고 이 유비 이론은 일상적인 문맥에서의 의미가 어떻게 종교적인 문맥으로 전이되는가를 긍정적으로 설명해준다고 보고 있다.[137] 하지만 모든 유비가 이런 식으로 통용될 수는 없다. 적절한 선택을 통해 유비가 될 만한 것을 선별하여야 한다. 이는 적절한 비례의 유비라는 규칙에 따라 수행된다. 이러한 유비를 공식화 하면 다음과 같다.

소크라테스의 지혜 → 소크라테스의 유한한 성품

신의 지혜 → 신의 무한한 성품

이외에도 성서에는 매우 많은 유비적 표현들이 등장한다. 신을 아버지나 토기장이로 비유하는 것을 비롯하여 매우 많은 유비들이 등장하는데, 성서 언어의 거의 전부가 이러한 유비에 입각해 표현되고 있다고 할 수 있을 정도이다. 그 대표적인 사례를 우리는 요한복음에서 찾아 볼 수 있다. 주지하듯이, 요한복음은 자주 영적인 것과 육적인 것의 대비를 통해 거룩한 종교성의 영역을 표현하려고 한다. 수가성에서의 여인과의 대화에서 육체적인 목마름과 대비하여 영적인 목마름의 대비라든가, 니고데모와의 대화에서 다시 태어남에 관한 대비라든가, 하늘과 땅의 대비 등은 모두 종교적인 경험을 말하기 위해서 사용된 전형적인 유비에 해당한다고 말할 수 있다. 요한복음은 물리적이고 구체적인 사건과 영적인 사건을 대립시켜서 말을 한다. 그리고 끊임없이 영적인 사실에 입각해서 사실관계를 이해하지 않고, 눈에 보이는 것에 따라 판단하고 행동하는 것에 대해서 비판하고 있다. 그러므로 요한복음에 나오는 개념들을 매우 전이적이고 상징적 의미에서 이해되어야 마땅하다. 요한복음 저자는 여러 가지 측면에서 예수의 신성을 논증하고 있다. 예수의 사건을 육적인 눈으로가 아니라 영적인 눈으로 바라보아야 함을 강조하고 있다. 이는 요한복음의 처음부분에 '혈통에서나, 육정으로나 사람의 뜻에서 나지 아니하고, 하느님에게서 났다'로 강조되고 있다. 이 영적인 것이 육체적인 것이 되어 우리 안에 나타났다고 말하고 있다. 이는 마태복음 저자가 혈통으로는 다윗의 자손으로 나고, 다른 한편으로는 성령에 의해 잉태되었다고 보는 입장과 대조가 된다. 육적인 것과 영적인 것의 대립으로 묘사된 내용을 비교하여 도표화하면 다음과 같다.

내용	육적인 것	영적인 것	해당본문
성전/예수의 몸	성전	예수의 몸	요 2:20-21
육체적 탄생/거듭남	물리적 탄생	위로 남	요 3:4-5
땅/하늘	땅	하늘	요 3:31
빵	죽음의 빵	영생의 빵	요 6:27
물	갈증	갈증 없음	요 6:35
부모	육적 부모	보내신 부모	요 6:44
생명	육(肉)	영(靈)	요 6:63
본다는 것	육적 맹인	영적 맹인요	9:1-41,요12:4,사6:10
도마의 신앙	만져 봄	영적 봄	요 20:25
빵	모세의 빵	하느님의 빵	요 6:31
아들	요셉의 아들	하느님의 빵	요 6:41-42

이러한 유비는 선불교의 공안에서도 발견할 수 있다. 아베 마사오Masao, Abe와 이즈츠 토시히코井筒俊彦는 선불교의 유명한 공안 가운데 하나인 '산은 산이고 물은 물이다'를 선불교적 논리의 맥락에 따라 잘 설명하고 있다.[138] 보통 우리가 보는 산은 산이고, 물은 그 자체 물일뿐이다. 그러나 어느 깨달음의 순간 산이 더 이상 산이 아니고, 물이 더 이상 물이 아님을 알게 된다. 그리고 점차 깨달음의 깊이가 더해 가면서 산은 산이 아니고, 물은 물이 아니라는 것도 진실이 아님을 깨닫게 되었다고 한다. 그래서 결국은 다시 산은 산이고, 물은 물임을 최종적으로 깨닫게 되었다는 것이다. 이때 처음의 인식 상태에서의 산과 나중에 부정을 통해서

알게 된 산은 같은 것일까 아니면 다른 것일까? 아베 마사오와 이즈츠 토시히코는 이 공안에 주목하면서 선불교 고유의 논리를 잘 설명하고 있다. 이 이야기에서 이 공안은 그야말로 종교적 체험을 지시하는 최소한의 유비일 뿐이다. 실제로 존재하는 산을 지시하는 것이면서도 사실은 우리들이 경험하는 대상으로서의 산을 넘어서 지시하는 어떤 체험이 개입되어 있다. 이는 또한 선불교의 유명한 이야기 십우도十牛圖 등에서도 아주 잘 나타난다. 십우도는 그 자체로 하나의 소박한 이야기일 뿐이다. 하지만 이 이야기는 단순한 줄거리의 나열을 넘어서 지시하고자 하는 어떤 경험의 차원을 지시하고 있다. 이 이야기가 지시하는 내용을 이해하기 위해서는 어떤 종교적 체험이 매개되어야만 한다. 그렇지 않으면 그야말로 아무런 의미 없는 허무맹랑한 이야기에 그칠 뿐이다. 종교언어는 일상의 언어를 매개로 종교적 체험을 지시하고자 하는 메타언어 Meta-sprache라고 할 수 있다. 지시하는 대상은 밖에 있는 대상이지만 실상은 대상을 넘어선 다른 체험의 세계를 가리키고 있는 것이다. 달을 가리키는데 손가락을 본다는 이야기는 불가에서 자주 회자되는 이야기 가운데 하나인데, 이 이야기는 종교언어의 은유적 성격을 잘 말해주고 있다.

7. 종교적 진술은 검증할 수 있을까?

에이어A. Ayer를 비롯한 논리실증주의자들은 신학적인 언어가 검증가능성의 경험적 기준을 충족시키지 못하므로 인지적Cognitive 의미를 갖지 못한다고 생각했다. 이러한 비판가들은 유신론적인 주장과 무신론적인 주장이 모두 거짓이 아니라 무의미하다고 여긴다. 이들이 이른바 검증원리를 도입해 경험적이고 인지적인 진술만을 의미 있다고 했지만 점차 철저하게 검증하는 것 자체가 불가능해졌다. 빛의 파동설과 입자설 간의 논쟁이 이러한 사실들을 잘 보여준다. 즉, 관찰자에 따라 인지적 사실들에 대한 기준들이 달라지기 때문이다. 이에 대해서 또다시 새로운 형태의 검증주의자들이 등장했다. 포퍼의 반증가능성Falsification 개념을 도입하여 플루는 어떤 사실에 관한 주장이 발언될 때 발언자는 그 주장이 거짓이 될 법한 조건들을 확인할 수 있어야 한다는 조건을 개발했다.[139] 이에 대해 두 가지 입장이 있다. 종교언어는 반증될 수 없다고 생각하는 사람들(헤어와 미첼)과 종교언어는 반증가능성에 의해 입증될 수 있다고 보는 사람들(존 힉)이다. 헤어와 미첼은 종교인은 신은 존재하며 자신의 삶의 방식이 언제나 옳다는 '불릭'을 가지고 있다고 한다. 그 어떤 사실도 이 확신을 바꿀 수 없다고 한다. 이는 '경신輕信의 원리'와도 통하는데, 이런 주장의 근거는 사람들이 자신의 신앙에 위배되는 어떤 새로운 사실이 드러나도 이미 자신이 부여한 신뢰와 위탁을 좀처럼 져버리지 않는다는 것이다. 한번 믿었던 사람에 대해서는 쉽게 불신으로 돌아서지 못하는 경향성이 있는 것이다.

　종교언어가 반증가능성에 의해 입증될 수 있다고 본 존 힉은 같이 길을 걸어가는 두 나그네의 비유를 든다. 한 사람은 목적 없이 사는 사람이어서 아무리 가보았자 종착점이 없다고 생각한 반면, 다른 한 사람은 가다보면 거룩한 성에 이른다고 생각했다. 한 사람은 현재의 고통은 연단이라고 해석하고 즐거운 순간들은 천국에서 누릴 기쁨의 예고豫告

라고 해석한 반면, 다른 한 사람은 그저 목적 없는 방랑이라고 여긴다. 힉은 천국에서의 사회적 존재와 신의 현존에 강한 느낌을 예로 들면서, 내세가 모든 것을 반증해줄 것이라고 믿었다. 이는 유명한 파스칼의 내세에서의 내기와 비슷한 차원에서의 논증 방식과 유사하다. 이 두 논쟁은 결국 내세에서의 천국이 존재한다는 전제하에 논의되는 논증인데, 이에 대한 반론은 우리가 경험할 수 없는 내세에서의 실제적인 검증이나 반증이 우리에게 어떤 유익이 되는지는 의심스럽다는 점이다. 이 검증/반증과 관련된 논의가 주는 교훈은 사실이라는 개념이 진지하게 재검토 되어야 한다는 점과, 의미의 문제를 사실과의 조회관계로만 보려고 하는 논리실증주의자들처럼 혼동해서는 안 된다는 점이다.

8. 종교언어는 모두 상징일까?

페레는 후기 비트겐슈타인의 '말놀이'Sprachspiel에 입각하여 언어가 가진 여러 가지 기능에 관심을 두었다. 언어는 몇 가지 기능으로 나누어질 수 있다고 한다. 명령적 기능과 의문적 기능, 수행적 기능 등이 이러한 것들이다. 종교언어도 일상의 다른 언어의 수행과 마찬가지로 특정한 기능을 가지고 있다고 한다. 브레이트 웨이트는 종교적인 발언들이 본질적으로 도덕적인 진술문으로서 기능한다고 주장했다. 종교언어들은 실제로 독자로 하여금 어떤 사실에 대해 직접 발언하는 것처럼 보이지만, 실제로 그 이야기들은 독자로 하여금 도덕적으로 살도록 하려는 데 목적이 있다는 것이다. 이를 비판하는 사람들은 종교언어 이야기를 윤색된 도덕 언어로 환언한다고 비판한다.

밴 버렌은 종교언어가 '언어의 가장자리에' 있는 언어라고 한다. 예를 들어 시적인 언어나 말장난이 일상 언어를 떠나 심하게 언어 영역 밖에 있는 듯이 보이듯이 종교적인 언어들도 이러한 종류의 언어들이라고 말한다. 그러므로 '하느님이 예수를 죽은 자들 가운데서 일으키셨다'와 같은 발언은 역사적인 사실에 대한 진술로 간주하는 것은 오해라고 한다. 종교언어의 기능적 특성에 관심하는 철학자들은 비트겐슈타인처럼 다양한 언어의 기능적 성격들을 분류하였다. 기도와 간구, 찬양, 위로, 권면, 신앙의 확신 등. 이러한 입장을 '언어적 신앙주의'라고 부르기도 한다. 하지만 이러한 입장에서만 종교언어를 보게 되면, 자칫 종교언어의 정보적인 차원이 간과될 수 있다. 후기 비트겐슈타인의 입장과 이러한 입장은 우리의 삶과 종교적인 삶이 언어와 밀접하게 연관되어 있다는 사실에 주목하였다. 하지만 종교인들은 자신들이 사실적인 진리를 발언한다고 생각한다. 자신들의 전제나 예배 의식은 모두 사실과 관련된 종교 행동들이라고 주장한다. 이러한 입장에서 종교언어의 독특성을 보는 신학자가 바로 폴 틸리히이다.

틸리히는 위에서 언급한 것과 같은 두 입장 즉, 종교적 진술에서 인지적 의미가 없는 무의미를 보거나, 종교적 진술에서 비인지적 기능만 보려고 하는 두 입장을 넘어서려고 한다.[140] 틸리히는 종교언어가 상징적인 언어라고 말한다. '주는 목자이십니다'라는 표현은 축어적, 문자적으로 해석될 수 없다는 것이다. 우리는 일상 언어에서 '주전자의 주둥이'라든지 '장군 앞에서 졸병이 얼어붙었다'라는 표현을 한다. 하지만 이러한 의미는 전위적 용법에 의해서 은유로서 사용된 것이다. 틸리히에 따르면 신학적 진술은 문자적으로 이해되어서는 안 된다고 한다. 우리의 언어는 주어/속성의 관계에 따라서 표현되는 반면에 신은 이러한 언어의 틀을 넘어서 존재한다는 것이다. 신은 어떤 속성이나 관계 등으로 서술될 수 있는 존재자가 아니라 그 저편에 있는 전적 타자라고 한다. 따라서 신에 관해서 문자 그대로 말하려는 시도는 금지된다. 틸리히는 기호Sign와 상징Symbol은 그 자신을 넘어서서 다른 어떤 것을 가리킨다고 말한다. 교차로 신호등의 붉은 불빛과 같은 기호는 그 자체가 아니라 자동차 정지의 필요성을 가리킨다고 한다. 틸리히는 또 기호와 상징을 구별한다. 상징은 상징화된 실재와 관여하는데 비해, 기호는 '지시된' 실재에 관여하지 않는 다는 것이다. (예, 'A' 'R'과 같은 문자는 그것들이 가리키는 음音과 관여하지 않는다. 반면에 깃발은 그것이 나타내고 상징화하는 왕이나 국가의 힘에 관여한다.) 예술적인 상징들—시, 시각예술, 음악—은 다른 어떤 방식으로도 열릴 수 없는 수준의 실재를 열어 놓는다. 따라서 기독교인들이 '신이 세상을 구원하러 자기 아들을 보냈다'라고 말할 때 틸리히는 그들이 상징적으로 말한다고 본다. 이와 비슷한 방식으로 종교언어의 독특성을 실용적인 차원해서 해명하려고 한 시도도 있다. 미국의 실용주의 철학자 윌리암 제임스는 자신의 형이 매주 교회에 나가는 모습을 보면서 늘 의아해 했다고 한다. 형처럼 박식한 지식인이 교회에 나가는 것을 이해할 수 없었다는 것이다. 하루는 그 형이 동생 제임스에게 한 번만 교회에 나와 예배에 참석해보라고 권하였다고 한다. 윌리엄 제임스는 교회에 가서 예배에 참석한 후, 종교언어의 유용성에 대해서 언급한 바 있다. 윌리엄 제임스에 따르면 실제로 신이 존재하는지 여부에 대해서는 알 수 없지만, 예배 중에 설교나 기도 가운데서 나오는 하느님이라는

단어는 그 공동체 안에 있는 사람들에게 어떤 힘을 발휘하여 긍정적인
영향을 미치고 있다는 사실만큼은 알 수 있었다고 한다.

9. 신에 관한 언급을 사실로 받아들일 수 있는가?

페미니스트들은 '가부장제도'가 우리의 세계를 해석하고 우리의 활동
들을 배열하기 위한 모델이 되었다고 주장한다. 페미니스트들은 신은
남성적인 은유뿐만 아니라, 여성적인 은유를 통해서도 표현되어야 한다
고 주장한다. 카머디는 여신에 대해 더욱 초점을 집중시키는 동양 및 부
족 종교 체계를 이해하기 위해 여신학Thealogy이라는 새로운 신학을 제
안하기도 한다. 신에 대해서 말하는 것은 은유적으로 말하는 것이라고
맥페이그는 주장한다. 은유적으로 말한다 함은 더 잘 알려진 것을 사용
해서 덜 알려진 것에 관해 말하는 것을 뜻한다. 은유적으로 말하는 것은
일상적인 대상에 관한 일상적인 용어들을 사용해서 우리의 현대적인 감
성과 연결된다. 반면에 상징적으로 말하는 것은 신성한 대상들을 지칭
한다. 바로 이 점에서 양자는 구별된다. 그러므로 인간은 자신의 경험에
비추어서 자신의 언어에 입각해서 신에 대한 것들을 투사한다는 것이
다. 그래서 전통적으로 신을 '아버지'의 은유로 묘사해온 것처럼, '어머
니' '친구'의 은유들을 신에 대한 모델로 사용할 것을 제안한다. 페미니
스트들은 신적 초월보다는 내재성을, 권위보다는 양육을, 통제보다는
관계의 속성들을 강조한다.[141]

　페미니스트들의 이러한 입장을 비판하는 사람들은 말하기를 이러

한 은유로 인해 신에 대한 일들이 인간의 자기투사나 집단투사가 되어 버린다고 비판한다. 또한 전통적 기독교의 유신론자들은 고전적인 신학에서 신을 결코 남성으로 묘사한 적이 없으며, 언제나 신을 무한한 인격적 영혼으로 보았다고 주장하기도 한다.

얼스턴은 우리의 주어/술어 구조의 언어적 한계 때문에 모든 술어를 신에게 문자 그대로 적용하는 것을 배제할 필요는 없다고 주장한다. 즉, 우리들의 용어들의 의도된 목표가 되는 진정한 실재가 있을 수 있다고 주장한다. 이러한 종류의 술어를 인격적 술어라고 부른다. 이를 다시 인식, 느낌, 정서, 태도, 소망, 사고, 공상을 비롯한 기타 내적 심리 상태, 사건, 과정들과 관계가 있는 심적 술어와 행위자가 행하는 것과 관련된 행위 술어가 있다. 하지만 행위 술어에는 문제점이 있다. 절대적 단순성, 무시간성, 무한성, 무형적 존재성 등 신에 관한 극단적 타자성에 초점을 맞추고 이에 따라 수반되는 인격적 술어를 등급에 따라 배열한다. 과연 무형적 존재성이 몸을 가지고 이루어지는 인간적 형태와 같은 행위를 할 수 있느냐 하는 문제가 있다. 이에 대해서 얼스턴은 대답하기를 행위는 두 가지로 나누어진다고 한다. 수표에 배서하는 행위(비기초적인 행위)와 실제로 내손을 움직이는 행위(기초적인 행위)로 말이다. 인간의 비기초적인 행위들은 많은 경우, 신체적인 움직임을 요구하지만 그렇지 않은 경우도 있다는 것이다. 그래서 이러한 행위적인 성격을 강조하기 위해서 얼스턴은 두 가지를 말한다. 심리적인 인과론(동기. 믿음. 태도. 의도)과 행위 인과론(직접적인 신체적인 움직임)이 그것이다. 이를 통해 얼스턴은 신에 관해 문자적으로 이해하는 것이 흔히 생각하는 것처럼 그렇게 전망이 어둡지는 않다는 것을 보여주고자 한다. 이러한 얼스턴의 주장은 유신론적 사상가들이 주장하고 논하는 것이 불합리하거나 터무니없지는 않다는 것을 입증하는 데 기여했다고도 볼 수 있다.[142] 이러한 입장은 또한 오스틴의 언어 행위이론과도 밀접한 연관을 갖는다. 우리는 행위를 몸으로 행동함으로서 수반되는 것으로만 이해하는 경향이 있는데, 실제로 행위란 언어를 통해서 이루어지는 경우도 많이 있는 것이다. 어떤 사람이 그저 평범한 말을 했을 뿐인데, 그 말이 어떤 사람을 자살에 이르게 할 수도 있는 것이다. 실제로 우리 일상의 많은 언어들은 상대방에게 행동과 똑같은 힘으로 작용하는 것을 경험하고 있다. 종교언어 또한 앞의 윌리암 제임스의 경우처럼, 그 언어를 사용하고 듣는 사람에게 큰 행동을 불러일으키는 힘을 가지고 있는 것이다. 그러므로 단순히 주술 관계에 입각한 평범한 언어활동의 문법에 맞추어 이해할 필요가 없는 것이다.

지금까지 종교언어에 관한 논의에서 주축은 언어와 종교에서 말하는 실재 사이의 관계 문제라고 할 수 있을 것이다. 크게 보면 언어의 인지적 측면에 집중하는 논리실증주의적 견해와 언어가 가진 기능적 성격에 초점을 두는 후기 비트겐슈타인 입장으로 대별할 수 있을 것이다. 이는 언어가 가지 지시체적 기능과 기능적 기능에 대한 강조점의 차이로 대별될 수 도 있다. 후자의 입장에서도 종교언어를 상징으로 보느냐(틸리히), 은유로 보느냐(맥페이그)의 관점에 따라 둘로 나누어진다. 이는 크게 앞에서 이야기한 것처럼 가장 원초적인 은유의 방식으로서의 언어와 밀접한 연관을 가진다. 종교언어가 무의미하다는 주장은 은유로서의 언어가 가지는 두 가지 기능 가운데 한 측면에만 초점을 둔 나머지 다른 한쪽의 측면을 외면하면서 오는 편협한 이해라고 할 수 있다. 혹은 시대적으로 보면 이러한 관점은 과학의 발전과 더불어 형성된 서양 근대의 이데올로기의 산물이라고 말할 수 있을 것이다. 종교언어는 문학 언어에 가까운 은유에 해당한다고 말할 수 있다. 세상을 파악하는 방식은 기본적으로 은유이다. 이 은유가 고도의 추상성을 지니게 되면 과학언어가 되지만, 상상을 통한 은유가 되면 문학 및 종교언어가 되는 것이다.[143] 따라서 우리는 언어가 변용되는 과정에서 어떻게 새로운 언어가 탄생하고 새로운 의미장과 콘텍스트의 영역에서 재해석되는가를 주목해보아야 한다. 종교언어는 무수히 많은 언어의 의미장 가운데 종교적 경험을 매개로 또 하나의 언어 놀이라고 볼 수 있다. 이러한 언어에 대한 두 가지 입장은 아리스토텔레스가 논리학과 시학에서 취한 두 개의 입장으로 거슬러 올라간다. 주지하듯이, 논리학에서 아리스토텔레스는 삼단논법을 발전시켜, 주어/술어 구조에 입각한 정확한 사물의 지정에 관심을 가졌다. 그러나 시학에서 아리스토텔레스는 역사적 사실 보다는 미메시스Mimesis로서의 드라마의 연출과 그것이 가지는 정화Catharsis에 관심을 가졌다. 아리스토텔레스의 이 두 입장은 서양에서 각각 논리학 및 과학의 발전과 문학의 발전에 기여하였다. 지금까지 논의한 종교언어에 관한 진술들은 이 두 입장 사이에서 이루어진 논의라고 할 수 있을 것이다. 앞에서도 이야기했듯이, 과학 언어와 문학 언어의 관심과 대상이 처음부터 달랐던 것이다. 이를 이해한다면 불필요한 소모적인 논쟁은 줄어들 것이다.

3장
세상에는 왜 악이 존재하는가?

김선하

'신'이라는 용어는 여러 가지 다양한 형태의 개념을 포괄하며 각각의 종교 체계 안에서 독자적인 지위를 누린다. 유대교·기독교·이슬람교에서 공유하는 유신론적 개념에 따르면 신은 인격화되고, 초월적이며, 강력하고, 분노하는 존재로 인간 위에 군림하면서 권위로써 인간이 지켜야 할 계율을 정하는 존재다. 반면에 알다시피 고대 지중해 연안, 중앙아메리카, 또는 아시아에서 발생한 문명들은 매우 다양한 성격과 지위를 지닌 여러 신들을 섬기는 신전을 보유하고 있다. 자연이 지닌 힘의 연장, 하늘의 정령, 우주 원리의 현신 등 이들 신들의 종류는 너무 많아 일일이 열거할 수도 없다.

이처럼 범보편적인 통합체로서의 신과, 각 문화권이 지니는 고유한 신들 사이의 괴리는 엄청난 것이다. 종교의 체계와 성격 면에서 보면 유일신교는 유신론의 한 부분에 불과하며, 유대교·기독교·이슬람교처럼 순수한 형태를 유지하고 있는 경우는 매우 드물다. 그런데 이처럼 다양한 신의 속성들을 가진 종교들이라고 할지라도 모든 종교가 금기를 가지고 있다는 것은 공통적이다. 왜 종교가 이 같은 금기를 이론화했는가에 대한 분석은 여러 가지가 있지만, 대표적으로 종교는 폐쇄적인 사회생활 원칙을 만들어냄으로써 공동체 안에서의 삶을 관리하는 데 필요한 의무를 규범으로 정착시키고자 했다는 것이다. 모든 종교가 나름대로의 원칙과 금지 조항을 규정하고 있기는 하지만, 오직 거대 유일신교들만이 그것을 가리켜 '죄악'이라고 부른다. 죄악의 힘은 그것을 범했을 때 죄책감과 사회적인 벌이라는 두 가지 대가를 치르게 됨을 분명하게 규정하고 있다는 데에서 비롯된다.[144] 하지만 이러한 분석은 종교적 금기의 사회학적 기능을 설명할 뿐, 인간 실존에서의 죄와 악의 문제를 건드리지는 못한다. 거의 모든 종교가 죽음과 내세의 문제에 해답을 제시하지만 고통과 세상의 부조리, 불의 등과 같은 악의 문제는 유신론 입장에서 신 변증에 가장 어려운 난제로 꼽힌다.

서구 문화의 영향을 받으면서 성장한 대부분의 사람들은, 우리가 수정시 또는 출생시에 존재하게 되고 죽을 때 이 세상에서의 최후를 맞이한다는 것 즉, 오직 한 번 태어나고 오직 한 번 죽는다는 것을 자명하게 생각한다. 그러나 이와는 달리 힌두교나 불교문화 속에서 성장한 사람들은 우리가 이전에 이 세상에 여러 번 살았으며, 이후에도 이 세상에 여러 번 다시 살게 될 것을 자명한 일로 생각한다. 이러한 세계관과 내세관의 차이는 세상에 존재하는 부조리와 악의 문제를 다루는 시각도 달리 한다. 인도의 제종교가 제시하는 대안은 인간은 모두 전생에 살았으며, 현재의 우리 삶은 바로 전생의 직접적인 결과라고 주장한다. 그러므로 각자가 안고 있는 삶의 불평등에는 신에 의한 어떤 독단성이나 임의성이나 부정의도 없다. 단지 우리가 과거에 심었던 대로 거두는 인과율이 있을 뿐이다. 그러므로 인간의 본질적인 자아는 한 생으로부터 다음 생으로 계속 반복하여 재탄생 또는 재수육하며, 다음 생의 조건은 언제나 현재의 카르마 즉, 업에 의해서 결정되는 것이다.

이러한 견해에 의하면 업보는 신화적인 표현으로서의 환생과 더불어 참으로 도덕적인 진리 즉, 보편적인 인간의 책임에 대한 가르침이다. 우리의 삶이 우리보다 먼저 살았던 사람들에 의하여 영향을 받았듯이, 우리의 현재 행위는 인간의 미래에 영향을 미친다. 업보의 역사는 서로 동떨어진 개인적인 끈이 아니라 모든 인류의 보편적 연결망에 의해서 짜인 것이다. 각 개인은 이 보편적 업보의 형성에 기여하고, 또 이 보편적 업보에 의하여 영향을 받는다. 이렇게 볼 때 환생의 개념은 인류의 집단적인 통일성과 각자가 속해 있는 인류 전체에 대한 각각의 책임감을 확증하는 길이다. 즉, 영혼의 윤회라는 개념과, 미세한 몸이 개인적으로 한 세대로부터 다음 세대로 이어진다는 베단타 철학의 개념은 둘 다 악의 문제에 직면한 도덕적인 진리를 신화적으로 표현한 것이라고 볼 수 있다.

그렇다면 유신론적 세계관에서 악의 문제는 어떻게 표현되고 있는가? 신이 창조한 세상에 악이 존재한다는 사실은 고대 그리스 시대부터 딜레마였다. 곧 만일 신이 완벽하게 선하다면 신은 악을 물리쳐야만 한다. 만일 신이 무한히 강하다면 신은 모든 악을 물리칠 수 있어야만 한다. 그러나 악은 존재한다. 그러므로 신은 완벽하게 선하지 않거나 혹은 무한히 강하지 않다. 이러한 악의 문제와 이를 해결하려는 모든 노력들을 총체적으로 부르는 이름을 '신정론'Theodicy이라 한다. 신정론이라는 말은 신을 의미하는 그리스말 '데오스'와 의로움을 의미하는 '디케'로 이루어졌다. 이 단어는 악의 실재에 직면한 신의 의로움과 공평하심을 가리키는 단어이다. 이 말을 만들어 낸 사람은 일반적으로 그리고 분명히 라이프니츠로 알려졌다.[145]

『왜 착한 사람에게 나쁜 일이 일어날까?』라는 책으로 알려진 유대 랍비 쿠쉬너는 아들 아론이 희귀병으로 죽어가는 고통스런 경험을 하고 책의 서두에서 이렇게 밝히고 있다. '나는 언젠가 이 책을 쓰게 될 것이라는 사실을 알고 있었다. 내가 알게 되고 믿게 된 중요한 몇 가지 사실을 글로 옮길 필요가 있었다. 아울러 나와 같이 곤경에 빠진 그 누군가를 돕기 위해 이 글을 쓰기로 했다. 또한 신앙을 계속 간직하고 싶지만 하느님에 대한 분노 때문에 신앙을 지키거나 종교로부터 위안을 받는 데 어려움을 느끼는 모든 사람들을 위해 이 책을 썼다. 그리고 무조건 하느님을 사랑하고 그에게 헌신해야 한다고 믿기 때문에 자기는 이런 고통을 당해 마땅한 사람이라고 스스로를 학대하는 사람들을 위해 이 책을 썼다.'[146]

그가 그런 고통 가운데서 접할 수 있는 책들이란 죽어가는 자식을 바라보는 부모의 안타까운 심정과 고통을 치유하기보다는 하느님의 명예를 보호하기 위하여 '나쁜 것이 사실은 더 좋은 것이고 선한 세상을 위해서는 악도 필요하다는 것'을 논증하는 데 더 관심이 많은 그런 책들이었다고 밝히고 있다. 그러한 책들이 고통당하고 있는 자에게 어떠한 위로나 해답을 줄 수 없다는 것은 자명하다. 그러나 쿠쉬너 자신도 책을 쓰면서 간절히 밝히는 바는 자신의 책이 그런 책들과 똑같은 것이 되지 않기를 바란다는 사실이다. 말하자면 하느님을 변호하거나 하느님과 악의 존재를 설명하려고 하는 것이 아니라, 다만 삶으로부터 상처받은 한 종교인으로서 병마와 죽음, 부상이나 소외, 절망 등으로 상처받은 사람들과 이 세상에 정의라는 것이 있다면 이보다는 좀 더 나은 취급을 받아야 한다고 진심으로 믿는 사람들을 위해 책을 썼을 뿐이라고 밝힌다.

우리는 이 주제를 다루고 있는 많은 사람들에 의해 제기되는 이러한 느낌에 대해 연민의 감정을 가질 수는 있다. 그러나 죄와 고통에 대한 이성적 사유를 금지시키는 것은 철학자와 신학자의 임무를 빼앗아 버리는 것과 같다. 악의 문제는 신음하는 실재에 대한 지적인 문제이며, 아마도 악의 문제로 신음하는 사람 앞에서 한 번이라도 고민해본 사람이라면 이성적으로 그러한 문제를 다룰 수 있는 조건은 갖추고 있는 것이다. 그러나 그럼에도 불구하고 아파하는 것과 생각하는 것은 별개의 문제이고 또한 누구든지 타인의 고통을 자신이 가지고 있는 것과 동일하게 다룰 수는 없다. 지금 우리가 논증하고자 하는 것이 비록 기술적이고 신학적인 설명 속에 빠져버리게 된다하더라도 그것이 전혀 무익한 것은 아니다. 다음에 살펴볼 내용은 기독교 전통 신정론의 토대를 마련하고 구축한 아우구스티누스와 토마스 아퀴나스의 신정론 그리고 칸트의 종교철학이다. 자연적 악과 도덕적 악 그리고 인간의 자유의지에 대한 변증들을 살펴봄으로써 종교철학이 악의 문제에 직면해서 어떠한 논증을 펼치고 있는지를 앞으로 탐구하게 될 것이다.

1. 아우구스티누스의 신정론

아우구스티누스에 따르면, 신 자체에는 악의 가능성이나 악이 존재할 수 없다. 따라서 아우구스티누스는 종교적 삶과 죽음의 문제에 대하여 악이 무엇이건 간에 그것은 신이나 신의 주권으로부터 나올 수 없다고 주장한다. 그렇다고 아우구스티누스가 악을 환상이라고 하거나 악의 현현과 그 치명적인 힘을 부인한 것은 아니다. 이러한 아우구스티누스에게 영향을 준 이론은 신플라톤주의자 플로티노스의 신정론이다.

플로티노스의 형이상학 체계에서 선은 지고의 존재인 궁극적 일자의 한 부분에 해당한다. 그리고 창조의 과정은 궁극적 일자 안에서 그 지고의 존재가 자신의 충만함을 셀 수 없이 많은 형태의 존재와 그 존재에 맞는 선의 정도를 끄집어내는 것을 말한다. 창조의 과정은 그 창조성이 고갈되고 존재의 영역이 무존재의 텅 빈 암흑에 다다를 때까지 계속된다. 플로티노스는 이러한 존재의 등급이 진화하거나 발전하는 것을 '유출'Emanation이라는 대단히 물리적인 용어로 불렀다. 이때 악은 창조적 과정의 끝인 물질세계를 의미하는 것이다.

그러므로 플로티노스에게 선은 단순하게 실재하는 무언가가 아니라 필연적으로 존재하는 궁극적 일자로부터 유출되어 나가는 것으로 표현되고 있다. 그렇다면 악은 그것으로부터 계속적으로 아래로 나가거나 혹은 그것으로부터 멀어져서 그 뒤로는 아무것도 없는 마지막의 것이다. 일자 아래로 무언가가 있어야 하듯이 최종자도 필연적으로 있어야 한다. 이 최종자는 물질이다. 그래서 물질과 악은 동등한 말이다. 그 안에는 어떠한 선의 잔류물도 없는 것이다. 그러므로 이 체계에서 악은 실제로 존재하는 것이 아니라 선의 부족이고 결핍이고 실체가 아닌 것이다. 다시 말해서 악은 단지 존재와 선함의 결핍일 뿐이고, 단지 열등한 차원의 존재일 뿐이다. 이것은 신과 반대되는 무로서의 형상이 없는 비존재이다.

그런데 악을 비존재와 동일시하면서 해결해야 할 문제가 발생하는데, 그 문제를 해결하기 위해선 우선 비존재에 대한 구분에서부터 시작해야 한다. 플라톤은 '완전히 없음이라는 의미에서의 무'와 상대적으로 '아직 구체적 사물로 현실화되지 않은 가능태로서의 무'를 구분한다. 플라톤 이래로 무는 오랜 철학적 전통 속에서 악이 숨어 있는 장소로 여겨졌다. 여기서 우리는 한 가지 질문을 할 수가 있는데 이것은 이 무가 능동적으로 공격하고 또한 다른 것들을 감염시키는 스스로의 나쁜 본성을 가진 힘인가, 아니면 수동적이고 결백한 단순한 나쁜 일인가 하는 것이다. 이러한 철학 전통 속에서 플로티노스는 무를 이 두 가지 모두로 다루고 있다는 것을 알 수 있다. 그는 완벽한 선함의 유출로서의 우주가 악의 독립적 힘을 포함하고 있지 않다는 것을 주장하기 위해 무를 말할 때는 무의 수동적 의미를 사용하지만, 인간 경험에서 느껴지는 악의 힘을 설명할 때는 악을 능동적인 의미에서 사용한다.

한편으로 플로티노스의 전일적 체계 안에서 악은 오직 수동적이고 선과 실재의 부재이며 단지 참된 존재의 빛나는 영역 밖의 공허한 어둠으로 보일 수 있다. 그러나 적극적인 의미에서, 플로티노스는 우리가 경험하는 죄의 힘에 대해 알리면서 절대적 악에 대해 말하며 물질을 언급하는데, 그 물질이란 '일정한 요소들을 더하면 나타나는 특정한 형상들과는 구분되는 원리'를 말하는 것이다. 또한 그는 거기서 한 가지 추론을 더하는데, '우리는 스스로 악의 근원이 될 수 없다. 우리는 스스로 악이 아니기 때문이다. 우리가 나타나기 전에 악이 있었고 악이 우리로 하여금 우리의 의지에 반하게 우리를 잡아맨다'는 것이다. 따라서 그는 타락한 영혼의 '육체에 얽매임'이 고통의 근원인 악의 원인이라고 본다. '영혼이 물질에 참여하는 이 육체적인 것이 악이다'라고 그는 말한다.[147]

요약하면, 플로티노스는 악을 설명하면서 두 가지 서로 다른 방식을 채택했다. 첫째, 그는 악을 물질과 연관 지어 설명했다. 그러므로 존재의 결함이라고 하는 우주적이고 비도덕적인 악은 물질에 내재하는 동시에 영혼 속에 있는 도덕적 악의 근원이 된다. 두 번째로 그는 악이란 잘못된 자유 선택의 결과라고 보았다. 악이란 우리들의 연약한 영혼에 잠재해 있다.

플로티노스와 마찬가지로 아우구스티누스에게도 신은 궁극적 존재와 선이다. 신은 완벽한 선이면서 무한히 아름답고 또한 영원하고 변하지 않는, 그리고 최고의 참된 존재이시다. 신은 자신 외의 존재하는 모든 것을 무로부터 창조하셨다. 또한 물질이나 그 반대 힘으로부터 영향을 받지 않는 신의 창조물들은 온전히 선하다. 신의 창조물들은 풍부하고 다양하게 선한데, 그 선함들은 일정하게 질서 지어진 채로 선하다. 신이 창조한 세계는 셀 수 없이 많은 종류의 피조물들을 포함하고 있고, 그 존재의 스케일 면에서 어떤 것들은 높고 어떤 것들은 낮다.[148]

따라서 창조된 우주는 존재 형상의 무한히 광대하고 다양한 영역들을 가지고 있으며, 각각의 존재는 존재의 위계에서 적절한 위치를 점유하고 있다. 창조물의 본질이 더 질적으로 충족되어 있고 더 풍부하면 그 창조물은 존재의 위계에서 더 높은 곳에 위치한다. 그러나 이점에서 아우구스티누스와 플로티노스가 갈라지는데, 아우구스티누스에게는 신플라톤적인 완전한 존재의 선함으로부터 물질인 악으로의 하강은 없다. 반대로 물질계를 포함한 모든 창조계는 선하다. 그러나 피조물은 신의 영원성을 결여하고 있기 때문에 타락할 가능성이 있다. 그러나 악에 해당하는 그런 존재는 존재하지 않는다. 존재의 위계에서 아래에 속하는 열등한 피조물도 악은 아니고 단지 덜 선할 뿐이다. 왜냐하면 창조주의 선함을 반영하는 놀라울 정도로 복잡한 우주를 구성하는 모든 종류의 존재들은 선하기 때문이다. 그러므로 전체 존재의 위계에서 단순하고 덜 아름답다고 해서 그 존재의 가치가 무시되어서는 안 된다.

여기 아우구스티누스의 중심 사상이 있다. 모든 피조물은 선하다. 해, 달, 별들은 선하다. 천사와 인간 존재들은 선하다. 새, 파충류, 물고기 그리고 동물들, 나무, 꽃 그리고 식물들은 모두 선하다. 빛과 어둠, 따듯함과 차가움, 바다와 땅 그리고 공기, 모든 것은 선하다. 그래서 아우구스티누스는 고대 플라톤주의와 신플라톤주의, 영지주의, 마니교의 반(反)물질 사상을 거부하고 이 세계에서 기쁨을 누리고 또한 영혼의 덫으로서의 육체가 아닌 신의 무한한 선함에 대해 감사함으로 그 육체를 사용하고 나누는 것을 주장한다.

플로티노스의 사상을 완전히 수용했다기보다는 어느 정도 받아들임으로 해서 아우구스티누스는 악이 어떠한 실재하는 힘이나 실체가 아니라 신의 창조물에서 무언가 잘못되어 나타난 것으로 본다. 악은 근원적으로 선한 존재의 오작동인 것이다. 왜냐하면 '모든 존재는 선하지만' 신 자신 이외의 모든 것은 무로부터 창조되었고 따라서 유동적이고 타락할 가능성이 있기 때문이다. 악은 정확히 이 유동적인 선의 타락을

말하는 것이다.[149]

　모든 존재들과 마찬가지로 인간도 '무로부터 창조되었기에' 유동적이고 타락할 가능성을 가진 존재로 드러난다. 만일 존재가 무로부터 창조되지 않았다면 존재는 악에 의해 타락하지 않았을 것이다. 존재는 신에 의해 창조된 것이다. 그러나 그것은 신으로부터 멀어지는데 무로부터 창조되었기 때문이다. 아우구스티누스는 무가 인간을 창조하는데 쓰인 낮은 수준의 물질이며, 그 물질로써 우리 인간의 불안정성의 요소들을 설명하는 것처럼 보인다. 아우구스티누스가 말하는 세계가 창조되기 전의 무는 플라톤의 구분법에 의하면 완전히 없음이다. 따라서 무로부터의 창조는 단순하게 '어떤 것으로부터 창조된 것이 아닌' 것을 의미한다. 세계는 본원적이 아니고 의지적이며 불확정적이고 불완전한 것이기에 세계가 혼돈에 빠질 가능성이 있고 악이 생겨날 가능성도 있다.

　무라는 말과 관련해서 아우구스티누스가 악을 정의하기 위해 가장 자주 쓰는 말은 '선의 결핍'이다. 결핍과 동의어로 쓰는 말은 상실, 타락, 박탈, 죄, 사라짐, 모자람과 부정이다. 그러나 아우구스티누스에게 선의 결핍은 마치 나무가 천사의 영적 힘을 결여했다는 의미에서의 선함의 결여를 의미하지는 않았다. 인간이 아닌 개로 혹은 개가 아닌 벌레로 창조된 것처럼 크게 선한 것이 아니라 작게 선하게 창조된 것이 악은 아니다. 그 이유는 풍부함의 원리에 따라 잘 조직된 우주에서는 높은 피조물이나 낮은 피조물 모두 긍정적인 가치를 가지고 있기 때문이다. 악은 오직 우주적 왕국의 위계질서에서 높거나 혹은 낮거나 그 상하 관계와 관계없이 몇몇 구성원들이 신의 계획에 걸맞은 역할을 거부하고 자신이 있어야 할 자리를 거부할 때 생겨난다. 이러한 잘못된 기능이 일어날 때, 그것은 분리된 실체로서 존재하는 게 아니라 오히려 피조물 안에서 적절한 행위의 결여로써 존재하는 것이다. 따라서 악은 뚜렷한 본성이 있는 것이 아니라 선의 박탈이 바로 악이라는 이름을 갖게 된 것이다. 악은 수동적인 부족이고, 부재이며 결핍인 것이다. 선의 정도가 있는 것처럼 악의 정도가 있다고 보면 오해다. 악은 정도의 문제가 아니라 질적인 변성 곧 타락한 본성이라고 보아야 한다. 그러므로 악은 무이며 본성적 크기와 형상, 질서의 타락이다. 악한 본성이라고 불리는 것은 타락한 본성이다. 만일 그것이 타락하지 않았더라면 그것은 선했을 것이다. 그러나 그것이 타락했을 때도 본성을 유지하는 한 그것은 선한 것이며 타락한 만큼만 악한 것이다.

어떤 것이 선한 한에서 존재하며 선함을 가지지 못한 경우 존재하지 않는다는 존재와 선함의 일치 사상은 아우구스티누스의 신정론에서 계속된다. 가장 높은 선은 가장 강한 참된 존재의 힘을 가졌다. 그리고 동시에 선함의 축소는 존재의 축소이다. 이 원리는 아우구스티누스가 직접 주장하지는 않았지만, 아우구스티누스가 받아들인 철학적인 배경들이며 전제들이다. '모든 실체는 심지어 그것이 불완전하다 할지라도 그것이 실체인 한 선하다.' 만일 '존재들이 모든 선함을 결여한다면 그들은 존재하기를 멈춘다'고 말한다.[150]

아우구스티누스는 단순히 존재하는 것은 없다고 보았다. 그는 존재는 언제나 필연적으로 내적인 가치를 지닌 일정한 범주적 속성들을 드러낸다고 보았는데, 그 범주적 속성들이란 크기, 형상 그리고 질서이다. 존재한다는 것은 어느 정도의 크기와 형상과 질서를 갖는 것이고 그 정도는 선함의 위계에서 피조물 자신의 자리를 가지고 있다는 것을 의미한다. 따라서 존재하는 것은 '크기, 형상 그리고 질서'의 선함을 가지고 있는 것이다. 그리고 모든 존재하는 것들은 이 세 가지 속성을 알맞은 정도로 가지고 있고, 따라서 선함의 위계질서 속에서 자신의 알맞은 자리에 위치해 있다.

그렇다면 우주가 전능하고 선한 신에 의해 창조된 것이라면 악은 무엇인가? 이것은 우주의 실체적이고 능동적인 구성 요소가 아닌, 그 자체는 선이지만 오작동하는 '크기, 형상, 질서'의 부재일 수 있다. 이러한 부재의 정의는 기독교 신학적 틀 안에서 어떻게 선한 창조 안에 악이 있을 수 있는가를 명확히 한다. 악은 창조되지는 않았지만 자유로운 존재들의 자발적인 선으로부터 멀어지는 것으로 이루어진다.[151]

이상 살펴본 바와 같이 아우구스티누스의 선의 결핍으로서의 악에 대한 교리는 악은 신에 의해 창조된 것이 아니며 신의 우주 안에서의 그것의 위상은 근원적이며 본질적인 것이 아닌 비근원적이고 기생하는 것임을 말한다. 그러나 이러한 형이상학적 분석이 악에 대한 경험적인 요소를 충분히 설명하고 있다고 볼 수는 없다. 말하자면 악이 경험적으로도 분명하게 선의 부재 혹은 부족으로 기술될 수 있다는 것은 아니다. 인간 경험의 요소로서의 악은 능동적이고 강력하다. 경험적으로 악은 단순한 무언가의 결여가 아니라 자신의 속성을 가지며 다른 것들을 두렵게 하는 힘을 가진 실재로 다가온다.

형이상학이 아닌 경험적 교리로서의 선의 결핍의 결과는 '도덕적' 악보다도 '자연적' 악과의 관계에서 더 심각하게 드러난다. 자연적 악에 적용하여 볼 때 선의 결핍인 악에 대한 설명은 대단히 부적절하다. 자연에서 우리가 악이라고 부르는 것들은 무엇인가 선한 것의 소멸이나 타락으로 종종 여겨질 수 있다. 예를 들어 질병 또한 일반적인 육체적 기능의 소멸이다. 화산 폭발, 가뭄 같은 자연현상은 이상적인 자연의 질서들 속에서 일어나는 것으로 볼 수 있고, 이 모든 경우에 악의 상태는 자연스레 선함의 타락으로 보일 수 있으며 이미 세워진 생명이나 물질들의 질서의 측면에서 볼 때 비존재를 향해 가는 것으로 보일 수 있다.[152] 그러나 그러한 자연현상에 동반되어 나타나는 인간 고통과 악의 경험은 단순히 선의 결핍으로만 받아들여지지 않고 오히려 실재하고 능동적인 것이다.

경험의 차원에서 우리는 지진과 같은 것들이 야기하는 고통과 통증의 차원에서 그것들은 능동적이고 실재적인 악이라고 말해야 하는 것처럼, 도덕적으로 악한 행위는 능동적이고 또한 실재적인 악이라고 말해야 한다. 이유는 도덕적 악은 고통과 통증의 원인이기 때문만이 아니라 악을 야기한 의지의 표현이기 때문이다. 고통이 쾌락만큼이나 경험된 실재이고 따라서 도덕적으로 악한 원인과 경향, 의지들은 도덕적으로 선한 원인, 경향, 의지만큼이나 능동적인 실재이기 때문이다.[153]

그렇다면 도덕적인 악이란 어떤 적극적인 것으로 보아야 하지 않을까? 그러나 무엇보다도 먼저 악이란 하느님에 의해서 창조된 것이 아니라는 의미에서 어떤 적극적인 것이 될 수가 없다. 이를테면 도덕적인 악의 원인은 창조자에 있는 것이 아니라 피조물의 의지에 있다. 신한 것들의 원인은 하느님의 선하심이지만, 악의 원인은 불변하는 선을 외면하는 피조물의 의지이다. 즉, 악이란 불변의 무한한 선을 피조물의 의지가 외면하는 것이다. 그렇지만 악은 엄밀하게 '어떤 것'Thing이라고 말할 수 없다. 왜냐하면 '어떤 것'이라는 이 말은 하나의 적극적인 실재를 의미하기 때문이다. 만일 도덕적인 악이 하나의 적극적인 실재라고 한다면, 무로부터 무엇을 창조하는 적극적인 능력을 피조물에는 돌릴 수 없으므로 그 악은 창조자에게 돌릴 수밖에 없게 된다. 그러므로 악은 본질로부터 이탈하여 비존재로 향하는 그것이다. 그것은 존재하는 것을 존재하지 않는 것이 되게 하려는 것이다. 질서와 척도가 있는 모든 것은 그 원인을 하느님에게 돌려야 하겠지만, 하느님을 외면하는 의지에는 무질서가 있다. 의지 그 자체는 선이지만, 그러나 인간 행위에 책임이 있는 올바른 질서가 없거나 오히려 그것을 결여하고 있는 것은 악이다. 그러므로 도덕적인 악이란 피조물의 의지에 있어서 올바른 질서의 결여에 지나지 않는다.

앞에서 살펴보았듯이 아우구스티누스 신정론에서 악을 하나의 결여로 생각하는 것은 플로티노스의 학설이며, 거기서 아우구스티누스는 마니교에 대한 해답을 찾아내었다. 왜냐하면 만일 악이 하나의 결여이고 적극적인 것이 아니라면, 도덕적인 악의 탓을 선한 창조자에게 돌리거나 악의 원인이 되는 악의 어떤 궁극적인 원인을 생각해내는 일은 더 이상 없어지기 때문이다. 이 설은 아우구스티누스로부터 일반적으로 스콜라 학자들에게 받아들여졌으며 그리고 이후 여러 철학자들에게 지지되었다.

2. 아우구스티누스의 자유의지 변증 : 근본악으로서의 죄

그렇다면 선의 결핍은 어디에서 온 것일까? 선한 것의 타락은 어디서부터 출발한 것일까? 이 물음에 대해 아우구스티누스는 모든 도덕적 · 자연적 악을 직간접적으로 자유 이성을 지닌 존재들의 잘못된 선택으로 귀결시킨다. '악한 의지는 결국 모든 악의 근원'이고 또한 '악의 원인은 불변하는 선과는 달리 변하는 선을 지닌 존재가 지닌 태만한 의지다. 이 것은 천사들에게 먼저 일어났고 그 후 인간에게 일어났'고 말한다. 아우구스티누스가 마니교를 버리고 기독교를 추구하였을 때 그는 '자유 의지는 우리 악한 행위의 원인이고 정의로운 심판은 그 행위에 대한 결과로서의 고통의 원인이 되는 것'이라고 배웠고 그것을 믿게 된 것이다. 그리고 이 가르침은 아우구스티누스 신정론의 핵심이 되었다. 악이라고 말해지는 모든 것은 죄이거나 죄의 고통이다. 또한 참된 종교에서 죄와 그 형벌은 모든 악한 것들을 포함 한다.

천사와 인간을 악하게 만들고 고통과 슬픔의 형벌을 가져온 최초의 죄는 '하느님을 멀리하고 피조물을 추구하는 것' 즉, 하느님 자신이 신 지고의 선을 추구하는 것이 아닌 덜한 선을 추구하는 것이다. 왜냐하면 의지가 자신보다 높은 것을 거부하고 낮은 것으로 그 관심을 돌린다면 의지는 악이 되기 때문이다. 낮은 것 그 자체가 악이 아니라 낮은 것으로 향함 그 자체가 악한 것이다. 이것은 천사의 타락과 인간의 원죄 사건 모두에서 일어났으며 인간의 오늘날에도 계속되는 죄성의 본질인 것이다.

그런데 우리가 무엇이 자유로운 존재를 높은 것에서 낮은 것으로 향하게 만들었는가라고 묻는다면, 우리는 다시 악의 결핍적 속성을 만나게 된다. 아우구스티누스의 '결핍적 원인' 교리에 의하면 악한 의지는 능동적이거나 자발적인 원인이 아닌 수동적인 원인만을 가지고 있다. 악한 의지는 자기 원인적인 행위이며 행위자 자신과는 구분된 원인들의 차원에서는 설명될 수 없다는 것이다. 종국적으로 아우구스티누스에 따르면 악의 원인은 유한한 자유의지의 신비 안에서 영원히 감추어져 있다.

요컨대, 아우구스티누스 신정론에서 천사의 타락과 인간의 타락을 둘러싸고 있는 중심 교리는 두 가지이다. 첫째, 신은 모든 것을 선하게 창조하였다. 둘째, 자유로운 피조물들은 신이 준 자유의지의 설명할 수 없는 왜곡된 오용으로 말미암아 은혜로부터 타락하였다. 우리가 아는 모든 악은 이 타락으로부터 나온 것이다. 두 중심 교리 중 첫 번째 것은 신의 무고함을, 두 번째는 피조물의 잘못을 지적하는 것이다.

그런데 문제는 결점 없이 창조된 천사들이 죄로 돌아섰다는 사상은 무로부터 나온 악이 자기 창조를 했다는 불합리성을 드러낸다는 것이다. 무로부터의 악의 자기 창조란 생각은 악의 근원을 모든 것을 포함하는 신의 목적 안으로 가지고 들어오며 악의 존재에 대한 근원적 책임을 신에게만 돌리는 것이 된다. 이러한 모순은 아우구스티누스 신학에서 신의 절대적 예정설을 암시하고 있다. 사탄 타락은 궁극적인 신적 예정을 암시하는 것으로 해석될 수 있다. 그에 따르면, 천사의 암흑은 예정되었으나 아직은 나타나지는 않은 것이었다. 아우구스티누스 생각에, 천사건 인간이건 자유로이 타락하고 그에 대한 책임을 지지만 신은 자신이 존재를 창조하기 전에도 그들이 그렇게 타락하리라는 것을 알고 있었다.[154)

아담과 이브는 죄 이전에 에덴동산에서 살았던 것과 같이 가장 이상화된 상태로 기술된다. 그들은 불멸의 존재였다. 그들은 절대적인 도덕적 안목을 가지고 있었다. 그런데 어떻게 죄가 이 천국에 들어갈 수 있었을까? 아담은 악마의 유혹이 자신에게 다가올 수 있도록 이미 신으로부터 멀어져 있었다. 신은 최초의 인간이 잘못된 선택을 하리라는 것을 알고 있었다. 결국 죄는 신에게서가 아니라 인간의 선택에서 기인하는 것이다. 그러나 아우구스티누스의 신정론에서 죄와 신의 예정설은 더 신비에 싸이고 만다. 신은 피조물들이 자유로이 죄를 지을 것이라는 것을 알았기에 더 많은 죄에 대한 책임을 져야 하는 것은 아닌가? 구원에 대한 아우구스티누스의 모호한 선택적 예정론의 교리에 의해 신정론은 더욱 신비에 싸이게 되었다. 모든 인류는 죄와 저주의 상태로 태어났고 지옥의 영원한 형벌로 인류를 가두어 놓는 절대적 정의가 존재한다. 그러나 우리에게는 신의 주권적 은혜의 신비한 경륜으로 몇몇은 이러한 지옥의 혼란 상태로부터 구원을 얻고 나머지는 심판을 받게 된다. 아우구스티누스는 '왜 신이 몇몇은 구하시고 다른 이들은 벌하시고 멀리하시는지 … 신의 심판의 목적은 신 자신의 힘 안에 감추어져 있다'고만 말할 뿐이다.

아우구스티누스는 인간의 행위들이 자신을 둘러싼 다양한 상황들 안에서 자신의 본질을 나타내는 개인적인 행위들이라는 의미에서 인간은 자유의지와 책임을 지녔다고 주장한다. 따라서 인간이 자유의지를 지녔다고 말하는 것은 근본적으로 인간은 의지한다는 것을 의미한다. 아우구스티누스가 지적한 대로 행위는 의지에 근기하고 따라서 행위는 자유 행위라는 사실은 자유의지가 신적인 예지의 대상이 된다는 것과 양립할 수 있는 것이다. 인간의 자유는 우연성, 불확정성, 불예측성과는 다르다. 반대로 인간의 행위들은 인간의 내적인 본질에 의해 결정된다. 우리의 행위들은 우리의 인격으로부터 나온다. 따라서 1)인간은 선하거나 악한 자유를 가지고 있고, 2)인간은 나쁘게 의지하여 선함을 향한 자유를 상실하고, 3)신은 창조 이전부터 인간의 타락을 알고 있었고, 신은 우주의 조화로운 완전성과 인간의 타락의 양립성을 계획하셨다.

결과적으로, 인간은 먼저 영적으로 또한 도덕적으로 자신의 창조주에 대한 사랑에 근거하여 선하며 반대되는 유혹의 장애 없이 자신의 결점 없는 본질을 드러낼 수 있는 자유가 있지만, 인간은 악해지고 비참해지기를 선택하였기에 자기모순과 부조리의 책임으로부터 벗어날 수가 없다. 그리고 만일 이러한 가정을 받아들인다면, 신은 자신이 창조한 인간이 자유로이 죄를 지을 것이라는 것을 아는 상태에서 창조했다는 의미에서, 죄의 존재에 대한 궁극적 책임으로부터 벗어나기는 대단히 어려워 보인다.[155]

3. 토마스 아퀴나스의 신정론

이 세상이 창조될 때 하느님은 세상에 있는 악을 원하시지 않았으며, 더욱이 모든 존재자들은 하느님의 선을 받았으므로 이 세상에 악이 존재한다는 것은 모순이다. 이러한 문제에 대해 토마스 아퀴나스는 아우구스티누스를 따라 악을 수동적인 것으로 정의하였다. 악은 선이 제거된 상태를 의미한다. 즉, 선이 없는 상태가 악한 상태이다. 그러나 그는 아우구스티누스가 사용한 용어들 중 '상실'과 '소멸'에 우선성을 둠으로써 악에 대한 전통적 정의를 더 정교하게 하였다. 악은 '존재에 본래적이며 자연적인 선의 결여'이다. 예컨대, 시각을 상실하는 것은 돌이 아닌 인간에게 필요한 선함의 상실인 것과 마찬가지이다. 악은 시각 상실이 존재하는 것과 같은 의미에서만 존재한다. 마치 시각 상실이 눈에 주어진 실재가 아니고 기능의 소멸과 마찬가지로 악은 어떤 능동적인 힘이나 혹은 존재가 아니라 그 본질상 소유해야 하는 속성의 부족이다. 그러므로 어떤 속성을 소유한 선한 존재가 그 속성이 소멸되는 것으로서 악이 존재하기에 순전히 악한 존재는 존재할 수 없다. 그러므로 악은 전적으로 수동적이다. 그리고 그 스스로의 목적인을 가지고 있지 않다. 그러나 악은 선한 것에서 소멸이 되는 활동을 통하여 우연인으로 작용할 수 있다. 악은 그 자체로 의도되지도 욕구될 수도 없다. 왜냐하면 모든 욕망은 그 정의상 선으로 연계되어 있기 때문이다. 악이 생겨날 때 악은 작용인의 의도와 함께 있어야만 한다. 역설적으로 악의 원인은 어떤 선한 것이어야만 하는데, 그 이유는 악은 그 자체로 원인인이 될 수 없기 때문이다.[156]

모든 존재자가 오직 제1존재 곧 신에 참여함으로써만 존재할 수 있는 것처럼, 신은 인간 의지의 존재 내용 곧 인간 의지에 의해서 이루어진 행위의 원인이다. 그러나 인간의 선택이 신의 선택이 아닌 것처럼 인간 행위는 신의 행위로 귀결될 수 없다. 그러므로 인간이 저지른 악에 대해 신은 결코 윤리적인 악의 원인이 아니라, 죄에 대해 오직 허용하는 방식으로 행위될 뿐이다. 그는 의지가 이떤 행위를 수행하도록 원인적인 도움을 주지만, 이 행동 안에 내포되어 있는 결함이 윤리 법칙을 어긋나는가는 상관하지 않는다. 나쁜 행위를 하는 인간이 이 잘못된 행동 안에 있는 결여의 원인이다. 아퀴나스의 예를 들자면, 어떤 이가 다리를 전다면 이 다리를 저는 것의 원인은 앞으로 움직이는 능력이 아니라, 뻗

뼛하거나 너무 짧은 다리이다. 그래서 나쁜 행동 안에서 존재성과 관련된 모든 것은 제1원인으로서의 신에게로 귀결될 수 있지만, 그 안에서 결핍과 관련된 모든 것은 제2원인 곧 신체가 결함을 가지고 작용한다는 측면에서 제2원인에 속하는 것이다. 이러한 형이상학적 분석으로 아퀴나스는 어떻게 악에 직면한 신의 의로움을 변호하고 있는가?

이 세상을 의지함에 있어서 하느님은 그것에 포함되어 있는 악을 의지하지는 않았다. 하느님은 무한의 선인 자신의 본질을 필연적으로 사랑하고 있으며, 또 하느님은 자신의 선의 한 전달로서의 창조를 자유로이 원하고 있다. 그러므로 하느님은 선에 반대되는 것을 즉, 악을 사랑할 수가 없다. 그러나 달리 말한다면, 하느님은 이 세상에 있는 악을 미리 알고 있지 않았는가? 그리고 하느님이 이 세상에 있는 악을 미리 알면서도 이 세상을 의지했다고 한다면, 하느님은 이 세상에 있는 악을 의지한 것이 아닌가? 만일 악이 하나의 적극적인 존재 즉, 창조된 어떤 것이라고 한다면, 악은 창조자로서의 하느님에게 돌려지지 않을 수 없는 것이다. 그러나 악은 하나의 적극적인 존재가 아니며, 플로티노스를 따라서 아우구스티누스가 가르쳤던 것처럼 악은 결여Privation이다. 그것은 '어떤 것'Aliquid 즉, 적극적인 것이 아니다. 그리고 악은 창조될 수가 없으므로, 하느님이 이를 창조했을 리는 없다. 오히려 악은 존재로서 그 자체가 선인 것의 결여로만 존재할 뿐이다. 나아가서 인간의 의지마저도 악 자체를 원할 수가 없다. 왜냐하면 의지의 대상은 반드시 선한(좋은) 것, 또는 그렇게(좋게) 보이는 것이기 때문이다. 토마스 아퀴나스의 말에 의하면, 간음하는 사람은 악 또는 죄 그 자체를 원하는 것이 아니라 악을 포함하고 있는 행위의 감각적인 쾌락을 원하고 있는 것이다. 그러나 어떤 사람이 바로 하느님에게 모욕이 되기 때문에 부도덕한 일을 즐기고 죄 되는 행위를 하는 일이 있다는 반론이 있을지도 모른다. 그러나 이 경우에도 의지의 대상이 되는 것은 어떤 외관상의 선, 예컨대 완전히 독립된 대상인 것이다. 말하자면 하느님에 대한 나쁜 반항도 선으로 보이며 '선의 양상에서'Sub specie boni 의지되는 것이다. 따라서 어떠한 의지도 악을 악으로서 욕구할 수는 없으며, 그리고 세계를 창조하면서 악을 '미리 알았던' 하느님은 그 악을 원했던 것이 아니라 그 자체가 선인 세계를 원했고, 하느님이 미리 알고 있었던 그 악을 허락하기로 작정한 것이라고 말하지 않으면 안 된다.

그러나 악 자체는 결여라고 주장함으로써, 토마스 아퀴나스는 악이 환영Illusion이라는 의미에서의 비실재적인 것이라고 말하려고 한 것으로 생각해서는 안 된다. 그렇게 생각한다면 그의 입장을 완전히 오해하게 될 것이다. 악은 존재의 열 범주 안에 든다는 의미에서의 존재Entitas가 아니지만, 악이 존재하는가 않는가의 문제에 대한 대답은 긍정적이지 않으면 안 된다. 이것은 확실히 역설적으로 들릴지 모르나, 악이 존재한다는 것은 그 자체가 적극적인 존재로서가 아니라 선의 결여로써라는 것이 토마스 아퀴나스의 뜻이다. 결여는 그것이 발견되는 존재자로부터 떠나서는 의미도 존재도 가지지 않는다. 그러나 그 존재자 가운데 있는 것으로서의 결여는 충분히 실제적인 것이다. 그와 마친가지로, 악은 스스로는 어떤 무엇의 원인이 될 수는 없으나 그 악이 발견되는 선의 존재자를 통해서 존재하고 또 하나의 원인이 될 수 있다. 예컨대 타락한 천사의 의지의 비뚤어짐은 그 자체가 하나의 원인이 될 수 없으나, 그것은 하나의 현실적인 결여로서 비뚤어짐이 발견되는 그 적극적인 존재자에 의해서 하나의 원인이 될 수 있는 것이다. 사실 이 비뚤어짐이 발견되는 존재자의 위력이 크면 클수록 그 결과도 크다.

　그런데 문제는 하느님은 악을 적극적인 존재로 창조하지는 않았지만 악이 존재하리라고 미리 알고 있는 세계를 창조했으므로, 어떤 의미에서 하느님은 악을 원했다(의지했다)고 말해야 하지 않는가라는 것이다. 이 점에 대해서는 물리적 악과 도덕적인 악을 구별하여 고찰할 필요가 있다. 물리적인 악은 확실히 하느님에 의해서 허락되어 있고, 어떤 의미에서 하느님은 그것을 원했다고 말할 수도 있다. 물론 하느님은 그 악을 그 악 자체를 위해서Per se 원한 것이 아니라 적어도 물리적인 결함이나 고통의 가능성을 포함하는 우주 즉, 자연 질서를 원했던 것이다. 감각적인 자연의 창조를 원했을 때, 하느님은 인간의 본성과 당연히 분리할 수 없는 쾌락과 더불어 고통을 느끼는 능력을 원했던 것이다. 하느님은 고통 그 자체를 원하지는 않았지만, 고통의 가능성이 따르는 자연(하나의 선)을 원했다. 나아가서 토마스 아퀴나스의 말에 의하면, 세계의 완전성을 위해서는 불멸하는 존재 이외에 소멸하는 존재가가 마땅히 있어야 한다는 것이다. 그리고 소멸하는 존재자가 있다면, 소멸이나 죽음은 자연의 질서를 따라서 일어날 것이다. 따라서 하느님은 소멸을 그 자체를 위해서 원하지는 않았지만, 하느님이 어떤 존재자 측에서 결함과 소멸의 가능성을 필요로 하는 질서의 우주를 창조하기를 원했고 또 실재로 창조했다는 의미에서 그는 이 소멸을 '부수적으로'Per accidens 생겨나게 했다고 말할 수 있다. 또 정의의 질서를 보존하기 위해서는, 도덕적인 악은 마땅히 벌을 받을 필요가 있다. 그리고 하느님은 벌 그 자체를 위해서가 아니라 정의의 질서 유지를 위해서 그 벌을 원하고 또 벌을 받게 한다고 말할 수 있을 것이다. 그러므로 물리적(자연적) 악을 취급함에 있어서 토마스 아퀴나스는 하느님을 마치 예술가처럼, 세계를 마치 예술 작품처럼 다루는 경향이 있다. 그 예술 작품의 완전성을 위해서는 다양한 존재자들이 요구되고, 이 존재자들 가운데는 죽음과 고통을 당할 존재자가 있게 되는 것이다. 따라서 하느님은 선 즉, 전 세계의 선을 위해서, 악 자체를 위해서가 아니라 부수적으로 물리적(자연적)인 악을 원했다고 말해도 좋겠다.

그러나 도덕적인 질서 즉, 자유의 질서가 문제되는 경우, 바로 자유로운 행위자로서의 인간 존재를 고찰하는 문제가 되는 경우 그의 태도는 달라진다. 자유는 선이며, 자유 없이는 인간은 하느님에게 상응할 만큼 하느님을 사랑할 수가 없고 그럴 만한 가치도 없을 것이다. 말하자면 자유는 인간에게 자유가 없을 때보다도 더욱 인간을 하느님과 닮게 하고 있다. 또 한편 인간의 자유는 인간이 하느님에 대한 직관을 지니고 있지 않을 경우 하느님과 도덕법을 거슬러서 죄를 지을 힘을 지니고 있다. 하느님은 어떠한 의미에서도 도덕적인 무질서나 죄를 원하지 아니하고 이를 허락했을 뿐이다. 왜 그런가? 그것은 인간이 자유로워서 자신의 자유로운 선택으로 하느님을 사랑하고 하느님을 섬기는, 보다 더 큰 선을 위해서이다. 우주의 자연적(물리적)인 완전성을 위해서는, 죽을 수 있고 또 죽게 되는 어떤 존재자들이 있을 필요가 있었다. 따라서 이미 우리가 보았듯이, 하느님은 부수적으로 죽음을 원했다고 말할 수 있다. 그러나 우주의 완전성을 위해서 인간이 마땅히 자유로워야 할 필요가 있었지만, 인간이 자신의 자유를 남용하여 죄를 짓는 것은 필요하지 않았다. 따라서 하느님은 도덕적인 악을 '그 자체로서'나 '부수적으로'

원했다고 말할 수 없다. 그럼에도 자연적인 질서에서는, 자유이면서 동시에 죄를 범할 수 없는 인간이 존재한다는 것은 불가능하다. 그러므로 비록 보다 큰 선을 위해서라고는 하지만, 하느님은 도덕적인 악을 허락했다고 말하는 것이 옳은 것이다.[157]

우리는 이와 같은 선과 악이 질서정연한 균형을 이루는 우주에 대한 미학적 해석을 아퀴나스의 은혜와 구속에 대한 가르침과 연계시켜야 한다. 성육신에 대한 자신의 글에서 아퀴나스는 '신은 악으로부터 더 큰 선함을 가져오고자 악한 것들을 허락하시는 것'이라고 말한다. 물론 신학적인 입장에서 고찰한다면, 이 문제에 대해서 아직도 할 말이 많을 것이며, 그리고 이 문제를 순전히 철학적으로 고찰한다면, 그것은 반드시 신학적 진리와 철학적 진리를 함께 이용한 경우보다는 훨씬 불충분한 것이 된다. 가령 타락과 구제의 교리는 순수 철학적인 사고 방법으로는 밝혀질 수 없는 악의 문제에 해결의 빛을 던져 주고 있다. 그러나 계시와 신학에 근거하는 논의는 지면상 여기서 함께 다룰 수 없다.

요컨대, 하느님과의 관계에 있는 악의 문제에 대한 토마스 아퀴나스의 철학적인 해답은 다음 두 가지 명제로 요약될 수 있다. 첫째로 하느님은 어떠한 의미에서도 도덕적인 악을 원하지 않으며, 단지 그 도덕적인 악을 제지함으로써 즉, 인간의 자유를 박탈함으로써 이루어질 수 있는 것 이상의 선을 위해서 그것을 허락했을 뿐이다. 둘째로 하느님은 자연적(물리적) 악 그 자체를 원하지는 않았지만, 우주의 완전성을 위해서 어떤 자연적인 악을 '부수적으로' 원했다고 말할 수 있을 것이다. 인간의 자유와 악의 문제에서도, 악은 존재의 결핍이다. 결핍이란 존재해야 할 완전성의 결여를 말한다. 물리적 악과 구분되는 도덕적 악은 자유의지가 실천이성Ratio practica의 규정을 거부함에 따르는 그것들 사이에 발생하는 무질서 즉, 있어야 할 질서의 결여이다. 소멸이나 죽음은 일종의 존재에 속하는 것이지만, 많은 자연적인 악이나 고통은 우주의 완전성이나 선과 밀접한 관계에 있는 것이 아니라 인간 측면에서의 도덕적인 악의 결과이다. 예를 들어, 건강을 해치는 행위의 반복이나 안전을 소홀히 하는 안전불감증은 죽음을 부르는 질병이나 사고로 이어지기 십상이다. 말하자면 이들 악은 '불가피한' 것이 아니다. 다만 이러한 자연적인 악과 도덕적인 악은 단지 하느님이 허락했을 뿐이다.

도덕적 질서의 차원에서 악과 자유의지에 대한 토마스 아퀴나스의 논증에서 보면, 의지가 자유로움은 자명하다. 따라서 인간의 자유의 문제는 과연 인간이 영적인 욕구기능으로서 의지를 소유하는가에 있다. 자유는 항상 어떤 것을 위한 자유이며 궁극적으로 인간의 올바른 자기실현과 자기충족을 목표로 한다. 그런데 인간 이성은 이론이성과 실천이성으로 구분된다. 이론이성의 경우, 전제가 올바르고 추리가 형식논리의 법칙을 준수한다면 그것의 결론은 항상 올바르다. 그러나 실천이성은 개별적인 것과 구체적인 것에 다다를수록 선과 악의 구분이 더욱 모호해지는 것을 경험한다. 이성은 지식에 대한 자연적 욕구를 가지며, 의지는 선에 대한 자연적 욕구를 갖는다. 그런 의미에서 도덕적 행위는 실천이성의 영역이다.

도덕적 행위는 의도적이며 자유로운 인간적 행위이다. 넓은 의미의 도덕적 숙고는 그러한 행위를 산출하는 과정으로 도덕적 판단을 결론으로 한다. 실천이성은 선하거나 악한 것으로 이해된 행위를 의지에게 제시하며 의지가 그 판단에 따를 것을 요구한다. 그러나 의지는 그

규정을 수용하거나 거부할 수 있다. 인간의 최상의 욕구기능인 의지는 감각적 욕구기능과 연관되어 있으며 그것들의 영향을 받는다. 도덕적 숙고는 결과적으로 실천이성과 의지와의 분쟁의 과정이다. 덕과 악덕은 여기서 결정적인 역할을 한다. 그래서 덕의 함양은 도덕적 삶에 필수적이다. 최종적 도덕적 판단은 비록 그것의 형성과정에서 의지가 주도적 역할을 함에도 불구하고 실천이성의 것이다. 도덕적 판단은 형식적으로는 실천이성의 것이며, 질료적으로는 의지의 것이라고 표현할 수 있다. 이러한 구체적이며 개별적인 행위에 대한 실천이성의 최종적 판단은 전문용어로 양심Conscientia이라고 한다.[158]

잘못된 행위란 인간이 인간으로서 해야만 하는 일로부터 지식과 자유의 측면에서 벗어나 있을 때 윤리적 악이 된다. 토마스 아퀴나스에 따르면 '해야 함'은 실천이성의 원칙들에 기초를 두고 있는데 실천이성은 우리에게 '선은 행하고 악은 피하라'고 말한다. 이 원리는 그 자체로 자명하다. 다시 말해, 누구나 그 원리를 이해하며 그것을 거부하지 못한다. 이 원리는 가장 포괄적이며 보편적인 모든 인간이 가진 도덕적 의식이다. 이 원리에서 직접적으로 유래되는 원리는 '두 악한 행위 중 덜 악한 것이 선택되어야 한다'는 것이다. 인간 자신은 본성에 따라 선하거나 악하다고 할 수 없다. 그러나 어느 누구든 선은 행하고 악은 피해야 한다는 것을 이해한다. 이 점에서 인간은 선에 대한 자연적 경향성을 가지고 있으며, 따라서 선 쪽으로 정향되어 있다고 할 수 있다. 그래서 악한 자도 선한 행위를 칭찬하며 그 행위자를 존중한다.

인간이 이성적인 동물인 이상, 인간의 구체적인 삶에서 도덕의 기준은 실천이성 외의 어떤 것일 수 없다. 인간이 이성적 존재라는 것은 인간은 보편적 선을 추구하며 궁극적으로 선 그 자체를 추구하는 것을 뜻한다. 인간이 이성적 동물이라는 명제는 인간이 실제로 합리적으로 행위한다는 것을 뜻하지 않으며, 인간이 자신의 삶에서 합리성에 대한 추구를 본성에 따라 수행해야 하는 의무를 갖는 것을 말한다. 그런 의미에서 도덕적으로 선한 행위는 선이라는 최종적인 목표를 달성하기 위해 선을 추구하는 행위를 의미한다. 도덕적으로 나쁜 행위는 최종적인 목적인 선에 이르는 방향을 상실하고 이로써 참된 선에 대립해 있는 것으로 드러난다.[159]

선한 행위와 악한 행위를 판단함에 있어서 양심의 역할이 중요하게 여겨지는데, 양심은 행위를 기준으로 선행, 동반, 혹은 후행하는 것으로 구분된다. 여기서 행위를 후행하는 양심은 타당성을 갖지 못한다. 양심은 항상 따라야 하는 것이며 심지어 거짓된 양심마저도 따라야 한다. 왜냐하면 인간은 구체적 상황에서 양심 외에 따를 것이 없기 때문이다. 토마스 아퀴나스에 따르면, 양심을 따르는 것은 항상 도덕적으로 올바르다. 그러나 양심은 후천적인 것으로 주관적이며 보편성이 결여되었다고 비판되기도 한다. 하지만 양심은 전적으로 주관적이 아닐 뿐 아니라 그것의 주관적인 성격에도 불구하고 절대적인 의미를 지닌다. 왜냐하면 인격으로서의 인간의 자기규정은 하나의 절대적인 의미를 지니기 때문이다. 즉, 영저인 존재인 인간은 선과 아에 대한 이해를 자신 안에 가지며, 그것을 따라야 하는 절대적인 의무를 갖는다. 말하자면 인간의지는 보편적인 선을 추구하는데, 그것은 인간의지가 절대적인 선을 추구함을 의미한다.[160]

이러한 토마스 아퀴나스의 설명에서 우리는 악에 대한 궁극적인 신비가 해결되었는지 자문할 수 있다. 앞에서 밝힌 것처럼 철학적이고 교리적인 설명 속에서 가려던 길을 잃어버린 것은 아닌지 되돌아보게 된다. 이처럼 종교에 대한 철학적 설명은 인간과 세계의 신비를 궁극적으로 설명하지 못한다. 종교철학은 오로지 창조자가 있다는 것과 그의 몇 가지 속성에 천착할 수 있다. 그리고 어떤 면에서 철학은 인간이 절대자와의 만남 없이는 자기를 상실한다는 사실뿐 그 만남의 가능성을 밝히지 못한다. 이것은 신비의 영역이며 철학은 철저히 이성적 학문이기 때문이다.

그런데 기독교 신자들에게는 구원의 계시 곧 케리그마가 이것들에 대해 궁극적 해답을 줄 수 있다. 이 해답들은 일견 기독교 교인에게만 타당성을 가지며 다른 이들에게는 신앙적 주장들에 불과해 보인다. 그러나 마치 은총이 자연을 파괴하지 않고 완성하며 고양시키듯, 기독교 신학적 진리는 철학적 진리에 모순되거나 그것을 파괴하지 않는다. 뒷부분에 전개될 종교 상징에 대한 연구에서 우리는 이러한 논의를 살펴보게 될 것이다. 상징철학의 차원에서, 리쾨르는 케리그마의 메시지를 통해 인간의 타락과 구원에 대한 새로운 전망을 제시한다.

기독교의 계시는 구원사를 통해 세계와 인간의 궁극적 신비를 해명한다. 신은 창조자이기 이전에 거룩하고 자비로운 사랑의 신이며 구원자 신이다. 왜 도대체 이 세계가 존재하며 그것이 어떠한가에 대한 궁극적 해답은 바로 기독교의 계시가 주고 있다. 즉, 창조는 구원을 위해서이다. 철학은 존재론적 악과 그것의 두 표현인 물리적이고 도덕적인 악이 모두 무엇인가는 설명하나 왜 그것들이 있는지는 설명하는 데 있어 한계에 부딪힌다. 그런데 기독교의 설명에 따르면 죽음, 고통과 도덕적 타락은 원죄의 결과이며 그것에 대한 형벌이다. 물리적 악과 도덕적 악이 가능하지 않은 곳에서는 도덕적 선의 가능성 또한 있을 수 없다. 그래서 신은 보다 큰 선을 위해 악을 허용하는 것이다. 그런데 신이 이 세계를 창조함에 있어, 왜 이러한 유한성의 양태를 선택했는지는 우리에게 알려지지 않는 신비로 남는다. 우리가 경험하는 이 세계의 유한성은 분명히 고통스러운 사실이다. 그러나 우리가 경험하는 바로서의 이 세계의 유한성의 양태는 원죄로 인해 변질된 것 또한 사실이다. 그리스도의 은총에 힘입어 인간이 신을 직접적으로 볼 수 있다는 그리스도의 가르침은 인간의 신비에 대한 궁극적 해답이다. 결론적으로 기독교인들이 신앙을 바탕으로 알 수 있는 가장 중요한 것은, 이 세계와 인간의 삶에서 일어나는 모든 일들이 성스러운 구원의 드라마를 구성하는 장면들이라는 것이다.[161] 앞서 언급했듯이 이러한 기독교의 진리를 해석학은 상징과 신화 해석을 통해 보다 보편적인 인간이해의 차원에서 다루고 있다. 다시 말하면 기독교에서 등장하는 악의 상징들과 타락 신화는 기독교 신자에게만 국한되지 않는 인간 이해의 보편적인 구조를 담지하고 있는데 이 부분은 다른 장에서 살펴보게 될 것이다.

4. 칸트의 근본악과 자유

이제 살펴볼 부분은 칸트의 종교철학이다. 칸트는 『이성의 한계 안에서의 종교』에서 도덕적 악의 문제와 자유의지에 대한 문제를 다루고 있다. 이 책에서 칸트는 인간 이성에 관심을 갖던 근대 철학자로서 자연적 악에 대해서는 다루지 않고 오로지 인간 근본악에 대해 집중적으로 다루고 있다. 칸트에 의하면 인간의 모든 선악의 문제는 인간의 '선택의지'Willkür의 사용 또는 오용과 연관되어 있는 것이다. 이를 바꾸어 말하면 선악의 근거는 결국 인간의 선택의지가 그 자신의 자유 사용을 위하여 스스로 설정하는 규칙 즉, '준칙' 안에 있다는 말로 표현될 수 있다.

칸트에 따르면, 인간의 '선택의지의 자유'는 오직 인간이 자기의 준칙 안에 받아들인 동기 즉, 인간이 그의 행위의 보편적인 규칙으로 삼은 동기 이외에는 그 어떤 다른 동기에 의해서도 규정되지 않는다. 그런데 이러한 문제와 관련하여 우리는 유한한 이성적 존재자로서의 인간의 모든 준칙 안에는 항상 두 가지 종류의 동기가 있음을 알고 있다. 즉, 그것은 도덕적 이성의 '법칙적인 동기'와 감각적, 욕구적 경향성의 '감성적인 동기'이다. 그러므로 준칙의 선함 또는 악함의 문제는 그것을 구성하는 동기들 자체의 내용이 아니라 오직 그 두 동기들이 그 안에서 서로 상대편을 조건 지우는 '질서' 혹은 '종속관계'에 있다고 말할 수 있다. 이를테면, 선인과 악인의 준칙의 차이는 오로지 선인이 그의 감성의 동기를 그의 법칙성의 동기 아래 종속시킴에 반해, 악인은 이 양자의 질서를 거꾸로 뒤집어 놓았다는 데 있다. 만일 인간이 그의 선택의지를 통해 어떤 악을 선택했다면 그것은 그가 '도덕법칙'의 요구 혹은 순수의지의 요구에 따르지 않고 다만 인간의 감각적 본성의 경향성을 따라 악한 준칙을 따르기를 자의적으로 결정 내린 것임을 뜻한다.[162]

그런데 칸트에 의하면, 인간은 선에 대해서는 소질을 가지고 있으나, 악에 대해서는 성향을 가지고 있다. 인간 본성에 있어서 악에의 성향은 인간이 본래적으로 가지고 태어난 자연적 소질과는 달리 인간 자신에 의해 경험적으로 획득된 것이다. 따라서 악은 오직 자유로운 선택의지의 규정으로서만 가능하며, 또 이때 선택의지는 그의 준칙을 통해서만 선 또는 악으로 판단될 수 있다. 말하자면 이때 악은 도덕법칙을 위반할 가능성이 있는 준칙의 주관적 근저 안에 놓여 있는 것이다. 결국 '인간이 악하다'는 것은 인간이 도덕법칙을 의식하면서도 종종 그 법칙으로부터의 이탈을 그의 준칙 안에 받아들였다는 것을 말하는 것이며, 또 '인간이 본성적으로 악하다'고 하는 말은 이러한 사실이 인류 전체의 인간들에게 보편적으로 적용 가능하다고 하는 것이다. 그러므로 우리는 악을 모든 인간, 심지어는 가장 선한 인간 안에서까지도 필연적인 것으로 전제할 수 있다는 것을 의미한다. 따라서 칸트에게 있어서 인간의 '근본악'이란 그 특징이 '보편적'일 뿐만 아니라 또한 '생득적'인 것이며, 이러한 근본악이 심각한 이유는 그것이 모든 준칙의 근거를 타락시키기 때문에 인간의 힘만으로는 도저히 근절될 수 없는 것이라는 점에 있다.[163)]

칸트는 구약 성서 창세기에 나오는 아담의 타락에 의한 원죄의 신화가 그 자신의 근본악 사상을 잘 표현하고 있음을 지적하고 있다. 원죄 신화에 대한 칸트의 철학적 해석에 의하면, 인류의 원조인 아담의 원죄는 감성적인 본능의 충동을 신의 명령보다 우위에 두는 준칙 선택의 행위에서 비롯된 것이다. 그런데 원죄 설화에 의하면 아담의 타락은 필연적인 악에의 성향에서 비롯되었을지라도 본래 그 자신 속에서 우러나온 것이 아니라, 뱀이라고 하는 외적 존재의 유혹에 의해서 일어나고 있다. 칸트는 이 점에 암시를 얻으면서 대담한 철학적 해석을 시도한다. 원죄 설화는 악의 발생이 인간의 본래적 선의 타락에서 온 것이 아니라, 그와는 상관없이 밖에서 들어온 것이므로 인간의 자연적 본성으로서의 선에의 소질은 그대로 남아 있음을 표현하고 있으며, 아직도 선에로의 전향의 가능성이 남아 있다는 사실을 호소하는 것이라고 한다. 그러므로 칸트의 근본악 사상의 역설적인 인간관에 의하면, 악에의 성향은 인간의 근원적인 본성에 깊이 뿌리박고 있는 것이기는 하나, 그것은 역시 인간이 스스로 그의 본성 안에 끌어들인 비본래적인 것이며, 인간은 그의 뿌리 깊은 악에의 성향에도 불구하고 선에로의 본래적 자연적 소질을 여전히 그대로 보존하고 있다.[164]

하지만 『이성의 한계 안에서 종교』에서 제시되는 도덕적 주체는 근본악의 어두운 그늘 밑에 있는 인간 즉, 악에의 성향이 선천적으로 그의 본성 속에 깊이 뿌리박고 있어서 감성적 경향의 영향에서 벗어나는 것이 자력으로는 절대로 불가능한 존재이다. 여기에서 칸트가 전개하고 있는 근본악 사상에 의하면, 인간은 인류라고 하는 종족의 일원인 한 그의 자유 사용의 최초의 순간에 이미 도덕법을 어기는 악의 원리의 지배 밑에 있는 것이다. 다시 말하면, 인간에게 악에의 성향은 '보편적'인 본성일 뿐 아니라 '생래적'인 본성이다. 근본악의 심각성은 모든 준칙의 근거를 타락시키기 때문에 '근본적이고 생득적인 악'으로서, 인간의 힘으로는 근절될 수 없는 것이라는 점에 있다. 왜냐하면 악의 근절은 선한 준칙에 의해서만 가능한 것인데, 모든 준칙의 최고의 주관적 근거가 타락해 있기 때문이다. 더 나아가서, 칸트에 의하면 준칙의 최고의 주관적 근거로서의 인간의 본성이 어떤 원인에 의해 타락하는 것인지 즉, 어떻게 해서 악이 인간의 본성을 타락시키는 것인지 그 원인을 파악할 수 없기 때문에, 근본악의 문제는 이성의 한계 안에서는 해결될 수 없는 신비인 것이다. 다시 말하면, 칸트에게 근본악은 인간의 이성으로는 이해 불가능하고 해결 불가능한 도덕적 한계 상황인 것이다.

이상에서 밝혀지는 바와 같이 칸트의 종교철학에서 등장하는 윤리적인 자유의 주체는 인간 일반에게 보편적인, 그리고 인간의 힘으로는 근절 불가능한 본성적인 악에의 성향 때문에, 악의 세력으로부터 독립한 예지적 자유의 가능성이 의심스럽게 되어버린 타락한 도덕적 인격이다. 그런데 이와 같이 타락한 도덕적 인격의 심각한 이율배반은, 악의 극복이 원칙적으로 불가능한 것임에도, 악에로의 성향에 대해서 그의 행위의 모든 순간에 책임을 져야 한다는 것이다. 역설은 여기에 있다. 즉, 본성적으로 악함에도 불구하고 선한 자기에 대한 책임을 절대로 면할 길이 없는 역설적인 상황 속에 있는 도덕적 주체의 불가사의한 자유이다. 칸트에게 악의 문제는 자연적인 경향과 직접적으로 관련된 것이 아니라, 자연적 경향에 근거한 동기를 도덕법에 의한 동기보다 우위에 놓는 위법적인 준칙을 선택하는 것과 관계되어 있다. 그러므로 악에의 성향이라는 개념 자체가 필연적으로 자유의 개념을 내포하고 있는 것이다. 이것은 선의 개념이 필연적으로 자유의 개념을 내포하고 있는 것과 마찬가지이다.

그러므로 칸트의 근본악 사상은 불가피하게 다음과 같은 어려운 문제에 봉착하게 된다. 칸트의 근본악 사상에 따라서 인간의 자유 사용의 최종적 주관적 근거가 이미 부패해 있는 것으로 전제하는 경우, 악으로부터 선에로의 전향은 불가능한 것이라고 할 수밖에 없다. 칸트 자신의 말대로, 악의 근절이란 단지 선한 준칙에 의해서만 나타날 수 있는 것인데, 만약 모든 준칙의 최고의 주관적 근거가 타락한 것으로 전제될 경우 그런 근절이란 발생할 수 없기 때문이다. 칸트에 의하면, 어떻게 해서 원칙적으로 그리고 절대적으로 타락할 수 없는 이성의 본질 속에 악에 의한 타락이 뿌리박게 되는 것인지, 악의 유래를 '뱀의 유혹'이라는 신화적인 방법으로밖에는 이해할 수 없는 것처럼, 어떻게 근본적으로 타락한 인간의 본성 속에 선에의 소질이 그대로 보존되어 있다고 할 수 있겠는가라는 문제, 곧 선에로의 전향의 가능성의 문제도 이성의 한계 안에서는 이해 불가능한 신비일 뿐이다.

칸트의 도덕적 신 존재 증명은 선에로의 전향 가능성이 근본악의 사실 때문에 불가능한 것임에도, 피할 수 없는 또 하나의 사실 즉, '우리의 영혼 속에 감소되지 않고 울려 퍼지는' 명령, '우리는 더 선한 인간이 되어야 한다'고 명령하는 도덕법의 의식 속에 내포된 역설적인 이율배반을 해결하려는 시도와 관련되어 있다.

준칙의 최고의 주관적 근거가 타락한 것으로 전제되는 근본악의 입장에서 볼 때, '도덕법의 의식' 즉, '해야 하기 때문에 할 수 있지 않으면 안 된다'는 도덕 명령의 무제약적 권위는 이론적으로나 실천적으로 자명한 것이 못 된다. 『실천이성비판』에서 실천적으로 정당화되었던 예지적 자아 즉, 악의 세력을 초월하는 무제약적 선의지의 실재성 자체가 근본악의 사실에 의해서 의심스럽게 되어 버렸기 때문이다. 다시 말하면, 근본악의 입장에서는 도덕 명령의 무제약적 강제력은 이해할 수도 없고, 정당화될 수도 없는 것이다. 그러나 그럼에도 감소되지 않고 인간의 마음속에서 울려 퍼지는 양심의 명령은 무엇에 근거하는 것인가?

이와 같은 도덕법의 무제약적 정언 명령은 칸트에 의하면, 불가해한 선험적인 근거에서 나오는 것으로밖에 이해할 수 없다. 칸트의 표현을 빌리면, '우리의 마음속에 있는 근원적·도덕적 소질 일반은 신에게서 나온 것으로밖에 생각할 수 없는 불가해한 숭고한 소질인 것이다.' 이와 같이 하여 『이성의 한계 안에서의 종교』에서 신의 존재는 근본악의 극복 불가능한 한계 상황 안에서도 절감됨이 없이, 빛나는 정언 명령의 불가해한 초월적인 근거로서 도덕적 인격에 대한 그의 객관적 실재성을 획득하게 된다. 근본악의 현실 안에서는 도덕법의 무제약적 명령은 불가해한 방식으로 인간 안에 주어진 신의 명령으로 밖에는 이해될 수가 없기 때문이다. 그러므로 도덕법의 무제약성을 최종적 기반으로 삼는 칸트의 도덕은, 근본악 사상의 맥락에서도 역시 불가피하게 신의 존재를 요청하는 종교의 차원과 연결된다. 근본적으로 타락했음에도 책임을 의식하는 도덕적 인격에서 선에로의 전환 가능성에 대한 무제약적 확신은 그 같은 확신의 초월적 근거로서 이해된 신의 은혜의 의식에로 이끌어 가기 때문이다. 타락한 도덕적 인격은 자기 자신의 무제약적 책임 의식 안에서 그 자신의 본래적인 가능 존재를 신의 은총의 선물로밖에는 이해할 수가 없는 것이다. 이처럼 칸트의 근본악 사상은 유한한 도덕적 인격과 신의 존재 사이의 필연적인 관계를 직접적이고 설득력 있는 방식으로 연결시켜 준다.

칸트의 도덕적 신 존재 증명은 도덕적인 삶에로 자기를 결단하고 도덕적인 삶은 자기의 존재의 본질이며 운명이라고 믿고 있는 사람들 중에서도 특히 기독교적 유신론의 전통 속에 정신적으로 익숙해져 있고 기독교적 전통의 타당성을 시인하는 사람들에게만 설득력을 가질 수 있는 것으로 보인다. 더구나 칸트의 근본악 사상은 특히 기독교 신앙과 너무나도 직접적으로 관련되어 있으며, 칸트는 근본악 사실을 거의 자명한 것으로 전제하고 있지만, 기독교 신앙의 맥락을 떠나서도 근본악 사상이 자명한 것으로 받아들여질 수 있는지는 문제이다. 그러나 칸트의 근본악 사상은 그 이후의 실존 철학자들에 의해서 좀 더 보편적인 의미를 가지는 것으로 해석된 인간 이해의 선구적 모델로서 중대한 의의를 가지게 되었다. 또한 칸트의 근본악 사상은 '원죄에 의한 타락'이라는 기독교의 특수한 교리 내용에 대한 일반적이며 실존적인 해석의 가능성을 제시함으로써, 역사적 종교로서의 기독교 신앙의 특수성 속에 담겨져 있는 인류 공통의 보편적인 진리를 조명하는 데도 크게 공헌했다고 보아야 할 것이다.

그러면 인간은 어떻게 도덕적으로 선하게 되는가? 어떻게 칸트에 의하면, 도덕적으로 선한 인간이 된다는 것은 우리의 안에 있는 선에의 소질을 발전시키는 것과 동시에 우리 안에 있는 악의 원리와 투쟁하는 것을 의미한다. 도덕적 인격의 본래적 자기의 회복은 개인 각자의 내면적 투쟁을 필연적으로 요한다. 즉, 인간의 도덕적 자기실현은 인간 자신 안에 있는 선의 원리와 악의 원리 사이의 투쟁 과정 속에서 성취되는 것이다.

여기서도 알 수 있듯이, 칸트는 기독교의 그리스도 신앙을 그의 이성 신앙의 빛에서 해석하고 있다. 그에 의하면 예수 그리스도는 우리의 이성 안에 있는 도덕적으로 완전한 인간성의 이념을 구체적으로 구현한 실재이다. 그리스도는 이성이 우리에게 제시하는 완전한 인간성의 원형인 것이다. 그러므로 그리스도를 따르는 기독교 신앙은 곧 우리의 이성 안에 있는 완전한 인간성의 이념을 행해서 노력하는 이성 신앙과 내용적으로 일치한다고 칸트는 믿고 있다.

그러나 우리 안에 있는 도덕적 이념, 곧 그리스도에 의해 구현된 도덕적 인격이 곧 우리들 자신에서의 선의 실현 가능성을 증명하는 것은 결코 아니다. 오히려 유한하고 타락한 인간의 존재 상태는 순수하고 높은 도덕적 실현 가능성을 의심스럽게 하는 것이다. 칸트에 의하면, 도덕적 자기실현의 과정에서 필연적으로 부딪히게 되는 극복 불가능한 한계 상황과 만날 때, 도덕적 인격은 불가피하게 종교의 차원으로 넘어가게 된다. 도덕적 인격이 그의 자기실현의 과정에서 불가피하게 신의 존재를 요청하게 되는 상황을 칸트는 다음과 같은 세 가지 측면에서 설명하고 있다. 첫째로, 우리가 우리 안에 실현하지 않으면 안 되는 선과 우리가 그것으로부터 벗어나야 하는 악과의 사이에는 무한한 거리가 있기 때문에, 법칙의 거룩함에 일치하는 행위는 언제까지라도 불가능하다는 한계 상황이 완전한 도덕적 인격의 이념의 실현 가능성을 의심스럽게 만든다. 칸트에 의하면 '결함 있는 선에서 더 높은 선을 향해서 나아가는 무한한 진전의 과정에서' 도덕적 인격은 불가피하게 신을 요청하게 된다. 그러나 여기서는 『실천이성비판』에서 신의 요청과 함께 제기된 영혼 불멸의 요청이 나타나지 않는다는 사실에 주목할 필요가 있다. 『이성의 한계 안에서의 종교』에서의 신의 요청은 어느 것이나 차안에서의 무한한 도덕적 진보의 가능성 문제와 관련되어 있기 때문이다.

선을 향해서 노력하는 인간에게 일어나는 두 번째의 어려움은 도덕적인 행복에 관한 것이다. 여기에서 칸트가 말하는 도덕적 행복이란 선을 향해서 항상 전진하는 태도의 현실성과 지속성을 의미한다. 도덕적 행복의 문제에 대한 칸트의 해결 방법 즉, 불확실한 가능성 앞에서 선을 향한 무한한 전진을 다짐하는 칸트의 희망의 형이상학은 매우 형식적이고 추상적인 결함을 내포한 『실천이서비판』에서의 영혼 불멸의 요청을 도덕적 주체의 방향에서 철저하게 내면화시킨 것이라고 볼 수 있다. 선을 향한 무한한 전진 가능성에 대한 객관적 보증을 확립하고자 한 것이 『실천이성비판』에서의 영혼 불멸의 요청으로 나타났다면, 『이성의 한계 안에서의 종교』에서의 '이성적 희망'의 요청은 객관적 불확실성 앞에 직면한 도덕적 실존의 무한한 내면적 정열을 일깨우고 고취하기 위한 것이라고 하겠다.

도덕적 인격이 선을 위한 투쟁 과정에서 불가피하게 당면하는 세 번째의 난점은 도덕적 심성에 항상 수반되는 죄책 의식이다. 칸트는 도덕적 인격을 항상 끊임없이 엄습하는 정신적인 고뇌의 문제 해결을 위해 신의 은혜로운 심판을 기대하는 것은 매우 '이성적'인 것이라고 주장한다. 칸트에 의하면, 도덕적인 선의 추구에 고뇌와 희생이 따르는 것은 필연적이며 자연스럽다. 도덕적 인격이 된다는 것은 단순한 선에로의 전진이 아니라, 악과의 투쟁 및 악의 극복을 통한 선의 실현 과정을 의미하기 때문이다. 기독교의 용어를 빌리면 도덕적인 회심은 반드시 옛 사람(죄의 주체)의 죽음을 수반하는 새 사람(선의 주체)의 탄생이다. 그러므로 악을 버리고 선에로 나아가는 도덕적인 수행은 그 자체가 고뇌이며 희생인 것이다. 칸트는 예수 그리스도의 수난과 죽음을 선한 주체의 탄생에 수반되는 고뇌와 희생의 상징으로 해석하고 있다. 예수 그리스도가 만인의 죄를 대속하기 위해 스스로 택한 십자가는 도덕적 수행에 수반하는 고뇌와 희생을 도덕적인 선의 실현을 위한 십자가로 알고 받아들일 때, 죄책의 무거운 압력 밑에서도 위로와 희망을 얻을 수 있다는 사실을 전달하기 위한 상징인 것이다.

칸트는 또한 오로지 그리스도를 믿음으로써만 죄인은 그의 죄책에도 불구하고 의인義人으로 받아들여질 수 있다는 기독교 신앙의 의인義認 교리의 구체적인 내용에 비추어 회심을 설명한다. 예수 그리스도가 그를 믿는 사람들의 대리자로서 그들의 죄를 대신 짊어짐으로써 죄인들로 하여금 신 앞에서 의인으로 인정받게 해주는 것과 같이, 도덕적 인격은 그 모든 행위에서 자신의 행위의 불완전성 때문에 면할 수 없는 양도 불가능한, 전적으로 개인적 죄책에도 새 사람이 되려는 그의 선한 의도 또는 그의 주체 속에 내재하는 선의 이념에 대한 그의 믿음 때문에 양심 앞에서 자기를 변호할 수 있고 죄책을 면할 수 있다는 것이다.

그러나 여기서 도덕적 인격이 선의 이념에 의지하는 그의 믿음을 통해서 자기의 죄책 의식을 면할 수 있게 될 때, 그것은 순전한 자력에 의한 것이 아니라, 신의 은혜로운 심판에 의한 것으로 생각할 수밖에 없는 것이라고 칸트는 주장한다. 실현 도상에 있는 도덕적 실존은 항상 결함을 가진 행위를 면할 길이 없으며, 자기 자신의 내면적인 선한 의도에 대해서도 직접적으로 확인 불가능한 것이므로 자기 자신의 힘만으로는 자기의 의를 주장할 수 없기 때문이다. 이와 같이 칸트에게서 도덕적 인격의 내면적인 자기 긍정은 은혜로운 심판자로서의 신에 대한 '이성적인 믿음'과 불가피한 관련을 가진다.

이상에서 고찰한 비외 같이, 칸트에게서 도덕적 인격은 그 자신 안에 있는 선의 이념을 믿고 그 실현을 향해 투쟁해나가는 과정에서 필연적으로 인간의 마음을 꿰뚫어보며, 인간의 결함을 그의 내면적 의도에 비추어서 은혜롭게 심판하는 신의 의식에 도달하게 된다. 인간은 신을 직접 인식할 수는 없다. 그러나 의무이기 때문에 가능할 수 있어야 한다

고 하는 이성의 정언적 명령 앞에서 그의 투쟁을 계속하지 않을 수 없는
도덕적 인격은 이성적인 방식으로 신의 자비와 의를 기대하게 되는 것
이다. 이와 같은 칸트의 관점에서 보면 도덕적 인격의 자기의식은 동시
에 신의 의식이다. 그리고 도덕적 인격의 내면성의 이와 같은 이중적 구
조 속에서 칸트가 말하는 소위 '이성의 한계 안에서의 종교' 또는 도덕
적 인격의 이성적 신앙의 비밀이 있는 것이다.[165]

4장
종교는 왜 상징을 사용하는가?

김선하

이 장에서는 종교 상징을 둘러싼 해석의 문제를 다루고 있다. 종교 상징이라고 하면 너무나 범위가 넓기 때문에, 우리의 연구의 범위는 종교 상징들 중에서도 악의 상징에 한정하여 다루고자 한다. 특히 유대·그리스도교 전통에서 악의 상징과 그에 대한 해석에 집중해서 살펴볼 것이다. 여기에는 앞서 살펴본 아우구스티누스 신정론과 칸트의 종교철학에 대한 해석도 아울러 전개된다. 이러한 해석을 우리는 현대 상징 철학을 이끌고 있는 폴 리꾀르의 분석에 의존하여 진행할 것이다. 그가 기독교 전통의 유럽 문화에 속한 학자이기 때문에 그의 연구도 유대·그리스도교의 전통의 상징에 치중해 있는 것이 사실이다. 그렇지만 철학자로서의 그의 상징 해석은 상징이라는 보편적인 문화 현상을 접근하는 데 있어 탁월한 시각을 제공하고 있을 뿐만 아니라, 기독교적 성서 해석의 범위를 넘어서 죄와 악의 문제에 봉착한 인간 존재의 물음을 심도 있게 풀어내고 있다. 앞으로 살펴볼 악의 상징에 대한 철학적 해석은 상징을 사실로 받아들이는 근본주의 입장이나 상징을 비신화화하는 합리주의 입장을 거부하고 상징이 불러일으키는 생각을 따라 악의 문제에 대한 새로운 지평을 열어주고 있다.

1. 왜 악의 상징인가?

상징을 둘러싼 철학적 사유는 상실과 회복의 과정을 겪고 있다. 물론 그런 상실은 근대 이후 인간의 생존이라는 큰 과업을 완수하면서 치른 대가라고 할 수 있다. 현대로 오면서 기술 발전으로 자연을 정복하고 인간의 필요를 충당하면서 인간은 성스러움의 영역을 상실했다. 현대인은 희미하게나마 자신들이 무엇인가를 잃었음을 알게 되었고 이어서 그 충만한 언어를 회복하려는 마음을 갖기 시작했다. 오늘날 우리의 언어는 상당히 치밀해지고 뜻은 간단해졌다. 한마디로 기술(테크닉) 언어가 되었다. 그래서 전체를 아울러 묶고 체계를 세우는 데 알맞은 언어가 되었다. 바로 이런 시대 속에서 우리는 오히려 충만하고 의미로 '꽉 찬' 언어를 다시 찾으려고 하는 것이다. 그런데 이러한 움직임과 노력은 또다시 현대가 준 선물이기도 하다. 왜냐하면 현대는 어원학과 주석, 현상학과 정신분석학 그리고 언어 분석이 활발한 시대이기 때문이다. 그것을 통해 언어를 텅 비게 하였지만 다시 새롭게 채우는 작업을 하는 것도 현대에 들어서서 시작된 일이다.

폴 리꾀르의 명제, '상징은 생각을 불러일으킨다.' 여기에는 두 가지 의미가 들어 있다. 첫째, 상징이 무언가를 불러일으킨다. 곧 의미는 내가 만드는 것이 아니라 상징이 불러일으키는 것이다. 둘째, 상징이 '생각을' 일으킨다. 결국 상징은 무엇인가를 불러주고 나는 생각한다. 다시 두 가지를 말하면 첫째, 어둠에 묻혀 있기는 하지만 모든 것이 다 이야기되어 있다. 둘째, 그러나 우리 생각으로 다시 그 이야기를 시작해야 한다. 결국 우리가 하고자 하는 작업은 상징에 묻힌 생각과 그것을 생각하는 생각을 함께 이해하려는 것이다. 상징이 열어주는 의미들과 그에 대한 생각들을 생각함으로써 우리는 이제까지 철학과 교리적 신학이 부딪혔던 인간실존의 물음들에 대한 기술적 설명의 한계를 넘나들 수 있는 기쁨을 맛보게 될 것이다.

2. 악의 상징들 : 흠, 죄, 허물

서양의 철학은 그리스에 그 기원을 두고 있다. 오늘날까지 보편성을 추구하는 그리스 사상의 맥이 우리 사고에 영향을 주고 있다. 그 기본 사상은 바로 존재의 물음이라고 할 수 있는데 이 물음에는 다른 물음들이 포함되어 있다. 실존의 문제, 이성의 문제 그리고 인간의 유한성과 죄의 문제들이다. 이러한 그리스적 물음이 최초 상황을 이루고 그것이 또한 종교 영역을 결정한다. 우리가 하려는 작업은 이렇게 형성된 종교를 철학적으로 탐구해보려는 것이다. 곧 상징을 통해서 그러한 작업을 수행하려고 한다. 악의 상징은 여러 상징들 중에서도 가장 인간실존의 문제와 뿌리 깊게 연관되어있다. 유대·그리스도교 전통에서 악의 상징은 폴 리꾀르의 분석에 따르면 '흠' '죄' '허물'이라는 세 가지 형태로 발견된다. 가장 오래 된 악의 상징은 '흠'이다. 그것은 일종의 밖에서 묻힌 때와 같은 어떤 물리적인 것을 가리키는데, 그것은 풍부한 상징력을 지니고 있다. 오늘날 그 표현이 그대로 남아 사용되고 있는 것도 그 풍부한 상징력 때문이다. 예컨대 사리사욕이나 인종 차별주의에 물든 사람을 가리켜 때가 묻었다는 표현을 쓴다.

좀 더 발전된 바빌로니아나 히브리 문학에서는 '죄' 관념이 등장한다. 그것은 여러 가지 상징으로 표현되는데, '과녁이 빗나갔다' '길을 잘못 들었다' '반역한다' '목이 뻣뻣하다' '간음을 했다' '길을 잃었다' '텅 비었다' '먼지처럼 헛되다'는 표현들은 '죄' 관념을 담고 있다. 바빌로니아나 히브리 문학, 그리스 비극 그리고 오르페우스 신화에 등장하는 '죄'의 상징은 흠과 뚜렷하게 구분되면서 흠보다 더욱 풍부하다. 부정한 접촉을 그리는 '흠'과 달리 '죄'는 끊어진 관계를 그린다. 하느님과 사람, 사람과 사람 그리고 나와 나의 관계 단절을 담고 있다.

또 하나의 상징은 '허물' 관념이다. 이것은 흠에서 죄로 가는 내면화의 맨 마지막 형태를 보여준다. '흠'은 바깥에서 벌어지는 오염이고 '죄'는 관계 단절이다. 그리고 그 관계 단절은 내가 몰라도 이미 벌어진 일이다. '죄'는 현실의 조건이요, 객관 상황이요, 말하자면 실존의 존재론 차원이라고 할 수 있다. 그와 달리 '허물'은 주체를 상당히 강조한다. 그 상징은 훨씬 내면적이다. 그것은 어떤 무게에 짓눌리는 의식을 말한다. 잘못을 곱씹을 때 내면에서 솟아나는 가책으로 물어뜯긴 상처를 말한다. 그 같은 무게나 물어뜯김은 실존 차원을 가리킨다.

그런데 '허물'에서 가장 중요한 상징은 법정 상징이다. 법정은 도시국가의 제도다. 법정이라는 은유를 사용하여 양심을 표현하는데, 우리가 '도덕의식'이라고 부르는 것이 바로 그것이다. 그리하여 '허물'은 일종의 법정 앞에 서는 것과 같다. 잘못을 재고 죄를 선포하고 벌을 내리는 법정 앞에 서는 것과 같다. 도덕의식은 내면 끝까지 들어가 깨어 판단하고 정죄하는 눈이다. 허물을 느끼는 의식은 그처럼 내면의 법정에서 범죄자로 정죄되는 의식이다. 그리고 마침내 그것은 벌을 기다리는 의식이 된다. 간단히 말해서 라틴어 Culpa는 '갈라진 의식'이 일으키는 자기 관찰이요 자기 고발이요 자기 정죄다. 이러한 허물의 내면화로 두 가지 결과가 생긴다. 한편으로 허물 의식은 우리가 '죄'라고 부른 것보다 발전이라고 할 수 있다. 죄는 공동체 전체가 연루되어 있는 집단 현실인 반면에 허물은 개인화된다. 죄 경험은 누구에나 '똑같은' 것이었지만 허물 경험은 '정도의 차이'가 있다.[166]

허물 관념은 도덕과 연결되어 다른 곳보다도 특별히 그리스와 로마에서 형법의 발전을 가져왔다. 법정 상징과 함께 생긴 도덕의식은 결국 법의 발전을 가져온다. 그처럼 개인화되고 정도를 따지는 허물 의식은 집단 전체를 통틀어 평가하는 죄의식에 비해 발전한 것이다. 그러나 허물 의식과 함께 세심한 요청이 생겨나고 거기서 애매모호한 경향이 생긴다. 세심한 양심은 꼼꼼하게 정제된 것이고, 완벽해지려는 욕망이 깃든다. 그처럼 꼼꼼하고 세심한 정신 상태도 말미암아 도덕의식에 병이 든다. 세심한 양심은 풀리지 않는 미로에 갇힌다. 의무는 점점 쌓여 수없이 많아진다. 하느님을 사랑하고 이웃을 사랑하라는 계명의 단순함과 청순함이 사라진다. 계속 새로운 계명이 쌓여 가는데, 그처럼 율법이 세분화되면 사람의 행위를 끊임없이 판단하고 일상생활을 제의로 덮는다. 세심한 의식은 아무리 많은 계명에도 만족하지 못한다. 그러면서 복종이라는 관념 자체가 변한다. 이웃을 사랑하는 것과 하느님을 사랑하는 것보다 계명에 복종하는 것이 더 중요해진다. 그처럼 정확하게 율법을 준수하는 것이 바로 율법주의다. 율법주의에서 우리는 허물 의식이 만든 지옥을 본다. 바울이 말한 대로 율법이 바로 죄의 원천이다.[167] 이처럼 허물 관념은 악의 경험이 내면화하고 책임적인 도덕 주체가 등장하는 진보를 보이지만, 다른 한편으로 보면 꼼꼼함이 불러오는 특이한 병이 들어서는 지점이기도 하다.

악의 문제는 자유와 의무에 관련해서 윤리 문제다. 자유가 있다는 것은 악의 기원을 자기에게 두는 것이다. 의무를 느끼는 존재는 해야 할 것을 할 수 있다고 느끼는 존재다. 내가 의무를 느끼고 해야 한다고 믿는 것은, 내가 욕망이나 겁에 묶여 행하는 존재가 아니라 내가 떠올리는 하나의 법에 따라 행할 수 있는 존재이기 때문이다. 법을 따를 수 있는 능력과 함께 거기에 '거스를' 수 있는 '두려운' 능력도 발견된다. 자유는 법의 표상을 따라 행하고 의무를 이행할 수 있는 능력이다.[168] 악과 자유의 상호성을 인정하면 악과 자유에 대해 새로운 정의를 내릴 수 있다. 악에 대한 새로운 정의는 칸트식으로 표현할 수 있다. 내 행위의 준칙 안에서 법과 동기의 관계가 역전되는 것, 그것이 악이다. 준칙이란 내가 하려고 하는 것의 실천 원칙이다. 칸트의 정의에 따를 때, 악은 내 안에 또는 자연(본성) 안에 있는 것이 아니라 관계의 역전이다. 관계의 문제이지 실체가 아니다. 있어서는 안 될 선호, 그것이 악이다.

『이성의 한계 안에서의 종교』 맨 처음에 나오는 「근본악에 대하여」에서 칸트는 모든 악한 준칙에 공통된 기원의 문제를 제기한다. 악한 준칙이란 사람의 악함을 통째로 묶어 이야기할 때 생각하게 되는 자유의 체질이다. 그래서 인간의 선천적 조건이라고 부를 수도 있다. '마치 ~ 처럼', 바로 그것이 타락의 신화를 철학으로 풀이한 것이다. 성서의 타락 신화는 깨끗한 상태에서 죄로 가는 악의 출현을 표현하는 합리적인 신화다. 아담 '처럼' 우리가 늘 악을 시작한다. 악의 사태는 언제나 '이미 와 있다.' 그래서 근본악이다. 악한 행위를 할 때마다, 악한 의도가 발생할 때마다 그 행위와 의도에 앞서는 악이다.

나를 앞서 있는 악과 나에게 주어진 자유 사이에서, 생각과 반성에 서로 다른 두 방향을 향한 한계가 있다. 하나는 내 앎의 한계요, 다른 하나는 능력의 한계다. 먼저, 내 악한 자유의 기원을 '나는 모른다.' 그 같은 기원에 대한 무지는, 내가 자유를 철저하게 잘못 쓰고 있다는 고백의 기본을 이룬다. 악의 문제에서 나를 확인하고 나를 나로 인정하는데, 그 무지가 일부분을 이룬다. 둘째, 나는 내 자유의 '무능'을 발견한다. 할 수 있다고 하면서 책임을 말했기 때문에 여기서 다시 무능을 말하는 것은 이상하다. 하지만 내 자유는 이미 부자유임을 고백한다. 윤리에서 가장 큰 역설이다. 악은 그렇게 하지 '않을 수 있었던' 것이다. 여전히 옳은 이야기다. 그러나 동시에 나는 악을 저지르지 '않을 수 없도록' 이미 붙잡혀 있다. 그렇게 붙잡혀 있는 것이 악이다. 자유 안에 그런 모순이 들어 있다. 능력의 무능이고, 자유의 부자유로 드러난다.[169]

3. 상징의 질서

모든 신학과 모든 철학적 사변, 심지어 모든 신화 이전에 상징이 있다. 기초 상징이라고 할 수 있는 그 상징들은 어떤 체험을 표현하는 언어라고 할 수 있다. 여기서 체험은 말하자면 죄 '고백'의 체험이다. 사람은 자기가 저지른 악에 책임이 있음을 털어놓을 때 또는 자기가 저지른 악에 자기가 당하고 있음을 고백할 때 곧바로 상징을 쓴다. 금기를 어긴 악을 가리키는 '흠'을 표현하기 위해 때라는 상징이 사용되고, 좀 더 윤리적인 '죄'의 개념에는 빗나감, 굽은 길, 벗어남, 방황 같은 상징이 들어 있다. 그리고 좀 더 내면화된 '허물'을 말하는 데는 무게나 짐 같은 상징을 쓴다. 그 상징들은 자연 경험에서 생긴 일차 기표들이다. 그런 기본 언어들을 신화 상징과 구분해서 일차 상징이라고 한다. 신화는 좀 더 정립된 상징으로서, 인물과 장소와 시간이 등장하여 이야기를 이루고 있으며 일차 상징이 고백하는 체험을 이야기로 꾸며 말하는 것이다.

일차 상징은 상징이 지향하는 구조를 잘 보여준다. 기호가 어떤 것을 보이면서 그것 너머를 가리키는 것이라면 상징도 기호다. 그렇지만 기호가 모두 상징은 아니다. 상징이 가리키는 방향은 한 방향이 아니다. 상징은 두 겹의 지향성을 품고 있는데, 먼저 일차 지향 곧 문자 그대로 가리키는 것이 있다. 그러나 일차 지향 위에 이차 지향이 있다. 손에 묻은 더러운 때, 길을 빗나감, 무거운 짐 같은 것들이 성스러운 존재 앞에서는 인간의 상황을 가리킨다. 때나 길 잃음이나 무거운 짐 같은 일차 의미를 넘어 흠 있는 인간, 죄인, 허물 많은 인간의 상황을 가리킨다. 결국 문제 의미 또는 겉 뜻이 자신을 넘어, 때 '같은' 것, 길이 빗나감 '같은' 것 그리고 짐 '같은' 것을 가리킨다. 무엇을 가리키는지 정확하게 드러나는 기술 기호와 달리 상징 기호는 불투명하다. 일차 의미 또는 문자 의미 안에서 엇비슷하게 이차 의미가 생겨나기 때문이다. 닿을 수 없는 상징의 깊이가 바로 그 불투명함에 있다. 상징에서 일차 의미와 이차 의미의 관계는 독립적으로 객관화시킬 수 있는 유비 관계가 아니다. 오직 일차 의미 속에 있으면서 일차 의미에 의해서만 일차 의미를 넘어 이차 의미로 들어간다. 말하자면 상징은 일차 의미 그 자체의 운동이다. 일차 의미가 우리를 잠재 의미로 끌어들여 상징된 것과 하나되게 한다.[170]

그러므로 고백의 일차 상징은 탐구해야 한다. 고백의 체험 속에서 상징들의 삶과 움직임이 곧 바로 드러나기 때문이다. 고백은 언어로 이루어진다. 의미론을 통해 우리는 어떤 방향으로 뻗어가는 진정한 언어 혁명을 본다. 그 풍성해진 언어를 지표로 하여 체험이 흘러나온다. 잘못한 경험, 곧 죄의 경험을 따라가 보면 상징의 문턱이 계속 이어져 있다. 그러므로 우리는 잘못의 경험에서 무슨 느낌을 살피고 그 느낌으로부터 무언가를 얻으려는 것이 아니다. 곧바로 그 느낌을 살피는 것은 짧은 길이지만 우리가 기대하는 바를 얻을 수 없다. 돌아가는 우회로이지만 소득이 있는 길로 가야 무언가를 얻을 수 있다. 그 길은 바로 문화를 이루는 위대한 상징들의 움직임을 고찰하고 생각하는 것이다.

악의 상징 곧 흠과 죄와 허물, 이 세 개의 일차 상징들에는 겹쳐진 뜻이 있다. 그리고 그런 겹 뜻이 상징 일반의 힘찬 움직임을 잘 보여준다. 한편으로는 이 상징에서 저 상징으로 가며 의미가 깊어지는 운동이 있다. 다른 한편으로는 그 상징의 풍부함이 약해지는 운동이 있다. 어떤 면에서 얻는 것이 있으면 동시에 다른 면에서는 잃는 것이 있다. 그리고 어느 '단계'에서나 앞 단계의 상징이 지닌 무게를 건네받게 마련이다. 가장 오래 된 상징 단계인 흠의 상징이 세 번째 상징 단계인 허물에서도 그 바탕이 그대로 남아 있다. 사실 처음부터 흠은 때 이상으로, 거룩한 존재 앞에 선 인간 전체의 느낌을 가리킨다. 느낌을 주도하는 그 무엇은 몸을 씻어도 사라지지 않는다. 깨끗하게 하는 정화 의식은, 여러 가지 몸짓을 통해(파묻고, 침을 뱉고, 멀리 집어던지고) 상징 언어 말고는 어떤 언어로도 말할 수 없는 그런 온전함을 회복하려는 것이다. 흠이라는 주술 개념이 매우 오래 되고 낡은 것이지만 아직도 정함과 부정함의 상징을 우리에게 전해주는 까닭도 거기에 있다. 거기에는 매우 조화로운 상징의 힘이 있기 때문이다. 그런데 이 흠의 상징에는 악이 '밖에서' 들어온다는 문제가 있다. 거기서 '타락의 신비'라고 할 만한 문제가 생긴다. 악은 내가 내 마음대로 저지르지만 다른 한편으로 악의 유혹이 있다. 악이 '이미 있다'는 것이다. 그런 문제가 이미 흠의 상징에 들어 있다.

그러나 옛 상징의 뒤를 이어 경험의 혁명이 일어나고 그 경험을 드러내는 언어 혁명도 일어난다. 그 혁명은 생각에서뿐만 아니라 상징에서도 우상파괴 운동으로 나타난다. 먼저 상징은 이전 상징을 파괴한다. 따라서 우리는 죄 상징이 흠 상징과 뒤바뀐 형태로 이룩됨을 본다. 바깥 접촉 대신에 벗어남(과녁이나 똑바른 길이나 넘지 말아야 할 한계 같은 것을 벗어남)이 등장한다. 기본 동기에 큰 변화가 생겼기 때문이다. 다시 말하면 종교 체험에 새로운 범주가 생겼다. 곧 '하느님 앞'이라는 것과 '계약'이 그것이다. 완전함을 향한 무한 요청이 등장하고, 그 무한 요청이 유한 요청인 옛 계명을 새롭게 한다. 무한 요청과 함께 무한한 두려움도 같이 생긴다. 금기에 대한 두려움이 아니라 분노하시는 하느님에 대한 두려움이 생긴다. 이제 악은 처음의 의미를 떠나서 더 이상 어떤 실체가 아니라 관계 단절이다. 그것은 바람이나 허깨비, 안개 또는 헛된 우상 같은 말로 그려진다. 하느님의 분노라는 상징은 관계 단절을 되돌리려는 분노다. 그런데 거기서 악에 대한 적극적인 사고방식이 생긴다. 악은 밖에 있는 '실체'는 아니지만 실제로 힘을 행사하는 권세로 나타난다. 포로 상징에서 그 점을 발견할 수 있다. 역사적 사건인 이집트와 바빌로니아에서 겪은 노예 생활을 실존 상황으로 바꾼 포로 상징은 이스라엘의 회개 경험을 가장 높은 차원에서 표현하고 있다. 이처럼 악을 권세로 보면서 처음 상징인 흠의 상징이 다시 들어온다. 여기서 다시 악을 밖에서 찾는 문제가 일어나는 셈이다. 물론 이번에는 주술 차원이 아닌 윤리 차원에서 일어난다.

이처럼 단절과 연속 운동이 죄 상징들에서 허물 상징으로 가는 과정에도 똑같이 일어난다. 한편으로는 실재론과 비슷한 관점, 곧 죄의 존재론이라고 할 만한 것이 차츰 사라지고 잘못을 순전히 주체의 문제로 보려는 시각이 등장한다. 전에 죄를 말할 때는 주체가 알거나 모르거나 그에게 죄가 있다고 보았으나, 이제 허물은 주체가 알고 의식하는 한도에서 존재한다. 오직 내가 잘못을 저지른 장본인이다. 벗어나고 빗나가고 방황하는 상징 대신에 무게와 짐이 상징으로 등장한다. '하느님 앞' 대신에 '내 앞'이 의식 깊은 곳에 자리잡는디. 이제 사람은 자기가 느끼는 만큼만 잘못이 있다. 이 새로운 혁명에서 책임 문제가 아주 분명해진다. 집단 책임에서 개인 책임으로 옮겨간다. 그리고 사람마다 정도의 차이가 생긴다. 합리적으로 잘잘못을 가리고 판단하는 세상이 등장하고 세밀한 양심이 등장한다. 그러나 오래 된 흠'상징이 사라지지는 않는다.

어두운 고통이 밖에서 안으로 들어왔을 뿐 사라지지는 않았기 때문이다. 양심은 율법에 치인다. 양심은 율법을 만족시킬 수 없으며 율법 앞에서 불의의 포로 신세다. 나름대로 자신이 정의롭다고 내세워도 거짓일 뿐이다.[171] 이처럼 상징들 사이에서 일어나는 자리바꿈과 발전의 양상 가운데 이전 상징들의 의미가 파괴되기도 하고 또 그에 대한 언어와 경험에 있어서 새로운 의미들이 등장하기도 한다.

4. 상징의 운동과 원죄 신화

신화는 이차 상징이다. 신화는 어떤 공간과 시간과 인물들을 엮어낸 큰 이야기다. 아담 신화에는 아주 특별한 세 가지 기능이 있다. 첫째, 아담이라고 하는 대표 인간을 가지고 인류 전체와 모든 인간사를 말한다. 아담은 사람이면 누구나 살면서 겪는 경험을 대변하고 있다. 신앙인의 절실한 경험을 '원형'Archétype 인간 속에 압축하고 있기 때문이다. 둘째, 아담 신화의 자리가 처음과 끝 사이에서 이야기에 어떤 방향을 제시하고 있다. 태초와 종말에서 오는 긴장이 신화 전체에 흐른다. 셋째, 아담 신화는 인간 현실의 단절을 아쉬워한다. 흠 없는 상태에서 죄의 현실로 건너간 인간 현실을 안타까워한다. 원래 좋은 사람이 어떻게 오늘날의 모습이 되었는지를 말한다. 신화가 상징 기능을 발휘하는 데 이야기라는 특별한 양식을 사용할 수밖에 없던 까닭도 거기에 있다. 신화에서 말하고자 하는 것은 이미 드라마다. 타락 신화는 신화일 뿐이라고 할지 모르지만 그러면 그 신화의 의미를 잃어버린다. 신화가 역사 사실이 아니라고 버리지 말고 신화에서 역사 사실일 수 없는 진리를 찾아내야 한다. 케임브리지의 신학자 도드C. H. Dodd는 아담 신화의 첫 번째 기능은 유배라고 하는 민족의 비극을 인류 전체의 '보편 사건'으로 만드는 데 있다고 본다. 신화 그 자체는 하느님의 말씀이 아니다. 신화의 겉으로 드러난 뜻은 전혀 다를 수 있기 때문이다. 인류 전체의 삶의 상황을 '드러내는' 힘, 그 힘이 신화의 '드러난' 뜻을 이룬다. 신화가 없었으면 가려졌을 무엇이 신화로 말미암아 드러난다.[172]

요컨대 아담 신화에서 볼 수 있듯이, 신화 세계는 악을 두 가지 경향으로 나눈다. 하나는 악을 사람 바깥에 두는 경향이고, 또 하나는 악을 사람의 잘못된 선택에 두어 사람의 고통도 거기서 비롯되었다고 보는 경향이다. 일차 상징 역시 서로 다른 두 가지 경향이 양극을 이루는 것을 보았다. 악을 주술적으로 이해하는 흠의 차원에서 악은 바깥의 문제였다. 그리고 세밀한 양심이 생기는 허물의 차원에서 악은 완전히 내면의 문제였다. 이처럼 신화 해석에서 갈등은 서로 다른 두 신화 집단 사이에만 있는 것이 아니고 한 신화 속에서도 일어난다. 예컨대, 아담 신화 안에도 해석의 갈등이 있다. 한편으로는 인간의 타락의 순간을 그리고 그러면서 다른 한편으로는 일정한 기간 계속되는 유혹 이야기가 등장한다. 타락 사건을 한 사람, 한 순간, 한 행동에서 찾던 신화가 이번에는 몇 명의 인물과 몇 개의 이야기로 다락 사건을 전개하고 있다. 이 두 번째 관점에 따르면 인간이 순결을 잃는 놀라운 변화는 눈에 띄지 않게 점차 진행된다. 아담 신화 한 가운데 등장하는 뱀은 악의 다른 측면을 말한다. 악을 바깥의 문제로 보는 여타의 신화들이 하는 이야기를 하는 셈이다. 이미 있는 악, 이미 있어 사람을 끌고 유혹하는 악을 말한다.

결국 뱀의 존재가 말하는 것은 사람이 악을 시작하지 않았다는 점이다. 사람은 악을 시작한 것이 아니라, 이미 있던 악을 계속 했을 뿐이다. 그렇게 해서 뱀은 사람의 탐욕보다 더 오래 된 악의 전통을 상징하고 있다. 뱀은 인간이 저지르는 악과는 다른 '타자'다.[173]

신화와 상징의 신학 언어를 해체하는 작업으로부터 원죄 교리를 둘러싼 상징을 해석하는 작업이 시작된다. 아담 신화를 통해서본 '원죄'론에 따르면, 악은 존재가 아니며 자연도 아니라는 점이다. 악은 우리에게서 나온 것이고, 우리의 자유의 문제이다. 그러나 원죄 개념이 성서 전통에 맞는다는 사실을 이해하려면 영지주의가 수세기 동안 교회의 신앙고백에 가한 압박을 기억해야 한다. 영지주의에서는 악을 사람 밖에 있는 어떤 물리적 실체라고 본다. 영지주의에서 볼 때 우주는 신성하면서도 사탄과 같은 것이다. 그리하여 악은 완전히 사람 밖의 것이고 사람과 무관한 것이며 완전한 실체가 된다. 악은 사람의 자유 '로부터' 나와 세상의 헛됨 '으로' 가는 것이 아니라 세상의 권세에서 나와 사람에게로 가는 것이다. 사람이 고백하는 죄도 악한 짓을 한 것이라기보다는 세상에 있는 존재의 '상태'요 존재하는 자의 '불행'이다. 그래서 구원도 밖에서 오고, 사람의 책임이나 인격에 관계없이 순전히 마술 같은 힘으로 구원이 이루어진다. 악을 실체요 세상이라고 봄으로써 신화는 단순히 신화가 아니라 '사실'이 된다. 그것은 잘못된 앎으로 앎을 흉내 낸 것에 지나지 않는다. 악의 문제에서 영지주의는 머릿속에 떠오르는 그림을 사실로 보고 상징을 실체로 본다.

그리스 교부와 라틴 교부는 합심해서 영지에 대항했다. 악은 저절로 생긴 것이 아니며 실체가 아니라고 주장했다. 악은 세상이 아니고 또한 스스로 있는 것이 아니며 '우리에게서' 생겼다. 영지주의의 물음과 답에서 반대할 것은 답뿐 아니라 물음 그 자체다. 마치 실체처럼 '악이 무엇이냐?' 하고 물을 수 없기 때문에 '악은 ~이다' 하고 답할 수도 없다. 단지 '우리가 어찌하여 악을 행하는가?' 하고 물을 수 있을 뿐이다. 악은 '존재'가 아니라 '행위'다.[174]

아담 상징에서 전하는 것은 바로 이것이다. 곧 세상에 악이 생기는 바로 그 지점에 사람이 있다는 것이다. 사람을 통해서 죄가 세상에 들어왔다. 세상이 악이 아니라 악이 세상에 생겼다. 아담 설화는 그런 삶의 고백이며 아우구스티누스는 바로 그 점을 다시 끌어와 마니교도와 싸웠다. 아우구스티누스는 매우 '윤리적인' 세계관을 정립했다. 거기서 악은 완전히 사람의 책임이다. 그럼으로써 그는 사람이 악의 주인공이 아니라 신의 희생물이라고 보는 '비극적' 세계관을 물리쳤다. 회개를 하는 것은 죄를 지었기 때문이다. 죄를 짓는다는 것은 의지가 있다는 것이다. 죄 속에 의지가 들었다면 그것은 처음부터 우리를 꼼짝 못하게 한 것이 아니다. 잘못됨이란 무無가 되는 것이 아니라 무로 기울어짐이다. 왜냐하면 더욱 충만하게 존재하는 것이 덜 존재하는 것으로 기울 때, 없어지는 것이 아니라 약해져서 전보다 덜 존재하는 것이기 때문이다. 여기서 무(없음)는 존재(있음)와 반대되는 존재론 개념이 아니라 삶의 방향을 가리킨다. 곧 '하느님에게로 향하지' 않고 '피조물에게로 향하는 것'이다.

그런데 아우구스티누스는 원죄론에서 '본성의 죄'라는 표현을 썼고 '유전으로'라는 표현도 썼다. 이런 표현들로 그는 우리가 현재 저지르는 죄가 아니라 나면서부터 속해 있는 죄의 상태를 말하려고 했다. 이것은 개인이 어디로 기울어지는 문제와는 전혀 다르다. 악은 지금 어떤 개인의 문제가 아니라 어딘가에서부터 계속 흘러내려왔다. 그래서 인류의 조상이 되는 첫 사람에서 모든 사람에게 전해졌다는 것이다. 바울은 첫 번째 아담을 '장차 오실 분의 모형'이라고 보았는데, 바로 그 아담이 문제의 핵심이다. 아담의 타락은 그리스도의 오심처럼 역사를 둘로 나눈다. 이 두 도식이 서로 반대로 포개어진다. 타락 이전에 완전한 인간의 모습이 있었다. 그것은 마지막 때의 인간상 이전에 본래의 참인간(그리스도)이 오신 것과 같다.

바울이 볼 때 죄는 첫 사람의 작품이 아니다. 죄는 물론 첫 사람을 통하지만 첫 사람 아담을 뛰어넘는 신비다. '한 사람을 통하여' 죄가 들어왔지만 여기서 한 사람은 처음으로 죄를 지은 사람이라기보다는 첫 매개체를 의미한다. 죄의 크기는 한 사람을 뛰어넘는다. 첫 사람부터 우리까지 모든 사람을 물들여서 한 사람 한 사람을 모두 죄인으로 만든다. 죄는 크고 강력하다. 그러므로 죄를 단순히 유전으로 보거나 생물학 차원으로 해석해서는 안 된다. 율법이나 죄, 죽음이나 육의 문제는 개인을 뛰어넘는 신비다.[175]

하지만 악은 결국 사람이 저지른 것이라는 뜻에서 원죄 개념은 영지주의에 대항하고 있다. 그러나 그 개념이 상당히 합리적이라는 점에서 영지주의와 비슷해졌다. 그래서 인식론 차원에서 볼 때 영지주의처럼 교리 신화를 이루었다. 영지주의와 비슷하다는 것은 상당히 위험한 말이지만 구조가 그렇다는 것이다. 아우구스티누스는 그런 논리를 쌓은 것은 하느님의 탄핵 행위를 '합리화'하기 위해서다. 물론 아우구스티누스에게도 하느님의 신비는 신비로 남아 있다. 그러나 그 신비는 선택의 신비이지 탄핵의 신비가 아니다. 하느님이 왜 누구에게는 은혜를 베풀고 누구에게는 은혜를 베풀지 않는지 아무도 모른다. 여기에 탄핵의 신비는 없다. 선택은 은총이고 버림받음은 당연한 것이다. 이처럼 버림받음을 정당화하기 위해 아우구스티누스는 본성의 죄를 말하고 첫 사람에게서 유전되었다고 한다. 그것은 인간의 행위이며 그 대가로 벌을 받아야 하는 그런 죄다.

그러므로 우리는 원죄론이 죄의 고백에 들어 있는 더 깊고 더 충실한 합리적 상징이라는 점을 기억해야 한다. 합리적 상징인 원죄 교리 뒤에 숨어 있는 풍부한 무엇을 보기 위해서는 길을 거슬러 올라가야 한다. 사변 쪽으로 앞질러 가지 말고 합리성 이전의 상징들이 갖고 있는 거대한 의미 세계로 돌아가야 하는데, 추상 언어가 정립되기 전에 성서에 들어 있는 상징, 예를 들어 방황이나 거역, 굽은 길 그리고 무엇보다 '노예 생활' 같은 것들이다. 이집트와 바빌로니아에서 지낸 노예생활은 악의 지배 밑에 있는 인간을 그리는 상징이 되고 있다. 그러한 상징들을 통해 성서 기자들은, 잘못이라는 희미한 개념으로는 잡히지 않는 야릇한 악의 체험을 말하고자 했다.[176)]

요컨대, 아담 신화는 악의 신비를 드러낸다. 다시 말해서 우리 각자가 악을 저지르고, 악은 우리에게서 시작되지만 다른 한편으로 악은 내 속에, 내 밖에 그리고 나 이전에 보인다. 악에 대한 책임 의식이 싹트는 것과 별개로 악은 '이미 있다.' 악의 기원을 먼 조상에 둠으로써 신화는 모든 인류의 상황을 말한다. 이미 일어난 일이며 내게서 악이 시작되는 것이 아니다. 나는 다만 계속 이어갈 뿐이다. 결국 아담이라는 조상을 세워 말하려는 것은 앞에서도 밝혔지만 의식보다 앞선 죄의 현실, 개인의 책임을 물을 수 없는 죄의 연대성 그리고 잘못을 저지르는 의지의 무능력 따위다. 그런 문제의식에서 태초를 가리키는 상징이 생기고 그러한 상징을 모아 첫 사람의 신화가 이루어졌다. 여기서 우리는 바울에서 아우구스티누스에 이르기까지 아담 신화의 해석에 깔려 있는 '유전'의 도식이 나온 뿌리를 본다. 그런데 그 도식의 의미를 알려면 아담을 절대로 역사 인물로 보아서는 안 되고 '모형', 곧 '옛 사람의 모형'으로 보아야 한다. 신화를 사실로 받아들여서는 안 된다. 사실, 상징은 모든 비평을 넘어 생각을 불러일으킨다. 이로써 신화를 역사 사실로 받아들이는 근본주의와 신화에서 도덕을 찾는 합리주의 사이에 상징 해석학의 길이 열린다. 상징 해석학은 신화를 단지 거짓 역사에 그치지 않는 것으로, 그 무엇을 드러낸다고 본다. 그 무엇은 신화가 아니었으면 사라졌을 어떤 경험을 말하고 그 경험은 신화를 통해 표현을 얻는다.

5. 상징과 반성의 투쟁

이제 남은 일은 생각하는 일이다. 상징으로부터 생각하고 상징의 풍부함을 따라 생각해야 한다. 여기서는 생각하는 반성적 주체의 역할이 중요하다. 상징은 생각을 불러일으킨다. 우선 상징을 해석하는 데에는 세 단계가 있다. 처음은 단순한 '현상학'의 단계다. 상징을 통해 상징을 이해하는 단계, 다시 말해서 상징 전체를 통해서 상징을 이해하는 작업이다. 그것도 이미 지성의 작업이다. 왜냐하면 이리저리 상징을 찾아 서로 연결하여 상징 세계에 일관된 질서를 만들기 때문이다. 그러나 그것은 여전히 상징에 주어진 삶을 벗어나지 못한다. 종교현상학은 대체로 거기서 머문다. 거기서 상징을 이해한다는 것은 상징을 어떤 큰 상징 부류에 집어넣는 것을 가리킨다. 그것도 나름대로 체계를 세우는 일이기는 하다. 이제 종교현상학에서 사용하는 방법을 몇 가지 살펴보자. 첫째, 종교현상학은 어떤 특정한 상징만 따로 떼어놓고 보기에는 그 상징이 다양한 가치를 지니고 있음을 안다. 그리하여 서로 교환되는 여러 가치들을 한 통속으로 묶음으로써 상징을 이해한다. 둘째, 종교현상학은 다른 상징을 통해 어떤 상징을 이해하려고 하기도 한다. 이때 어떤 상징을 연구하고 이해한 후, 지향성 분석을 널리 확대해서 그와 비슷한 다른 상징들도 이해한 것으로 생각한다. 셋째, 제의나 신화처럼 상징과 다른 형태로 성스런 존재를 표현하는 것들을 통해 상징을 이해하는 방법이다. 넷째 방법은, 똑같은 상징이 어떻게 여러 가지 차원의 경험과 표상을 하나로 묶는지를 보이는 방법이다. 그런 여러 가지 방식으로 상징현상학은 나름대로 일관된 무엇을 보여준다. 상징의 체계 같은 것을 밝힌다. 거기서 해석은 일관성을 밝히는 것이다.

이상이 상징으로부터 생각하는 첫 단계이다. 그러나 우리는 거기에 머물 수 없다. 아직 '진리' 물음이 제기되지 않았기 때문이다. 현상학에서 상징 세계의 일관된 체계를 진리라고 한다면 그것은 믿음이 없는 진리이고, 거리를 둔 진리이며, 환원된 진리다. 이렇게 상징과 거리를 두고 비판하는 관계도 필요하지만, 이제 상징과 가까운 관계로 접어들어야 한다. 그러려면 비교하는 관점을 떠나서 해석의 눈을 가지고 상징과 신화의 삶 속으로 나 자신을 끼워 넣어야 한다. 다음 단계인 해석학이라고 할 만한 영역 곧 개별 텍스트에 적용되는 해석의 지평은 첫 단계인 비교현상학 너머에 펼쳐진다.[177]

다시 말하면 상징의 힘을 얻으려면 멀리서 바라보는 자세를 벗어나야 한다. 단순히 신화를 즐기는 자세에서 벗어날 때 비로소 해석의 순환이 열린다. 해석의 순환을 한마디로 표현하면 '믿으려면 이해해야 한다. 그러나 이해하려면 믿어야 한다'이다. 우리가 찾는 것은 해석을 통한 이차적인 직접성이요 이차적인 원시성인데 그것은 해석학 안에서만 가능하다. 해석을 통해서만 믿을 수 있다. 순환은 전前이해가 있고 그 다음에 그 전이해를 가지고 이해하는 순서로 이루어진다. 이처럼 이해에 활기를 불어넣는 것이 전이해라면, 해석의 순환에서 우리는 오늘날 다시 한번 성스런 존재와 교통할 수 있게 된다. 따라서 해석학은 '근대'의 산물이지만 거룩함을 잊은 근대를 극복하는 것이기도 하다. 상징에서 일어나는 믿음은 근대의 문제를 드러내고 치유한다. 여전히 존재가 내게 말한다. 물론 비판 이성 이전의 원시 신앙의 형태가 아니라, 해석학을 통한 이차 직접성의 형태로 말한다.[178] 이것이 두 번째 단계다.

상징을 밝히는 세 번째 단계는 가장 철학적인 단계이다. '상징으로부터 생각하는' 단계다. 그런데 상징과 그 상징을 해석하는 철학 담론 사이의 해석학적 관계에는 두 가지 위험이 있다. 하나는 단순히 우의(알레고리)에 빠지는 것이다. 이런 위험에 빠지지 않으려면 상징 '뒤'를 생각할 것이 아니라 상징으로부터 생각하고 상징에 '따라' 생각해야 한다. 그래야 상징의 실체가 파괴되지 않는다. 상징은 사람들 사이의 말을 '드러내는' 바탕을 이루고 있기 때문이다. 간단히 말해서 상징은 생각을 '불러일으킨다.' 또 다른 위험은 상징을 합리성 영역으로 그대로 끌고 들어오는 것이다. 상징 그 자체를 합리적인 것으로 봄으로써, 상징이 탄생하고 펼쳐지는 그 단계에 상징을 그대로 묶어 둔다. 예컨대 신화를 그대로 교리로 삼는 것으로 영지주의가 그러했다. 영지주의자들이 볼 때 악은 밖에 있는 어떤 물리적 실체 같은 것이다. 그러므로 악의 모습이 실재하는 무엇으로 자리를 잡는다. 그리하여 공간과 우주의 형상과 분리되지 않는 교리 신화가 생겼다.

그렇다면 어떻게 옛날의 알레고리 해석으로 돌아가지 않고 상징으로부터 생각하면서 동시에 영지주의 함정에도 빠지지 않을 수 있을까? 여기서 우리는 창조적 해석의 길을 찾아야만 한다. 그것은 상징의 본래 깊이를 존중하는 것이며 그래서 상징이 우리를 이끌도록 하는 것이다. 그와 동시에 생각이 책임지고 자유롭게 의미를 이끌어 내고 이룩한다. 그러나 생각이 어떻게 상징에 '매여 있으면서 동시에 자유로울 수' 있는가? 우리가 살펴보고 있는 악의 상징에서 그 문제를 발견할 수 있다. 생각과 상징의 투쟁이 일어난다.[179)]

하지만 상징이 가지고 있는 어떤 특성 때문에 상징으로 돌아간다는 것은 철학자에게 복잡한 문제이다. 우선 상징은 문자 의미에 바탕을 두고 유비로 말하기 때문에 불투명하다. 그리고 상징은 여러 가지 언어와 문화의 산물이므로 우연한 것이다. 또한 상징이 생각을 불러일으키는 것은 해석을 통해서인데 그 해석이 다르다는 문제가 있다. 신화에는 해석이 따르고, 그 해석에는 꼭 반대되는 해석이 있다. 곧 상징의 불투명함, 문화에 의존하고 있음, 이렇게 해석하는가에 상징의 의미가 달라질 수 있다는 점이 철학이 지향하는 명확성과 필연성과 과학성에서 볼 때 상징이 지닌 세 가지 결점이다. 더욱이 일반 해석학이란 없다. 주석을 하는 데 필요한 일반 규범은 없으며 따라서 일반 해석 이론은 없다. 서로 다른 해석 이론이 있을 뿐이다. 이러한 문제들에도 상징을 통해, 상징이 불러일으키는 생각을 따라 우리는 창조적 해석의 길을 모색하고자 한다.

일단 상징과 생각의 투쟁에서, 생각하는 '반성'은 기본적으로 비신화론화로 향한다. 그 대표적인 예로 악의 문제를 들 수 있다. 앞서 보았듯이 악의 상징에 대한 반성은 윤리 관점에서 매듭지어진다. 악의 신비를 걷어내고 인간 행위의 책임 문제로 귀결시킨다. 이렇게 반성은 비신화론화를 주도하면서 무엇보다 먼저, 흠과 죄의 차원을 전부 개인 내면의 허물 문제로 바꿔버린다. 이런 맥락에서 아담 신화 역시 비신화론화하는 운동으로 밀고 나가 노예의지의 알레고리로 본다. 그러나 이러한 반성적 생각에는 철학적 사변이 필요하다. 앞으로 살펴보겠지만 사변하는 생각은 악을 윤리적 관점에서만 볼 때 놓치는 것들을 건져내고 우리에게 꼭 필요한 메시지를 찾아내려고 한다. 곧 철학적 사변은 윤리적 세계관에서 얻을 수 없는 구원의 문제와 희망의 메시지를 찾아내어 죄와 악의 문제에 대한 해답을 얻고자 한다.

반성적 생각에서 악을 윤리 문제로 본다는 것은 되도록 철저하게 인간의 자유 속에서 악을 생각한다는 것이다. 그때 악은 자유의 산물이다. 이처럼 자유를 통한 악과, 악을 통한 자유를 서로 연결시켜 '설명'하는 것이 세상과 악을 도덕 관점에서 보는 세계관의 특징이다. 결국 모든 것을 윤리로 푸는 세계관은 악이 실체라는 것을 부정하면서 첫 사람의 타락에 초점을 맞추어 생각한다. 이러한 윤리적 세계관의 대표자는 아우구스티누스와 칸트이다.[180] 반성적 세계의 어두움을 철학적 사변이 밝혀줄 수 있는지 의구심을 품고서 아우구스티누스와 칸트를 다시 읽고자 한다.

6. 아우구스티누스와 칸트

아우구스티누스는 악에 들어 있는 '무'의 권세와 의지 속에서 활동하는 자유를 직접 말한 사람이다. 그는 자유 문제를 깊이 파고들었다. 그래서 자유는 인간 바탕에서 존재에 저항하는 힘이요, '잘못됨'이요 '기울고 무로 향하는' 힘이라고 보았다. 그러나 그의 생각은 신플라톤주의의 틀 속에 있었기 때문에 '의지와 본성'이 서로 반대된다는 것을 일관성 있게 이야기하지 못했다. 여기에는 악을 우연히 발생하는 사건으로 보고 뜻하지 않은 돌출로 볼 철학이 필요하다. 곧 의지에 반하는 인간의 본래 모습, 본성의 존재 방식을 문제 삼는 철학이 있어야 한다.

그 점에서 칸트는 일보 나아갔다. 칸트의 형식주의 윤리는 악을 인간 내면에 뿌리 깊은 것으로 생각하는 기본 조건을 세운다. 칸트에게 악은 더 이상 감각에 있지 않다. 선한 의지를 규명하면서 감각적 욕망의 문제를 빼버린 결과 칸트 윤리학에서 악과 감정의 혼동은 더 이상 없다. 칸트에게 악은 관계의 역전에 있다. 칸트는 존중이라고 하는 순수 동기를 감각적 동기가 누를 때 그런 관계의 역전이 일어난다고 보았다. 최고악은 무슨 의무의 위반이 아니라 덕이 아닌 것을 덕으로 보는 것이라는 점, 그 점을 철학 언어로 완벽하게 말한 사람이 칸트이다. 악 중의 악은 겉으로만 법에 일치하는 준칙을 정당화하는 것으로, 그것은 도덕의 흉내만 내는 것이다. 칸트야말로 처음으로 악을 나쁜 믿음, 곧 속임수에서 찾은 사람이라고 볼 수 있다. 여기서 자유란 떨어질 수 있음이며 순서를 뒤집을 수 있음이다. 그러므로 악은 어떤 실체가 아니라 자유의지에 의한 관계의 역전이다.

　　그런데 아우구스티누스와 칸트에게서 반성의 어두움을 보게 되는데, 그와 같이 악을 윤리 문제로 풀 때 놓치는 것은 여러 가지 방식으로 악의 상징에 들어 있는 악의 체험을 놓친다는 것이다. 말하자면 악의 '비극적인' 요소를 놓치게 된다. 가장 바탕이 되는 상징, 곧 일차 상징이 죄의 고백에 들어 있는데 거기서 악은 '이미 있는' 것이고, 내가 태어날 때 나를 둘러싸고 있는 것이며, 내가 의식하기 전에 내 안에 들어 있는 것이고, 개인이 저지르는 허물로 다 풀 수 없는 것이다. '포로'와 노예 상징은 바로 그처럼 나를 둘러싸고 지배하는 무슨 힘으로 악을 보는 것이다.

　　아담 신화를 뺀 다른 모든 신화들, 곧 악을 밖에서 찾는 신화들은 한결같이 악을 이미 있는 것으로 그리고 무력한 나를 누르는 어떤 권세로 체험한 데서 생긴 것이다. 그리고 그런 신화들의 기운은 아담 신화에도 들어와 있다. 모든 사람의 조상인 아담보다도 먼저 있던 존재가 있으니 그것이 바로 뱀이다. 그런데 악을 윤리 문제로만 풀려고 할 때는 지금 저지르는 악, 곧 '떨어짐'이나 '빗나감' 같은 상징만 끌고 들어온다. 거기서 아담은 '지금' 일어나는 악의 표본이고 우리가 악을 저지르는 것은 아담을 되풀이하고 따라하는 것이다. 따라서 각자가 매순간 악을 시작한다. 그러나 이제 다른 면을 살펴보자. 각 사람은 악을 시작하지만 또한 악을 잇고 있기도 하다. 이제 우리는 그 점을 말해야 한다. 악은 전통이고 역사를 따라 연결되어 있으며 이미 군림하고 있다.[181]

　　그러므로 우리가 반성을 통해 해야 할 일은 우선, 원죄가 사실로서 지식이 아니라는 점을 밝히는 것이다. 그 다음, 이미 있는 악을 말하려는 의도를 찾아내는 것이다. 원죄는 이미 있는 악을 말하기 위한 합리적 상징이라는 것이다. 사실, 좁은 뜻에서 아우구스티누스주의에는 서로 다른 두 가지 개념 곧, 비난받을 허물을 말하는 법 개념과 유전을 말하는 생물학 개념이 엉켜 있다. 한편으로는 죄가 되려면 잘못이 의지의 산물이어야 한다는 생각이 있다. 이를테면 태초에 정말로 존재했다고 보는 첫 사람의 잘못이 그것이다. 다른 한편으로 우리 모두가 '아담 안에서' 죄를 짓는다고 하려면 아담의 죄가 '유전되어' 내려와야 한다. 따라서 본성의 죄는 나쁜 행위와 같은 효과가 있고 범죄처럼 벌 받기에 마땅하면서도 유전병처럼 유전되는 것이다.

그러나 우리가 원죄 개념에서 보아야 할 것은 거기에서 그치는 것이 아니라 은밀하게 빗대어 하는 말(아날로지)의 풍요로움이다. 그 유비의 힘으로 죄의 고백에 들어 있는 좀 더 뿌리 깊은 무엇인가를 가리키고 있다. 내가 의식하기 이전에 악은 내게 있으며, 그것은 개인의 잘못으로 돌릴 수 없는 무엇이며, 내가 어떻게 할 수 없는 것이라는 점, 바로 그것을 원죄 개념은 은밀한 유비라고 말하고 있다. 악과 자유의 관계는 나의 '태어남'과 현재의 의식의 관계와 같다. 다시 말해서 악은 (태어나면서부터) 이미 있다. 여기서 태어남이나 자연(본성)은 유비 개념이다. 그러므로 원죄는 마니와 영지주의에 대항해서 악을 나쁜 의지로 보면서도 다른 한편으로 악을 거의 자연 같은 것으로 보려는 것이다. 원죄는 불가피하게 개념이지만 '그 개념의 기능은 우연의 구도에 유전의 구도를 집어넣는 데 있다.' 그것은 빼놓을 수 없는 형이상학의 문제인데 개념 언어로는 표현할 수 없는 한계가 있다. 자연 비슷한 것이 의지에 들어 있다. 악은 의지 한가운데에 있는 비의지다. 의지와 맞서는 것이 아니라 의지 안에 있는데, 그것이 바로 노예의지라는 것이다. 이렇게 되면 죄의 고백은 단순히 행위를 뉘우치는 것과는 차원이 다른 깊이가 생긴다. 악이 그 깊이에서 '태어남'의 차원이라면, 회심은 '거듭남'이다. 그리하여 개념 아닌 개념을 통해서 '거듭남이라는 대칭항'이 생기게 되었다. 그 대칭항에서 의지는 사려 깊은 선택을 하지만 수동적인 것으로 등장한다.

바로 그 거듭남을 칸트는 도덕 생활의 '아프리오리'로 삼으려고 했다. 「근본악에 대하여」에 들어 있는 철학적 관심은, 앞에서 거짓 지식이라고 부른 원죄 개념을 비판하고 근본악을 '연역'하려는 것이었다. 자연악 또는 본성의 악은 나쁜 준칙이 가능하기 위한 조건으로 볼 수 있다. 다시 말하면 나쁜 준칙의 '근거'라고 할 수 있다. 그리하여 악에 대한 성향은 '예지의 세계에 속한다.' 『이성의 한계 안에서의 종교』에서 칸트가 밝히는 바에 다르면, 악에의 성향의 성질들은 자유로운 선택의지와 동기로서의 도덕법칙 사이의 관계에 관련되어 있으므로, 악은 자유의 법칙에 따라서 가능한 한 악의 개념으로부터 선험적으로 인식되는 것이 아니면 안 된다.[182] 경험은 법칙에 관계하는 선택 의지의 최고의 준칙 안에 있는 악의 근거를 제시할 수 없다. 왜냐하면 악의 근거는 예지적 행위로서 모든 경험에 앞서는 것이기 때문이다. '나면서부터' 악이 주어졌다고 말할 수는 있지만 태어남이 악의 원인은 아니다. 차라리 악은 '자유로부터 온 자유의 존재 양식'이다. 노예의지가 습관으로 굳은 것이다. 그런 식의 이야기는 악의 우연성과 선재성이 조화를 이루는 상징을 만든다.

그러나 근원을 '안다고' 한 영지주의와 달리 철학자 칸트는 악이 풀 수 없고 알 수 없는 것임을 인정한다. '악에의 성향으로 말하자면 그것은 자연적 성향으로서 인간의 힘으로는 근절시킬 수 없는 것이다. 왜냐하면 그의 근절은 선한 준칙들을 통해서만 일어날 수 있는 것인데 모든 준칙들의 최고의 주관적 근거가 부패한 것으로 전제된다면 그런 일은 일어날 수 없기 때문이다.' [183] '그러므로 도덕적인 악의 최초 근거로서 파악될 수 있는 어떤 근거도 우리에게는 존재하지 않는다.'[184] 곧 악은 자유 '로부터' 시작되지만 이미 자유 '속에' 들어 있다. 악은 행위이면서도 습관이고, 그때그때 생기면서도 동시에 이미 있다. 여기서 칸트는 아우구스티누스를 완성하고 있다는 것을 알 수 있다. 먼저 원죄 개념에 들어 있는 영지주의의 껍데기를 걷어 버린다는 점에서 그렇고, 그 다음으로 나쁜 준칙의 기초를 선험적으로 연역 한 점에서 그렇다. 마지막으로, 근거의 근거를 알 수 없다고 뒤로 물러선 점에서 그렇다.[185] 앞서 우리는 알레고리적 해석으로 돌아가지 않고 상징으로부터 생각하면서 동시에 영지주의의 합리주의적 함정에도 빠지지 않는 창조적 해석의 길을 찾아 나섰다. 그리고 아우구스티누스와 칸트라는 산을 넘고 이제 우리 앞에 새로이 펼쳐질 지평을 마주하고 있다.

7. 비극적 악과 케리그마의 역설

아남 신화 안에서 뱀의 형상을 통해 원죄론은 윤리적 세계관 속에서 윤리에 저항하는 비극의 힘을 보여준다. 다시 말하면 비극이 윤리에 저항한다기보다는, 윤리로 풀 수 없는 요소를 비극의 형태를 빌어 표현한다고 보는 것이 낫다. 비극의 인간론은 악의 책임을 통째로 짊어지려는 도덕의식을 문제시한다. 악의 무게를 홀로 짊어지려는 도덕의식은 매우 겸손한 것 같지만 거기에는 큰 교만이 숨어 있을지 모른다. 그래서 비극의 상징에는 겸손의 윤리가 들어 있다. 사람이 다 짊어질 수 없는 '죄의 신비'를 말한다. 자유 안에 이미 죄가 들어 있으므로 죄의 책임을 인간의 자유로 돌릴 수 없다는 점을 말한다. 여기서는 알레고리 방식의 환원이 없다. 오히려 악의 문제에 '신'이 개입되어 있음을 말한다. 비극적 인간론이 비극적 신론과 뗄 수 없는 이유가 여기에 있다. 윤리적 세계관에서는 신을 심판자로 보지만 여기서는 신에게 악의 혐의를 둔다. 고발하고 심판하는 법률주의에 맞서 욥의 하느님은 '폭풍 가운데서' 말씀하신다. 그 깊이에서 볼 때 악의 상징을 단순히 주체 문제의 층위에서, 주체적인 인간이 멋대로 떨어져 나간 것으로, 인간 양심이 빗나간 것으로만 볼 수는 없다. 악의 상징은 악이 인간의 존재 구조라는 점 역시 말하고 있다. 더 나아가서 악은 존재의 모험이며 존재의 역사를 이루고 있다고도 할 수 있다.[186]

이제 우리는 악을 복음의 케리그마에 연결해서 해석하면서, 윤리적 인간관에서 볼 수 없는 악의 비극을 넘어서는 지점을 찾을 수 있다. 그러나 악을 복음의 케리그마 쪽에서 다시 해석해 보려면 먼저 정죄하는 의식을 넘어서야 한다. 그리고 정죄하는 의식은 위로하는 의식과 짝을 이루어야 한다. 그런 다음에 믿음의 케리그마, 곧 하느님이 사랑이라는 복음에서 출발해야 한다. 욥기에서 '정죄하는 의식'은 불순한 의식으로 등장한다. 정죄하는 의식은 항변하지만 그 항변 뒤에는 원한의 권세가 감추어져 있다. 그 원한은 교묘한 미움이면서 동시에 음흉한 쾌락주의다. 이처럼 정죄하는 의식을 비판하면서 새로운 형태의 문제에 부딪히는데 그것은 신앙과 종교의 갈등이다. 욥의 친구들은 (도덕적) 종교이고, 욥은 믿음이라고 할 수 있다. 믿음은 정죄하는 의식을 비판하면서 정죄 비판을 새롭게 생각한다. 욥은 고통의 의미에 대해서는 아무런 설명도 얻지 못했다. 다만 그는 믿음으로 도덕적 세계관을 빠져 나왔다. 그에게는 위대한 전체만 보일 뿐이며, 유한한 욕망의 관점은 그 위대한 전체에서 비추어서 의미를 얻는다. 그리하여 새로운 길이 열렸다. 나르시시즘이 아닌 화해의 길이다.[187] 나 중심성에서 벗어나 전체를 '있는 그대로' 받아들이게 된다. 여기서는 두 개의 승화가 수렴한다. 곧 정죄 행위의 승화와 위로의 승화다.

인간 스스로 죄를 짊어지는 정죄의 신화를 넘어, 그리고 인간을 억누르는 죄 실체의 신화를 넘어 성서는 우리에게 강한 역설을 선포한다. 곧 바울의 논리에는 강한 역설이 있다. "죄의 삯은 죽음이요, 하느님의 선물은 우리 주 예수 그리스도 안에서 누리는 영원한 생명입니다."(로마서6장 23절) 이 부조리한 논리가 법의 논리를 그 내부 모순을 통해 터뜨린다. 법은 생명을 주려고 생겼으나 죽음만 주고 말았다. 이 '부조리한' 논리를 통해 법 개념이 무너지고, 거기에 속한 재판, 심판, 정죄, 형벌 같은 관념의 사슬이 함께 무너진다. 그러므로 형벌의 논리는 복음 선포를 위해 끌고 들어온 대변이요, 복음과 대비되어 복음을 알리는 역할을 한다고 보아야 한다. 피고인을 재판정에 세운다. 검사가 그의 범죄를 열거한다. 그는 죽어야 마땅하다. 그런데 여기 놀라운 일이 벌어졌다. 그는 의인으로 선포된다. 다른 사람이 죄값을 지불했다. 그 다른 사람의 의가 그에게 돌아갔다. 그래서 하느님의 노여움이나 정죄나 죽음 같은 것들을 통해서 우리가 알 수 있는 것은 오직 하나다. 예수 그리스도 안에서 우리가 구원을 받았다는 것이다. 우리가 무엇을 면제받았는지 조금이라도 보려면 은총을 되새겨야 한다.

키에르케고르가 말한 '부조리한' 논리는 이른바 '넘침'의 논리 안에서 극복된다. '그러므로 한 사람을 통하여 죄가 세상에 들어오고, 또 그 죄를 통하여 죽음이 들어온 것 같이, 모든 사람이 죄를 지었으므로, 죽음이 모든 사람에게 이르게 되었습니다'에 뒤이어 율법과 죽음 이야기가 나오더니 갑자기 논리가 뒤집어진다. '그러나 하느님께서 은혜를 베푸실 때에 생긴 일은, 한 사람이 죄를 지었을 때에 생긴 일과 같지 않습니다.'(로마서5장12-15절) '한 사람의 범죄로 많은 사람이 죽었으나, 하느님의 은혜와 예수 그리스도 한 사람의 은혜로 말미암은 선물은, 많은 사람에게 더욱더 넘쳤습니다. 또한, 하느님께서 주시는 선물은 한 사람의 범죄의 결과와 같지 않습니다. 한 범죄에서는 심판이 뒤따라 와서 유죄 판결이 내려졌습니다마는, 많은 범죄에서는 은혜가 뒤따라 와서 무죄 선언이 내려졌습니다.' '율법은 범죄를 증가시키려고 들어왔습니다. 그러나 죄가 많은 곳에, 은혜가 넘치게 되었습니다.'(로마서5장20-21절) 형벌 논리는 균형의 논리였다.(죄의 삯은 죽음이다.) 그러나 은총의 논리는 넘침의 논리다. 그것이 바로 십자가의 어리석음이다. 이제 의인과 죄인을 나누어 의인은 천국에 보내고 죄인은 지옥에 보내는 심판의 논리가 극복되었다. 심판의 논리에는 변증법이 없고 넘침의 논리가 없다. 최후의 역설은 이것이다. 모든 사람이 정죄된 그 곳에 모든 사람을 의롭게 보는 것이 겹치는데 정죄보다는 의롭게 보는 것이 한 발 더 나간다. 하느님의 의가 '더욱더' 크고 그 은총이 '넘침'을 아는 사람은 형벌의 신화나 그럴듯한 형벌 논리에서 벗어난다.

형벌 논리는 이 새로운 논리, 곧 십자가의 어리석음 안에서 파괴되고 폐허가 된 신화로 존속한다. 그러한 신화의 위상은 '기억'의 위상과 같다. 바울이 볼 때 형벌은 그가 노모스, 곧 율법이라고 부르는 것에 속한다. 거기에는 내부 논리가 있다. 율법은 탐심을 낳고 탐심은 죄를 낳으며 죄는 죽음을 부른다. 이 같은 법의 경제학이 '그러나 이제는' 밀려나 과거에 묻힌다. 그러므로 법은 극복된 과거로서 기억 속에 존재한다. 그렇다고 쉽게 떨쳐버릴 수 있는 환상으로 보면 안 된다. 형벌 법은 부수어야 할 우상은 아니지만, 그렇다고 영원히 숭배해야 할 법도 아니다. 형벌 법은 새로운 시대를 부른다. 형벌 법을 '기억하면서' 거기에 복음이 선포된다. 만일 하느님의 진노가 내게 아무런 의미도 없다면 용서와 은총 역시 아무것도 아니게 된다. 만일 형벌 논리만을 받아들이게 된다면 그리스도의 속죄도 형벌 논리 안으로 빨려 들어가고 말 것이다. 따라서 최후 승리는 형벌 논리의 몫이고, 결국 십자가는 '대리 만족'의 신학이 되고 그것은 은총이 아닌 형벌의 신학이 되고 말 것이다.[188]

　　악의 문제에 직면해서 내 능력의 무능과 내 자유의 부자유의 오히려 그런 고백에서 모든 것이 새로 출발한다. 악의 근거로 돌아가면 바로 그 지점에서 자유가 구원을 기다리고 있음을 알게 된다. 그제야 자유는 구원의 '희망'을 가질 수 있다. 종교가 윤리와 다른 점은, 자유를 희망의 빛에서 생각하도록 한다는 점이다. 이것을 성서의 언어로 말해 보자. 희망을 따라 사유를 생각한다는 것은, 몰트만이 밀하는 대로 나를 장차 있을 그리스도의 부활 운동 속에 두는 것이다. 오실 하느님을 기대하는 자유는 철저하게 새로운 것을 향해 있다. 그것은 창조력 넘치는 가능의 상상력이다. 좀 더 깊이 들어가면 희망에 따른 자유는 죽음에도 '불구하고' 자유요, 죽음의 징후에도 불구하고 죽음을 부정하는 것이다. 한편

'~에도 불구하고'는 생명의 비약과 짝을 이룬다. 바울이 말하는 '더욱 넘침'이다. '~에도 불구하고'보다 더 깊은 이 범주를 가리켜 넘침의 논리라고 부를 수 있으며, 그것이 곧 희망의 논리다.

이 넘침의 논리를 일상생활에서 찾아야 하고, 노동과 여가 그리고 정치와 세계 역사 속에서 찾아야 한다. 부정의 논리인 '~에도 불구하고'는 즐거운 긍정 논리인 '더욱 넘침'의 다른 면이고, 그 그늘이다. '더욱 넘침'에서 자유는 넘침의 경제학을 느끼고 바라며 속한다. 넘침의 경제학은 우리를 다시 악의 문제로 돌아가게 한다. 거기에서 출발해야 악의 문제를 종교와 신학에서 다룰 수 있다. 윤리에서 보는 악은 앞에서 본 대로 자유의 산물이며, 악은 준칙과 법의 관계의 역전이다. 그리고 악은 자유를 자유롭게 다루지 못하는 알지 못할 자유의 체질이다. 이것으로서 윤리는 할 말을 다했다.

이제 종교는 악에 대해 다른 이야기를 전개한다. 그리고 그 이야기는 약속과 희망 안에 있다. 그 이야기는 먼저 악을 하느님 '앞에' 세운다. '당신께만 오직 당신께만 저는 죄를 지었습니다. 당신 눈앞에서 나는 악한 짓을 저질렀습니다.'(시편51편4절) 도덕적 고백을 죄의 고백으로 바꾸는 이 기도는 먼저 악을 더 깊이 의식하는 것이다. 그런데 거기에 기독교를 도덕화하는 환상이 있다. 하느님 앞에서 악은 약속의 운동 속으로 들어간다. 기도는 이미 관계 회복의 시작이고 재창조의 시작이다. '가능을 향한 열정'이 이미 악의 고백을 사로잡았다. 회개한다는 것은 미래를 향한 것이고, 과거에 대한 회한에서 벗어나 있는 것이다. 이처럼 하느님 앞에 서면 악의 질이 바뀐다. 악이란 율법을 위반하는 것이 아니다. 사람이 스스로 자기 삶의 주인인 체 하는 것이 악이다. 율법에 따라

살려고 하는 것이 악이요, 악이 아닌 것처럼 은폐하는 것만큼 큰 악은 없다. 스스로 의로움을 말하지만 그것은 불의보다 더 나쁘다.

도덕은 악하다는 술어와 선하다는 술어를 대립해서 놓는다. 그리고 악을 정죄한다. 그리고 악을 자유의 탓으로 돌린다. 그리고 알 수 없는 한계에 부딪힌다. 어떻게 자유가 노예가 되었는지 알 수 없기 때문이다. 그러나 믿음은 그런 식으로 보지 않는다. 악의 시초가 문제가 아니라 악의 '끝'이 문제다. 악의 문제는 악의 종말 문제다. 악의 종말 문제는 예언자들에서 볼 수 있듯이 약속의 문제로 이어진다. 예수와 함께 오실 하느님의 선포와 이어지며, 바울과 같이 넘침의 법으로 이어진다.[189]

8. 그리스도교와 해석학

우리는 지금까지 유대·그리스도교 전통에서 나타난 악의 상징을 연구했다. 앞서 우리는 상징으로부터 무언가를 얻어내기 위해서는 거리를 두고 비판하는 자세를 버리고 상징과 신화의 세계 속에 나 자신을 끼워 넣어야 한다고 했다. 그것을 다른 말로 표현하면, '믿으려면 이해해야 한다. 그러나 이해하려면 믿어야 한다.' 이것은 곧 해석학적 순환을 의미하는데, 믿음과 이해의 해석학적 순환의 난계를 서치면서 우리가 찾고자 한 것은 해석을 통한 이차적인 직접성이다. 이것은 원시종교에서 찾아볼 수 있는 일차적 직접성과는 다른 것으로, 이 일은 해석학 안에서만 가능하다. 우리는 지금까지의 악의 상징에 대한 연구가 기독교 전통과 신앙 안에서만 유용한 것이 아니라, 죄와 악의 문제에 직면한 인간

실존에 대한 새로운 해석의 가능성을 제시한다고 믿는다. 이것은 곧 해석학이 신학이 아니라 문화와 상징 철학인 이유이다.

글과 말의 관계 그리고 말과 사건과 그 의미의 관계가 해석학 문제의 핵심인데 그 관계는 계속된 해석을 통해서만 드러난다. 사실 기독교 역사는 계속된 해석의 역사이자, 곧 해석학 문제의 역사라고 할 수 있다. 왜냐하면 기독교는 성경책을 읽으며 그 글을 살아 있는 말로 바꾸면서 형성된 것이기 때문이다 말하자면 기독교가 예수 안에서 하느님 나라가 우리에게 임했다고 하는 선포에서 시작했고 그 선포, 곧 그 말은 글을 통해 우리에게 전달되었기 때문에 항상 살아 있는 말로 되살려야 하는 문제를 가지고 있었다. 곧 그리스도 사건을 증언하는 그 처음의 말을 지금의 말로 해야 했기 때문에 기독교는 처음부터 해석학 물음을 가지고 있었다. 딜타이의 말대로 해석학이 글로 써놓은 삶의 표현을 해석하는 것이라면, 그리스도교의 해석학은 결국 글로 된 성경과 그 글을 낳은 '케리그마' 사이의 독특한 관계에 관한 문제다.

그러므로 기독교와 해석학은 처음부터 함께 있었다고 할 수 있다. 반복해서 말하면, 케리그마 자체가 옛 문서를 다시 읽은 것이기 때문이다. 복음과 구약성서와의 해석학 관계를 부인한 마르시온이나 영지주의에 대해 교회 정통은 단호하게 맞서 싸웠다. 왜 그랬을까? 그리스도 사건을 단순하게 선포하는 것이 낫지 않았을까? 그렇게 되면 구약성서를 이런저런 방식으로 복잡하게 해석하지 않아도 되었을 것이다. 왜 기독교의 선포는 구약성서를 다시 읽음으로써 스스로 해석학이 되고자 했을까? 그것은 그리스도 사건을 갑자기 생긴 비합리적 사건으로 보지 않고, 예로부터 감추어져 있던 뜻이 이루어진 것으로 보았기 때문이다. 그 사건은 '언약'과 '성취'의 관계 속에 들어감으로써 시간의 두께를 지닌다. 그처럼 역사와 관련을 맺으면서 사건은 앎의 세계로 들어온다. 구약을 재해석하면서 케리그마는 인식의 세계로 들어온다. 예수 그리스도는 성서의 해석자이자 성서의 해석이다. 그는 성서를 이해할 수 있게 하는 로고스로 등장한다.

사도 바울은 청중들에게 삶을 그리스도의 수난과 부활에 비추어 보도록 했다. 그 점에서 바울은 두 번째 기독교 해석학을 시작한 인물이다. 이제 십자가와 부활의 표지 밑에서 옛 사람은 죽고 새 사람이 탄생한다. 그런데 그 해석학 관계는 양방향으로 되어 있다. 인간 실존이 십자가와 부활에 비추어 새롭게 해석되듯이, 그리스도의 죽음과 부활 역시 인간 실존의 해석을 거쳐 새로운 해석을 받아들인다. 말하자면 그리스도와 인간 실존 사이에 '해석의 순환'이 있다. 이와 같이 성서는 마르지 않는 보물 창고와 같아 모든 것에 대한 인식을 가져다주고 세상 전체의 해석을 이끌어내는 것이다. 그런데 이것은 해석학의 일이다. 왜냐하면 문자가 바탕이 되고 주석은 문자의 도구가 되어, 문자의 첫 번째 뜻과 두 번째 뜻이 숨겨진 뜻과 드러난 뜻의 관계에 있기 때문이다. 그리하여 성서의 지성이 문학과 철학, 수사학과 신비 같은 모든 문화 도구들을 품는다. 성서를 해석한다는 것은 그 거룩한 뜻을 드러냄과 동시에 세속 문화 전체를 그 안으로 끌어들이는 것이다. 그 덕분에 성서는 특정한 문화의 산물에 그치지 않게 된다.[190]

상술하자면, 어떤 의미에서 원래 케리그마는 텍스트 해석이라기보다는 한 사람에 대한 선포다. 그런데 그 케리그마가 증언과 이야기와 텍스트를 통해 표현된다는 점에서 문제가 발생한다. 그 텍스트에는 초대

신앙 공동체의 고백이 들어가기 때문에 첫 해석이 들어간다. 우리는 그리스도를 봤던 증언자가 아니며, 그 증언을 듣는 사람들이다. 성서의 말씀대로, '믿음은 들음에서 생긴다.' 우리는 들으며 믿고, 그 자체가 해석인 텍스트를 다시 해석하면서 믿는다. 케리그마 역시 문서가 되었다. 그것은 새로운 언약이지만 글로 된 언약이다. 그렇기 때문에 구약성서뿐만 아니라 신약성서도 해석해야 한다. 다시 말하면, 신약은 구약을 해석하고 삶과 현실을 해석하지만, 그 자신도 해석되어야 할 텍스트다. 그러므로 현대인에게 해석학은 특별한 의미가 있다. 그 의미는 처음부터 복음에 들어 있었지만 해석학에 의해 감추어져 있던 상황이 겉으로 드러나고 발견된 것이다. 그것은 기독교에서 가장 중요하고 뿌리 깊은 해석학 문제다. 우리 문화와 옛 문화를 갈라놓는 거리를 이용해서 처음부터 있던 특별한 해석학 상황을 드러내는 일, 그것이 현대에 해야 할 일이다.

예컨대, 신학자 불트만이 말하는 비신화화도 해석과 뗄 수 없는 관계에 있다. 비신화화 혹은 비신화론화와 해석의 순환, 이 두 문제는 나눌 수 없는 동전의 양면과 같은 차원이다. 겉을 싸고 있는 신화를 걷어내면서 텍스트의 일차 의미가 새로운 설명을 요구한다. 신화에서 케리그마를 가려내는 것, 그것이 비신화론화의 적극적 기능이다. 그러나 그것은 해석 운동 안에서 일어나는 일이다.[191]

현대인들에게 비신화론화는 익숙한 일이다. 현대 과학은 서둘러 땅과 하늘과 지옥을 나누어 생각하는 세계관을 제거하였다. 구원 사건을 표상하는 것들 가운데 그런 세계관과 관련된 것은 한결같이 무너졌다. 그런 세계관이 전하는 신화는 현대인으로서는 받아들일 수 없는 비과학적인 우주론이나 종말론이다. 그러나 신화는 세상을 설명한다거나 역사나 종말을 설명하는 것과는 다르다. 신화란 사람이 근원과 관련된 자기 이해를 세상 용어로 표현한 것이다. 그러므로 비신화론화란 신화의 사물 표상들을 인간의 자기 이해와 관련시키는 작업이다. 신화는 우리가 만지고 아는 세상 현실 너머의 세계를 이 세상처럼 그리는 것이다. 그것은 이 세상의 처음이나 끝에 대한 사람의 의존 상황을 객관적 사물 언어로 표현한다. 신화는 인간의 힘을 저 너머의 가공 세계에 투사한 것이 아니라, 오히려 객관적이고 세상적인 방식으로 사람의 기원과 종말을 다룬 것이다. 기독교의 원죄론처럼 합리적인 사변이 낳은 교리 뒤에도 신화가 있다. 신화는 예로부터 전해 내려온 이야기로 태초에 일어난 사건을 말하는 것이며, 제의 행위를 언어로 뒷받침하는 것이다. 오늘날 신화가 실제로 있던 현실을 설명한다고 믿는 사람은 없다. 그러나 바로 그렇기 때문에 다르게 말하면 실제로 일어난 일을 이야기하는 것이 아니므로 무엇인가 새로운 것을 보여줄 수 있다. 신화는 상징이며 그 상징은 사람과 거룩한 존재의 관계를 간접적으로 보여준다. 물리학과 우주학, 역사 과학에 의해 비신화론화된 신화가 오늘날 현대인의 생각에 상징으로서 들어온다. 어떤 이야기, 어떤 사변보다도 더 근본이 되는 표현의 세계로 현대인을 인도한다. 예를 들어 성서에 나오는 타락 이야기는 어떤 공동체의 삶에 뿌리박고 있는 죄 경험을 보여준다.[192]

해석의 문제는 바로 그러한 죄 경험을 둘러싸고 일어나는데, 독자는 그 속에 들어있는 의미를 찾아내기 위해 그 체험의 언어로 돌아가야 한다. 또는 그러한 언어에 '들어 있는' 체험으로 돌아가야 한다. 이러한 맥락에서 우리는 상징과 신화의 세계 속에 우리 자신을 끼워 넣어야 한다고 했다. 근심과 두려움에 싸여 있는 경험을 우리말로 바꾸어 이야기

할 수 있는 것은 상징 속에 들어있는 고백의 언어가 있기 때문이다. 그 고백의 언어는 또 다시 상징이다. 직접 가리키는 것과 다른 것을 간접으로 가리키는 언어, 그것이 여기서 말하는 상징이다. 고백 언어는 상징이므로 철학과 신학보다 앞서 무엇인가를 드러낸다. 그것은 생각을 불러일으킨다. 미토스는 로고스로 가는 길에 있다.

5장
종교는 무엇을 할 수 있나?

장형철

이번 장에서는 이전의 장들이 다루어 왔던 종교경험, 언어, 상징, 악의 문제 등과 같은 종교철학의 심화주제들을 다룬 논의와는 다른 종류의 논의를 진행하려한다. 이 장에서는 개인의 삶 속에서 그리고 사회 안에서 구체적으로 나타나는 종교현상들에 대한 이해를 다루려 한다. 종교는 인간 삶의 근원적이고 초월적인 존재에 대한 것이겠지만 다른 한편으로 종교는 우리가 매일매일 살면서 경험하고 목격하는 것이다. 이를 다른 말로 한다면 종교는 언제나 우리가 사는 사회 안에서 실재한다고 할 수 있다. 어떤 신앙이나 교리가 있다면 그것은 그냥 있는 것이 아니라 그 신앙이나 교리를 받아들인 사람들이 정도의 차이는 있겠지만 그것을 자신의 삶 속에서 그리고 자신이 속한 사회 안에서 실천하려 한다. 즉 종교는 인간의 사회적 문화적 행위의 원인된다. 그렇다면 종교는 사회적 문화적 경제적 정치적 영향을 주고받을 수 있다. 말하자면 종교는 사회적 문화적 경제적 정치적 역할과 기능을 가지고 있으며 동시에 사회적 문화적 경제적 정치적 상황에 영향을 받아서 변화하기도 한다는 것이다.

우리는 이러한 종교의 사회적 기능과 영향력을 사회과학적인 접근을 통해 더욱 분명히 이해 할 수 있다. 그리고 이러한 사회과학적 접근은 '종교는 인간이 가진 신념체계이며 의미의 체계이다'라는 기본적인 전제를 가지고 있다. 그래서 종교는 인간의 개인적이거나 사회적인 행위의 원인이 되며 나아가서 종교는 집단적 또는 사회적 현상을 설명하는 중요한 요소가 될 수 있다. 그리고 이렇게 종교를 바라보는 것은 객관적인 입장이라고 볼 수 있다. 왜냐하면 종교가 지속적으로 제공하는 신앙 즉 세계에 대한 이해와 의미부여를 따른다든가 혹은 그것을 거부하는 논의를 전개 는 것이 아니라, 그러한 신앙을 따르는 것이 또는 거부하는 것이 실제로 어떠한 사회적 결과를 가져오는지 관찰하고 이해하는 것이기 때문이다.

종교에 대한 이러한 객관적 접근과 이해는 16세기 서구에서 비롯된 합리적 이성의 발현에서 비롯된다. 특히 데카르트의 소위 '나는 생각한다 고로 나는 존재한다'Cogito ergo zum로 대변 될 수 있는 주체의 발견이후 서구사회는 계몽사상의 영향으로 빠르게 변화하기 시작 하였다. 그리하여 1688년 영국의 명예혁명과 1789년 프랑스 시민혁명을 전후하여 이른바 근대성Modernity이 태동하기 시작하였고 서구사회는 크게 변화 하였다. 이러한 변동하는 사회를 이해하려는 여러 학자들이 있었다. 그리고 그들은 종종 종교와 사회를 연관하여 자신들의 논의를 진행하였다.

1. 종교는 공동체를 만든다 – 에밀 뒤르켐

그중에 에밀 뒤르켐Emile Durkheim, 1858~1917을 먼저 소개하겠다. 뒤르켐은 19세기말에서 20세기 초까지 살면서 유럽사회의 급격한 변화와 제1차 세계대전까지 경험한 프랑스의 고전사회학자이다. 그는 사회를 연구하는데 있어서 당시 유행하던 심리학적 접근이나 생물학적인 접근을 반대하고 주로 사회의 구조를 연구하는 데 주력하였다. 그는 어떤 사회현상을 이해하려면 그 사회의 구조를 보아야 한다고 생각했다.

뒤르켐은 종교는 집단의 연합이나 사회적 연대를 강화 시킨다고 보았다. 그에게 있어서 개인들 간에 어떤 생각이나 감정 등을 서로 지지하고 확증하지 않는 사회는 존재하지 않는다. 그에 의하면 인간은 역사 속에서 전통적으로 오랫동안 세계를 성스러운 것the Sacred 과 세속적인 것the Profane으로 구분해왔다. 세속적인 것은 일상적으로 일어나거나 설명이 가능한 경험이나 일이다. 그러나 성스러운 것은 일상적인 것을 넘어서는 어떤 것이다. 이것이 바로 종교가 가능한 지점이다. 왜냐하면 인간은 바로 이 성스러운 것을 두려워하고 경외하기도 하며 그것을 위해 자신을 희생하기도 하기 때문이다.

이러한 성스러운 것에 대한 관념(또는 관념의 체계)이 지속되고 동시에 그것이 행동으로 실천되는 것이 바로 종교이다. 그래서 뒤르켐은 종교를 '믿음과 실천의 연합된 체계'A united system of belief and practices[193]로 정의한다. 뒤르켐에게 있어서 종교는 단순히 믿음만이 아니라 그 믿음을 실제적인 삶과 사회 안에서 실천하는 것이다. 여기서 실천이라 함은 종교적인 행위 즉 의례Rituals를 말한다. 그런데 이 믿음과 실천은 상호연관 되어있다. 종교적 믿음은 사람들에게 확신을 준다. 그리하여 신자들에게는 어려움이나 세상의 악을 극복할 힘과 확신을 얻게 한다. 그러면 관념으로서의 믿음은 어떻게 이러한 힘과 확신을 얻게 하는가? 그것은 믿음을 실행하는 종교적인 의례를 통해서 가능하다. 뒤르켐에게 있어서 종교의 힘은 의례로부터 나온다. 의례는 함께 있는 집단의 어떤 정신적인 상태를 유발하고 지속하고 재생산하도록 하는 종교적인 행위이다. 인간은 의례를 통해서 자신의 믿음과 열정을 입증하고 표현한다. 나아가서 의례를 행함으로써 평화나 내면적인 평안함뿐만 아니라 즐거움이나 만족 그리고 쾌락을 느끼기도 한다. 의례는 단순히 믿음이 외면적으로 표현되는 것이 아니라 믿음을 주기적으로 재생산하게 하는 수단이다.[194] 이러한 의례를 좀 더 자세히 본다면 부정적인 의례와 긍정적인 의례로 나누어 볼 수 있다. 부정적인 의례는 더러운 것, 세속적인 것에 오염된 것 또는 그러한 오염에서 방지하고 성스러운 것을 성취하도록 하는 의례이다. 반면에 긍정적인 의례는 성스러운 것 또는 신과 인간의 상호관계(숭배 받는 자와 숭배하는 자로서의 상호관계)를 중요시 하는 의례이다. 그래서 뒤르켐은 부정적 의례가 예배자에게 속된 세계로부터의 도피를 명령한다면 긍적적 의례는 인간을 성스러운 존재와 세계에 가까이 다가가게 한다고 주장한다.[195] 이러한 긍정적 의례는 보다 구체적으로 희생제물로 성스러운 것과 세속적인 것의 차이를 메우는 희생의례Sacrifice rites, 숭배 대상을 모방하는 모방의례Imitative rites, 과거와 미래에 이어지는 집단의 연속성을 기념 혹은 축하하는 표상적 의례 Exprestative rites 또는 추모의례Commemorative rites, 불행이나 슬픔, 공포 등을 위안하는 속죄의례Piacular rites 등으로 나뉜다.

이미 말하였지만 의례는 믿음이 있어야 실행이 가능하다. 그리고 의례는 집합적인 흥분을 일으키어 믿음을 강화한다. 그러므로 믿음과 의례는 종교의 매우 중요한 구성요소들이다. 그런데 의례는 대부분 집단적으로 실행된다. 믿음은 집단의 구성원들이 개인적으로 각 각 가지고 있는 것이 아니라 그 집단의 구성원들 모두가 공유하고 있기 때문이다. 그리고 이러한 믿음과 의례는 일치를 만들어 낸다. 집단을 구성하는 개인들은 그들이 공통된 신앙을 가지고 있다는 단순한 사실에 의하여 서로 연합되어 있다고 느낀다. 즉 성스러운 것에 대한 동일한 관념을 함께 실천하는 구체적인 의례를 통해 그들은 연대감을 느낄 수 있다. 이러한 집단을 뒤르켐은 교회Church라고 불렀지만 종교적인 공동체Religious community라고도 부를 수도 있을 것이다. 심지어 뒤르켐은 '교회(즉 공동체)없는 종교는 발견할 수 없다'고 주장한다.[196] 말하자면 종교의 실체는 믿음과 의례이고 그 종교가 터하는 기반은 인간들의 모임 즉 집단이나 공동체 인 것이다. 그래서 그는 이러한 믿음과 의례의 실행은 반드시 공동체를 연합시킨다고 보았다.[197]

여기서 뒤르켐이 생각하는 교회 다시 말해 종교 공동체에 좀 더 살펴보자. 그는 종교를 개인적인 것으로 규정하지 않는다. 종교는 집단적이고 공동체적인 성격을 가지고 있다. 그리고 이러한 종교의 집단적인 성격은 종교가 분명히 하나의 사회적인 현상임을 의미한다. 그러므로 종교인이 표현하는 자신들의 종교는 집단적으로 자신들의 존재를 표현하는 집합표상Collective representation이다. 결국 종교의 믿음과 의례는 공동체라는 집단 또는 좀 더 크게 보아서 사회 안에 있게 된다. 이러한 집단이나 사회를 뒤르켐은 도덕 공동체라고 불렀다. 종교는 믿음을 가

지고 의례를 실행하는 신자들이 모여 구성된 도덕 공동체라는 것 이다.[198]

　　이러한 대표적인 예가 토테미즘Totemism이다. 물론 토테미즘이 복잡하고 다양화된 현대사회의 종교에 직접 적용하기는 어려움이 있지만 종교의 가장 기본적인 형태를 이해 하는 데에는 좋은 예이다. 뒤르켐은 호주의 아룬타Arunta 부족의 토템인 추링가Churinga를 연구하며 이러한 종교의 기본적인 형태를 찾으려 했다. 그에 의하면 토템은 다중적인 특성이 있다. 첫째로 토템은 다른 것들과 구분되는 매우 특별한 것 즉, 성스러운 것이다. 둘째로 토템은 그 토템을 섬기는 부족과 그 부족의 구성원을 나타낸다. 이는 또한 토템은 외면적인 단순한 표시가 아니라 부족을 집합적으로 움직이게 한다는 것을 의미한다. 부족의 토템은 부족의 구성원 각자의 토템이기 때문이다. 셋째로 토템은 그 부족의 도덕적 성격을 규정한다. 토템을 섬기는 것은 그것이 어떤 신령하고 놀라운 힘이 있을 뿐만이 아니라, 부족의 구성원들은 그 토템을 섬겨야만 한다는 일종의 도덕적인 의무를 느끼기 때문이다. 그래서 넷째로 이러한 토템이 가진 힘을 함께 깨닫고 또한 토템을 섬기는 것에 대한 도덕적 의무를 공유함으로써 부족의 구성원들은 서로 강력하게 결속하게 된다. 결국 토테미즘은 부족사회를 움직이는 도덕적 질서를 만들어 내는 것이다.

　　여기서 뒤르켐은 그만의 매우 흥미로운 논의를 발전시킨다. 그는 토템이 부족을 나타내는 상징이며 부족사회의 결집을 이끈다는 생각에서 한 걸음 더 나아가 토템이 바로 부족사회 자체라는 주장을 한다.[199] 그는 토템이 부족의 상징만은 아니라고 생각한다. 토템은 그 자체로 매우 성스러운 것이어서 부족의 모든 사람들이 섬기는 것이다. 그래서 토템은 그 부족사회를 구성할 수 있는 것이며 좀 더 나아가서 이 성스러운 토템으로 인해 부족의 사람들은 부족사회의 일원이 될 수 있는 것이다. 즉, 토템으로 인해 부족이 존재하는 것이다. 그리하여 토템을 섬기다는 것은 결국 부족을 섬기는 것이 된다. 그렇다면 토템을 부족 자체로 볼 수 있다고 그는 생각한다.

이러한 토템과 부족사회에 대한 이해를 종교와 사회를 이해하는데 적용시켜 보자. 각각의 인간들은 마치 자기보다 더 우월하고 성스러운 신을 인간이 숭배하는 것처럼 자기가 속한 사회가 자기보다 큰 능력을 지니고 자신을 복종시키는 힘을 가진다고 생각할 수 있다. 이는 사회가 개인보다 힘이 셀 것 같아서 개인이 복종한다는 의미뿐만 아니라 그 개인이 사회를 하나의 깊은 존경의 대상으로 보기 때문이다. 예를 들어 본다면 사회의 안녕과 평화를 위해 질서나 도덕은 지켜야만 한다는 생각들은 사실 사회를 자신보다는 우월한 대상으로 놓기 때문에 가능한 생각이다. 즉 사회는 절대적 권위를 가지고 개인을 지배하고 통제 할 뿐만 아니라 이러한 사회의 힘은 각각의 개인들에게 도덕이라는 형태로 내면화 되어 있다. 그러므로 토템이 없다면 부족사회도 존재 할 수 없는 것처럼 종교적 믿음과 실천이 없이는 도덕 공동체 즉 사회도 있을 수 없게 된다. 그렇다면 이러한 입장에서 사회는 신처럼 경외의 대상이 될 수 있으며 마침내 사회는 신과 동일한 힘을 가질 수 있다. 결국 뒤르껨은 종교를 사회의 감정 혹은 가치를 표현하고 유지함으로써 사회생활을 가능하게 만드는 하나의 광대한 상징체계로 보는 것이다. 그렇다면 종교는 현존하는 사회질서를 정당화 할 수 있는 힘을 가진다. 즉, 사회통합 Social integration의 기능이 있는 것이다. 그래서 종교는 주술과는 달리 사회적인 것이고 공동의 선을 위해 봉사하고 인간을 이기적인 집착에서 구원해 주고 그들 가운데서 다른 사람을 사랑하고 그들과 함께 초월적인 실재에 대해 그들 자신을 굴복시키는 능력을 길러 준다[200]고 뒤르켐은 보았다. 이러한 의례에서 두드러지게 나타나고 있는 종교의 통합적 기능에 대한 그의 생각을 알퍼트Alpert는 훈련적이고 준비적인 기능, 응집적 기능, 재활하는 기능, 행복감의 기능으로 나누어 설명하기도 했다.[201]

그러나 뒤르켐은 이러한 종교의 사회적 영향력과 기능은 계속되기 어렵다고 보았다. 분업화가 계속되면서 사회는 공동체성보다는 합리성과 개인주의를 강조하게 되고, 나아가서 물질주의와 회의주의들이 등장하면서 이해 할 수 없는 믿음과 의례를 실행할 수 없게 되었다. 그리하여 사회는 점점 성스러운 것을 잃어버리게 되었다고 그는 생각한다. 그래서 그는 '옛 신은 늙어가고 있거나 이미 죽어버렸고 다른 신은 아직 나타나지 않았다'고 말한다.[202] 그러나 그렇다고 과학이 종교를 대신 할 것이라고 뒤르켐은 보지 않았다. 그에게 과학 안에서 종교는 부정되지만 종교는 분명한 사회적인 실제이다. 나아가서 종교는 인간의 삶을 만들어가는 수단이다. 그는 과학은 인간의 삶을 말한다 할지라도 인간의 삶을 창조 할 수는 없다고 본다.[203] 뒤르켐은 오히려 여전히 현대사회 속에서도 새로운 신이나 종교의 출현을 기대하였다. 그래서 그는 '새로운 관념이 생겨나고 새로운 처방이 발견되는 과정에서 우리사회가 창조적 흥분을 알게 될 날이 올 것이다'[204]라고 말한다.

2, 종교는 사회를 변화 시킨다 - 막스 베버

다음으로는 독일의 고전 사회학자 막스 베버Max Weber, 1864~1920를 살펴보자. 그는 종교와 사회의 관계 특히 사회변동과 종교와의 관계를 주로 연구하였다. 물론 이러한 연구주제들에서 알 수 있듯이 그의 연구는 종교 자체에 대한 것이 아니라 사회에 영향을 주는 종교에 관한 연구이다. 특히 그는 자본주의가 크게 발전 하던 당시의 유럽사회와 개신교와의 연관관계에 대한 연구를 하였다.

뒤르켐이 개인과는 다른 전체적인 현상으로서의 특성을 갖는 사회에 독특하게 적용되는 법칙을 찾고, 그것으로 사회의 통합을 유지시키는 것에 대한 연구를 자신의 사회학의 중심주제로 삼았다면, 베버는 기본적으로 사회학을 인간의 사회적 행위에 대한 종합적인 연구를 하는 학문으로 보았다. 그래서 뒤르켐이 개인에 대한 사회의 도덕적 우위를 주장하고 사회를 개인들의 합 이상의 어떤 것으로 보았다면, 베버는 사회현상은 개인들의 가치, 관념, 종교적 믿음에서 비롯되는 사회적 행위에서 만들어 진다고 보았다. 베버가 보았을 때 인간의 사회적 행위는 이성, 가치, 다른 사람으로부터의 영향, 또는 전통으로부터 나온다. 그래서 그는 사회적 행위를 목적 합리적으로 규정된 행위Instrumentally rational action, 가치 합리적으로 규정된 행위Value rational action, 정서적으로 특히 감정적으로 규정된 행위Emotionally affected action, 전통적으로 규정된 행위Traditional action 네 가지로 나누었다.[205] 그는 개인들이 어떠한 사고와 가치를 가지고 있느냐에 따라 그리고 그것에 의해 개인들이 어떠한 사회적 행위를 하느냐에 따라 사회현상이 만들어 진다고 보았다. 그래서 그는 사회학은 개인들의 사회적 행위와 사회현상과의 인과관계를 밝혀내는 과학이라고 생각했다. 물론 여기서 인과관계란 필연적이거나 단일한 요인으로 인한 일방적인 인과관계를 의미하지 않는다. 그가 말하는 인과성이란 다양한 사건들의 선후관계를 밝혀내는 '역사적인 인과성'과 여러 현상들 사이의 다양한 계층들의 연관관계를 살펴보는 '사회적 인과성'을 의미한다.

베버는 이러한 사회과학적인 탐구방법을 통해 사회적 사건이나 현상을 설명하고 해석하는 것을 이해Verstehen라고 불렀다. 그리고 이러한 이해를 위해서 사회학적인 도구를 만들어 사용했는데 그것이 바로 이념형Ideal type이다. 이념형이란 사회적 사건이나 현상들을 이해할 때 사회상황, 일어난 변화, 제도, 계급 그리고 종교 등을 염두에 두고 논리적으로 추론하여 유형화 시킨 것이다. 물론 이념형은 실재하는 것은 아니다. 그러나 그는 이념형들을 만들어서 사회적 사건이나 현상을 구분하는 데 사용한다. 베버는 이념형들을 만들어 사회적인 사건이나 현상들을 비교하고 그 인과성을 밝혀내고 설명하는데 유용하게 사용 했다.

지금까지 서술한 베버의 사회학적 특성은 그의 종교와 관련된 연구에도 잘 반영되어 있다. 가장 널리 알려진 그의 저작인 '개신교 윤리와 자본주의 정신'은 이러한 연구방법을 통하여 얻은 매우 훌륭한 연구성과이다. 그는 역사적으로 그리고 사회적으로 자본주의가 다른 곳이 아닌 16~18세기 유럽에서만 형성되고 발전 되었던 것을 발견하고 그 이유를 연구 하였다. 그리고 그는 자본주의라는 근대적 합리성으로 개발된 유럽의 경제체계가 바로 개신교의 영향을 받았다고 주장하였다. 그는 근대 자본주의가 발전 했던 유럽의 지역이 바로 개신교 지역이었음을 발견하고 개신교와 자본주의의 역사적 그리고 사회적 인과관계를 연구하였다.

그의 연구를 좀 더 자세히 살펴보자. 근대 유럽에서 개발된 자본주의 발전 초기에 기업가들은 당연히 자본의 증대 즉, 경제적 성공을 원하였다. 그런데 이를 위해 그들은 매우 금욕적인 태도를 보였다. 그리고 이러한 태도는 자본의 축적과 재투자라는 결과를 가져왔다. 베버는 이러한 기업가들의 태도가 무엇에서 비롯되는지 질문하였다. 베버는 의식적인 권력의 향유, 성욕과 같은 육체적 욕망의 통제, 허례허식과 불필요한 지출을 피하는 자본주의 기업가의 삶의 방식을 이전 중세 기독교와 경제의 상관관계의 이념형이었던 신비주의Mysticism나 내세적인 금욕주의Other worldly asceticism에 가까운 것으로 보지 않았다. 베버는 기업가들의 삶의 방식을 새로운 이념형인 현세적인 금욕주의This worldly asceticism에 가까운 것으로 보았다. 즉, 자본주의 기업가는 자신이 창출한 부를 소비하지 않고 오직 자본을 증대시키고 재투자하는 것에만 사용했다는 것이다. 후기 자본주의를 사는 요즘과는 다르게 당시 유럽의 부유하고 성공한 자본가들은 허세나 낭비에 빠지지 않고 계속해서 더욱더 많은 돈을 버는 것 즉 자본을 증대하고 다시 재투자하여 더 큰 이윤을 남기는 목표를 가지고 있었다.

그렇다면 왜 그들은 이런 행동을 하는 걸까? 이미 언급했지만 베버는 이러한 자본주의 발전이 주로 가톨릭이 아닌 개신교 지역이라는 것에서 실마리를 찾았다. 그가 보기에 개신교는 가톨릭과는 다른 특성들을 가지고 있는데 첫째로 '소명'Vacation이다. 독일의 종교 개혁자 루터는 성서를 번역하면서 소명을 독일어로 Beruf(영어로는 vocation)라고 번역을 했는데 이는 또한 직업이라는 의미도 가지고 있었다. 루터는 모든 인간이 가진 사회적 위치나 직업은 신에 의해서 부여된 것이며 인간은 이것을 완수할 의무를 가지고 있다고 생각했다. 그러므로 이 의무를 성취하기 위한 개인의 직업 활동과 일상생활은 매우 중요한 종교적 의미를 가진다.[206] 루터에게 세속에서의 직업 활동과 일상생활을 충실히 하는 것은 바로 신이 주신 사명을 수행하는 일이다.

둘째로 예정론Predestination이다. 스위스 제네바의 종교 개혁자 칼뱅의 예정론은 신이 인간의 구원을 예정해 놓았다는 절대주권의 교리이다. 즉, 어떤 사람은 영생이 내정되어 있지만 어떤 사람은 그렇지 못하다는 것이다. 그리고 그것은 영원하고 변경될 수 없다. 심지어 칼뱅은 성례전을 포함한 모든 종교적 의례와 수도나 덕행을 통해 인간이 구원을 받을 수 있다는 생각을 부정 하였다.[207] 구원은 신이 이미 정해 놓았기 때문에 그 무엇으로도 바꿀 수 없다는 것이다. 그렇다면 과연 누가 구원을 받고 누구는 그렇지 못한가? 그리고 무엇보다 내가 구원을 받을 사람인지 그리고 누가 지옥에 갈 사람인지 어떻게 알 수 있는가?라는 중요한 문제가 대두된다. 칼뱅은 이러한 질문에 대해 신자는 자신이 신의 도구임을 느낄 때 은총의 상태를 확인 할 수 있다고 말했다.[208] 베버가 보았을 때 이러한 칼뱅의 예정론은 모든 것이 정해져 버렸으니 운명의 날을 기다리는 수동적 결과 보다는 오히려 능동적이고 금욕적인 결과를 가져왔다. 다시 말해 사람들은 자신이 구원 받은 자임을 확인하기 위해 그리고 그것을 증명하기 위해 구원받지 못하는 사람들과는 다른 삶을 살아야 한다고 생각했다는 것이다. 즉, 신이 자신의 영광을 나타내기 위해 나를 쓴다고 생각하고 현실의 삶에 충실해야만 하는 것이다. 그리고 이러한 삶을 통해 '나는 구원 받는다'는 자기확신을 갖게 되는 것이다. 베버가 보았을 때 이러한 자기확신은 청교도의 경우도 마찬가지로 가지고 있다. 청교도들은 자신의 금욕과 헌신으로 자신의 자격을 입증함을 통해 자신은 잃어버릴 수 없는 은총의 구원을 확보 했다는 느낌 다시 말해 감정적 가치를 가지게 되었다고 믿었다.[209)]

그래서 베버에 의하면 칼뱅주의는 소비를 탐닉하고 감각적 취향에 만족하는 것을 강하게 정죄하고 근면, 절제, 저축 등을 강조한다. 이러한 특성은 부의 축적을 경시 내지는 죄악시 하고 영적인 요소를 강조했던 중세의 가톨릭과는 분명히 다른 점이다. 칼뱅주의 안에서는 이 세상에서 열심히 일하는 것은 신의 뜻을 행하는 긍적적인 수단이 된 것이다.[210)] 쉽게 말해 선택 받은 자라는 표시는 이 세상에서 받은 소명의 의무를 완성하는 것이며 그것은 직업을 충실히 수행하는 것이고 나아가서 사업에 성공하는 것 이었다. 사업에의 헌신과 위탁은 단순히 좋은 기업이 아니라 선택 받은 자의 표시 인 것 이다.[211)] 이러한 현세적인 금욕주의는 헌신적이고 근면한 노동자와 기업가들의 존재를 가능하게 했고 결국 자본주의 발전을 이끌었다. 물론 칼뱅주의가 이러한 결과를 처음부터 계획하고 의도한 것은 아니었다. 그러나 베버의 입장에서 본다면 개신교의 윤리와 기업가들의 자본주의적 경영이 서로 잘 부합되는 특성 이른바 '선택적 친화성'Elective affinity이 있는 것이다. 이러한 특성은 역사적 사회적 상황에서도 이해 할 수 있다. 칼뱅이 활동했던 당시의 스위스 제네바는 개신교로 개종한 유럽인들의 망명소이었고 그들의 직업은 주로 작은 무역이나 생산을 통해 이윤을 추구하는 중소상공인들 이었다. 칼뱅 자신도 개신교로 개종 이후 스위스와 독일의 접경지인 바젤 등을 전전하다가 제네바로 들어왔다. 이러한 상황 아래에서 그의 예정론은 중소 상공인들이 자본주의적 경영을 하는데 중요한 동기부여와 정당화가 이루어 졌다고 볼 수 있다. 그리고 이러한 중소 상공인들의 환영은 그의 기독교 신정국가를 건설하려는 꿈을 현실화 시키는 힘이 되었고 정치적 영향력 또한 가질 수 있게 되었다.

뒤르켐에게 종교는 개인을 도덕적으로 교화하여 사회통합을 이끄는 힘이 있다면, 베버에게는 종교가 사회변동을 이끄는 힘이 있다. 베버에게 개신교의 경우는 종교적 이념이 윤리적 실천으로 이어지면서 개인의 사회적 행위와 생활의 변화를 가져오고 나아가서는 자본주의 사회로의 이동 즉 사회변동을 일으키는 것을 보여주는 사례인 것이다. 물론 종교로 인한 사회변동은 이것만은 아니다. 베버에 의하면 예언종교에 의한 사회변동이 가능하기도 하다. 예언자는 언제나 기존의 질서에 도전하고 그것과 단절하고 새로운 종교를 선포하는 것을 통해 사회변동을 이끌어낼 수 있다.[212] 그리고 이러한 예언자들은 언제나 카리스마 Charisma[213] 를 가지고 있다고 보았다. 그예는 바로 예수 이다. 예수는 기적을 일으키고 기존의 유대교 전통과 질서를 거부하며 완전히 새로운 종교를 전파하였다. 즉, 베버에게 종교는 삶의 불합리성을 '합리적'[214] 으로 설명하려는 인간의 끊임없는 노력이다. 그래서 종교는 삶의 열정을 주며 어려움이 닥친다 하더라도 자유와 구원을 약속한다.[215] 물론 이러한 종교적인 사고의 구체적인 양상은 다르다. 개신교가 자본주의의 발전에 영향을 준 유럽의 예처럼 종교가 다른 곳에서도 똑같은 기능을 하였다고 할 수는 없다. 그래서 그는 다양한 종교(유교, 힌두교, 불교, 이슬람교, 유대교, 기독교)가 다양한 사회계층과 집단(농민, 도시인, 장인, 지식층 등)에

게 어떠한 이념과 의미를 주는지 그리고 다양한 사회계층과 집단의 종
교는 어떻게 다른지 연구 하였다. 그러나 뒤르켐이 종교에 대한 밝은 전
망을 가지지 않았던 것처럼 베버에게도 종교의 미래에 대한 전망은 그
리 밝지가 않다. 왜냐하면 베버는 종교가 제공하는 이념이나 삶의 의미
그리고 카리스마를 가진 예언자나 지도자들은 근대사회가 합리화
Rationalization되고 나아가서 탈마법화Disenchantment되면서 그 힘이 점
점 약화될 것이라고 보았다. 사회의 합리화란 중세적 전통과 권위를 거
부하고 전문화와 지성화를 지향하는 것을 말한다. 이런 영향으로 과학
이 혁명적으로 발전 하였고 종교의 권위나 주술적 힘은 약화되는 탈마
법화 현상이 나타는 것이다. 물론 종교개혁을 통해 만들어진 개신교 윤
리는 중세 가톨릭과는 다른 합리화된 종교적 이념체계로서 종교의 사회
적 영향력을 보여 준다고 말할 수 있다. 그러나 문제는 일단 자본주의가
합리화된 경제제계로서 작동하기 시작하면 종교적인 이념에 의한 동기
부여는 더 이상 필요하지 않기 때문에 종교의 영향력은 약화 될 수 있는
것이다. 여기에 더하여 지성주의가 힘을 얻고 자연과학이 발달함으로써
이전의 주술적인 힘이나 종교적 믿음이 약화되는 세계의 탈마법화가 일
어나는 것이다. 그런데 베버의 비관적 전망은 사실 종교에 관한 것만은
아니다. 그는 합리화된 사회의 구조와 체계가 결국은 인간을 억압하게
되고 결국 쇠우리Iron cage에 기들 것이라고 전망한다. 그래서 베버는 오
히려 새로운 예언자나 또는 옛 이념과 이상의 부활을 기대 하기도 한
다.[216]

3. 종교는 쇠퇴 하는가? – 세속화 이론과 그 반론들

이제 고전이론가에서 시대를 좀 더 앞으로 나아가 종교와 사회를 이해하는 이론을 살펴보자. 최근까지의 대표적 이론으로 세속화 이론The theory of secularization이 있다. 세속화 이론이란 근대이후 일어난 사회변동으로 인해 종교가 변화한 것을 설명하는 이론이다. 좀 더 구체적으로 말해서 근대에 들오면서 사회 내에서 종교의 위치와 영향력이 변화 한 것을 주목하여 설명하는 이론이다. 근대종교의 미래는 이미 두 고전 사회학자 뒤르켐과 베버의 종교의 미래에 대한 전망에서도 말했지만 그리 밝지 않았다. 그리고 서양의 경우 근대에 들어와서 종교는 매우 큰 변화를 맞게 되는데 이러한 변화를 종교의 세속화라고 부른다. 물론 이러한 종교의 세속화는 주로 서구에서 시작된 논의로서 주로 서구의 기독교를 염두에 두고 하는 표현이다. 세속화의 원인은 계몽주의 사상의 발현, 과학의 발달, 근대국가의 출현, 자본주의라는 새로운 경제체계의 발달(그리고 시장의 변화), 전통적인 공동체의 붕괴 등 이다.[217] 이른바 17세기 이후 근대성이 출현하여 서양의 사회와 문화가 변화하면서 종교는 서서히 그전에 자신이 차지하던 자리에서 밀려나기 시작한 것이다. 이러한 세속화를 설명하는 윌슨Bryan Wilson의 종교 쇠퇴론과 버거Peter Berger의 종교 변형론을 중심으로 논의하여 보자.

윌슨은 세속화를 종교적 사고와 수행 그리고 제도들이 일종의 부수적 현상으로 변화하고 사회적 중요성을 상실하는 과정으로 본다.[218] 그 이유는 과거에는 교육, 정치, 법과 관련된 사회제도들이 종교와 연관되어 있었으나 이제는 분화되었기 때문이다. 서양의 경우 역사적으로 그리고 전통적으로 교육은 종교와 밀접히 연결이 되었다. 많은 유수한 대학과 초중고등 학교가 수도원이나 가톨릭에 의해 설립되었다. 이러한 학교들은 종교와 철학을 가르치고 주로 상위계층이나 귀족들을 위한 교육기관 이었다. 그러나 근대의 학교는 산업화와 도시화를 배경으로 세워진 곳이었고 학교교육은 모든 사람들에게 보편적으로 이루어지는 것을 지향하게 되었다. 그리고 새로운 과학적인 지식을 가르치는 교육자로서 성직자는 부적합 하게 되었다. 정치 또한 많은 서구의 근대국가들이 정교분리를 원칙으로 하게 되었다. 근대의 법은 새롭게 변한 사회를 통제하기 위해 발전 하였고 이전의 사회를 통제하던 종교적인 도덕은 더 이상 효력을 가지지 못하게 되었다. 여기에 더하여 이전의 종교(주로 교회)가 해오던 빈민구제 등과 같은 사회복지사업도 국가와 비종교적인 민간단체들이 감당하게 되었다. 그리하여 개인의 도덕적 의무가 궁극적으로는 초자연적 근원에서 유래했던 과거의 공동체Gemeinschaft가 이제는 합리적 구조의 요구에 의해 정당해 되는 사회Gesellschaft로 변모하게 된다고 보았다.[219] 과거에는 종교가 공동체 각 구성원들에게 사회적 행위를 위한 도덕의 근거를 제시했고 그러한 도덕을 권고내지는 강요 할 수 있었다면 이제는 합리성을 바탕으로 한 사회분화가 되었기 때문에 그럴 수 가 없다. 그러므로 종교는 점차로 쇠퇴 한다는 것이다.

버거는 근대에 접어들면서 종교는 유일한 세계관Weltenschuung을 제시하고 사람들은 그것을 더 이상 받아들이는 상황에 있지 않다고 보았다. 종교가 제공하는 이념과 의미체계로서의 세계관은 더 이상 절대적인 설득력을 가지기 어렵다는 것이다. 그에 의하면 현대사회는 합리성으로 대표되는 근대성으로 인해 제도적인 것뿐만 아니라 인지적인 분화를 초래했고 이것은 가치의 다원화Pluralization 그리고 동시에 선택의 다양성The multiplication of options을 의미한다고 보았다. 그러므로 종교는 더 이상 불변의 진리로 받아들여지기 어려워 졌다. 이제 종교는 이전과는 달리 시장상황Market situation에 놓여있다고 버거는 보았다.[220] 그리하여 종교적 전통이 권위에 의해 더 이상 강요되지 않고 이제는 소비자들에게 판매되는 상황이 되었다는 것이다. 즉, 쇼핑을 하듯 자신의 종교를 선택하는 이른바 슈퍼마켓 시나리오Supermarket scenario가 가능하게 된 것이다. 그렇다면 종교는 이제 더 이상 운명이나 신적인 명령을 수행하는 문제가 아니라 개인의 선택이나 선호의 문제가 된다. 즉 종교는 개인의 일상적인 생활의 사적인 영역에 위치하게 된다[221]는 것이다. 이것을 버거는 종교의 사사화The privatization of religion라고 불렀다.

그렇다면 종교는 좀 더 구체적으로 서구 기독교는 근대화된 사회 안에서 진정 쇠퇴하고 변화하여서 이제는 개인의 사적인 영역으로 퇴보 하는 것일까? 물론 서구 기독교의 경우 세속화의 모습이 나타나는 것은 분명하다. 특히 서구 유럽 국가들은 매우 낮은 교회 출석률을 나타내고 있는 것이 사실이다. 그러나 이러한 현상을 좀 더 자세히 살펴볼 필요가 있다. 종교사회학자 이원규는 국가별로 차이는 있지만 여전히 서구 유럽은 종교적인(기독교적인) 성향이 있다고 주장한다. 교회에 출석을 하지 않지만 교인으로서 멤버십을 유지하는 사람들이 여전히 많으며 나아가서 교회출석은 하지 않지만 스스로를 종교적이며 신의 존재를 믿는 사람들의 비율이 여전히 높다는 것이다.[222] 그레이스 데이비Grave Davie는 이러한 유럽의 종교적 특성을 '소속 없는 믿음'Believing without belonging이라고 표현하기도 하였다.[223]

호세 카사노바Jose Casanova는 근대에 들어와서 종교는 세속화되기보다는 여전히 사회의 공적영역에서 중요한 역할을 하고 있다고 보았다. 예를 들면 세계 곳곳에서 나타나는 개신교 근본주의, 라틴 아메리카 해방신학과 폴란드의 노조운동 등에서 볼 수 있듯이 현실정치와 가톨릭의 밀착관계, 중동에서 나타나는 유대교와 이슬람교의 충돌 등이 그 분명한 예들이라고 볼 수 있다.[224] 버거도 '근대화로 인해 종교가 쇠퇴 한다는 세속화 이론의 발상은 오히려 종교가 근대화에 대항하는 강력한 움직임을 보이기 때문에 잘못된 것이다'라고 말하면서 스스로 자신의 주장을 바꾼다.[225] 그에 의하면 종교 공동체는 거부Rejection와 적응Adaptation이라는 두 가지 전략을 사용한다. 거부는 근대성에 대항하는 종교적인 혁명(예를 들면 이란혁명)과 같은 것을 꿈꾸는 것이고, 적응은 미국의 아미쉬Amish나 하시딕 랍비Hasidic rabbi들처럼 종교적 하위문화를 만들어 자신들의 종교 공동체를 유지하는 것이다. 나아가서 폴 힐라스Paul Heelas는 포스트모던 시대에 접어들면서 교회와 같이 제도화 되어 있는 종교는 쇠퇴하는 것처럼 보이지만 성스러운 것에 대한 개인적이고 주관적인 이해와 행동은 오히려 증가하면서 사람들은 기존의 제도화되고 개인에게 권위적인 종교가 아닌 영성Spirituality에 더욱 관심을 가진다고 보았다.[226] 또한 크리스토퍼 패트리지Christopher Patridge의 주장에 의하면 영화, 음악, 사이비공긴 등의 대중문화와 동양화Easternization를 통해 주체성Subjectivity을 강조하는 새로운 형태의 대체영성Alternative spirituality이 만들어 지면서 서양은 재마법화Re-enchantment되고 있다고 주장한다.[227]

　이상의 세속화 이론과 그 반론은 한 이론의 성쇠를 보여주기도 하지만 또한 동시에 근대와 탈근대 시대에 종교의 사회적 위치와 성격이 변화하고 있음을 잘 보여 주기도 한다. 세속화 이론은 이제 더 이상 일반화 될 수 없는 이론이기는 하지만 변화하고 있는 현대종교의 모습을 설명하기에 여전히 유용한 측면들이 있다고 볼 수 있다.

6장

동양 종교 및 신비주의 전통에서 본
종교와 철학의 '사이' 지평

서동은

1. 서양의 지식, 동양의 인륜?

기독교 신학의 (서구적) 전통에서 종교철학의 주된 관심사는 신앙과 불신앙, 혹은 신앙과 이성의 관계, 종교적 경험의 문제, 신 존재의 문제, 신정론의 문제와 악의 문제, 그리고 기적이나 내세의 문제 등이었다. 이러한 주제들은 크게 보아 유신론적인 전통과 그리스의 합리적 정신이 결합되어 나타난 것이라고 볼 수 있을 것이다. 이것은 크게 보아 종교적인 경험괴 이성 시이의 일치와 불일치의 문제가 주된 관심사라고 할 수 있을 것이다. 이러한 관점에서 보자면 종교철학이란 합리적 사유의 전통인 이성에 입각하여 직관과 체험을 기초로 하는 신앙의 사실을 고찰하고, 그 반대의 측면에서 종교적 '이성'의 가능성을 상호적으로 살펴볼 수 있는 지평이라고 말할 수 있을 것이다. 종교와 철학의 '사이'는 바로 이 역동적인 지점을 지칭하는 것이다.

그런데 조금 관점을 달리해서 보면, 동아시아 전통에서의 종교철학적 주제란 이러한 주제와는 조금 거리가 있다. 서양의 유신론적인 전통과 마찬가지로 절대성을 상징하는 '천' 天이나 '우주' 梵, Brahman가 전제되고 있고, 이 절대성과의 관계 속에서 자신을 이해하려는 시도이기는 하다. 그러나 그 관점이 이러한 양자사이의 차이와 질적인 거리를 전제한 상태에서의 논의라기보다는 이 양자사이의 합일의 관점이 더 강하다고 할 수 있다. 그렇다고 해서 서양의 유신론적인 전통에서 오로지 질적인 차이만을 강조한다고 말하려는 것은 아니다. 일반적인 경향이 그렇다는 말이다. 천인합일天人合一 사상을 강조하는 중국 전통이나, 범아일여梵我一如 사상을 강조하는 인도전통이나, 주객합일 혹은 주객미분主客未分을 추구 하는 불교 전통에서의 종교철학적 주제는 대체적으로 유신론적인 전통의 종교철학적 주제와는 다르다고 할 수 있다.

이제 지금까지 논의된 종교철학적 주제들을 포괄하면서 조금은 다른 관점에서 종교철학적 주제를 살펴볼 필요가 있다. 그 이유는 단지 글을 쓰는 사람이 동양에 살고 있기에 서구적 주체에 의해서 생성된 서구적 담론이 아닌 자생적이고 주체적인 관점을 가져야 한다는 당위에서가 아니라, 종교와 철학의 '사이'의 지평을 보다 넓혀 보자는 의도에서 이다. 우리는 자주 신앙과 이성, 종교와 철학이 세계를 바라보는 서로 다른 관점이라고 생각하는 데 익숙해져 있다. 서양의 경우 중세나 근대 이전까지만 해도 이러한 구분은 그다지 명료하지 않았다고 할 수 있다. 중국이나 인도 그리고 동아시아 전통에서도 이러한 구분은 그다지 큰 의미를 가지지 않았다고 본다. 동아시아 전통에서는 대체로 수행이 강조가 되고 그 수행을 바탕으로 한 도덕적인 성인이 되는 것을 이상으로 삼았기에 엄밀한 인식론상의 구별에 그다지 관심을 두지 않았다고도 볼 수 있다. 서양과 동양의 이러한 차이는 세속화와 엄밀 논리에 입각한 과학의 발전과 무관하지 않다. 두 문화가 추구하는 방향이 서로 달랐기에 인식론에 기초한 지식학Wissenschaft, Science의 발전과 수양修養에 기초한 윤리학人倫學의 발전으로 귀결되었다고 볼 수 있다. 동아시아의 이러한 전통은 서양의 전통에서 자주 신비주의 전통과 연결되기도 한다.

2. 서로 다른 세 개의 세계관

니시다니 케이지西谷啓治는 독일 신비주의에 관한 연구에서 신비주의와 기타 형이상학의 세계관을 대별해서 말하고 있다.[228] 그에 따르면 크게 세 개의 세계관이 있다. 이 세 개의 세계관은 각각 그 역사적 근원을 가지고 있다. 역사적으로 보면 그리스적 형이상학적 세계관이 있고, 기독교적인 세계관이 있으며 또한 신비주의적 세계관이 있다. 이 세 개의 세계관을 구별 짓는 기준점은 주객분리니 주객합일이냐의 관점이다. 다시 말하면 신과 세계, 인간 사이의 독립적인 실체를 전제하면서 사유하느냐 아니면, 이 세 개의 구분을 전제하지 않는 주객합일의 관점에서 세상을 바라보느냐 하는 점에서 이 세 가지 세계관은 차이가 난다.

전통적으로 기독교는 신과 인간 사이의 질적인 차이를 전제하면서 출발한다. 신과 인간 사이에는 질적인 간격이 존재해서 절대적으로 인간은 신에 이를 수 없다고 본다. 신은 완전자이고 인간은 불완전자이며 죄인이다. 그래서 이 절대적인 간격을 메울 수 있는 매개자가 필요하다. 이 매개자는 하지만 인간 편에서 온 매개자가 아니다. 신이 보낸 매개자이다. 인간은 유한해서 절대 자신의 능력으로 신에 이를 수 없다. 신에 이르려고 하면 신 쪽에서의 도움이 필요하다. 이것이 은총이다. 기독교에서 예수 그리스도는 신의 은총이다. 이를 받아들이고 그에게 귀의하면 구원에 이를 수 있고 궁극적으로는 영원한 생명을 얻을 수 있다. 매개자 예수 그리스도를 통하여 영원한 하느님 나라의 구원에 이를 수 있게 된다. 여기서 영원한 생명의 매개자가 되는 것은 중개자 예수 그리스도에 대한 신앙이다. 그러므로 이러한 종교를 신앙의 종교라고 말할 수 있다.[229] 이와 대비해서 니시다니는 형이상학의 종교를 말한다.

형이상학의 종교란 그리스에서 출발한다. 로고스 혹은 이성에 의해서 사유되는 대상으로서의 제1원인자에 대한 사유를 통해서 신에 대한 인식이 가능해진다. 전통 기독교에서는 신과의 일치 혹은 신을 알아가는 과정이 신앙을 통해서 가능했지만, 그리스에서 출발한 형이상학의 종교는 인간의 이성을 통한 지식의 성숙을 통해 가능하다. 모든 변화가운데서도 변화하지 않는 불변의 일자에 대한 추구가 그리스 정신이라고 말할 수 있다. 이러한 추구는 이오니아 지역의 그리스인들이 최초로 생각했다는 점에 착안해서 이른바 '이오니아의 마법'이라고도 불린다. 이 전통에서는 모든 사물의 근원자 혹은 형이상학적 일자를 사유나 개념을 통해서 접근할 수 있다고 본다. 그렇기 때문에 이들에게 필요한 작업은 논리학이었고 인식론이었다. 어떻게 하면 인간이 이성으로 신에 이를 수 있을까 하는 문제가 이들의 관심사였다고 말할 수 있다. 즉, 보편자의 획득 혹은 보편성의 획득을 목표로 이성의 노력이 경주되었다. 따라서 이오니아의 종교 또한 절대자 혹은 세상의 근원자를 전제한다. 그리고 그에 이르기 위한 여러 가지 방법을 강구한다. 기독교에서는 신이 보낸 매개자를 통해 신에게 이를 수 있지만, 이오니아 종교에서는 이성을 통해서 보편자에 이를 수 있다고 본다. 이 두 종교 안에 숨어 있는 기본적인 동기는 불멸이라고 말할 수 있을 것이다. 어떻게 하면 우연적인 이 삶에서, 죽어 없어질 이 삶에서 영원성이 가능할까 하는 문제에 대한 관심에서 이러한 종교가 출발했다고 말할 수 있다. 이와는 달리 주객의 대립을 전제로 하지 않고, 주객합일의 관점에서 신과의 합일에 이를 수 있다고 주장하는 사고방식 혹은 종교도 있었다.

신비주의가 바로 이러한 전통이라고 말할 수 있다. 신비주의 전통에서는 이른바 신비적 합일Unio mystica를 강조한다. 신과 하나 되는 것이 궁극적인 목적이다. 앞에서처럼 신과의 대립과 구분을 전제로 하지 않고, 본래 인간이 신과 하나였던 상태를 전제한다. 그래서 기독교 전통에서는 인간은 신과 하나되기 진에는 참된 안식을 얻을 수 없다고 하는 아우구스티누스의 고백 이후 신과 하나 되려고 하는 움직임이 있어왔다. 이러한 신비적 합일의 사상을 우리는 독일 신비주의 사상가 에크하르트에게서 발견한다. 신비주의 전통에서는 세계와 신 그리고 인간의 이원성을 인정하지 않고 합일에 이르는 것이 구원이요, 인간의 궁극적 목적이라고 말한다. 이러한 사상은 실존주의 사상가들 특히 불트만이나 틸리히 등의 신학에 의해서 새로운 옷을 입고 나타나기도 한다. 이러한 신비주의 전통에 서 있는 신비주의자들은 자기를 버리는 고행이나 금욕적인 생활을 통해 절대자에 이를 수 있다고 주장한다. 철저한 낮아짐과 겸손이야말로 구원에 이를 수 있는 길이라고 말한다. 이것을 보다 적극적으로 해석해서 '절대적 사랑'만이 구원에 이르는 유일한 길임을 강조한다. 이러한 '사랑 신비주의'는 신약성서 요한 1, 2, 3서에서 발견된다. 요한 1, 2, 3서의 저자는 사랑을 통해서 하느님과 하나 됨을 강조한다. 이러한 요한의 '사랑 신비주의'는 인도에서 출발하는 대승불교 전통과 만나는 부분이 있다. 대승불교에서는 철저한 이타행利他行 혹은 보살행이 구원의 관건이라고 보고 있기 때문이다. 신비적 합일 사상은 인도 전통에서도 발전되어 왔다.

인도에서는 브라만이라고 하는 절대자가 존재하고 모든 인간에게는 이 브라만을 알 수 있는 아트만atman이 또한 존재한다고 전제한다. 그리고 개인이 가지고 있는 아트만을 절대자 브라만에 합일시킬 때 비로소 깨달음에 도달할 수 있다고 생각한다. 이러한 깨달음에 이르기 위해서는 참선 수행이나 고행을 해야 한다. 즉, 자기 자신의 욕심을 버리는 과정을 필요로 한다. 명상이나 참선 수행을 통해서 브라만과의 신비적 합일에 이를 때 비로소 인간은 더 이상 이 세상 속에서 윤회를 반복하지 않고 영원의 세계에 이를 수 있다고 본다. 브라만과 아트만에 입각해서 본래 있었던 주객미분의 경험에로 되돌아가는 것이야 말로 인생의 궁극적목적이다. 이러한 사상은 기본적으로 우파니샤드에 나오는 범아일여의 철학에 기초해 있다. 세상과 나 혹은 절대자와 나는 본래 하나라는 생각이다. 여기서는 이러한 합일에 이르는 과정이 신앙이나 지식이 아니고 고행이나 금욕을 통해서 가능해진다. 이 점에서 보면 기독교 신비주의 전통과 우파니샤드와 불교철학은 통하는 바가 있다.

신앙을 통해서 절대자에 이르려고 하는 신앙의 종교는 서양 중세시대에서 그 정점에 이르렀다. 근대를 지나면서 인간의 자율성이 확대되면서 중세적 세계관은 서서히 흔들리기 시작했다. 신이 세상의 주인이고 인간이 종에 불과했던 고대 이래 중세적 세계관이 흔들리면서 가치 전복이 일어났다. 신이 세상의 주인이 아니고 저세상적인 가치가 우월하거나 중요한 것이 아니고, 이 세상에 살고 있는 나의 삶 자체가 중요한 것이라는 것이다. 더 이상 신에 의해서 존재하는 나가 아닌 나, 스스로 나 자신의 자율성을 확보하려는 근대적인 인간이 탄생하게 된 것이다. 이러한 흐름을 타고 나온 사상이 바로 니체의 허무주의이고 데카르트의 계몽의 사상이다. 계몽주의 사상가나 프로이트, 마르크스, 블로흐, 프롬 그리고 무신론적인 실존주의 사상가들이 바로 이러한 중세적 지배 질서에 대한 저항정신이었다고 말할 수 있다. 이와는 대립적으로 여전히 중세적 세계관을 주체적으로 새롭게 해석하려는 운동이 바로 실존주의라고 밀할 수 있다. 칼 바르트나 불트만 그리고 폴 틸리히 등의 사상은 바로 이러한 고대 혹은 중세의 기독교 정신을 근대시대에 맞게 재해석한 사상의 흐름이라고 말할 수 있다. 실존주의 사상을 통해 기독교는 '실존하는 신앙'을 통해서 새롭게 해석되어 간다. 이러한 기독교 전통과 나란히 서양사상사의 줄기를 형성해온 것이 그리스 정신이다.

그리스 정신은 앞에서 말한 대로 형이상학적 사유의 원류이다. 변하지 않는 보편자에 대한 지식 혹은 이성의 추구는 사물에 대한 객관성 혹은 보편성에 대한 관심으로 이어졌다. 진리(생각한 것과 사물의 일치) 추구의 정신이 주류를 이루게 되었고, 이러한 진리탐구의 정신은 근대의 자연과학에서 정점에 이르렀다. 근대의 과학에 이르기까지 그리스적 정신은 다빈치와 갈릴레오, 케플러 등의 사상가에 의해 계승되었다. 그리고 마침내 뉴턴이 나타나 그리스 정신이 꽃을 피우기 시작했다. 뉴턴의 승리는 거슬러 올라가면 이오니아 종교의 승리라고 할 수 있다.

기독교의 주객도식과 그리스 정신의 주객도식에 근거한 각각의 신앙의 종교 형이상학의 종교는 지리상의 발견을 매개로 그 외연을 확대하여 새로운 세계를 만들어낸다. 신앙의 종교인들은 언젠가 만나게 될 신을 만나기 위해 신앙적 열정으로 선교에 나섰고, 이오니아에 성지를 가지고 있는 형이상학의 종교인들은 관찰과 실험을 통해 새로운 과학과 그에 근거한 무기를 만들어 실험하는 데 열정을 가지게 된다. 이 모두는 현대 서양 문명의 두 물줄기였는데, 그 세계관의 토대는 주객 이원론이다. 이는 '명사적 사유'의 전형이라고 말할 수 있다. 이와는 달리 신비주의적 사유전통이 있는데, 여기서는 이러한 사유를 거부한다. 신비주의 전통에서는 고립된 자아를 전제하지 않는다. 이미 나는 세계 안에 들어와 있고 신 또한 이 세계의 변화와 더불어 같이 변화하는 동적인 존재이다. 모든 것은 서로가 서로에게 관계되어 있다고 하는 사고방식이 바로 신비주의 전통의 핵심이라고 말할 수 있다.

지금까지 세 가지 세계관을 살펴보았다. 이 세 가지 세계관은 세계를 바라보는 방식의 차이라고 할 수 있다. 이 세 가지 세계관이 공통적으로 전제하고 있는 것은 어떤 절대자 혹은 보편성이 있다는 점을 전제한다는 점이다. 다만 그것에 이르고자 하는 방식에 있어서 차이를 보일 뿐이다. 신앙, 고행, 사랑의 실천, 지식 등등을 통해 절대성에 도달하고자 한다. 이러한 세계관들의 차이는 각자가 처한 입장에서 어떤 절대성에 이르려고 하고 궁극적으로는 불멸不滅에 이르려고 하는 사람들의 지혜에서 나온 것이라 할 수 있다.

중국의 전통에서 나온 유교나 도교 등도 궁극적으로는 본성 혹은 자연에 따른 삶을 살아서 불멸에 이르고자 한 시도라고 볼 수 있다. 유교에서는 후손생산을 통해서 도교에서는 불로장생술不老長生術에 의해서 혹은 자연친화적 삶을 통해서 죽음을 넘어서 이 세상 속에서 보다 자유롭게 행복하게 살기 위한 사람들의 지혜인 것이다. 유교의 '하늘'이나 도교의 '신선'은 바로 사람들이 닮아서 하나가 되고 싶은 윤리적 이상향이라고 말할 수 있다. 이런 점에서 보면 동서양을 막론하고 고대인들의 사유방식은 어떤 절대성을 전제하는 형이상학에서 출발한다는 공통점이 있다. 어떻게 그러한 절대성에 맞추어서 인간이 잘 살아갈 수 있을까를 염려하는 과정에서 여러 가지 다양한 문화가 생긴 것이다. 이를 특정한 '제사'를 통해 지속하여 영생 혹은 불멸에 이르고자 한 사람들이 바로 오늘날 우리가 마주하게 되는 이른바 '종교인들'인 것이다. 이러한 세계관들은 그래서 세 가지 사상가 군으로 나누어 분류해볼 수 있을 것이다.

신앙 전통(팔레스타인)	형이상학 전통(그리스)	신비주의 전통(인도, 중국)
기독교, 이슬람	연금술, 자연과학	힌두교, 불교
실존주의 철학자들	이오니아 철학자들,	니시다, 교토학파,
(키르케고르, 야스퍼스)	아리스토텔레스,	에크하르트, 노자, 장자, 루소,
	갈릴레오, 케플러	스피노자, 현상학자들, 들뢰즈
	과학학회와 기타	도교, 유교, 불교
기독교 교회, 유대교,		
이슬람교, 무교	여러 분과 학문의 학회들	
신앙, 매개자 강조	지식, 이성, 실험 강조	금욕, 사랑, 무집착 강조

신과의 합일 혹은 절대적인 것과의 합일合—의 방식에 있어서는 이 세 전통이 또 다른 방식을 취한다. 신앙 전통에서는 현재와 미래에 강조점을 두고 미래의 종말의 순간에 오게 될 합일에 이르기 위하여 현재의 신앙이 중요함을 강조하고, 형이상학의 전통에서는 가능한 한 나의 주관적 선입관을 떠나서 객관적인 지식에 이르러 객관성과 보편성에 이르는 것이 영원성에 이르는 길이라고 본다. 플라톤의 철인 군주론이 말하는 것처럼 절대적이고 객관적인 지식에 이르러 모든 다른 여타의 사람들을 통치하여 철인국가를 이루는 것이 이오니아의 철학자들의 이상향이었다. 여기서도 현재와 미래는 중요한 축을 이룬다. 현재의 지식을 충실하게 하고 이를 기초로 해서 보다 객관적인 지식에 이를 수 있는 기대를 가지고 있다. 신비주의 전통에서는 합일에 이르러 현재적으로 모든 사람을 평등하게 대하는 것을 이상향으로 한다. 여기서는 시간의 계기 중에서 현재가 가장 중요하다. 과거도 미래도 현재에 수렴되어 '영원한 현재'를 살 것을 강조한다.

오늘날 우리들이 문화라고 생각하는 다양한 형태들은 고대로부터 이러한 어떤 절대자 혹은 형이상학적 체험에 근거한 것이라고 볼 수 있다. 그러한 체험들이 제의를 통해 제도화되고 이를 실천하면서 의미를 발견하고 살았던 삶이 곧 문화의 형태로 나타났다고 말할 수 있다. 그리스인들은 과학을 발전시켰고, 힌두교인들은 요가와 명상을 발전시켰으며, 기독교인들은 신 앞에서의 소중한 존재라고 하는 주체성과 인권사상을 가져오는 데 기여했다. 이러한 문화사의 흐름을 콩트가 분류한 것처럼 신화적 시대, 형이상학적 시대, 과학적 시대로 발전해왔다고 볼 수도 있다. 또한 역사를 거슬러 올라가 보면 이러한 세 부류의 세계관들이 서로 공존하기도 하고 갈등하기도 하는 긴장의 과정 속에서 발전해왔음을 알 수 있다. 이 세계관은 현대 서양에서 단계적으로 파악되어 과학적 시대가 보다 진보한 시대라고 보는 경향이 있다. 하지만 서양에서는 물론이고 동양과 인도 등에서는 여전히 여타 다른 종교들이 혼합을 이루어 공존해가고 있다. 사람들이 살아가는 세계는 이러한 여러 세계관들이 만나며 갈등과 화합 속에 이루어지는 사건들의 연속이다. 이 세계관들 가운데 어느 세계관이 우월하다고 하는 주장은 그야말로 고대 혹은 중세적 독단일 것이다.

흔히 사람들은 이오니아에서 유래한 그리스적 정신은 종교가 아니라고 말한다. 제의도 없고, 종교 창시자도 엄밀하게 없으며, 종교에 공통된 특별한 체험도 전제하지 않는다고 말하면서 그리스 철학은 과학과 연관이 있을 뿐 종교는 아니라고 말한다. 여기서 우리는 종교에 대한 정의 문제를 생각하게 된다. 제의나 창시자에 입각해서 종교를 정의하다가 보면 무교나 선불교 등은 종교에 해당되지 않는다. 하지만 이러한 전통들도 엄연히 종교로 여러 사회에서 자리매김 되어있다. 물론 종교에 대한 지배적인 틀은 제의와 종교적 경험 그리고 절대자나 창시자 등을 전제한다. 하지만 넓게 보면 종교란 어떤 특정 세계관에 경도되어서 그러한 입장에서 세상을 파악하고 그것을 절대적이라고 믿는 신조에서 출발한다. 그러니까 과학적 입장만이 유일무이한 설명방식이고 가장 타당한 설명방식이라고 주장하는 과학자가 있다고 한다면 그것은 이미 '과학이라는 이름의 종교'라고 할 수 있을 것이다. 이 점에서 우리는 제의적 종교와 세속화된 종교를 구분할 수 있을 것이다. 제의적 종교는 제도와 제의를 통해서 유지되는 종교이고 세속화된 종교는 사람들의 정서나 세계관을 통해서 유지되는 종교라고 말할 수 있다. 이것을 우리는 다시 다음과 같이 분류할 수 있다. 나와 타인 혹은 나와 대상(혹은 절대자)을 엄밀하게 분리한 다음 이에 입각해서 세상을 설명하는 방식이 형이상학과 과학으로 발전되었고, 종교나 신비주의는 이러한 분리에서 출발하지 않고 처음부터 동일한 상태에 있다고 전제하고 다시 매개자를 통해서 혹은 스스로의 초월을 통해서 이를 수 있다고 하는 생각으로 발전되었다고 볼 수 있다. 이점에서 보자면 어떤 매개자를 통해서 만이 구원에 이를 수 있다고 보는 기독교나 이슬람교의 주장은 독단에 지나지 않는다. 신앙이나 제의가 아닌 여러 가지 방식으로 스스로의 만족과 행복 더 나아가서 구원에 이를 수 있는 길은 무한히 많다.

2. 유일신론과 무신론 그리고 범신론이란?

앞에서 이야기한 세 개의 세계관은 그대로 유일신론Theismus과 무신론 Atheismus과 범신론Pantheismus으로 대별되어 나타나기도 한다. 신과의 질적인 거리를 전제하고 매개자에 대한 신앙을 통해서 신과의 합일에 이를 수 있다고 본 유일신론 전통은 여전히 기독교 전통을 지배하고 있다. 유대교나 이슬람교도 마찬가지로 그 매개자가 이스라엘 선민이냐 모하메드냐에 따라 구별될 뿐 근본적으로는 절대적인 신과 인간을 매개 하는 존재를 중개해서 신과 인간의 관계 그리고 자연의 관계가 설정된 다. 신은 인간과 자연을 창조하였고 끊임없이 매개자를 통해서 세계에 관여한다. 그리고 이를 매개하도록 하는 인간측면에서의 속성이 성령 Pneuma이다. 성령을 통해서 신도들은 매개자를 신앙할 수 있게 되고, 신에게 이를 수 있게 된다. 이것이 유일신론의 기본적인 사고 패턴이다. 그리고 이것이 앞에서 말한 신앙 종교의 전형이다. 이에 대한 저항으로 생긴 것이 무신론이라고 할 수 있다.

니체는 서양에서 무신론이 대표주자라고 할 수 있다. 엄밀하게 말하면 신이 없다고 주장하는 입장이라기보다는 유일신론에 대한 거부라고 말 할 수 있을 것이다. 유일신론 문화에 대한 반기가 니체의 무신론이리고 말할 수 있을 것이다. 기존의 유일신론에서 신은 제의나 매개자를 통해 서만 자신에게 이를 수 있다고 주장하고 인간의 자율성을 무시하는 것 처럼 보인다. 니체는 근대적 자율적 인간성에 기반해서 과감하게 '신은 죽었다'고 말한바 있다. 그는 당대의 사람들에게 의미와 정체성을 주던 절대적 가치의 붕괴를 선언했다. 이제는 개개인의 주체적 관점만이 진실이며 이러한 진실에 충실해야 한다고 주장한다. 니체의 이러한 입장은 과학에서 표방하는 무신론과는 다르다. 그의 반항은 다만 기존의 가치를 전복해야 한다는 수준에서의 유일신론과 그 문화에 대한 반기였다. 그는 개인의 '권력(힘)에의 의지'에 기반해서 사람들과 세상의 관계를 설명하려고 하였다. 이와는 달리 과학에서의 무신론은 철저한 경험론과 인과율에 근거해 있다고 말할 수 있다. 근대 과학은 물질의 연관관계를 경험적인 측면에서 검증할 수 있는 것만을 인정하고 그 외의 것은 상상의 산물로 간주하였다. 과학주의의 이데올로기의 전형이라고 할 수 있는 논리실증주의자들은 바로 이러한 경험론자들 이었다. 회의주의자 데이비드 흄이 '수학에 관계한 것도 사실에 관계한 것도 아니라면 불살라 버리라'고 말한 것은 이러한 경험주의 혹은 근대의 과학주의적 사고방식을 그대로 대변한다. 이들은 경험할 수 없는 모든 명제는 형이상학적 명제들이며 경험할 수 없는 명제는 엄밀하게 명제라기보다는 무의미한 진술들이라고 주장한다. 철학사적으로 보면 이들이 기대고 있는 철학적 전통은 중세의 유명론자들이지만 더 거슬러 올라가면 이오니아학파와 데모크리토스 그리고 밀레토스학파의 탈레스까지 거슬러 올라간다. 이들은 세계를 설명함에 있어 이전의 사람들처럼 신화적인 사고에 입각해서 설명하지 않고 눈에 보이는 분명한 사실에 입각해서 설명하려고 시도하였다. 이들의 시도 자체가 합리적 사유의 시작이며 그리스 철학은 바로 여기에서 시작된다고 할 수 있다. 탈신화적 혹은 탈신학적 전통이 이미 근대 과학의 근원에 자리 잡고 있었던 것이다. 그러므로 이들의 무신론은 그 출발점에서 보면 필연적이다.

이러한 위의 두 전통과는 달리 범신론 혹은 범재신론Pannentheismus의 전통이 있다. 앞에서도 말한 것처럼, 이러한 사유 전통은 멀리 인도의 우파니샤드 철학으로 거슬러 올라가지만 역사적으로 보면 신비주의 전통에서 이러한 사상은 지속되고 있다. 자연과 신의 이원성을 인정하지 않고 자연 가운데서 그리고 자연과 인간의 불가분리성에 입각해서 브라만(힌두교) 혹은 세계영혼(쉘링, 괴테) 혹은 세계정신(헤겔)이라는 이름으로 자연과 인간의 일원성을 이야기한다. 세계가 곧 신이라는 생각은 스피노자에게서 그 정점에 이른다. 스피노자는 유일신론자들에 의해 정죄를 받고 파문을 당한다. 세계와 신 인간은 떨어져서 생각할 수 없는 유기적인 관계를 가지고 있다는 생각은 주관과 객관의 분리를 인정하지 않는 신비주의 전통과 맞물리는 점이 있다. 신비주의 전통에서는 세계와 분리된 데카르트적 자아는 존재하지 않는다. 이미 개인은 세계 혹은 세계영혼에 참여하고 있으며, 개인의 영혼은 이 세계영혼과 하나가 되는 데 그 목적을 가지고 있다. 특히 쉘링Schelling에게 있어 개인은 결코 세계영혼과 분리되지 않는다. 개인과 세계는 분리할 수 없는 주객미분의 상태에 있다. 쉘링에게 있어서는 물질의 세계와 정신의 세계는 분리될 수 없는 하나의 생명현상이다. 쉘링에게 있어 의식적 주관과 객관적 자연은 차별되지 않는 자기동일성을 가지고 있다. 그에게 있어 철학의 목적은 유한성을 넘어서 절대적 자아에 이르는 데 있다. 말하자면 유한한 자아가 자신의 유한성을 극복하고 절대적 자아와 합일되는 데 있다. 이렇게 쉘링과 괴테의 '세계영혼'Weltseele 개념은 독일 신비주의 전통과 무관하지 않다고 여겨진다.

4. 독일 신비주의 배경

신약성서 안에서 이미 유대적인 전통과 그리스 전통이 만나고 있음을 알 수 있는데, 교회의 역사 가운데 유대교 전통과 그리스 전통이 만나는 역사적인 사건은 아우구스티누스에게서 라고 할 수 있다. 아우구스티누스에게서 신플라톤주의가 유입되고 신비주의적인 체험적인 전통이 유대 기독교 전통과 혼합되기에 이른다. 이러한 아우구스티누스의 사상은 다시 인식을 중요시하는 플라톤 전통과 연결되면서 토마스 아퀴나스의 이성적인 신학으로 분기 발전되어나가고, 신비주의 전통은 에크하르트 등에 의해서 계승되고, 기독교의 신앙 종교의 전통은 마틴 루터에 의해서 주도적으로 흡수되어 발전되어 나간다. 이러한 아우구스티누스 전통과 나란히 서양의 중세시대에 영향을 미쳤던 것은 위僞디오시소스이다. 이 위디오니소스의 저작은 신플라톤주의를 더 순후한 형태로 간직해서 신비주의 특히 독일 신비주의에 영향을 미쳤다.

크게 보면 이러한 신플라톤주의의 주의주의와 아퀴나스의 주지주의가 독일 신비주의에 영향을 끼친다. 아퀴나스의 주지주의는 안셀름에 의해서 계승된다. 안셀름의 '알기 위해서 믿는다' Credo ut intelligam라는 말은 유명하다. 이러한 전통에 있으면서도 좀 색다른 주장을 한 사람이 있는데, 베르나르가 그 한 사람이다. 베르나르는 인식은 사랑이며, 인식의 목표는 자기인식을 통해서 신의 인식에 이르는 데 있다고 말하면서 단순한 앎을 위한 지식은 해롭다고 말한다. 최고의 인식은 영혼이 그 깊은 정점에서 도달할 수 있는 신의 직관이고, 이것은 영혼과 신과의 직접적인 접촉 즉, 양자의 결혼이 최고의 사랑이라고 말했다.

아우구스티누스의 주의주의主意主義는 신플라톤주의에 연관되어 있으며 직관과 감정을 중요시하는 신비주의 전통이라고 말할 수 있다. 이러한 전통에서는 인간의 영혼이 감각계를 넘어서 초월적인 세계에 들어감으로써 신에게 귀의하고 신의 은총에 의해 접촉됨으로써 신의 빛 안에서 영원한 이념을 직관하는 것이 목표였다. 반면 토마스 아퀴나스는 감성계 안에서 자연적 이성을 인정하고 그 위에서 계시나 신앙을 조화시키려고 한다. 여기서는 신적인 빛의 직접적인 유입에 의한 직관의 입장이라기보다는 이성 자체의 원칙에 따라서 감성적 사물에 대한 인식 즉, 이성과 신의 간접적인 연관을 강조한다. 독일 신비주의가 지성을 중시한 것은 바로 이러한 토마스 아퀴나스의 전통에 따르고 있기 때문이다. 이를 도표화하면 다음과 같다.

두 개의 전통	근거하고 있는 전통적인 토대	구원에 이르는 수단
아우구스티누스의 주의주의	신플라톤주의(플로티누스)	직관
아퀴나스 주지주의	아리스토텔레스	자연적 이성

독일 신비주의의 아버지인 마이스터 에크하르트가 나타나기 전 12세기에는 새로운 종교적 운동이 많이 있었다. 특히 베르나르를 중심으로 한 프랑스의 개혁운동과 신학과 신앙이 독일 지방에 영향을 미쳤다. 이 시대의 많은 신비가들의 활동했는데, 특히 여자 신비가들이 많이 있었다.

이중에 빙엔의 힐데가르드Hildergard von Bingen, 1098~1179와 쉐나우의 엘리자베스Elizabeth von Schoenau, 1129~1164, 마그데부르그의 메흐트 힐드Mechthild von Magdeburg, 1210년경~1285년경 등이 활동하였다. 특히 힐데가르트는 당시 여러 개혁운동과 이단이 일어나는 시대에 기독교회를 개혁하고 충고하는 일을 하였다. 당시 여러 사람들에게 경외와 칭송을 받은 대표적인 여성 신비주의자였다. 그녀는 여러 가지 저술과 시를 썼으며, 또한 의술에 관한 연구서도 쓰기까지 했다. 그녀의 의술에 관한 연구는 자연과학사가들로부터 독일 최고의 연구가였다고 칭송이 될 정도이다.

메흐트힐드라는 여성 신비주의자 또한『신성이 흐르는 빛』이라는 책으로 유명하다. 이 책은 독일 신비주의의 가장 뛰어난 업적으로 평가되고 있다. 또 한명의 여성 신비주의자 마카레타 에브너Margaretha Ebner, 1291~1351는 신에게 돌아감으로써 세상의 고통을 넘어섬과 함께 신과 인간을 위해 적극적으로 고통을 감수할 수 있다는 고난신비주의Passionsmystik를 주장하였다. 신의 사랑 가운데서 고통의 삶을 실현하는 것을 강조하였다. 예수는 바로 이러한 삶의 전형이었다고 주장하였다. 고통을 초월하는 곳에서 신성과 합일되고, 고통을 감내하는 인격으로 성숙해가는 것이 신과의 신비적 합일이라고 주장하였다. 이러한 신비주의 전통의 일단은 베르나르 전통에 입각한 감정신비주의라고 말할 수 있다.

이에 비해서 에크하르트의 신비주의는 전혀 다른 특징을 가지고 있다.

여성 신비주의자들은 황홀경의 체험이나 환상 금욕 등을 강조했지만, 에크하르트는 이러한 환각이나 도취 즉, 황홀경 체험의 위험을 경고하고 있다. 물론 감정신비주의나 고난신비주의와 결합되어 조화를 꾀하기도 했지만 에크하르트와 그의 제자인 타울러 등은 감정에 휩싸이는 위험을 지적하고 이성에 따른 실천적 생활을 강조했다. 이러한 토마스 아퀴나스의 전통을 따르면서도 그 차이 또한 간과할 수 없다. 앞에서도 말했듯이 에크하르트를 비롯한 독일 신비주의 전통은 어디까지나 지성을 존중하고 지성의 우위를 인정하면서도 다시 영혼의 내재성을 강조한다. 이 점에서 보면 여전히 아우구스티누스와 위디오니시우스 계통의 신비주의와 밀접한 연관을 가지고 있다. 여기서 잠시 에크하르트의 신비주의를 관찰해보자.

5. 신비주의란 : 에크하르트의 신비주의 특성[230]

에크하르트의 가르침의 중추를 이루고 있는 개념은 아마 '돌파' Durchbruch[231] 일 것이다. 이것은 인간이 그 내면에서 다시 탄생되었다고 하는 경험이고 일반적인 지성 즉, '자연이성'과는 완전히 다른 고차적인 종교적 지성의 출현을 의미한다. 에크하르드는 물론 도미니칸수도원 스투디움 게네랄레에서 가르치기도 했지만, 프란시스코학파의 알베르투스나 토마스학파와 연관된 스콜라 학자였고, 당시의 아랍이나 유대교 사상에 대해서 해박한 지식을 가지고 있었다. 그럼에도 에크하르트를 이들과 구별시켜주는 점은 그에 의해서 수행된 정신적 자유에 있다.

에크하르트는 영혼 안에서 신의 탄생 혹은 그리스도의 탄생을 말한다. 에크하르트는 우리가 외부의 감각적인 것에 시선을 돌리지 않고 이를 벗어나 탈자脫自 혹은 탈아脫我 상태에 들어가게 되면 그 영혼의 깊은 곳에서 신성을 체험할 수 있다고 보았다. 이것이 바로 신성에로의 돌파체험이고, 동시에 인간의 재생체험이며, 동시에 신과의 합일 체험이다. 이러한 영혼의 탄생에서 나와 신은 하나가 된다. 이것은 인간적인 측면에서 보면 재생체험이지만 신적인 측면에서 보면 신을 모시게 되어 인간이 신이 되는 것이다. 이를 신화神化, Vergottung라고 한다.

인간이 신이 될 수 있다고 하는 이러한 개념들은 정통 기독교의 입장에서 보면 이단으로 간주될 수 있다. 자신의 영혼 깊은 곳에서 신의 아들이 탄생했다고 하는 것은 자신의 죄성에 대한 절대적 부정의 체험 즉, 자아의 절대적 부정을 의미한다. 이러한 자기의 절대적 부정을 통해 절대긍정인 자기가 탄생한다. 이러한 상태에서 비로소 영혼의 내면에서 신의 아들이 탄생하는 것이다. 이러한 탄생에서 중요한 것은 절대적 자기부정이다. 신비주의에 대한 오해는 바로 이러한 자기의 죄성에 대한 절대적 부정의 측면을 간과하는데서 온다고 할 수 있다. 바꾸어 말하면 우리의 영혼 깊은 곳에서 자기 방기Gelassenheit 혹은 이탈Abgeschiedenheit 을 함으로써 어떠한 것에도 의존하지 않는 진정한 신성Gottheit의 자기가 드러난다는 것이다. 이러한 상태에 이를 때 우리 안에 예수가 탄생하는 것이고 우리도 예수처럼 신의 아들이 되는 것이다. 이러한 상태에서는 나의 재생을 통해서 역사하는 창조자 하느님과 예수와 영혼 안에서 작용하는 성령이 셋이면서 하나가 된다. 그래서 '하느님의 근거는 곧 나의 근거이고, 나의 근거는 곧 하느님의 근거' [232] 가 된다.

에크하르트에게 있어 덕德 있는 행위란 바로 이러한 돌파체험에서 나오는 행위이다. 덕은 자기를 낮추어 철저하게 자기를 버리는 행위 즉, 자신이 어떤 덕이나 좋은 일을 한다는 의식이 없이 하는 행위이다. 이러한 행위는 어떤 '이유'를 가지지 않는 자유로운 행위이다. 어떤 것에도 메이지 않은 자유로운 상태에서 행하는 자유자재의 행위가 바로 덕인 것이다. 이러한 행위에서 또한 진정한 자유가 나온다. 의지도 여기서 비로소 신의 의지와 하나가 된다. 신이 의지하는 것과 사람이 의지하는 것이 하나가 된다. 생명은 여기서 영원한 생명과 하나가 되고 인간은 여기에서 신을 탄생시킨다. 그리고 이러한 상태가 바로 '영원한 현재'의 상태이다. 자기를 부정해서 신이 탄생할 때 이때의 자기가 진정한 자기이다. 이러한 시간 체험 속에서 절대부정이 절대긍정이 된다.

에크하르트의 신비주의 사상은 이후에 경건주의Pietismus를 거쳐 독일 관념철학에 많은 영향을 미쳤다. 특히 괴테와 쉘링, 슐라이어마허 그리고 헤겔에 영향을 미쳤다. 시인 앙겔루스 질레시우스에게도 영향을 미쳤고, 루터에게도 영향을 끼쳤다. 이러한 에크하르트의 신비주의는 기존의 매개자를 통해서 신에게 이를 수 있다는 기독교 선동에서 이난시되었지만 마틴 루터의 '만인사제설'이 보여주듯이, 누구나 어떤 매개자를 필요로 하지 않고 하느님께 직접 나아가 예배할 수 있다는 종교개혁적 신앙 전통과 연결된다. 이것은 또한 누구나 다 자기부정(혹은 무집착)을 통해서 깨달음에 이를 수 있다는 불교전통과 통하는 점이 있다.

6. 자기를 비운다는 것 : 에크하르트의 '자기비움' Abgeschiedene의 의미

에크하르트의 중심개념은 영혼과 신의 관계에 대한 문제 즉, 영혼 안에서의 신의 탄생die Geburt Gottes in der Seele이라고 말할 수 있다. 영혼 안에서의 신의 탄생은 오리게네스에게 거슬러 올라간다.[233] 에크하르트 자신은 어떤 신비체험을 했거나 한 사람은 아니었다. 하지만 그는 우리가 예수를 따라가고자 하면 철저하게 자신의 모든 것을 버리고 따라가야 한다고 생각했고, 마가복음 10장 29절 이하에 나오는 말씀을 말 그대로 받아들였다.

> 예수께서 말씀하셨다. 내가 진정으로 너희에게 말한다. 나를 위하여 또 복음을 위하여 집이나 형제나 자매나 어머니나 아버지나 자녀나 논밭을 버린 사람은 지금 이 세상에서는 박해도 받겠지만 집과 형제와 자매와 어머니와 자녀와 논밭을 백 배나 받을 것이고, 오는 세상에서는 영원한 생명을 받을 것이다.

이 본문의 내용을 한 마디로 요약하면 하느님의 일을 위하여 모든 자신의 세상적인 욕망을 버린 사람은 세상에서 박해를 받겠지만 다가오는 세상에서는 영원한 생명을 받을 것이라는 것이다. 이와 평행된 본문은 마태복음 19장 12절이다.

> 모태로부터 그렇게 태어난 고자도 있고, 사람이 고자로 만들어서 된 고자도 있고, 또 하늘나라 때문에 스스로 고자가 된 사람도 있다. 이 말을 받아들일 수 있는 사람은 받아들여라.

여기서 '버리다'라는 말고 '스스로 고자가 되다'는 말은 예수 그리스도
께서 자기를 비운Ekkenosis것과 같은 것이다. 이 말은 어떤 것으로부터
'분리하다'ab-scheiden라는 의미와 통하는 말이다. 세상적인 욕심으로부
터 스스로를 분리하는 것 즉, 자기의 (욕심과 원망)을 버리고 비우는 것이
라고 말할 수 있다. 인간적인 측면에서 보면 '분리하는 것'은 자기를 자
신의 욕망에서 분리하여 자기의 본래적인 모습을 회복하는 것이라고 한
다면, 신의 측면에서 보면 이것은 우리의 능력이나 인위적인 노력으로
된다기보다는 신이 나 혹은 나의 영혼을 통해 다시 탄생하는 것이다. 신
성이 나를 통해 돌파하는 것이다.

자신의 계획과 목적에서 벗어나고 자신의 모든 부모와 친척 그리고 소
망에서 벗어날 수 있는 사람은 그리스도에게 속한 사람이다. 그리고 이
러한 사람의 영혼 안에서 신이 탄생한다. 에크하르트의 영혼 개념에서
중요한 것은 이성Vernunft 개념이다. 이 점에서 에크하르트는 오리게네
스와 일치한다. 이성이 하느님의 성전이며 하느님은 본래 이러한 이성
의 성전 안에 거하신다고 에크하르트는 주장한다. 에크하르트에게 있어
신에게 이르는 길은 인식 혹은 이성을 통해서 가능하다. 결코 신비주의
자들의 헌신적인 사랑의 가슴을 통해서가 아니다. 이 점에서 보면 에크
하르트는 신비주의사라기보다는 기독교 영지수의자라고 말할 수 있다.
인식을 통해서 하느님을 알고 하느님과 같이 되기를 꾀했던 구약성서의
뱀의 입장과도 통하는 측면이 있다. (창세기 3장 5절 '너희가 신처럼 되리라 그
러면 너희가 선과 악을 알게 될 것이다' Eritis sicut Deus scientes bonum et malum,
Ihr werdet sein wie Gott und Gut und Boese erkennen) 이러한 자기비움을 통

해 인간은 진정한 자유를 경험하게 된다고 에크하르트는 말한다.

7. 하느님은 세상의 비밀로서 존재하는가?

에크하르트가 말하는 자기비움이나 불교에서 말하는 공空은 모든 것의 자기 부정의 '원리'라고 할 수 있다. 이러한 자기 부정과 공은 어떤 실체화도 허락하지 않는 자기 부정의 원리이다. 유대 기독교 전통에서의 신 또한 이러한 지속적인 자기부정의 인격적 원리라고 말할 수 있을 것이다. 신은 언제나 사람들의 표상의 영역 너머에 있으면서도 언제나 우리의 삶에 관여하신다. 신은 언제나 자기를 부정하여 존재 하지 않는 것처럼 그렇게 존재한다. 즉, 부정의 방식으로 혹은 무의 방식으로 존재한다. 이러한 신의 자기 부정의 방식은 예수 그리스도의 십자가 사건에서 극치를 이룬다. 신은 인간의 세계를 떠나서 고독한 천상에 계시는 초월적 존재가 아니라, 끊임없이 자기를 부정하고 인간사에 개입하셔서 자신의 일을 성취해간다. 신은 이러한 부정의 방식으로 존재하기에 사람들은 신의 전지전능에 의심하게 되고 마치 신이 없는 것처럼 생각하고 행동한다. 하지만 신은 우리의 지각에서 언제나 한발 물러서 있다. 우리가 이것이 신이다라고 하면 어김없이 벗어나 버리는 그러한 존재이다. 그래서 궁극적으로는 알 수 없는 존재가 신이다. 하지만 우리가 알 수 없다고 해서 존재하지 않는다고 말해서는 안 된다. 신은 부정의 방식으로 자기를 계시해가시기 때문에 이를 체험하는 사람에게 신은 명백하게 존재한다. 헤겔이 변증법을 통해서 세계 역사의 과정을 설명했듯이, 신은 바로 이렇게 자신을 무화시킴으로서 자신의 과업을 성취해나가신다. 헤겔은 이것을 이성의 작용이라고 파악했지만, 신은 사실 이러한 분명한 파악을 넘어서 있다. 에크하르트가 표현하듯이 신은 무無이다. 아니 무를 통해 자신의 모습을 드러내는 분이시다. 그러므로 우리가 신에게 다가가기 위해서는 우리 스스로 무가 되지 않으면 안 된다. 세상의 여러 가지 욕망에서 자유로워져서 세상과 단절하고 세상없이 살아야 한다. 이러한 무의 체험을 통해 신은 비로소 우리에게 체험된다. 하지만 신은 결코 무 그 자체가 아니다. 우리가 무라고 말하는 순간, 신은 무라고 하는 형상에 갇혀버리게 된다. 신은 이 무마저도 부정하면서 스스로를 만들어 가신다. 형태로 존재하는 것으로 물화시켜도 안 되고, 이를 부정하여 신은 무라고 말해도 안 된다. 무라고 말하는 순간이 이미 다시 무라는 형상으로 신이 전락해버린다. 신은 모든 형상을 넘어서 존재하면서도 좀처럼 자신의 존재를 드러내지 않는다. 그래서 언제나 없는 듯이 계시는 존재이다. 그래서 신은 언제나 우리에게 '비밀'로서 다가오는 알 수 없는 분이시다. 신이 이렇게 '비밀'로 존재하기 때문에 우리는 자주 다음과 같은 질문을 하게 된다. 우리의 도덕적이고 윤리적인 행동은 보상을 받을까 하는 점이다. 야훼께서는 우리가 선하게 살고 도덕적으로 살면 보상해주시고, 그에 합당한 복을 우리에게 주실까? 하는 물음이다. 이 물음에 대한 내답은 구약 사체 안에 두 가지가 있다.

8. 윤리적 행동에 대한 보상은 반드시 주어지는가?

시편에 보면 분명히 악인은 망하고 선하게 살면 야훼 하느님이 알아주시고 보살펴주신다고 되어 있다.

> 악한 자들이 잘 된다고 해서 속상해하지 말며, 불의한 자들이 잘 산다고 해서 시새워하지 말아라. 그들은 풀처럼 빨리 시들고, 푸성귀처럼 사그라지고 만다. 주님만 의지하고, 선을 행하여라. 이 땅에서 사는 동안 성실히 살아라. 기쁨은 오직 주님에게서 찾아라. 주님께서 네 마음의 소원을 들어 주신다. 네 갈 길을 주님께 맡기고, 주님만 의지하여라. 주님께서 이루어 주실 것이다. 너의 의를 빛과 같이, 너의 공의를 한낮의 햇살처럼 빛나게 하실 것이다.(시편 37:1-5)

시편 저자는 더 나아가 다음과 같이 말하고 있다.

> 진실로 주님을 기다리는 사람들은 반드시 땅을 물려받을 것이다. 조금만 더 참아라. 악인은 멸망하고야 만다. 아무리 그 있던 자취를 찾아보아도 그는 이미 없을 것이다. 겸손한 사람들이 오히려 땅을 차지할 것이며, 그들이 크게 기뻐하면서 평화를 누릴 것이다.(시편 37:9-11)

> 주님은 의로운 생명은 주리지 않게 하시지만, 악인의 탐욕은 물리치신다.(잠언 10:3)

이와 같은 기조가 구약성서의 기본 기조이다. 악한 자는 망하고 선한 자는 하느님이 보상을 주신다는 것이다. 이러한 기본 기조에 따르면 윤리적 행동에는 반드시 보상이 따른다. 하지만 구약성서에는 이러한 기조만 존재하는 것이 아니다. 실제로 이스라엘 백성들의 잘못이 없는데도 이방 민족이 침략해 들어와 이스라엘 사람들이 포로로 잡혀가게 되는 불의한 현실을 보면서 이스라엘 백성들은 야훼 하느님을 향하여 탄식하기도 하였다. 구약성서의 하박국 예언자가 활동하던 시기도 바로 이러한 불합리에 직면한 시기였다. 전도서 저자 또한 선한 사람이 보상 받는 것에 대해 회의한다.

> 나는 마음속으로 생각하였다. 의인도 악인도 하나님이 심판하실 것이다. 모든 일에는 때가 있고, 모든 행위는 심판받을 때가 있기 때문이다. 나는 또 마음속으로 생각하였다. 하나님은 사람이 짐승과 마찬가지라는 것을 깨닫게 하시려고 사람을 시험하신다. 사람에게 닥치는 운명이나 짐승에게 닥치는 운명이 같다. 같은 운명이 둘 다를 기다리고 있다. 하나가 죽듯이 다른 하나도 죽는다. 둘 다 숨을 쉬지 않고는 못 사니, 사람이라고 해서 짐승보다 나을 것이 무엇이냐? 모든 것이 헛되다.(전도서 3:17-19)

여기서 신은 부조리 하고 헛된 존재이다. 전도서 저자는 내세에 대한 희망에 대해서도 회의힌다.

> 모두 흙에서 나와서, 흙으로 돌아간다. 사람의 영은 위로 올라가고 짐승의 영은 아래 땅으로 내려간다고 하지만, 누가 그것을 알겠는가? 그리하여 나는 사람에게는 자기가 하는 일에서 보람을 느끼는 것보다 더 좋은 것이 없다는 것을 알았다. 그것

은 곧 그가 받을 몫이기 때문이다. 사람이 죽은 다음에, 그에게 일어날 일들을 누가 그를 데리고 다니며 보여 주겠는가?(전도서 3:20-22)

칸트는 이러한 도덕적 행위의 이율배반적 성격을 잘 알고 있었다. 그리고 윤리적 행위의 정당성을 보증하기 위해서 신의 존재를 요청하였다. 신이 없으면 모든 것이 허락되므로, 우리가 윤리적으로 행동하기 위해서는 반드시 신이 존재해야 한다고 주장하였다. 그러니까 앞의 인과응보적 관점에 선 것이다. 하지만 여전히 우리에게는 도덕적 행위의 문제에 대한 딜레마가 존재한다. 만약 신이 존재하지 않는다면, 내세도 존재하지 않는다면, 우리가 타인을 위해 희생하고 윤리적으로 한 행동이 눈에 보이는 형태로 존재하지 않는다면 누가 윤리적으로 행동하겠는가? 그러니까 칸트의 윤리적 행위의 근거는 유신론적 신앙의 전통 가운데에서는 나름대로 설명되겠지만, 그렇지 않는 전통에서는 설명하기 어려운 난점이 있다.

만약 신이 눈에 띄는 형태로 보상을 주신다면, 누구나 윤리적으로 행동할 것이다. 하지만 만약 신이 자신의 모습을 보여주어서 모두가 다 그런 행동을 하도록 한다고 한다면, 이것은 신의 존재가 두려워서 하는 행동이지 자발적으로 하는 행동은 아니게 된다. 신은 두려운 존재이면서도 때로는 우리의 자유로운 선택을 존중해주시는 분이지 않으면 안 된다. 그렇기 때문에 신은 이 땅에서 사탄의 시험을 받을 때에도 돌로 떡덩이를 만들거나 성전 꼭대기에서 뛰어내리지 않았다. 만약 그가 그렇게 했다면, 모두가 그를 숭배하며 따라다녔을 것이다. 하지만 그렇게 되면 그는 신이 아니라 우상이 되어 버린다. 그러므로 우리에게 필요한 것은 기다리는 것이다. 신은 그렇게 섣불리 자연법칙을 어기면서 심판하는 분이 아니라, 언제나 사람들과 더불어 아파하며 서서히 자신의 일을 진행하신다. 우리는 우상을 가지지 말고 기다려야 한다.

선악의 문제나 도덕성의 문제가 인간 이성의 판단의 문제로 간주되고 최종 심급으로서의 절대자 혹은 종말 이후의 내세의 심판이 상정되는 것은 유신론적인 전통에서라고 할 수 있고, 절대자와의 합일이 곧 도덕적인 것이고, 이에 이르기 과정으로서 삶을 이해하는 것이 기독교 신비주의 혹은 동아시아의 종교철학적 전통에서 라고 할 수 있다. 신의 존재를 전제하고 그에 입각하여 사유하는 종교철학적 전통에서는 여전히 위와 같이 '만약 신이 존재하지 않는다면…"이라는 전제하에서 윤리적 논의가 된다. 반면에 신의 존재 그 자체 보다는 신과의 합일이 강조되는 전통에서는 어떻게 하면 합일을 이루어 보다 근원적으로 인간 자체 안에서 도덕적 이상을 실현할 수 있을까를 문제 삼는다. 전자는 초월적 방향의 사유라고 할 수 있고, 후자는 내재적 방향의 사유라 할 수 있을 것이다.

지금까지 동양 전통과 독일신비주의 전통에서의 종교철학적 사유의 일단을 살펴보았다. 서양 근대에 와서 정점에 이른 과학의 정신도 넓게 보면 종교와 철학의 어느 한 지점에 서 있다고 할 수 있다. 그것이 한 시대의 세계관을 대표하는 한, 우리는 그 경향성에 따라 종교적인 것으로 혹은 철학적인 것으로 볼 수 있는 것이다. 신앙과 이성의 관점에서 종교철학을 이해하는 것도 하나의 종교철학적 관점이지만, 이 양자를 대립적인 관점이 아닌, 넓은 의미에서의 철학 혹은 넓은 의미의 종교로 보고 이를 종교철학적 주제로 포섭하여 이해할 수도 있다. 사실 종교와 철학은 특정한 관점에서의 우리들의 인위적인 구분이지, 또 다른 관점에서 보면 이 구분은 무의미해진다. 따라서 우리는 종교와 철학이라는 인습적인 구분법을 벗어나 종교에서 철학으로 철학에서 종교에로 '가로지르기'를 하여 양자의 특성을 보다 폭넓게 이해할 수 있어야 할 것이다. 중국의 천인합일 사상, 인도철학과 불교 그리고 독일 신비주의 전통은 이러한 접점을 볼 수 있는 좋은 기준점을 제시하고 있다. 서양은 유대교, 기독교 그리고 이슬람의 종교 전통을 그리스의 합리적 전통에 입각해서 설명하려는 종교철학의 경향이 강하게 드러난다. 반면 동양 전통에서는 처음부터 종교적 직관의 형식과 이애 대한 합리적인 설명방식이 구별되지 않았다고 할 수 있다. 서양에서 절대자를 추구하는 형이상학의 종교 전통이 강했다고 한다면, 동양 전통에서는 수행을 통한 참된 지혜나 도덕적 완성을 통한 절대자와의 합일이 더 중요했다고 할 수 있을 것이다. 이 사이에는 도덕적인 것과 구별되는 지식의 획득을 강조하는 전통과 도덕적인 완성이 진정한 의미에서의 지식일 수 있다는 문화전통 사이의 차이가 있다.

주 석

참 고 도 서

색 인

주석

1) 근대적 의미에서의 종교철학은 1670년 스피노자의 『신학정치론 』(*Tractatus theologico-politicus*)의 출판과 더불어 시작되었다고 할 수 있다.

2) 이원규,『인간과 종교』, 나남, 2006, 6.

3) 계몽주의의 영어표기인 Enlightenment는 "불을 켜다"라는 뜻의 영어 동사 enlighten에서 유래했다.

4) 영국의 명예혁명(1688)과 프랑스의 시민혁명(1789)이 대표적인 예이다.

5) 예를 들어 미국의 조지 부시 제43대 미국 대통령은 개신교 근본주의자로 잘 알려져 있다. 또한 2012년 3월 미 대선에서 공화당 대선후보 경쟁에서 선두를 달리는 미트 롬니(Mitt Romney)는 스스로를 몰몬교인이라고 밝히었고 2위로 그를 바짝 추적했던 릭 센토롬(Rick Santorum)은 자신이 기독교 보수주의자임을 표방하고 있다. 그의 정치적 종교적 성향을 타임지(Time)는 The Crusader(십자군)라는 제목으로 2012년 3월 19일자에 보도하였다. 한국의 경우도 지난 2007년 대통령 선거에서 개신교 신자인 이명박 후보를 지지하는 개신교인과 교회들이 있었다.

6) 기독교의 경우 인간은 하느님 앞에서 죄인이기도 하지만 애초에 "하느님의 형상"(The image of God)으로 창조된 귀중한 존재이다. 불교의 경우 모든 인간은 윤회(samsara) 속에서 업(karma)을 쌓으며 고통의 삶을 살지만 깨달음"(Great Enlightenment)을 통해 불타(佛陀)가 될 수 있는 "불성"(The nature of Buddha)을 가진 소중한 존재이다. 그러므로 인간에게 폭력을 행사하거나 살인을 하는 것은 기독교의 입장에서는 신을 거스르는 것이며 반드시 죄 값을 치르게 될 하느님의 창조에 대한 도전이다. 또한 불교에서도 폭력과 살인은 수행에 어긋나는 행위이며 깨달음에 이르지 못하게 하고 결국 윤회를 계속 하게 된다.

7) 찰스 타일러,『불안한 현대 사회』, 송영배 옮김, 이학사, 2009, 10,13,19.

8) 예를들어 사회학자 막스 베버(Max Weber)는 합리화로 인해 인간이 오히려 쇠우리(iron cage)에 갇히게 된다고 표현하기도 했다.

9) 국내 철학자들에게 종교철학이란 "종교에 대한 철학적 반성"으로만 여겨진다(이진남,『종교 철학: 종교는 무엇이고 신은 어떤 존재일까?』[서울: 민음인, 2009], 21). 혹은 종교 철학은 "종교 현상을 철학자의 눈으로 바라보는 것"으로 정의하기도 한다(유진열,『신과 진리를 찾는 인간: 21세기 종교와 철학의 대화』, [서울: 대한기독교서회, 2007],26). 그래서 철학과 신학을 구분하기를 '신학'은 "내부자"의 눈으로 종교를 보는 것 그리고 철학은 외부자의 눈으로 종교를 보는 것으로 구별한다. 하지만 이런 식의 협소한 정의는 모두 근대기에 융기한 철학의 개념과 정의에 기초해서 '종교'를 획일적으로 바라보는 단점이 있다. '종교와 철학' 간의 만남이 지닌 수천 년의 역사가 있다는 사실을 진지하게 고려하지 않는 것이다. 그래서 종교를 근대에 융기한 철학의 우산 아래 일거에 복속시키는 시도이다. 서구 문명사 전반을 놓고 볼 때, 종교(특별히 신학)가 철학과 맺어온 장구한 관계의 역사를 '종교 철학'에서 배제하는 것은 정치적으로 용감하지만, 지적으로 무익하다.

10) 종교철학을 좁게 정의하자면, 종교에 대한 개념적 분석(conceptual analysis)과 종교 현상에 대한 경험적 분석으로 구별할 수 있을 것이다. 개념적 분석은 전통적으로 철학적 신학이 제시해 왔던 틀을 기반으로 종교 특별히 기독교 신학의 주된 개념들인 '신,' '신의 속성들,' '신 존재 증명,' 신정론, 기적 등을 중심으로 철학적 분석을 전개하는 반면 현상학적 분석이란 인간 경험의 틀 속에서 종교 현상이 갖는 고유한 자리를 성찰하고 분석하는 방식이라 볼 수 있다.

11) W. J. Wildman, *Religious Philosophy as Multidisciplinary Comparative Inquiry : Envisioning a Future for the Philosophy of Religion*, State University of New York Press, 2010, xiii.

12) Wildman, *Religious Philosophy as Multidisciplinary Comparative Inquiry*, xiv.

13) J.D. Caputo, *Philosophy and Theology*, Horizons in Theology, Abingdon Press, 2006, 3-9; 카푸토는 여기서 '사이'를 성찰하지는 않았다. 하지만 그의 "와"(and)에 대한 성찰은 '사이'를 성찰할 동인들을 담지하고 있다. "와"의 사유와 "사이"의 사유를 세별하기란 쉬운 일은 아니지만, 거칠게 정의하자면, '와'는 획일성이 아닌 통전성(integrity)을 추구하며, '사이'는 차별이 아닌 '차이'를 추구하는 사유라 할 수 있다. 그래서 '와'는 둘이 합하여 이루어내는 조화의 모습을, '사이'는 둘의 차이가 빚어내는 '잉여'(the excess)를 주목하는 사유 방법론이라 할수 있다.

14) Gary B. Ferngren, ed., *Science and Religion : A Historical Introduction*, The Johns Hopkins University Press, 2002, 48; 브루스 라이헨바하, 데이비드 배신저, 마이클 피터슨 그리고 윌리엄 해스커, 『종교철학』, 하종호 옮김, 이화여자대학교 출판부, 1994, 59.

15) 라이엔바하 외, 『종교철학』, 62.

16) J.D. Caputo, *On Religion*, Routledge, 2001, 7-17.

17) S ø ren A. Kierkegaard, *Concluding Unscientific Postscript*, trs. David F. Swenson and Walter Lowrie, Princeton University Press, 1941, 182; 라이엔바하 외, 『종교철학』, 70에서 재인용.

18) 라이엔바하 외, 『종교철학』, 76.

19) David A. Pailin, *Groundwork of Philosophy of Religion*, Epworth Press, 1986, 176.

20) Pailin, *Groundwork of Philosophy of Religion*, 176.

21) Pailin, *Groundwork of Philosophy of Religion*, 177.

22) 존 힉(John H. Hick), 『종교철학개론』, 황필호 편역, 증보판 8쇄, 종로서적, 1986, 42; 황필호의 번역이 부자연스럽게 여겨져 어휘를 개역하였다.

23) 존 힉, 『종교철학개론』, 45; 어색한 문구를 개정하였다.

24) 존 힉, 『종교철학개론』, 45; 어색한 문구를 개정하였다.

25) 존 힉,『종교철학개론』, 48.

26) 존 힉, 『종교철학개론』, 49; cf.) Karl Barth, *Anselm : Fides Quaerens Intellectum*, John Knox Press, 1960.

27) Pailin, *Groundwork of Philosophy of Religion*, 164.

28) Pailin, *Groundwork of Philosophy of Religion*, 165.

29) 존 힉,『종교철학개론』, 52. 흄에 따르면, 밤이 지고 아침이 온다는 것을 우리는 인과율적으로 생각하지만, 사실 밤이 지나가는 것과 해가 뜨는 것은 우리의 단순한 관찰의 연속이지, 인과적으로 엮여져 있는 것은 아님을 지적하였다.

30) 마이클 베히(Michael Behe),『다윈의 블랙박스』, 풀빛, 2001.

31) 존 힉,『종교철학개론』, 황필호 편역, 증보판, 종로서적, 1980, 57.

32) Richard Dawkins, *The God Delusion*, A Black Swan Books, 2006, 188.

33) Michael J. Behe, *Darwin's Black Box : the Biochemical Challege to Evolution*, with a new Afterword, 10th Anniversay Edition, Free Press, 2006, 197.

34) M.J. Behe, *Darwin's Black Box*, 248.

35) 유진열,『신과 진리를 찾는 인간: 21세기 종교와 철학의 대화』, 대한기독교서회, 2007, 86.

36) Pailin, *Groundwork of Philosophy of Religion*, 171.

37) 존 티한(John Teehan),『신의 이름으로: 종교 폭력의 진화적 기원』(*In the Name of God : the Evolutionary Origins of Religious Ethics and Violence*), 박희태 옮김 , 이음, 2011, 55.

38) 티한,『신의 이름으로』, 55.

39) 티한,『신의 이름으로』, 65.

40) 이러한 입장에서 종교를 진술한 대표적인 책으로 데이비드 윌슨(David S. Wilson),『종교는 진화한다: 진화론과 종교, 그리고 사회의 본성』, 이철우 옮김, 아카넷, 2004.가 있다.

41) 뉴버그 외,『신은 왜 우리 곁을 떠나지 않는가』, 이충호 옮김, 한울림, 2001.

42) 뉴버그 외, 『신은 왜 우리 곁을 떠나지 않는가』, 20.

43) 라마찬드란 & 블레이크스리, 『라마찬드란 박사의 두뇌 실험실: 우리의 두뇌
   속에는 무엇이 들어 있는가?』, 신상규 옮김, 바다출판사, 2009, 326.

44) 라마찬드란 & 블레이크스리, 『라마찬드란 박사의 두뇌실험실』, 333.

45) 라마찬드란 & 블레이크스리, 『라마찬드란 박사의 두뇌실험실』, 333.

46) 라마찬드란 & 블레이크스리, 『라마찬드란 박사의 두뇌실험실』, 334.

47) 라마찬드란 & 블레이크스리, 『라마찬드란 박사의 두뇌실험실』, 334.

48) 유진열, 『신과 진리를 찾는 인간』, 100.

49) 유진열, 『신과 진리를 찾는 인간』, 대한기독교서회, 2007, 105에서 재인용.

50) 유진열, 『신과 진리를 찾는 인간』, 114에서 재인용.

51) Alenka Zupančič, *The Shortest Shadow: Nietzsche's Philosophy of the Two*,
   The MIT Press, 2003, 35.

52) A. Zupančič, *The Shortest Shadow*, 36.

53) A. Zupančič, *The Shortest Shadow*, 44.

54) A. Zupančič, *The Shortest Shadow*, 45.

55) 유진열, 『신과 진리를 찾는 인간』, 120-121에서 재인용.

56) 존 힉(John H. Hick), 『종교 철학: 제4개정판』, 김희수 옮김, 동문선, 2000, 66.

57) 존 힉, 『종교 철학』, 66.

58) 에드워드 윌슨, 『통섭: 지식의 대통합』, 최재천, 장대익 역, 사이언스북스, 2007,
   307-308.

59) R. Dawkins, *The God Delusion*, London: Black Swan, 2006, 27-28.

60) R. Dawkins, *The God Delusion*, 235.

61) R. Dawkins, *The God Delusion*, 236-237.

62) 이 부분에 대한 자세한 논구는 박일준의 「도킨스의 종교비판에 대한 종교철학적
   고찰: 『만들어진 신』을 중심으로」, 『인문학 연구』, vol.35, no.2(2008),
   297-327을 참고하라.

63) David Hume, *Dialogues Concerning Natural Religion*, 1947, 198; 윌리엄 웨인라이트(William J. Wainwright), 『종교철학의 핵심』(*Philosophy of Religion*), 김희수 옮김, 동문선, 1999, 115~116에서 재인용.

64) 존 힉, 『종교 철학』, 86.

65) 웨인라이트, 『종교철학의 핵심』, 김희수 옮김, 127에서 재인용.

66) 웨인라이트, 『종교철학의 핵심』, 129.

67) 과정 철학에서 신을 포함한 모든 존재들을 "현실적 존재"(actual entity)라고 명한다. 하지만 신은 현실적 존재이긴 하지만 현실적 계기(actual occasion)는 아니다. 바로 이점에서 다른 존재들과 신은 철저하게 구별된다. 이는 신이 정신적 극으로부터 물리적 극을 향해 나아가는 반면, 일반의 현실적 존재들은 물리적 극으로부터 정신적 극을 향해 나아가기 때문이다. 과거로부터 현재를 통해 미래로 나아가는 현실적 존재들은 과거 조건들에 크게 영향을 받지만, 신은 정신적 극으로부터 도래하기 때문에 조건들 보다는 기대와 희망에 더 근거하여 힘을 발휘한다.

68) 존 힉, 『종교 철학』, 102.

69) 라이엔바하 외, 『종교철학』, 304.

70) Antonio R. Damasio, *Descartes' Error : Emotion, Reason and the Human Brain*, Avon Books, 1994. 3~33.

71) 피터 밀러(Peter Miller), 『스마트 스웜』(*The Smart Swarm*), 이한음 옮김, 김영사, 2010, 23~54.

72) Near Death Experience를 번역한 "임사체험"이란 용어의 적실성에 대한 문제제기가 없는 것은 아니다. 영어의 뜻은 "임사"(臨死) 즉 죽음이 임하는 경험이라기 보다는 오히려 "근사" 즉 죽음에 거의 가까이 다가간 경험이라는 뜻이 더 강하다고 보아, '근사체험'이라 하기도 한다(참고: 최준식, 『죽음, 또 하나의 세계: 근사체험을 통해 다시 생각하는 죽음』, [서울: 동아시아, 2006], 하지만 일반적으로 널리 알려진 용어가 본서의 문맥에서는 보다 적합하다고

여겨, '임사체험'이라는 용어를 받아들여 사용한다.

73) 최준식,『죽음, 또 하나의 세계』, 106.

74) 최준식,『죽음, 또 하나의 세계』, 219.

75) C.D. Broad, *Lectures on Physical Research*, Routledge & Kegan Paul, 1962, 137-139; 라이엔바하 외,『종교철학』, 330에서 재인용.

76) 라마찬드란 & 블레이크스리,『두뇌 실험실』, 134~137.

77) 라마찬드란 & 블레이크스리,『두뇌 실험실』, 137.

78) A. Clark, *Natural-Born Cyborg : Minds, Technologies, and the Future of Human Intelligence*, Oxford University Press, 2003, 94.

79) 라이엔바하 외,『종교철학』, 26~31.

80) 라이엔바하 외,『종교철학』, 36.

81) 라이엔바하 외,『종교철학』, 379.

82) 라이엔바하 외,『종교철학』, 390.

83) 라이엔바하 외,『종교철학』, 395.

84) B. Latour, *We Have Never Been Modern*, trans. by C. Porter, Harvard University Press, 1993, 1~3.

85) B. Latour, *Politics of Nature : How to Bring the Sciences into Democracy*, trs. C. Porter, Harvard University Press, 2004, 53~90.

86) A. Clark, *Natural-Born Cyborg*, 8~11.

87) 미르체아 엘리아데는 1957년 출간된 종교의 본질이라는 부제가 달린『성과 속』(Das Heilige und das Profane) 이라는 그의 책 속에서 성과 속이라는 구별 속에 시간과 공간, 우주와 자연, 인간의 모든 삶이 실재한다고 주장하며 종교적 인간과 비종교적 인간이 실상은 다르지 않음을 이야기 한다. 그러한 면에서 모든 것은 종교적이라고 한다.

88) R.오토는 1917년에 쓰인 그의 책『성스러움의 의미(Das Heilige)』에서 종교란 도덕적이고 합리적이기 이전에 보다 근원적인 성스러움에 관한 문제라며 이를

누멘적인 것(Das Numinöse)으로 이야기 한다 헌데 누멘이란 본래 로마 종교에서 흔히 사용하던 힘, 의지, 영향력, 활동, 현현 등의 의미이나 오토는 성스러움'의 의미로 '누멘'이란 용어를 사용한다.

89) 슐라이허마허는 『종교론』에서 밝힌 종교의 개념을 『신앙론』심화시켜 나간다. 다시 말해 종교와 직관의 차원에서의 감정의 문제를 종속된 존재로 느낌이라는 의존의 감정으로 다시 심화시켜나가는 것을 볼 수 있다. 참조, Friedrich. Schleiermacher, *Religion*, Reden an die Gebildeten unter ihren Verächtern, Berlin 1799, in : KGA(s. 0.) Bd. I 12, 1995 , Friedrich. Schleiermacher, *Der christliche Glaube*, 2. Bde, Krit. Ausgabe der 2. Aufl. hrsg. von Martin Redeker, Berlin 1930

90) 철학의 역할을 비판에 있다고 주장한 근대 계몽주의 철학자 Immanuel Kant는 그이 종교적 입장을 1793년에 쓴 『이성의 한계 안에서의 종교(Die Religion innerhalb der Grenzen der blossen Vernunft)』에서 피력한다. 그밖에도 『학으로서 등장할 미래의 모든 형이상학에 대한 서론』(1783), 『도덕의 형이상학』(1797) 에서도 초지일관 종교를 도덕적이고 윤리적인 문제와 연결시키고 있다.

91) 포이에르바흐가 1841년에 쓴 『기독교의 본질 (Wesen des Christenthums)』을 참조할 것

92) 칼 막스는 특히 『독일 이데올로기』(1945~1946)에서 이와 같은 종교적 입장을 잘 피력하고 있는데 이러한 그의 사상은 이미 그가 전 노력을 기우려 쓴 그의 대표작 『자본론』에서도 유물론과 변증법 안에서 잘 나타나고 있다.

93) 이러한 입장에서 프로이드의 무의식과 욕망의 구조를 생각해 볼 수도 있다.

94) Slavoj Žižek, *The Sublime Object of Ideology*, Chicago: Uni. IIlinois, 1989와 번역본 슬라보예 지젝, 『이데올로기라는 숭고한 대상』이수련 옮김, 인간사랑, 2001을 참조하라

95) 슬라보예 지젝, 『이데올로기라는 숭고한 대상』, 346.

96) 슬라보예 지젝, 『이데올로기라는 숭고한 대상』, 345.

97) 슬라보예 지젝, 『이데올로기라는 숭고한 대상』, 345.

98) 마나는 '어떤 자율적이고 비인격적인 힘'을 뜻하는 말로서 영국의 인류학자 R.H.코드링턴이 그의 저서 『멜라네시아인들(The Melanesians)』(1891)에서 처음으로 사용한 말이다. 그에 의하면 마나는 멜라네시아인들이 믿는 초자연적인 힘으로 인간의 능력을 벗어난 초자연적인 현상을 뜻한다. 그러한 면에서 누멘과 마나는 모두 초자연적인 힘을 지칭한다는 점에서는 매우 비슷하나, 누멘은 로마 종교에서 신들이 지닌 특별한 속성, 즉 신들의 힘, 의지, 영향력, 활동, 현현 등을 나타내는 데 반하여 마나는 비인격적인 힘을 가리킨다는 면이 다르다.

99) 니체가 이야기 한 것으로 유명한 '신은 죽었다'는 말은 이런 의미에서 이해되어야 한다. 이때 신이란 절대화된 신념체계로서의 인간이 만들어 놓은 신이기 때문이다. 니체, 『신을 죽었다.』, 강윤식 옮김, 서울: 휘닉스, 2004를 참조하라.

100) M. Heidegger, *Vorträge und Aufsätze*, Stuttgart : Verlag Günther Neske, 2000와 그의 번역본 마틴 하이데거 , 이기상, 신상희, 박찬국 옮김, 『하이데거의 강연과 논문』, 이학사 2008를 참조하라

101) 인도의 탁발승이나 중세의 수도사 등이 이러한 사람들의 대표적인 예라고 할 수 있을 것이다. 그러나 이들 뿐만 아니라 수 없이 많은 사람들을 우리는 역사 안에서 찾아볼 수 있다.

102) 신약성서를 독일어로 번역하여 독일어 통일에 공헌한 독일의 신학자이자 종교개혁자이다. 그는 교황의 면벌부 판매에 반대하여 95개조의 논제로 교황에 맞서며 새로운 교회 형성에 힘쓴다. 그것이 '루터파 교회'를 성립하는 계기가 되면서 종교개혁의 시발을 가져온다. 루터는 사람은 하느님 앞에서는 누구나 동등한 제사장이라는 주장을 함으로서 개인의 경험에 기초한 영성을 소중한 종교적 경험으로 여길 수 있도록 길을 연다.

103) 루터가 주창한 만인 사제설은 영국의 철학자 존 로크(John Locke 1632~
1704)의 천부인권설과 그리고 프랑스를 중심으로 한 신구논쟁에 커다란 영향을
줄 뿐만 아니라 나중에 프랑스 혁명과 미국의 독립운동의 모태가 되기도 한다.
헌데 신구논쟁이란 1687년 프랑스의 사를페로(Charles Perrault, 1628-1703)가
1687년『루이 대왕의 세기(Le Siède de Louis le Grand)』라는 글에서 더 이상
고대인들에게 머리를 조아릴 이유가 없다는 말에 촉발된 문학논쟁이었으나 1차
신구논쟁(1687~1694)에서 2차 신구논쟁(1713~1715)로 이어지면서 점차 모든
영역으로 확대된 신사회와 구사회의 가치논쟁으로 비화되었다.

104) 슐라이어마허, 『종교론』, 최신환 옮김, 서울: 대한기독교서회, 2002를
참조하라.

105) 이때의 이성이란 근대에서 말하는 인간이성이라는 좁은 의미의 도구적 이성을
가리키는 것이 아니라 소크라테스 이래도 서양정신사가 지향해 온 영혼, 정신,
이성으로 이어지는 것을 통칭한다. 즉 육체와 물질과 감정에 대비하여 있는
우의성으로서의 이성을 뜻한다.

106) 해석학은 딜타이에 의해 근대적 의미에서 학문으로 태동되었다. 해석이란
의미는 고대 문헌에서부터 기원하나 중세에는 주로 성서해석의 문제를, 그리고
근대에서는 텍스트 해석의 기술을 주로 다루었다면 후기 해석학은 존재론적
입장에서 철학이란 곧 해석학임을 역설한다.

107) 후설에 의해 주창된 현상학은 주관과 객관을 넘어서 사태 그 자체(die Sache
selbst)를 직시함으로 우리가 사물을 어떻게 인식하고 있는가를 문제 삼는
학문이다. 이때 후설은 판단중지(괄호침, 에포케 epoche)를 함으로
본질직관(Wesensanschauung)을 할 것을 역설한다. 이때 우리의 인식이란
주체와 대상 간(노에시스와 노에마와의 상관관계, Noesis-Noema
Korrelation)에 일어나는 지향성(Intentionalitat)의 문제임을 후설은 이야기
한다. 후설은 이와 같은 방법론으로 정신과학학문의 엄밀성을 주창하려 했다.

108) 실재성이란 그동안 진리를 그 무엇으로 삼는 모든 것들을 칭한다. 가다머가 볼

때 이러한 실재성의 차원은 엄밀히 말해서 참다운 진리일 수 없음을 자신의 철학을 통해서 이야기 하는 것이다. 그래서 가다머는 실재성적 차원이 아니라 늘 달리 하며 새롭게 생성해 나오는 이해의 운동을 진리로 이야기하는 것이다. (H.-G. Gadamer, *Wahrheit und Methode*, 4. Auflage Unveränderler Nachdruck der 3., erweiterten Auflage J.C. B. Mohr Tübingen 1975와 『진리와 방법』, 이길우, 이서관, 임호일, 한동원 옮김, 문예출판사, 2000, 그리고 박남희, 『가다머의 지평융합 비판』, 연세대학출판부, 1992를 참조하라.

109) 가다머는 1960년에 발표한 그의 대표작인 *Wahrheit und Methode*에서 이에 관하여 아주 자세히 언급한다. 특히 그는 제 1부 1장 <칸트비판을 통한 미학의 주관화> 부분에서 <천재미학과 체험개념>이라는 부분을 따로 설정하여 <체험이라는 말의 역사>를 통해 <체험개념>의 의미를 소상히 밝히며 체험과 다른 경험에 근거한 자신의 철학으로 나아가고자 한다. H.-G. Gadamer, *Wahrheit und Methode*, 4. Auflage Unveränderler Nachdruck der 3., erweiterten Auflage J.C. B. Mohr Tübingen 1975, 52–65와 그 번역본『진리와 방법』, 이길우, 이선관, 임호일, 한동원 옮김, 문예출판사, 2000, 123~155을 참조하라.

110) 이 구절의 루터 번역본은 ....sind dieselben, dieweil sie das Gesetz nicht haben이다. 이때 dieweil은 während, währenddessen의 뜻이다. 이 어원은 weilen에서 왔다(Wahrig, Deutsches Wörterbuch)

111) 가다머는 『진리와 방법』 제 3부 <언어의 실마리에 해석학을 존재론적으로 적용하기 > 부분의 3에서 <해석학적 존재론의 지평으로서의 언어부분>의 2) <언어의 중심과 언어의 사변적 구조>(H.-G. Gadamer, *Wahrheit und Methode III* Teil : Ontologische Wendung der Hermeneutik 3, < Sprache als Horizont einer hermenertschen Ontologie>.

112) H.-G. Gadamer, *Wahrheit und Methode*, 4, Auflage Unveränderler Nachdruck der 3., erweiterten Auflage J.C. B. Mohr Tübingen 1975, 433.

113) H.-G. Gadamer, Wahrheit und Methode, 4, 433.

114) 갈라디아서 3장 19절(한글 개역판)

115) 가다머는 엄밀한 의미에서 전통은 전승이다 라고 이야기 한다. 왜냐하면 변화가 없는 전통이란 있을 수 없기 때문이라고 한다. 그러기에 모든 전통은 전승이라고 한다. 가다머는 이러한 자신의 주장을 설명하기 위해 기존의 의미에서 사용하던 전통은 Tradition이라 쓰고 자신이 새롭게 이야기 하는 그 시대에 변하며 이어져 오는 전통을 전승이라 하며 이를 Überlieferung으로 구별하여 적고 있다. 그리고 이러한 전승을 다른 말로 영향작용사(Wirkungsgesichte)라 하기도 한다. 가다머가 말하는 선입견(Ur-teil)이나 권위(Autorität) 또한 타자 또한 같은 논지, 맥락에서 이야기 한다.

116) H.-G. Gadamer, *Wahrheit und Methode*, 4, 437.

117) H.-G. Gadamer, *Wahrheit und Methode*, 4, 437.

118) H.-G. Gadamer, *Wahrheit und Methode*, 4, 437.

119) H.-G. Gadamer, *Wahrheit und Methode*, 4, 439.

120) H.-G. Gadamer, *Wahrheit und Methode*, 4, 455.

121) 고린도 전서 2장 9절(한글 개역판).

122) 고린도 전서 2장 16절(한글 개역판).

123) H.-G. Gadamer, *Wahrheit und Methode*, 4, 437.

124) H.-G. Gadamer, *Wahrheit und Methode*, 4, 437 이하를 참조하라.

125) H.-G. Gadamer, *Wahrheit und Methode*, 4, 447. 가다머는 이 구절을 이태릭체로 강조하고 있다.

126) E. Fuchs, *"Gesetz, Vernunft und Geschichte"* in Zeitschr. f. Theolo. und Kirche 1954, 258 이하, 그리고 R. Bultmann, *Geschichte und Eschatologie*, J. c. B. Mohr, 1958, 184를 참조하라.

127) H.-G. Gadamer, *Wahrheit und Methode*, 4, 429.

128) H.-G. Gadamer, *Wahrheit und Methode*, 4, 429.

129) H.-G. Gadamer, *Wahrheit und Methode*, 4, 450.

130) 가다머는 "영향작용사의 의식은 의식이라기보다는 존재다"라고 말한다. H.-G. Gadamer, *Hermeneutik II*, Gesammelte. Werke B.d 2 J. C. B. Mohr T?bingen 1986, 247, 281을 참조하라.

131) 언어 그 자체가 가지고 있는 대상의 분절성과 분류에 관한 것에 분석에 관해서는 다음의 책들을 참조하라. 坂本賢三,『"分ける"こと "わかる"こと』, 講談社, 2006; 黄松 涉,『もの こと ことば』筑摩書房, 2007; 마루야마, 게이자부로, 고동호 옮김,『존재와 언어』, 민음사, 2002; Martin Heidegger, *Unterwegs zur Sprache*, Stuttgart, 2001.

132) 이하 여기서 논의되는 것들은 이게가미의 다음의 책에서 논의된 것들을 바탕으로 한 것임을 밝혀둔다. 池上嘉彦,『意味の世界, 現代 言語學から視る』, 日本放送出版協會, 1991.

133) 池上嘉彦,『意味の世界, 現代 言語學から視る』, 日本放送出版協會, 1991. 158 이하를 참조하라.

134) 기호학과 수사학의 연관관계에 대한 논의로는 다음의 책을 참조하라. 佐藤信夫,『レトリックの記號論』, 講談社, 1993.

135) 이러한 전통적인 언어관과 이른바 사피어-워프가설로 대표되는 언어관의 대비와 관련한 책으로는 다음의 책을 참조하라. 히라코 요시오,『번역의 원리』, 김한식, 김나정 옮김, 한국외국어대학교 출판부, 2007.

136) 아리스토텔레스, 라이프니츠, 러셀 그리고 논리실증주의에 이르는 언어관의 정점에 크립키의 관점이 있다. 다음의 책을 참조하라. S. A. 크립키,『이름과 필연』, 정대현, 김영주 옮김, 서광사, 1986.

137) 마이클 피터슨 외 지음,『종교의 철학적 의미』, 하종호 옮김, 이화여자대학교출판부, 2005. 342.

138) Abe Masao, *Zen and Western Thought*, Macmillan, 1985; 井筒俊彦,『意識と本質』, 岩波文庫, 1995.

139) Basil Mitchell ed., *The Philosophy of Religion*, Oxford Univ Press, 1982.을
참조하라.

140) 마이클 피터슨 외 지음, 『종교의 철학적 의미』, 하종호 옮김,
이화여자대학출판부,357이하를 참조하라.

141) 마이클 피터슨 외 지음,『종교의 철학적 의미』, 365.

철학자 신비가 등에 따라 다르게 표상되는 신 개념에 대한 탁월한 분석으로는
다음의 책을 참조하라. Kolakowski Leszek, übersetzt von Friedrich Griese,
Falls es keien Gott gibt, München, 1982.

142) 마이클 피터슨 외 지음,『종교의 철학적 의미』, 2005. 366이하 참조.. 이외에도
종교언어의 분석에 관한 논의로는 다음의 책을 참조하라. Richard Schaeffler,
Religionsphilosophie, München, 1983. 특히 143쪽 이하를 참조하라.

143) 문학언어와 문화기호와의 관계에 관한 책으로는 다음의 책을 참조하라.
池上嘉彦,『시학과 문화기호론』, 이기우 옮김, 한국문화사, 1994.

144) 리오넬 오바디아,『종교』, 양영란 옮김, 웅진지식하우스, 68.

145) 존 힉,『신과 인간 그리고 악의 종교철학적 이해』, 김장생 옮김, 열린책들,
2007, 21.

146) 쿠쉬너,『왜 착한 사람에게 나쁜 일이 일어날까?』, 김하범 옮김, 도서출판 창,
2000.

147) 존 힉,『신과 인간 그리고 악의 종교철학적 이해』, 55~57.

148) 아우구스티누스가 밝히는 존재의 주된 위계는 다음과 같다. "신이 아닌
존재하는 존재들에게, 생명이 있는 것은 생명이 없는 것들 위에 분류가 된다.
생식의 힘이나 욕망의 힘을 가진 것들도 단지 그 능력을 바라고 있는 것들보다는
더 위에 분류가 된다. 동물들이 나무들보다 위에 분류가 되는 것처럼 생명을
가지고 있는 것들 중에 감각을 가지고 있는 것들은 그렇지 않은 것보다 더 위에
분류가 된다. 그리고 감각을 가지고 있는 것 중에 지적인 것들은 그렇지 않은
것보다 위에 분류가 된다. 예를 들어 인간은 소보다 위다. 지적인 것들 중에

천사와 같이 불사의 것들이 인간과 같은 죽을 운명의 것들보다는 더 위에 분류가 된다." (존 힉,『신과 인간 그리고 악의 종교철학적 이해』, 58)

149) 존 힉,『신과 인간 그리고 악의 종교철학적 이해』, 58~59.

150) 존 힉,『신과 인간 그리고 악의 종교철학적 이해』, 61~62.

151) 존 힉,『신과 인간 그리고 악의 종교철학적 이해』, 64~67.

152) 존 힉,『신과 인간 그리고 악의 종교철학적 이해』, 68.

153) 존 힉,『신과 인간 그리고 악의 종교철학적 이해』, 71.

154) 존 힉,『신과 인간 그리고 악의 종교철학적 이해』, 74~76.

155) 존 힉,『신과 인간 그리고 악의 종교철학적 이해』, 78~81.

156) 존 힉,『신과 인간 그리고 악의 종교철학적 이해』, 109.

157) 코플스톤,『중세철학사』, 박영도 옮김, 서광사, 1988, 475~479.

158) 장욱,『토마스 아퀴나스의 철학-존재와 진리』, 동과서, 2003, 210.

159) 토마스 아퀴나스의 설명에 따르면, 도덕적 선과 악을 규명함에 있어서, 인간의 행위가 도덕적으로 선한 행위가 되기 위해서는 다음 조건들을 갖추어야 한다. 첫째, 행위 그 자체가 악하지 않아야 한다. 둘째, 의도가 선해야 한다. 행위의 도덕성을 평가함에 있어 의도는 가장 중요한 요인이다. 셋째, 구체적 상황은 하나의 행위의 도덕성에 영향을 미친다. 예컨대, 흡연은 경우에 따라 악한 행위가 될 수 있다. 넷째, 행위의 결과는 원칙적으로 행위의 도덕성을 결정하지 않는다. 일반적으로 무지에 의해 악한 행위가 행해졌을 때, 행위자는 무지와 행위의 결과에 대해 책임을 져야 한다. 그러나 극복될 수 없는 무지로 인한 행위의 결과에 대해서는 행위자가 근본적으로 도덕적인 책임을 지지 않는다. (장욱, 『토마스 아퀴나스의 철학-존재와 진리』, 212)

160) 장욱,『토마스 아퀴나스의 철학-존재와 진리』, 213.

161) 장욱,『토마스 아퀴나스의 철학-존재와 진리』, 222.

162) 칸트,『이성의 한계 안에서의 종교』, 신옥희 옮김, 이화여자대학교 출판부, 1권. 칸트는 도덕철학에서 인간의 의지를 '선택의지'(Willkür)와 '순수의지'(Wille)로

나누고 있다. 전자는 인간이 그 자신의 욕구적인 경향성에 의해 자의로 어떤 것을 선택하는 의지이고, 후자는 인간의 순수한 이성의 의지로서 그것은 전자처럼 자의적인 것이 아니라 오직 법칙에 대한 존경으로서 행하는 의지이다. 또 전자는 인간의 주관적 원칙, 즉 '준칙'과 관련된 의지임에 반해 후자는 객관적인 원칙, 즉 '명법'을 추구하는 의지이며 따라서 후자를 추구하는 주체는 오직 정언명법을 자신의 삶의 조건으로 받아들인다.

163) 칸트,『이성의 한계 안에서의 종교』, 39~40.

164) 칸트,『이성의 한계 안에서의 종교』, 51~54.

165) 칸트,『이성의 한계 안에서의 종교』, 251~252.

166) 폴 리꾀르,『해석의 갈등』, 양명수 옮김, 아카넷, 2001, 467.

167) 폴 리꾀르,『해석의 갈등』, 468.

168) 폴 리꾀르,『해석의 갈등』, 471.

169) 폴 리꾀르,『해석의 갈등』, 474~475.

170) 폴 리꾀르,『악의 상징』, 양명수 옮김, 문학과지성사, 1994. 28~29.

171) 폴 리꾀르,『해석의 갈등』, 313~316.

172) 폴 리꾀르,『해석의 갈등』, 305.

173) 폴 리꾀르,『해석의 갈등』, 319.

174) 폴 리꾀르,『해석의 갈등』, 292.

175) 폴 리꾀르,『해석의 갈등』, 293~298.

176) 폴 리꾀르,『해석의 갈등』, 301~302.

177) 폴 리꾀르,『해석의 갈등』, 320~321.

178) 폴 리꾀르,『해석의 갈등』, 322.

179) 폴 리꾀르,『해석의 갈등』, 323~324.

180) 폴 리꾀르,『해석의 갈등』, 325.

181) 폴 리꾀르,『해석의 갈등』, 329~330.

182) 칸트,『이성의 한계 안에서의 종교』, 2003, 38~39.

183) 칸트, 『이성의 한계 안에서의 종교』, 45.

184) 칸트, 『이성의 한계 안에서의 종교』, 53.

185) 폴 리꾀르, 『해석의 갈등』, 331~334.

186) 폴 리꾀르, 『해석의 갈등』, 335~336.

187) 폴 리꾀르, 『해석의 갈등』, 383.

188) 폴 리꾀르, 『해석의 갈등』, 410~412.

189) 폴 리꾀르, 『해석의 갈등』, 472~478.

190) 폴 리꾀르, 『해석의 갈등』, 416~9.

191) 폴 리꾀르, 『해석의 갈등』, 421~425.

신화를 문제삼는 것을 일단 '비신화화'(démythisation)이라 한다. 비신화화에는 두 가지 태도가 있다. 먼저, 신화는 사실이 아니므로 쓸모가 없다고 보는 태도이다. 이것은 신비를 인정하지 않고 이성 안에 들어오는 것만을 인정하는 것이므로 '비신비화'(démystification)라 한다. 둘째, 신화(mythos)를 논리(logos)로 그대로 받아들이는 태도(mythologie)를 문제삼는 것으로 '비신화론화'(démythologisation)라고 한다. 신화를 그대로 사실이나 교리로 받아들이는 태도는 버리지만, 삶을 전달하는 어떤 상징으로 받아들여 신화를 중시한다. 결국 리쾨르가 주장하는 것은 비신화화가 아니라 비신화론화다. (『해석의 갈등』364 (역주17))

192) 폴 리꾀르, 『해석의 갈등』, 464.

193) Emile Durkheim, *The Elementary Forms of the Religious Life*, trans. Joseph Ward Swain, The Free Press, 1965[1915], 62.

194) Durkheim, *The Elementary Forms of the Religious Life*, 464.

195) Durkheim, *The Elementary Forms of the Religious Life*, 366.

196) Durkheim, *The Elementary Forms of the Religious Life*, 59.

197) Durkheim, *The Elementary Forms of the Religious Life*, 62.

198) Durkheim, *The Elementary Forms of the Religious Life*, 61.

199) Durkheim, *The Elementary Forms of the Religious Life*, 236.

200) 이원규, 『종교사회학의 이해』, 서울:나남, 2006, 139.

201) Harry Alpert, *Emile Durkheim and His Sociology*, Russell & Russell, 1962, 198–203.

202) Durkheim, *The Elementary Forms of the Religious Life*, 474~5.

203) Durkheim, *The Elementary Forms of the Religious Life*, 478.

204) Durkheim, *The Elementary Forms of the Religious Life*, 475.

205) 막스 베버, 『막스 베버 사회과학 방법론 선집』, 전성우 옮김, 나남, 2011, 235.

206) Max Weber, *The Protestant Ethic and th Spirit of Capitalism*, trs. Talcott Parsons, Charles Scribner's Sons, 1958, 80.

207) Weber, *The Protestant Ethic and th Spirit of Capitalism*, 100;103;104.

208) Weber, *The Protestant Ethic and th Spirit of Capitalism*, 113.

209) 막스 베버, 『막스 베버 종교 사회학 선집』, 148.

210) 이원규, 『종교사회학의 이해』, 173.

211) Weber, *The Protestant Ethic and the Spirit of Capitalism*, 163.

212) Max Weber, *The Sociology of Religion*, trs. Fischoff, Beacon Press, 1963, 2.

213) 베버에게 카리스마는 초자연적 능력으로 후천적으로 얻게 된 것이 아니라 선천적으로 갖고 있는 것이다. 그러나 세습되지는 않는다. 그리고 인위적으로 만들어진 카리스마도 있는데 이것 또한 계획되고 훈련을 통해 만들어 진 것이 아니라 매우 비일상적인 수단을 통해 만들어지고 실제로 각성되기 전까지는 발동하지 않는다.

214) 여기서 합리적이라는 말은 과학적으로 증명되는 것을 의미하는 것이 아니라 앞뒤가 맞게 설명하여 그것을 받아들일 수 있게 하는 것을 의미한다.

215) Theodore M. Steeman, "Max Weber's Sociology of Religion", *Sociological Analysis*. Vol.25, No.1, 1964, 56.

216) Weber, *The Protestant Ethic and th Spirit of Capitalism*, 182.

217) 이원규, 『종교사회학의 이해』, 581~582.

218) Bryan Wilson, *Religion in Secular Society : A Sociological Comment*, C.A. Watts & Co., 1966, xii, xiv.

219) Bryan Wilson, *Religion in Sociological Perspective*, Oxford Univ. Press, 1982, 155~6.

220) 피터 버거, 『종교와 사회』, 이양구 옮김, 종로서적 1982, p.156.

221) 피터 버거, 『종교와 사회』, 1982 : 151

222) 이원규, 『기독교의 위기와 희망-종교 사회학적 관점-』, 대한기독교서회, 2003, 65~68.

223) Grace Davie, "Believing without Belonging : is this the future of religion in Britain?", *Social Compass*, Vol.37, No.4, 1990, 455~469.

224) José Casanova, *Public Religions in the Modern World*, the University of Chicago Press, 1994, 3~4.

225) Peter Berger *The Desecularization of the World :Resurgent Religion and World Politics*, ed. Peter Burger, Ethics and Public Policy Center and Wm. B. Eerdmans Publishing Co., 1999, 3

226) Paul Heelas & Linda Woodhead, *The Spiritual Revolution why religion is giving away to spirituality*, Blackwell, 2005, 6~7.

227) Christohper Patridge, *The Re-enchantment of the West : Alternative Spiritualities, Sacralization, Popular Culture and Occulture*, T&T Clark International, 2004.

228) 上田閑照 編, 『ドイツ神秘主義 硏究』, 創文社, 1982. p 19~104.

229) 앞의 책. p 5.

230) 에크하르트의 신비주의 사상은 다석 류영모의 사상과도 통하는 부분이 있다. 류영모에 대해서는 더 연구해보아야 할 과제이지만, 류영모의 글을 읽다보면 에크하르트 사상과 유사한 부분이 많이 발견된다.

231) 에크하르트의 이 개념과 연관하여 선불교적인 '신비주의'와의 연관성을
이해하는 시도가 있다. 우에다 시츠테루(上田閑照)가 대표적이라 할 수 있는데,
그는 독일에서 이 주제로 박사학위를 받았다. 이 논문의 일부가 다음의 책에
수록되어 있다. 上田閑照 編,『ドイツ神秘主義 研究』, 創文社, 1982. pp107~232.
이 주제와 관련된 국내의 논의로는 다음의 책을 참조. 길희성,『마이스터
엑카르트의 영성사상』, 분도출판사, 2004.

232) 上田閑照 編,『ドイツ神秘主義 研究』, 創文社, 1982. p.64.

233) Meister Eckhart, Vom Wunder der Seele- Eine Auswahl aus den
Traktaten und Predigsten Stuttgart, 1998. 11쪽.

참고문헌

김현태,『종교철학』,서울: 가톨릭대학교, 1996.

길희성,『마이스터 엑카르트의 영성사상』, 분도출판사, 2004.

니체, 프리드리히,『신은 죽었다』,강윤식 옮김, 서울:휘닉스, 2004.

니체, 프리드리히,『차라투스트라는 이렇게 말했다』,강두식 옮김, 서울 :누멘, 2010.

박남희,『가다머의 지평융합 비판』, 서울: 연세대학출판부, 1992.

박이문,『종교란 무엇인가.』아름나무, 2008.

박일준,「도킨스의 종교비판에 대한 종교철학적 고찰:『만들어진 신』을 중심으로」,

　　『인문학 연구』, vol.35, no.2(2008), 297-327.

변선환,「이용도와 마이스터 에크하르트」, 신학과 세계, 1978(통권 제4호).

브레드릭 스트렝,『종교학 입문』, 정진홍 옮김, 서울 :대학기독교서회, 1982.

베버, 막스(Max Weber),『막스 베버 사회과학 방법론 선집』, 전성우 옮김,

　　서울:나남, 2011.

유진열,『신과 진리를 찾는 인간: 21세기 종교와 철학의 대화』, 서울:

　　대한기독교서회, 2007.

이진남,『종교 철학: 종교는 무엇이고 신은 어떤 존재일까?』, 서울: 민음인, 2009.

이원규,『종교사회학의 이해』, 서울:나남, 2006.

　　,『기독교의 위기와 희망-종교 사회학적 관점-』,서울:대한기독교서회, 2003.

장욱,『토마스 아퀴나스의 철학-존재와 진리』, 고양:동과서, 2003.

최준식,『죽음, 또 하나의 세계: 근사체험을 통해 다시 생각하는 죽음』, 서울:

　　동아시아, 2006.

뉴버그, 앤드류(Andrew Newberg), 다킬리, 유진(Eugene d'Aquili) 그리고

　　라우즈, 빈스 라우즈(Vince Rause),『신은 왜 우리 곁을 떠나지 않는가』(Why

　　God Won't Go Away), 이충호 옮김, 서울: 한울림, 2001.

라마찬드란, 빌라야누리(Vilayanur S. Ramachandran)와 블레이크스리, 샌드라

(Sandra Blakeslee), 『라마찬드란 박사의 두뇌 실험실: 우리의 두뇌 속에는 무엇이 들어 있는가?』(Phantoms in the Brain), 신상규 옮김, 3쇄, 서울: 바다출판사, 2009.

라이헨바하, 브루스, 베신저, 데이비드, 피터슨, 마이클 그리고 해스커, 윌리엄, 『종교철학』(Reason and Religious Belief: An Introduction to the Philosophy of Religion), 하종호 옮김, 서울: 이화여자대학교 출판부, 1994.

래드클리프-브라운, 『원시사회의 구조와 기능』, 김용환 옮김, 서울 :종로서적, 1980.

레비나스, 임마누엘, 『존재에서 존재자에게로』, 서동욱 옮김, 서울:민음사, 2001.

레이몬드. B. 블레크니, 이민재 옮김,『마이스터 에크하르트 1, 2』다산글방, 1994.

리쾨르, 폴(Paul Rioeur),『악의 상징』, 양명수 옮김, 문학과지성사, 1994.

　　　,『해석의 갈등』, 양명수 옮김, 아카넷, 2001.

릭켄, 프리도,『종교철학』,이종진 옮김, 서울:하우, 2011.

마루야마, 게이자부로,『존재와 언어』, 고동호 옮김, 서울:민음사, 2002.

마이클 피터슨 외 지음,『종교의 철학적 의미』, 하종호 옮김, 서울:이화여자대학 교출판부, 2005.

밀러, 피터(Peter Miller),『스마트 스웜』(The Smart Swarm). 이한음 옮김, 경기, 파주: 김영사, 2010.

버거, 피터(Peter Berger),『종교와 사회』, 이양구 옮김, 서울:종로서적 1982.

성경(한글 개역판)

슐라이어마허,『종교론』,최신환 옮김 서울 : 대한기독교서회, 2002.

슬라보예 지젝,『이데올로기라는 숭고한 대상』, 이수련 옮김, 서울: 인간사랑, 2001.

엘리야데,『성과 속』, 이동하 옮김, 학민사 1983.

오바디아, 리오넬(Lionel Obadia),『종교』, 양영란 옮김, 서울:웅진지식하우스, 2007.

윌슨, 데이비드(David S. Wilson), 『종교는 진화한다: 진화론과 종교, 그리고
　　사회의 본성』, 이철우 옮김, 서울: 아카넷, 2004.

윌슨, 에드워드(Edward O. Wilson), 『통섭: 지식의 대통합』(Consilience: the
　　Unity of Knowledge). 최재천, 장대익 옮김. 13쇄. 서울: 사이언스북스, 2007.

웨인라이트, 윌리엄(William J. Wainwright), 『종교철학의 핵심』(Philosophy of
　　Religion), 김희수 옮김, 서울: 동문선, 1999.

정진홍 , 『엘리야데 –종교와 신화』, 서울:살림, 2003.

칸트, 임마누엘(Immanel Kant), 『이성의 한계 안에서의 종교』, 신옥희 옮김,
　　서울:이화여대출판부, 2003.

코플스톤, 프레데릭 (Frederick C. Copleston), 『중세철학사』, 박영도 옮김,
　　파주:서광사, 1988.

쿠쉬너, 헤럴드(Harolds Kushner), 『왜 착한 사람에게 나쁜 일이 일어날까?』,
　　김하범 옮김, 서울:창, 2000.

크립키, 솔(Kripke, Saul A.), 『이름과 필연』, 정대현, 김영주 옮김, 파주:서광사,
　　1986.

티한, 존(John Teehan), 『신의 이름으로: 종교 폭력의 진화적 기원』(In the Name
　　of God: the Evolutionary Origins of Religious Ethics and Violence),
　　박희태 옮김, 서울: 이음, 2011.

피터슨, 마이클 외(Peterson, Michael etal) , 『종교의 철학적 의미』, 하종호 옮김,
　　서울:이화여자대학교출판부, 2005.

헤센, J., 『종교철학의 유형과 방법론』, 허재윤 옮김, 서울:서광사 2003.

히라코 요시오, 『번역의 원리』, 김한식, 김나정 옮김, 서울:한국외국어대학교
　　출판부, 2007.

힉, 존(John H. Hick), 『종교철학개론』, 황필호 옮김, 증보판 8쇄, 서울:종로서적,
　　1986., 『종교 철학: 제4개정판』, 김희수 옮김, 현대신서60, 서울: 동문선, 2000.
　　, 『신과 인간 그리고 악의 종교철학적 이해』, 김장생 옮김, 파주:열린책들, 2007.

池上嘉彦,『시학과 문화기호론』, 이기우 옮김, 서울:한국문화사, 1994.

池上嘉彦,『意味の世界, 現代 言語學から視る』, 日本放送出版協會, 1991.

池上嘉彦,『文化記號論』, 講談社,2006.

磯谷 孝 著,『飜譯と文化の記號論』, 勁草書房, 1980.

黃松 涉,『もの　こと　ことば』, 筑摩書房, 2007.

野家啓一,『科學の解釋學』, 筑摩書房, 2007.

井筒俊彦,『意識と本質』, 岩波文庫, 1995.

坂本賢三,『"分ける"こと　"わかる"こと』,講談社, 2006.

佐藤信夫,『レトリックの 記號論』,講談社, 1993.

上田閑照 編,『トイツ神秘主義 研究』, 創文社, 1982.

門脇佳吉,『禪佛敎とキリスト敎神秘主義』, 岩波書店, 1991.

Alpert, Harry, *Emile Durkheim and His Sociology*, New York:Russell & Russell, 1962.

Barth, Karl, *Anselm: Fides Quaerens Intellectum.* John Knox Press, 1960.

Behe, Michael J., *Darwin's Black Box: the Biochemical Challege to Evolution*, with a new Afterword. 10th Anniversay Edition. New York: Free Press, 2006.

Berger, Peter, ed., *The Desecularization of the World:Resurgent Religion and World Politics*, Washington DC:Ethics and Public Policy Center and Wm. B. Eerdmans Publishing Co., 1999.

Broad, C.D., *Lectures on Physical Research.* London: Routledge & Kegan Paul, 1962.

Bultmann, R., *Geschichte und Eschatologie, Tübingen* : J. c. B. Mohr, 1958.

Caputo, John D., *On Religion.* Oxford: Routledge, 2001.

, *Philosophy and Theology.* Horizons in Theology. Nashville: Abingdon Press, 2006.

Caputo, John D., *The mystical element in Heidegger' s Thought*, Villanova

  University, 1978.

Casanova, José, *Public Religions in the Modern World*, Chicago and

  London:the University of Chicago Press, 1994.

Clark, Andy, *Natural-Born Cyborg: Minds, Technologies, and the Future of

  Human Intelligence*, London: Oxford University Press, 2003.

Damasio, Antonio R., *Descartes' Error: Emotion, Reason and the Human Brain*,

  New York: Avon Books, 1994.

Dawkins, Richard, *The God Delusion*, London: A Black Swan Books, 2006.

Davie, Grace, "Believing without Belonging:is this the future of religion in

  Britain?", *Social Compass*, Vo.l37, No.4, 1990.

Durkheim, Emile, *The Elementary Forms of the Religious Life*, trs. Joseph Ward

  Swain, New York: The Free Press, 1965[1915].

Eckhart, Meister, *Predigten und Schriften*, Frankfurt am Main, 1956.

Eliade, Mircea, *The Sacred and the Profane : The Nature of Religion*,

  London: Harcourt Brace Jvanovich, Translated from the French

  1959.

Ferngren, Gary B. ed., *Science and Religion: A Historical Introduction*,

  Baltimore: The Johns Hopkins University Press, 2002.

Fox, Matthew, Breaktrough: *Meister Eckhart' s Creation Spirituality in New

  Translation*, 1980.

Frew, Antony, ed., *New Essays in Philosophical Theology*, London:SCM press,

  1961.

Fuchs, E., "Gesetz, Vernunft und Geschichte" in *Zeitschr*. f. Theolo. und

  Kirche 1954.

Gadamer, H.-G., *Wahrheit und Methode*, 4. Auflage Unveränderler Nachdruck der 3., erweiterten Auflage , Tübingen: J. C. B. Mohr 1975

, *Hermeneutik* II, Gesammelte. Werke B.d 2, T?bingen : J. C. B. Mohr 1986

Haas, Alois Maria, *Meister Eckhart als normative Gestalt geistlichen Lebens - Zweite, durchgesehene und mit einem Nachwort erweiterte Ausgabe- Freiburg, 1995.

Heelas, Paul, & Woodhead, Linda, *The Spiritual Revolution why religion is giving away to spirituality*, Oxford:Blackwell, 2005.

Heidegger, Martin, *Unterwegs zur Sprache*, Stuttgart, 2001.

, *Vorträge und Aufsätze* Stuttgart:Verlag Günther Neske,2000,Hume, David, *Dialogues Concerning Natural Religion*. Indianapolis: Bobbs–Merrill, 1947.

Kierkegaard, S ø ren A., *Concluding Unscientific Postscript*. trans. by David F. Swenson and Walter Lowrie. Princeton, NJ: Princeton University Press, 1941.

Latour, Bruno, *Politics of Nature: How to Bring the Sciences into Democracy*. trans. by Catherine Porter. Cambridge, MA: Harvard University Press, 2004.

, *We Have Never Been Modern*. trans. by Catherine. Porter. Cambridge, MA: Harvard University Press, 1993.

Leszek, Kolakowski, ?bersetzt von Friedrich Griese, *Falls es keien Gott gibt*, München, 1982.

Masao, Abe, *Zen and Western Thought*, London:Macmillan, 1985.

Mitchell, Basil, ed., *The Philosophy of Religion*, Oxford, 1982.

Pailin, David A., *Groundwork of Philosophy of Religion*. London: Epworth Press, 1986.

Patridge, Christohper, *The Re-enchantment of the West: Alternative Spiritualities,*

Sacralization, *Popular Culture and Occulture I*, *II*, New York : T&T Clark
International, 2004.

Quint, Josef, *Textbuch zur Mystik des deutschen Mittelalters*, *Meister Eckhart*,
Johannnes Tauler, *Heinrich Seuse*, Tübingen, 1978.

Ruh, Kurt, Meister Eckhart, Theologe, Prediger, Mystiker, München 1989.

Schaeffler, Richard, *Religionsphilosophie*, München, 1983.

Schwager, Hans Joachim, *Die Deutsche Mystik und ihre Auswirkungen (von Meister*
Eckhart bis Schelling), Geselkirchen-Buer, 1965.

Steeman, Theodore M., *Max Weber's Sociology of Religion*, Sociological
Analysis Vol 25, No1, 1964.

Schleiermacher, Friedrich., *Der christliche Glaube*, 2. Bde., Krit. Ausgabe   der
2. Aufl. hrsg. von Martin Redeker, Berlin 1930.

, *Religion*, Reden an die Gebildeten unter ihren Verächtern, Berlin
1799, in : KGA(s. 0.) Bd. I 12, 1995.

Weber, Max, *The Protestant Ethic and th Spirit of Capitalism*, trs. Talcott
Parsons, New York : Chales Scribner's Sons, 1958.

, *The Sociology of Religion*, trs. Fischoff, Boston : :Beacon Press, 1963.

Welte, Bernhard, Meiseter Eckhart- *Gedanken zu seinen Gedanken*, *mit einem*
Vorwort von Alois M. Haas, Freiburg im Breisgau, 1992.

Wildman, Wesley J., *Religious Philosophy as Multidisciplinary Comparative*
Inquiry : Envisioning a Future for the Philosophy of Religion. Albany : State
University of New York Press, 2010.

Wilson, Bryan, *Religion in Secular Society : A Sociological Comment*,
London : C.A. Watts & Co., 1966.

, *Religion in Sociological Perspective*, Oxford : Oxford Univ. Press, 1982.

Zizek, Slavoj, *The Sublime Object of Ideology*, Chicago : Uni. Illinois, 1989.

Zupančič, Alenka, *The Shortest Shadow : Nietzsche's Philosophy of the Two*. Cambridge, MA : The MIT Press, 2003.

종교와 철학 사이

지은이 김선하 박남희 박일준 서동은 장형철
펴낸이 조은경
편집 이부섭
디자인 김진혜
펴낸곳 늘봄
등록번호 제1-2070 1996년 8월 8일
주소 서울시 종로구 동숭동 19-2
전화 02)743-7784
팩스 02)743-7078

초판발행 2013년 2월 28일
초판2쇄 2013년 10월 10일

ISBN 978-89-6555-018-1 93200